# POKÉMON™ 9

DIE ERSTEN ABENTEUER

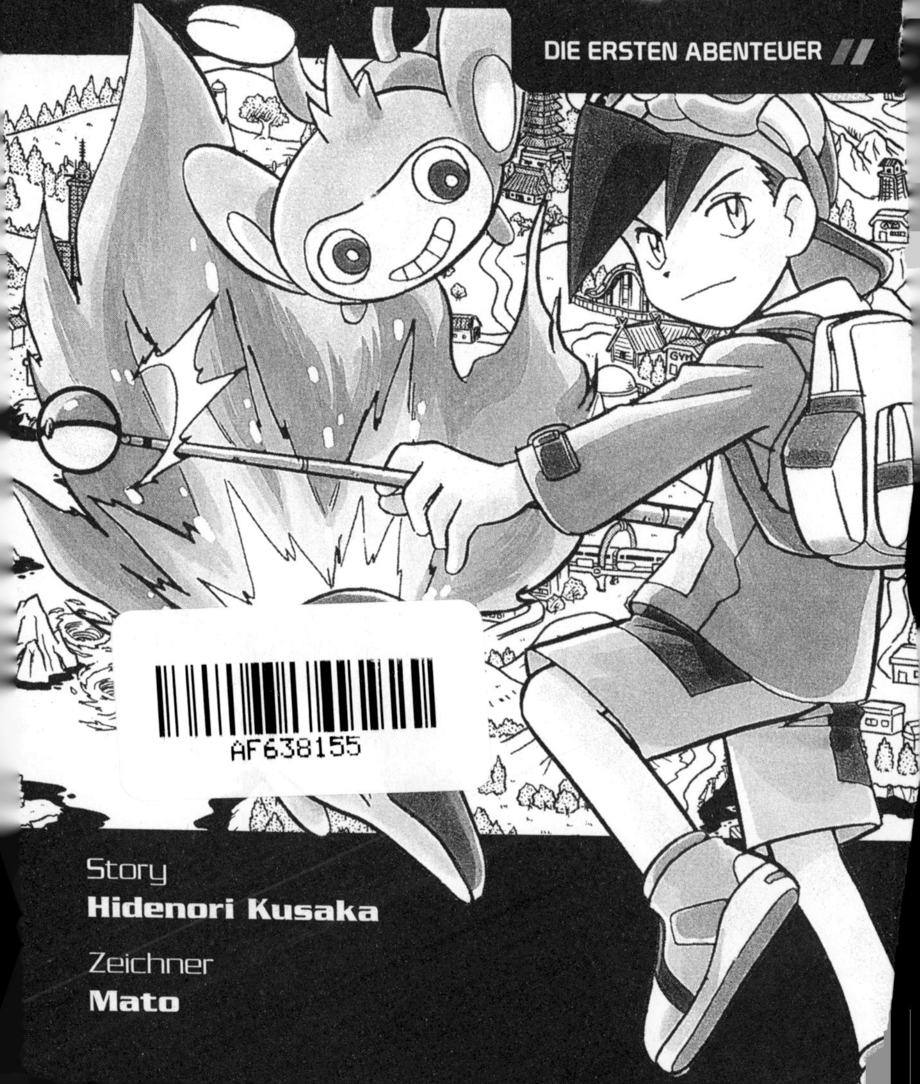




Story
**Hidenori Kusaka**

Zeichner
**Mato**

## & STORY

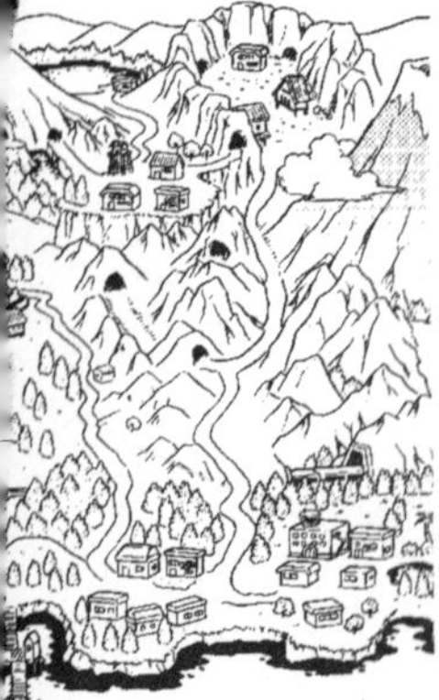

Der Junge Gold aus Neuborkia hat zusammen mit seinem Partner, dem Feurigel Woffy, die Verfolgung von Silber aufgenommen. Dieser hatte einen Karnimani von Professor Lind entführt und Professor Eich einen Pokédex gestohlen. Auf der Reise, die durch die gesamte Johto-Region führt, kommt es zu Duellen zwischen den beiden Pokémon-Trainern, doch im Angesicht eines gemeinsamen Feinds tun sich die beiden Rivalen zusammen.
Bei dem ominösen Feind handelt es sich offenbar um

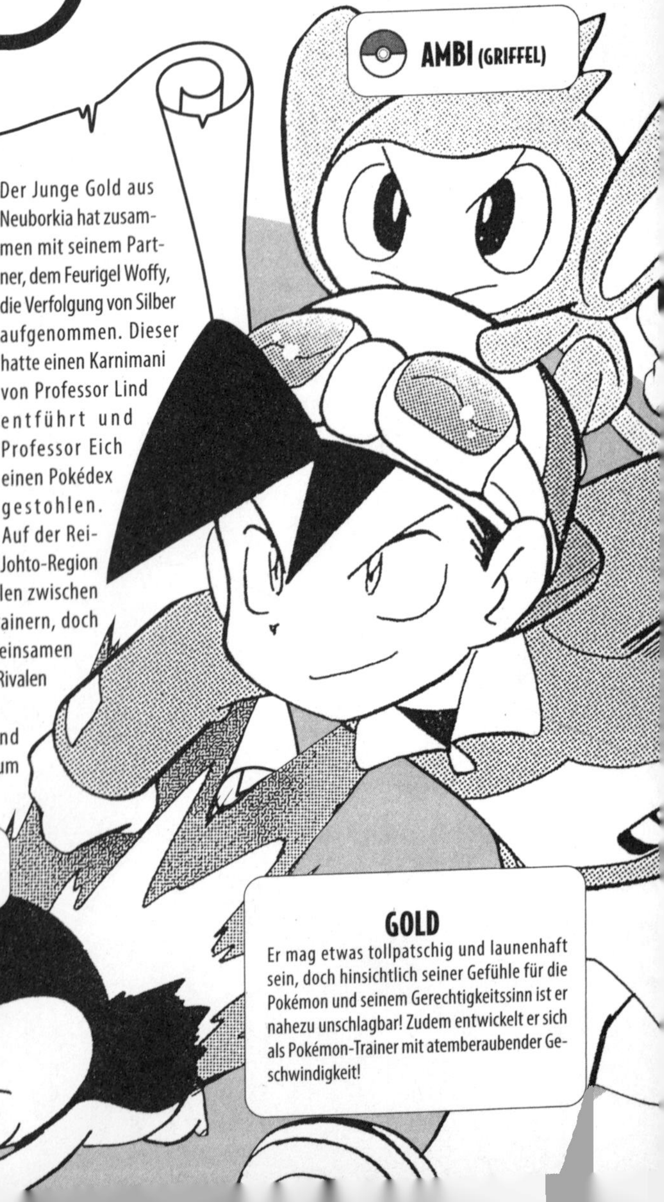


### GOLD

Er mag etwas tollpatschig und launenhaft sein, doch hinsichtlich seiner Gefühle für die Pokémon und seinem Gerechtigkeitssinn ist er nahezu unschlagbar! Zudem entwickelt er sich als Pokémon-Trainer mit atemberaubender Geschwindigkeit!

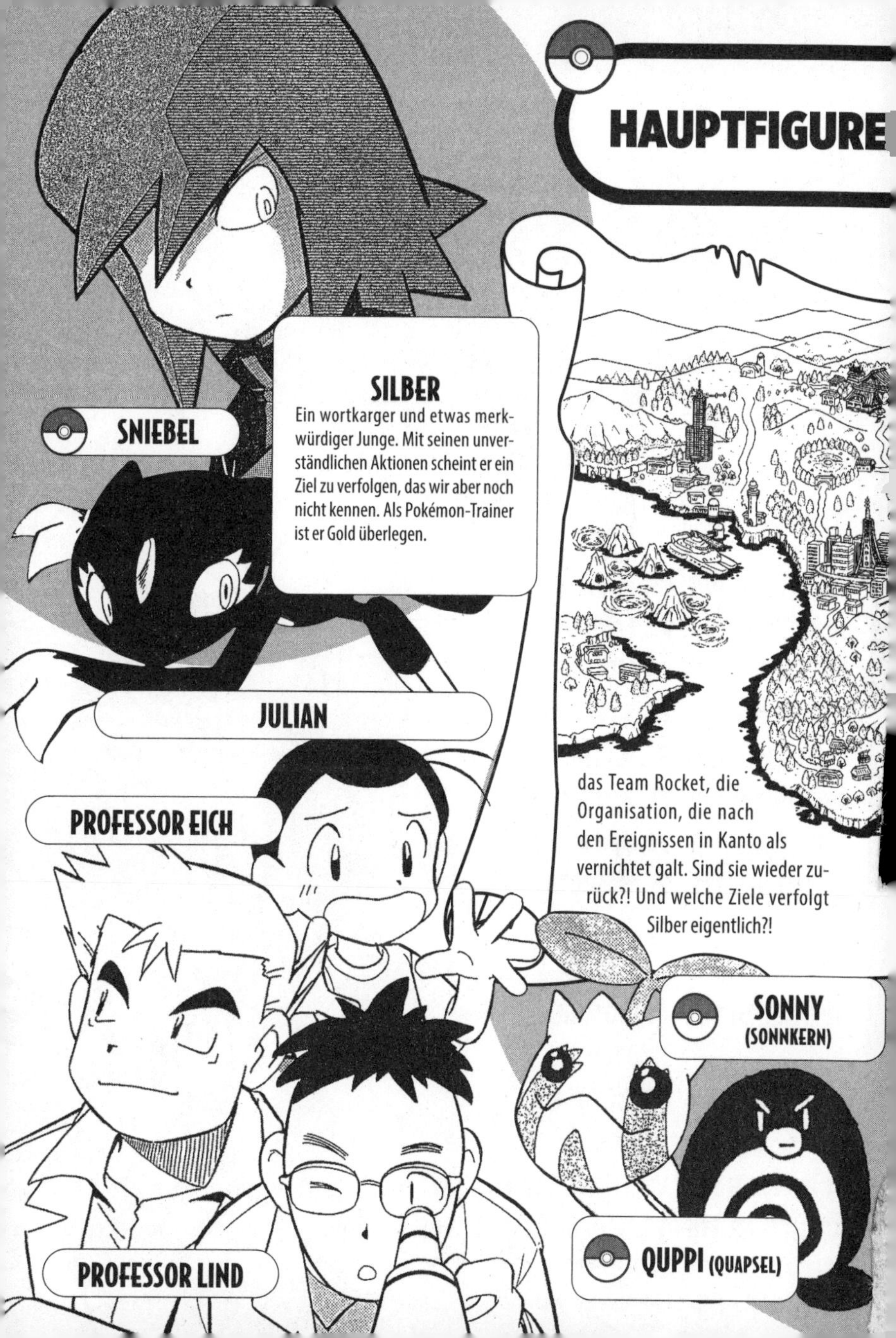
HAUPTFIGURE
SILBER
Ein wortkarger und etwas merkwürdiger Junge. Mit seinen unverständlichen Aktionen scheint er ein Ziel zu verfolgen, das wir aber noch nicht kennen. Als Pokémon-Trainer ist er Gold überlegen.
SNIEBEL
JULIAN
PROFESSOR EICH
das Team Rocket, die Organisation, die nach den Ereignissen in Kanto als vernichtet galt. Sind sie wieder zurück?! Und welche Ziele verfolgt Silber eigentlich?!
SONNY
(SONNKERN)
QUPPI (QUAPSEL)
PROFESSOR LIND

# POKÉMON™ 9

DIE ERSTEN ABENTEUER II

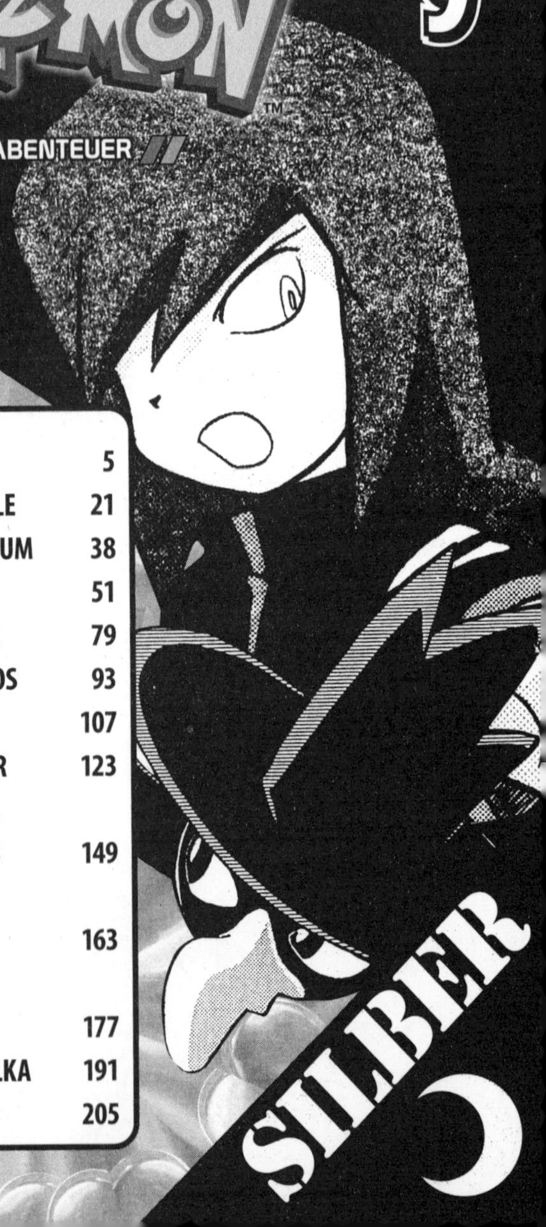


Inhalt

# ABENTEUER 104 VS. ARIADOS

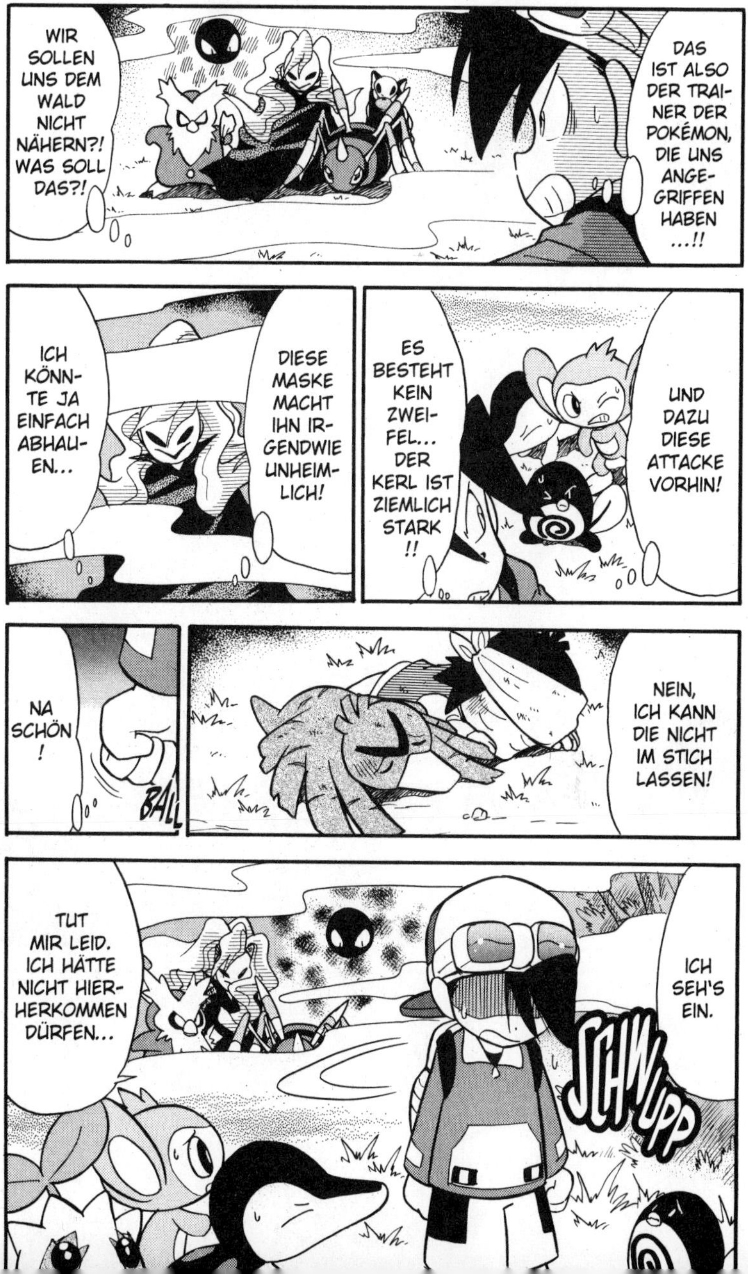

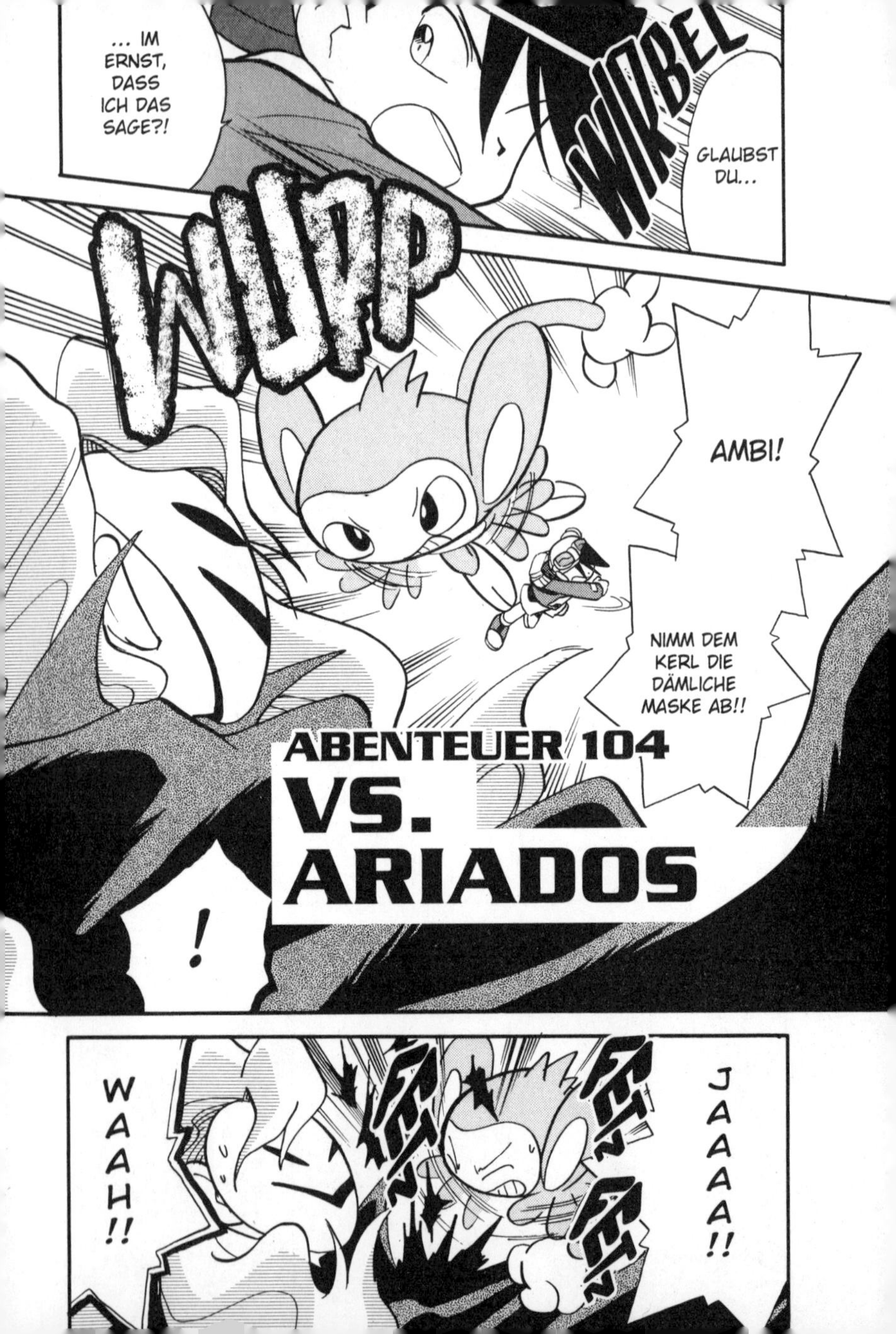
GLAUBST DU…
… IM ERNST, DASS ICH DAS SAGE?!
WIRBEL
WUPP
AMBI!
NIMM DEM KERL DIE DÄMLICHE MASKE AB!!
ABENTEUER 104
VS. ARIADOS
!
JAAAAA!!
WAAAH!!

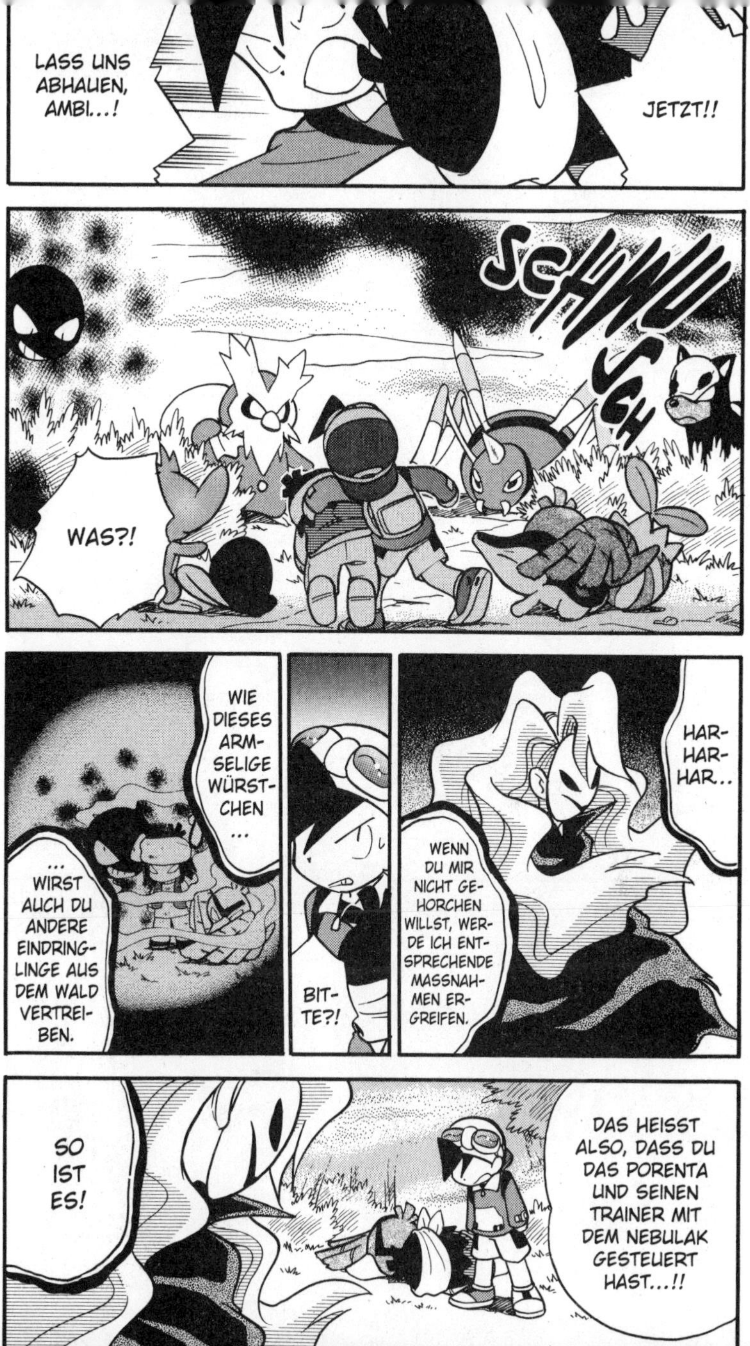
LASS UNS ABHAUEN, AMBI…!
JETZT!!
SCHWUUSCH
WAS?!
HAR-HAR-HAR…
WENN DU MIR NICHT GEHORCHEN WILLST, WERDE ICH ENTSPRECHENDE MASSNAHMEN ERGREIFEN.
BITTE?!
WIE DIESES ARMSELIGE WÜRSTCHEN …
… WIRST AUCH DU ANDERE EINDRINGLINGE AUS DEM WALD VERTREIBEN.
DAS HEISST ALSO, DASS DU DAS PORENTA UND SEINEN TRAINER MIT DEM NEBULAK GESTEUERT HAST…!!
SO IST ES!

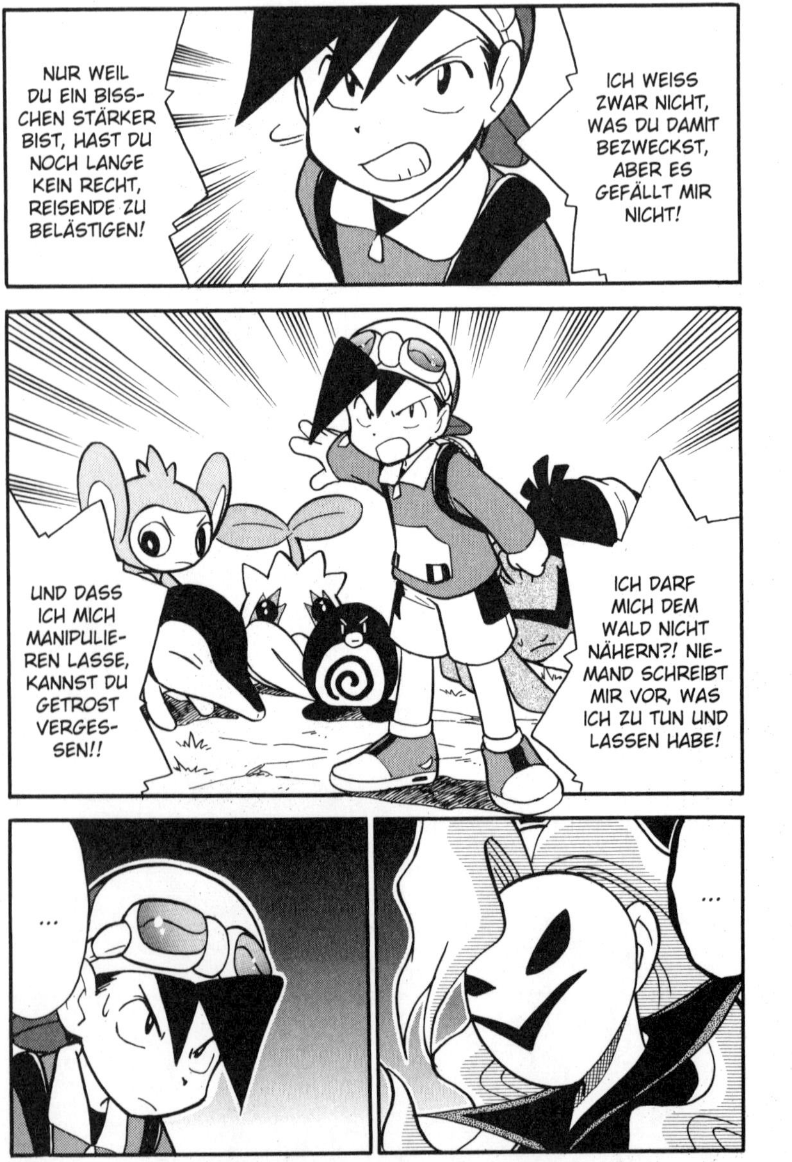
ICH WEISS ZWAR NICHT, WAS DU DAMIT BEZWECKST, ABER ES GEFÄLLT MIR NICHT!
NUR WEIL DU EIN BISS-CHEN STÄRKER BIST, HAST DU NOCH LANGE KEIN RECHT, REISENDE ZU BELÄSTIGEN!
ICH DARF MICH DEM WALD NICHT NÄHERN?! NIE-MAND SCHREIBT MIR VOR, WAS ICH ZU TUN UND LASSEN HABE!
UND DASS ICH MICH MANIPULIE-REN LASSE, KANNST DU GETROST VERGES-SEN!!
...
...

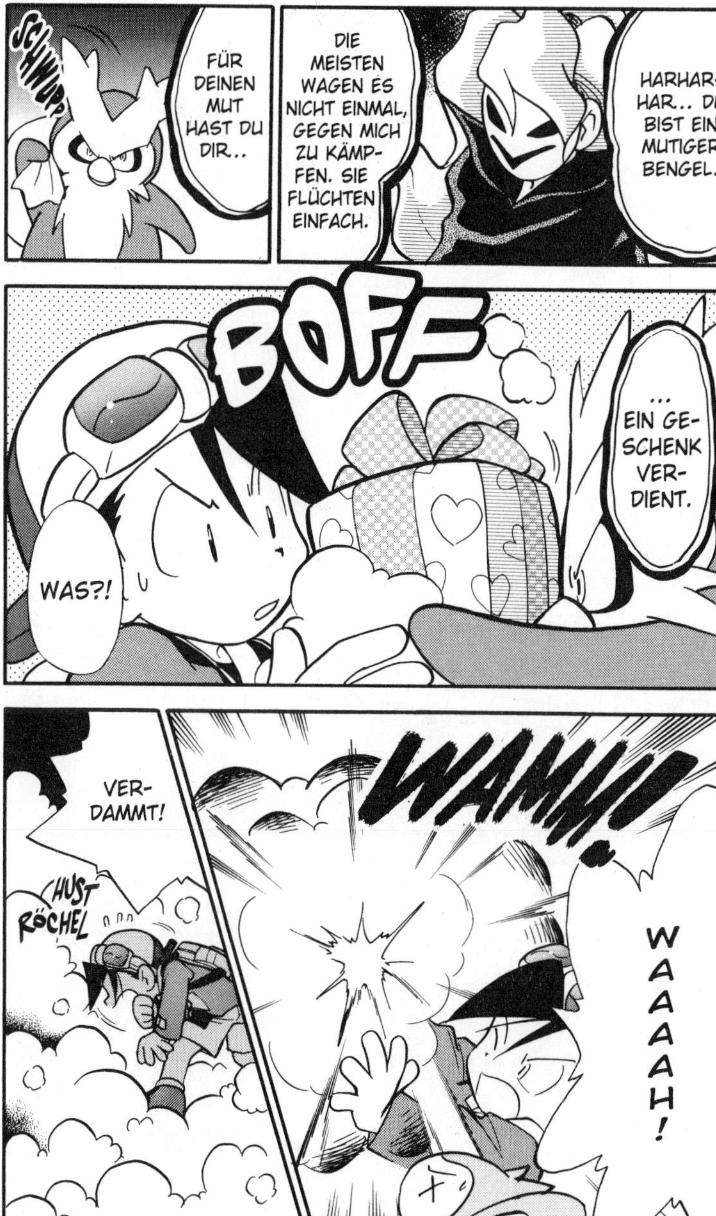
HARHARHAR... DU BIST EIN MUTIGER BENGEL.
DIE MEISTEN WAGEN ES NICHT EINMAL, GEGEN MICH ZU KÄMPFEN. SIE FLÜCHTEN EINFACH.
SCHWUPP
FÜR DEINEN MUT HAST DU DIR...
BOFF
... EIN GESCHENK VERDIENT.
WAS?!
WAMM!
WAAAAAH!
VERDAMMT!
HUST
RÖCHEL

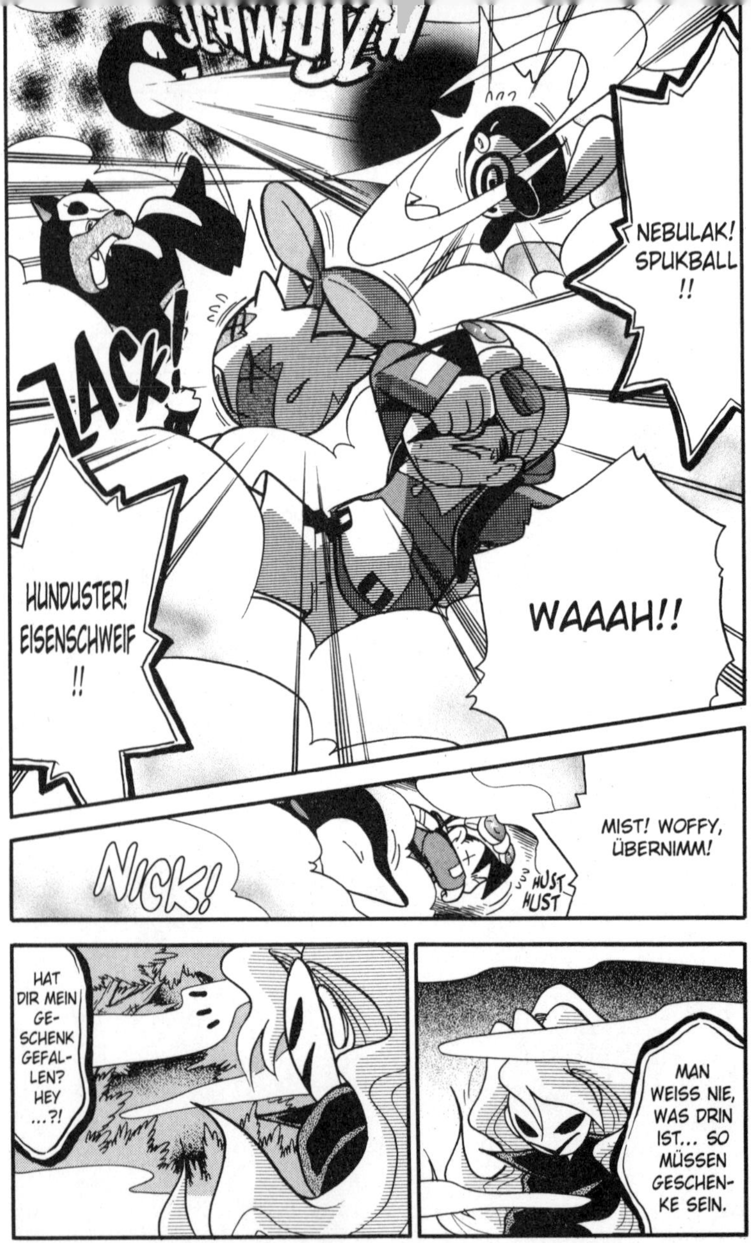
SCHWUSCH
NEBULAK! SPUKBALL!!
ZACK!
HUNDUSTER! EISENSCHWEIF!!
WAAAH!!
NICK!
HUST HUST
MIST! WOFFY, ÜBERNIMM!
HAT DIR MEIN GE-SCHENK GEFAL-LEN? HEY ...?!
MAN WEISS NIE, WAS DRIN IST... SO MÜSSEN GESCHEN-KE SEIN.

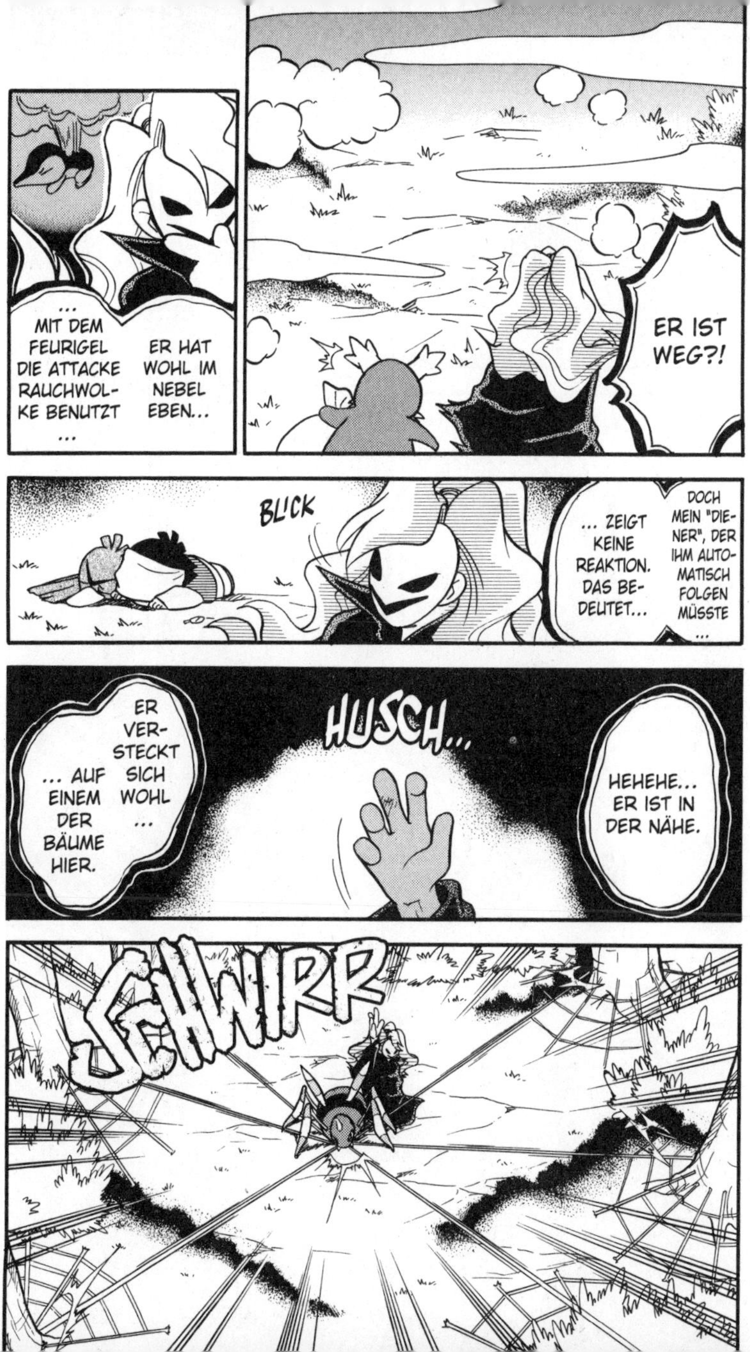
ER IST WEG?!
ER HAT WOHL IM NEBEL EBEN...
... MIT DEM FEURIGEL DIE ATTACKE RAUCHWOLKE BENUTZT ...
DOCH MEIN "DIENER", DER IHM AUTOMATISCH FOLGEN MÜSSTE ...
... ZEIGT KEINE REAKTION. DAS BEDEUTET...
BLICK
HEHEHE... ER IST IN DER NÄHE.
HUSCH...
ER VERSTECKT SICH WOHL ...
... AUF EINEM DER BÄUME HIER.
SCHWIRR

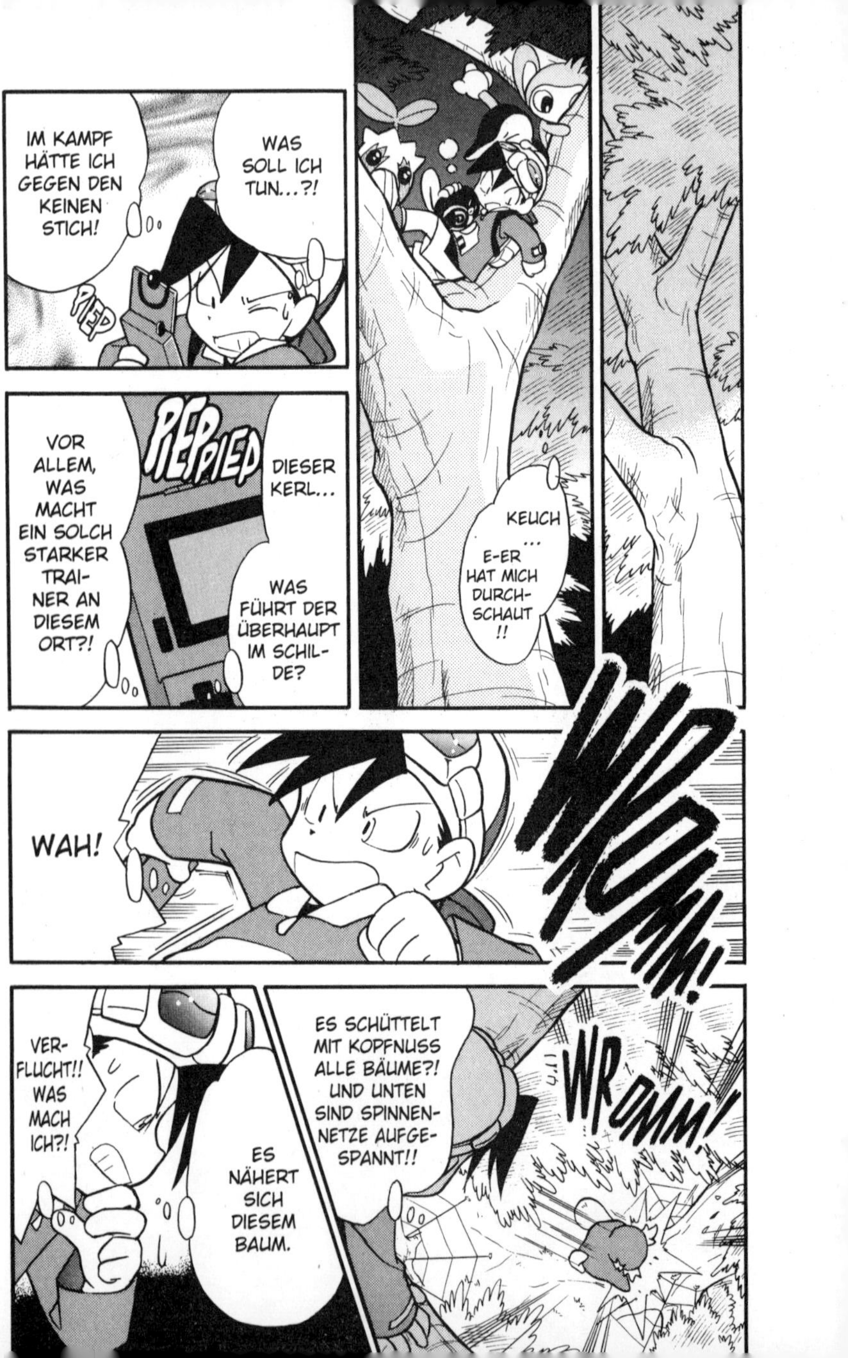
KEUCH ... E-ER HAT MICH DURCHSCHAUT!!
WAS SOLL ICH TUN...?!
IM KAMPF HÄTTE ICH GEGEN DEN KEINEN STICH!
PIEP
DIESER KERL...
WAS FÜHRT DER ÜBERHAUPT IM SCHILDE?
PIEP PIEP
VOR ALLEM, WAS MACHT EIN SOLCH STARKER TRAINER AN DIESEM ORT?!
WOOMM!
WAH!
WROMM!
ES SCHÜTTELT MIT KOPFNUSS ALLE BÄUME?! UND UNTEN SIND SPINNENNETZE AUFGESPANNT!!
ES NÄHERT SICH DIESEM BAUM.
VERFLUCHT!! WAS MACH ICH?!

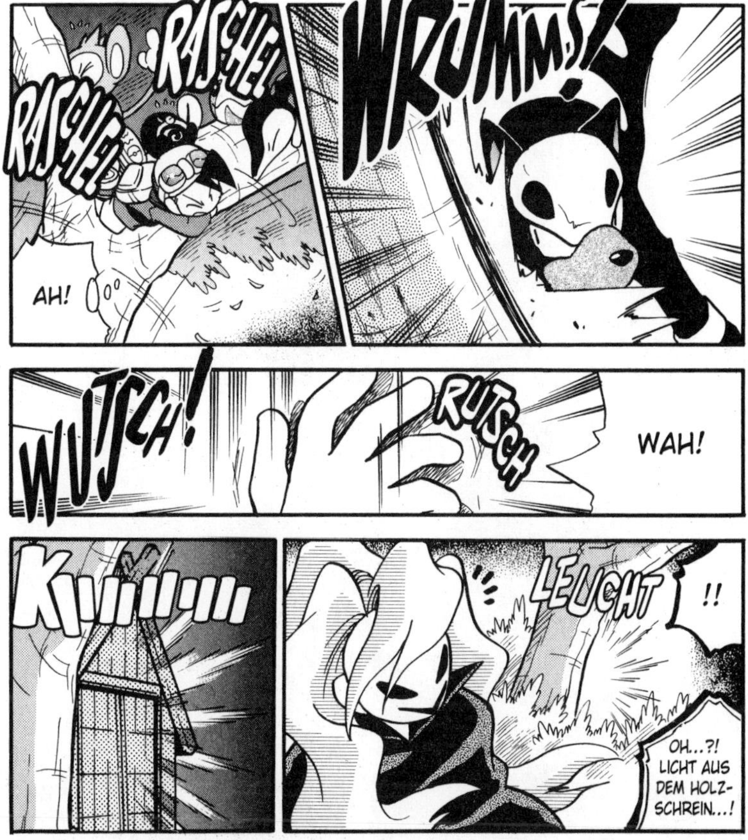
WRUMMS!
RASCHEL
RASCHEL
AH!
WAH!
RUTSCH
WUTSCH!
LEUCHT
!!
OH...?! LICHT AUS DEM HOLZ-SCHREIN...!
DEN BENGEL KANN ICH AUCH NOCH SPÄTER SUCHEN.
ABER DIESEN MOMENT DARF ICH MIR NICHT ENTGEHEN LASSEN.
KNARZ
KNACK

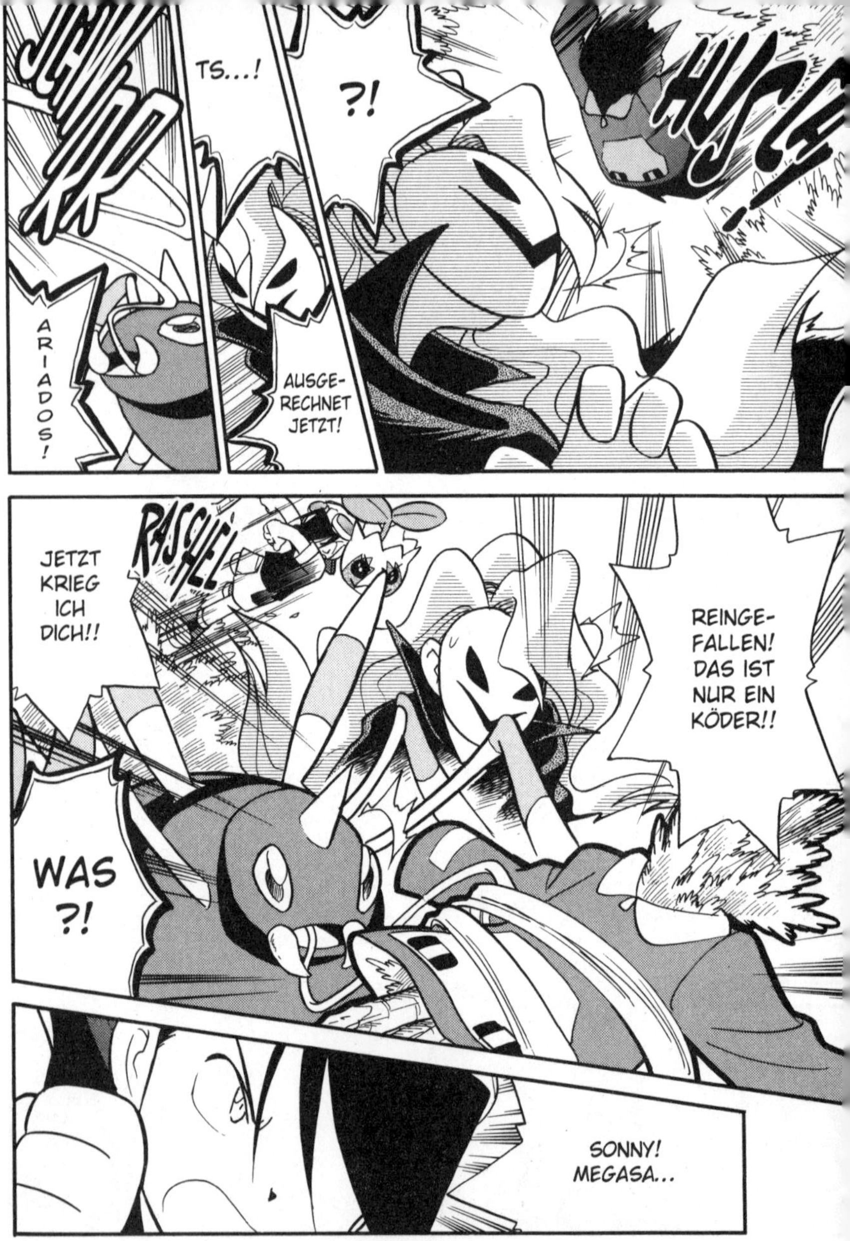
HUSCH!
?!
TS...!
AUSGE-
RECHNET
JETZT!
ARIADOS!
REINGE-
FALLEN!
DAS IST
NUR EIN
KÖDER!!
RASCHEL
JETZT
KRIEG
ICH
DICH!!
WAS
?!
SONNY!
MEGASA...

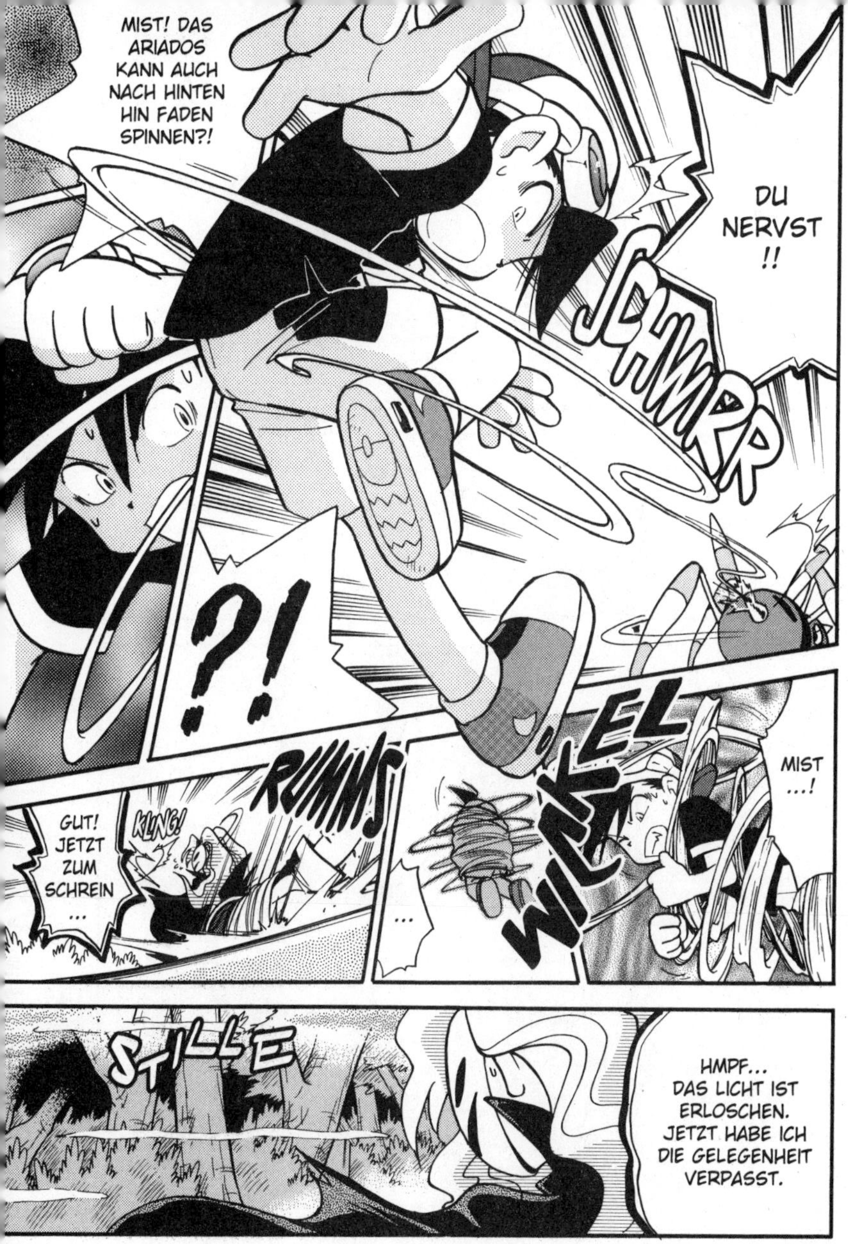
DU NERVST !!
SCHWIRR
MIST! DAS ARIADOS KANN AUCH NACH HINTEN HIN FADEN SPINNEN?!
?!
MIST ...!
WICKEL
...
RUMMS
KLING!
GUT! JETZT ZUM SCHREIN ...
HMPF... DAS LICHT IST ERLOSCHEN. JETZT HABE ICH DIE GELEGENHEIT VERPASST.
STILLE

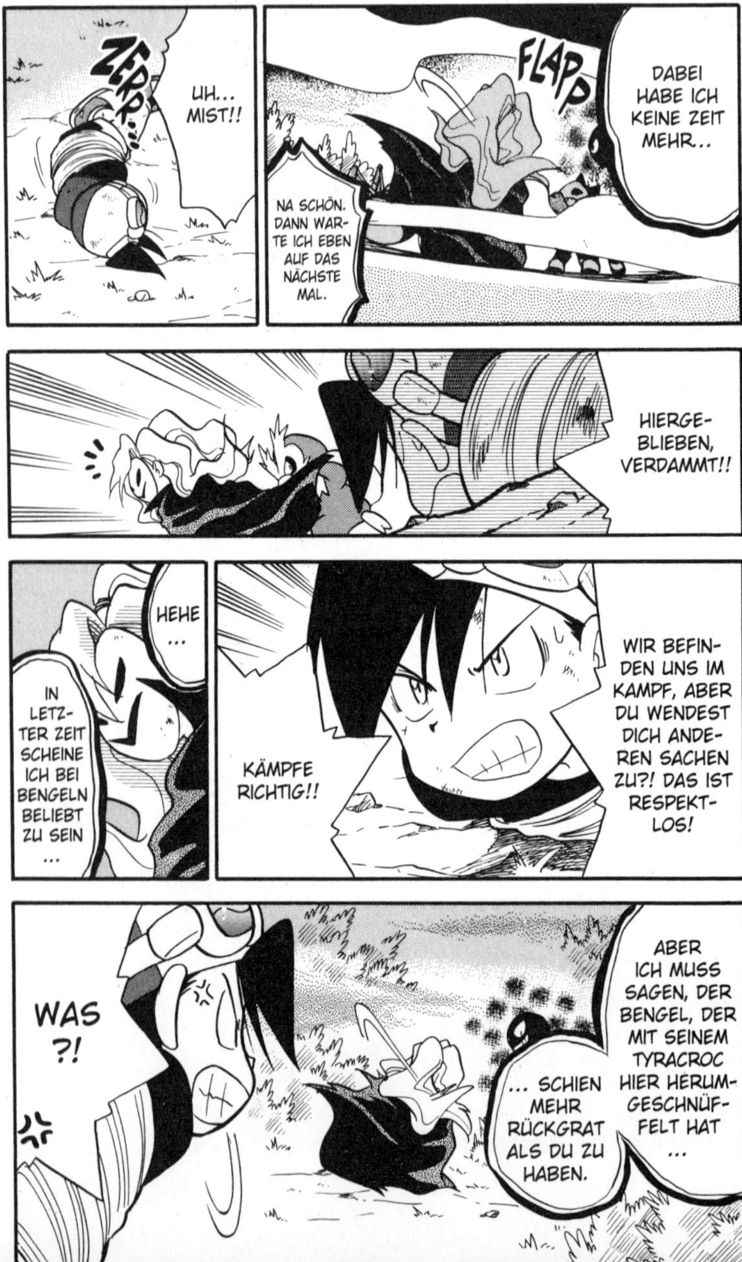
DABEI HABE ICH KEINE ZEIT MEHR...
FLAPP
NA SCHÖN. DANN WARTE ICH EBEN AUF DAS NÄCHSTE MAL.
ZERR...
UH... MIST!!
HIERGEBLIEBEN, VERDAMMT!!
WIR BEFINDEN UNS IM KAMPF, ABER DU WENDEST DICH ANDEREN SACHEN ZU?! DAS IST RESPEKTLOS!
KÄMPFE RICHTIG!!
HEHE ...
IN LETZTER ZEIT SCHEINE ICH BEI BENGELN BELIEBT ZU SEIN ...
ABER ICH MUSS SAGEN, DER BENGEL, DER MIT SEINEM TYRACROC HIER HERUMGESCHNÜFFELT HAT ...
... SCHIEN MEHR RÜCKGRAT ALS DU ZU HABEN.
WAS ?!

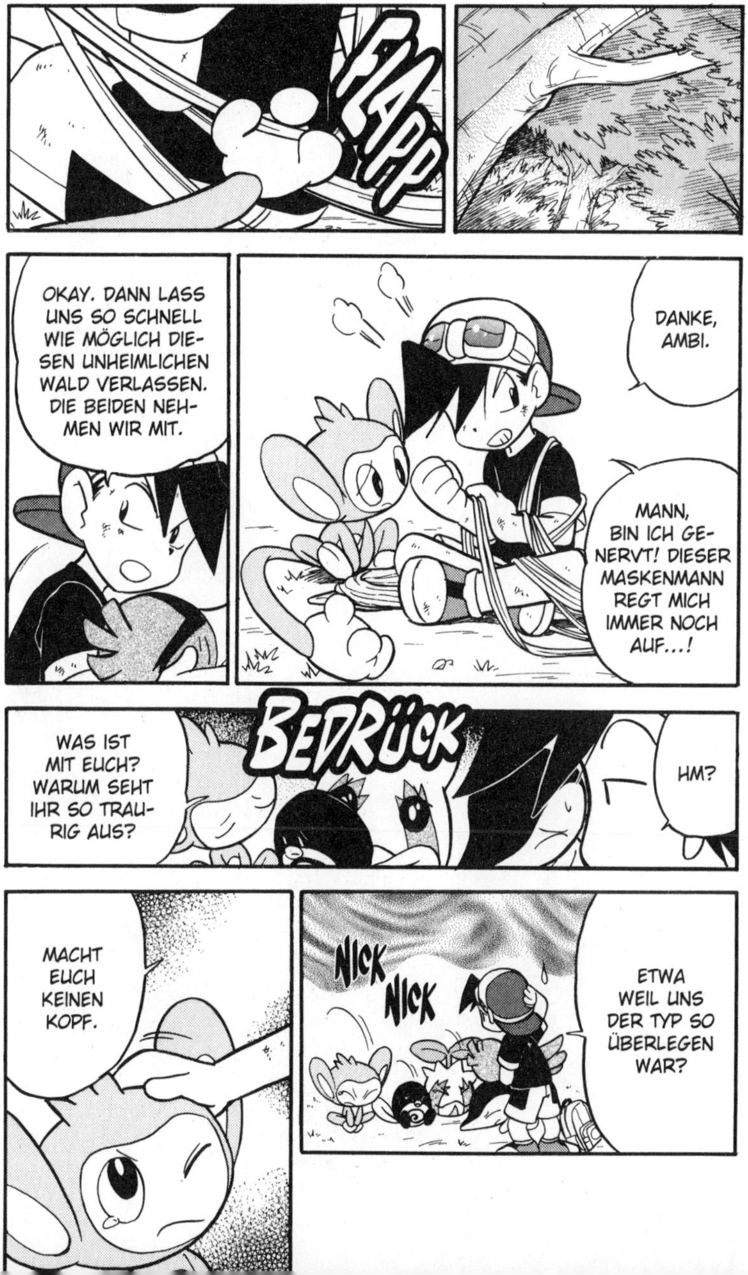
FLAPP
OKAY. DANN LASS UNS SO SCHNELL WIE MÖGLICH DIESEN UNHEIMLICHEN WALD VERLASSEN. DIE BEIDEN NEHMEN WIR MIT.
DANKE, AMBI.
MANN, BIN ICH GENERVT! DIESER MASKENMANN REGT MICH IMMER NOCH AUF...!
BEDRÜCK
WAS IST MIT EUCH? WARUM SEHT IHR SO TRAURIG AUS?
HM?
MACHT EUCH KEINEN KOPF.
NICK NICK
ETWA WEIL UNS DER TYP SO ÜBERLEGEN WAR?

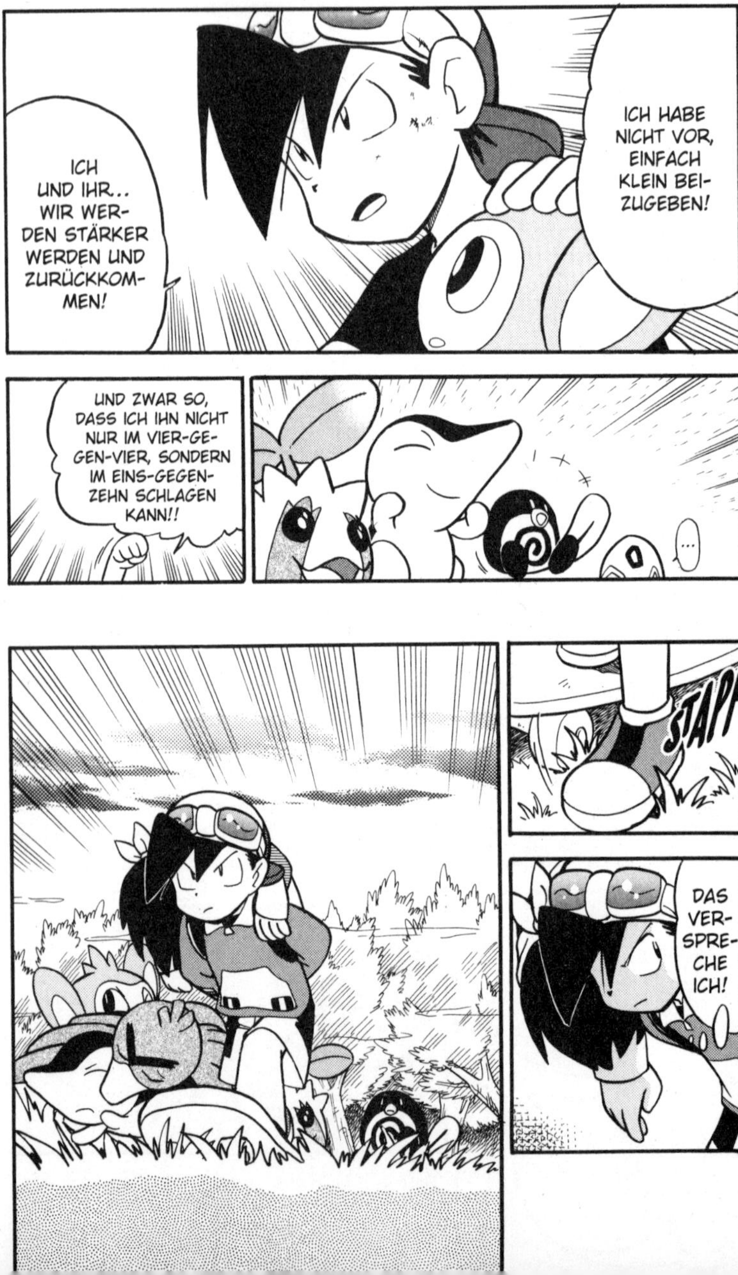
ICH HABE NICHT VOR, EINFACH KLEIN BEI-ZUGEBEN!
ICH UND IHR... WIR WER-DEN STÄRKER WERDEN UND ZURÜCKKOM-MEN!
UND ZWAR SO, DASS ICH IHN NICHT NUR IM VIER-GE-GEN-VIER, SONDERN IM EINS-GEGEN-ZEHN SCHLAGEN KANN!!
...
STAPF
DAS VER-SPRE-CHE ICH!

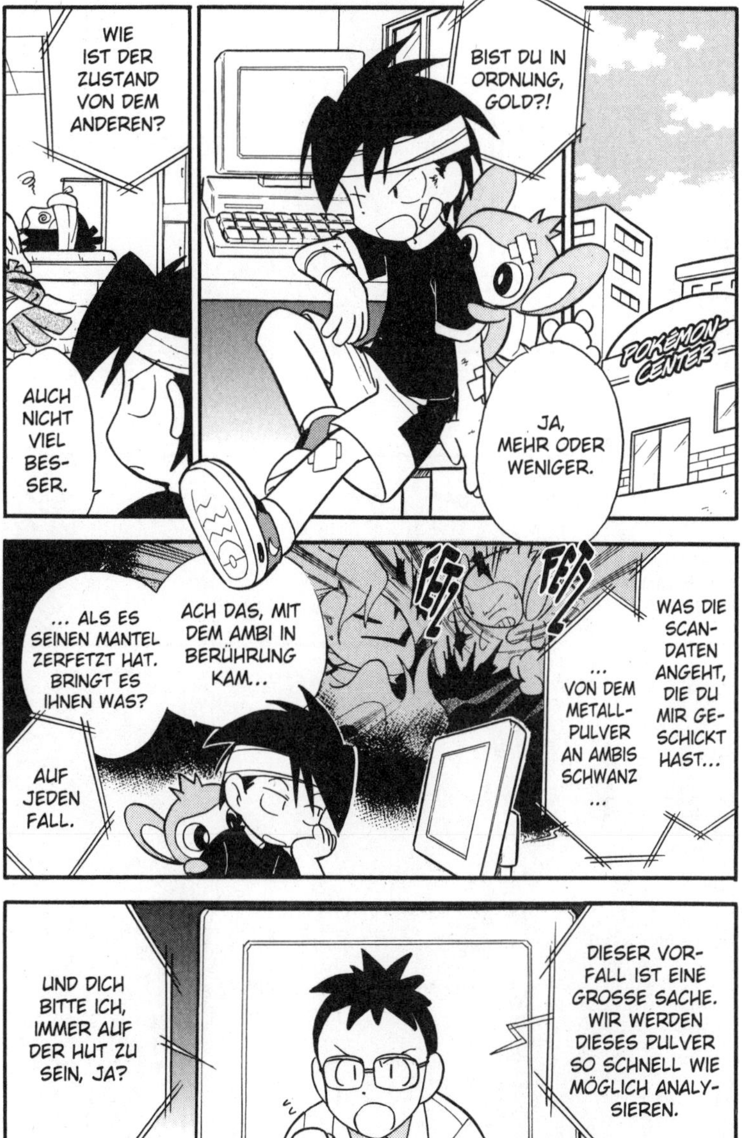
BIST DU IN ORDNUNG, GOLD?!
JA, MEHR ODER WENIGER.
POKEMON-CENTER
WIE IST DER ZUSTAND VON DEM ANDEREN?
AUCH NICHT VIEL BES-SER.
FETZ
FETZ
WAS DIE SCAN-DATEN ANGEHT, DIE DU MIR GE-SCHICKT HAST…
… VON DEM METALL-PULVER AN AMBIS SCHWANZ …
ACH DAS, MIT DEM AMBI IN BERÜHRUNG KAM…
… ALS ES SEINEN MANTEL ZERFETZT HAT. BRINGT ES IHNEN WAS?
AUF JEDEN FALL.
DIESER VOR-FALL IST EINE GROSSE SACHE. WIR WERDEN DIESES PULVER SO SCHNELL WIE MÖGLICH ANALY-SIEREN.
UND DICH BITTE ICH, IMMER AUF DER HUT ZU SEIN, JA?

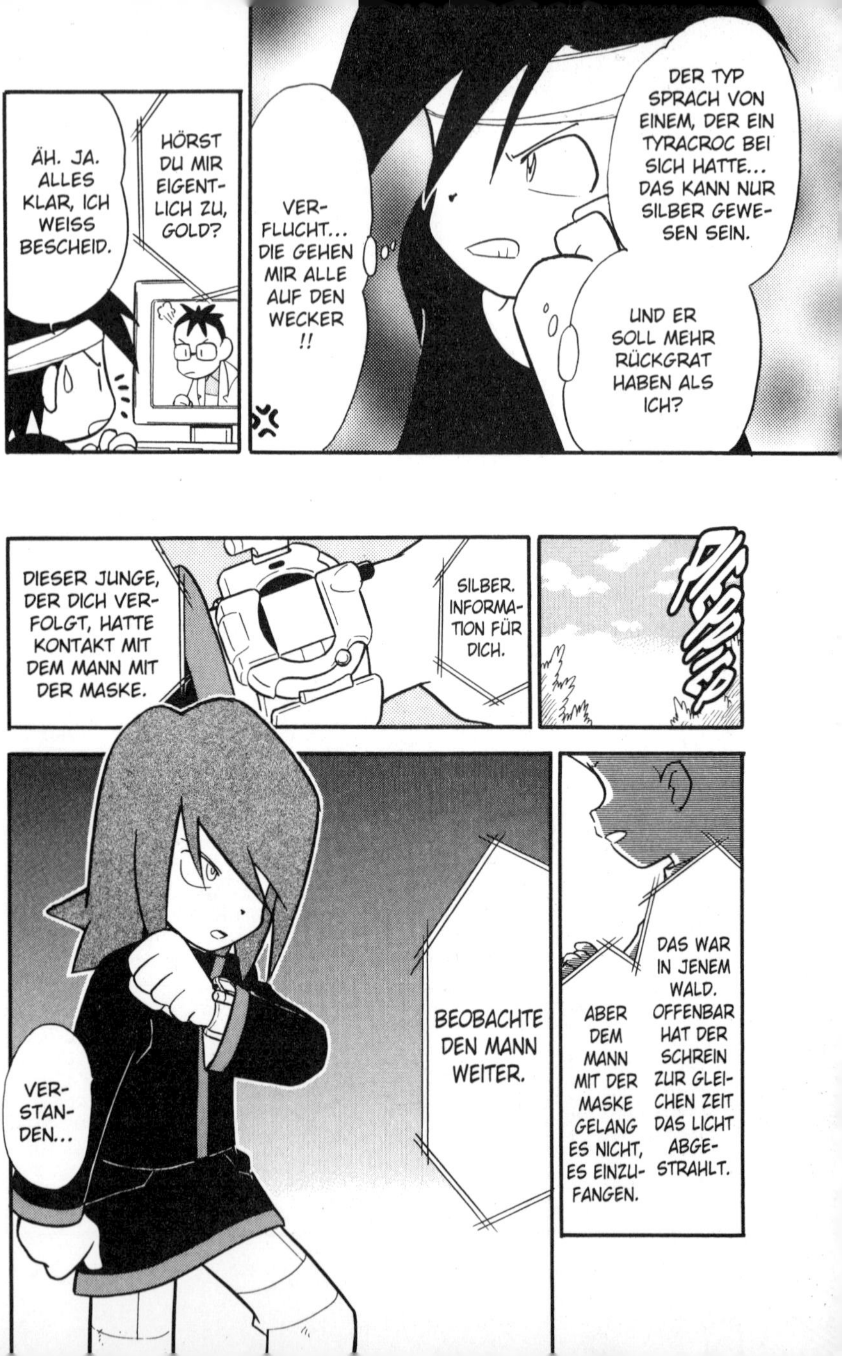

DER TYP SPRACH VON EINEM, DER EIN TYRACROC BEI SICH HATTE... DAS KANN NUR SILBER GEWESEN SEIN.
UND ER SOLL MEHR RÜCKGRAT HABEN ALS ICH?
VERFLUCHT... DIE GEHEN MIR ALLE AUF DEN WECKER !!
HÖRST DU MIR EIGENTLICH ZU, GOLD?
ÄH. JA. ALLES KLAR, ICH WEISS BESCHEID.
SILBER. INFORMATION FÜR DICH.
DIESER JUNGE, DER DICH VERFOLGT, HATTE KONTAKT MIT DEM MANN MIT DER MASKE.
DAS WAR IN JENEM WALD. OFFENBAR HAT DER SCHREIN ZUR GLEICHEN ZEIT DAS LICHT ABGESTRAHLT.
ABER DEM MANN MIT DER MASKE GELANG ES NICHT, ES EINZUFANGEN.
BEOBACHTE DEN MANN WEITER.
VERSTANDEN...

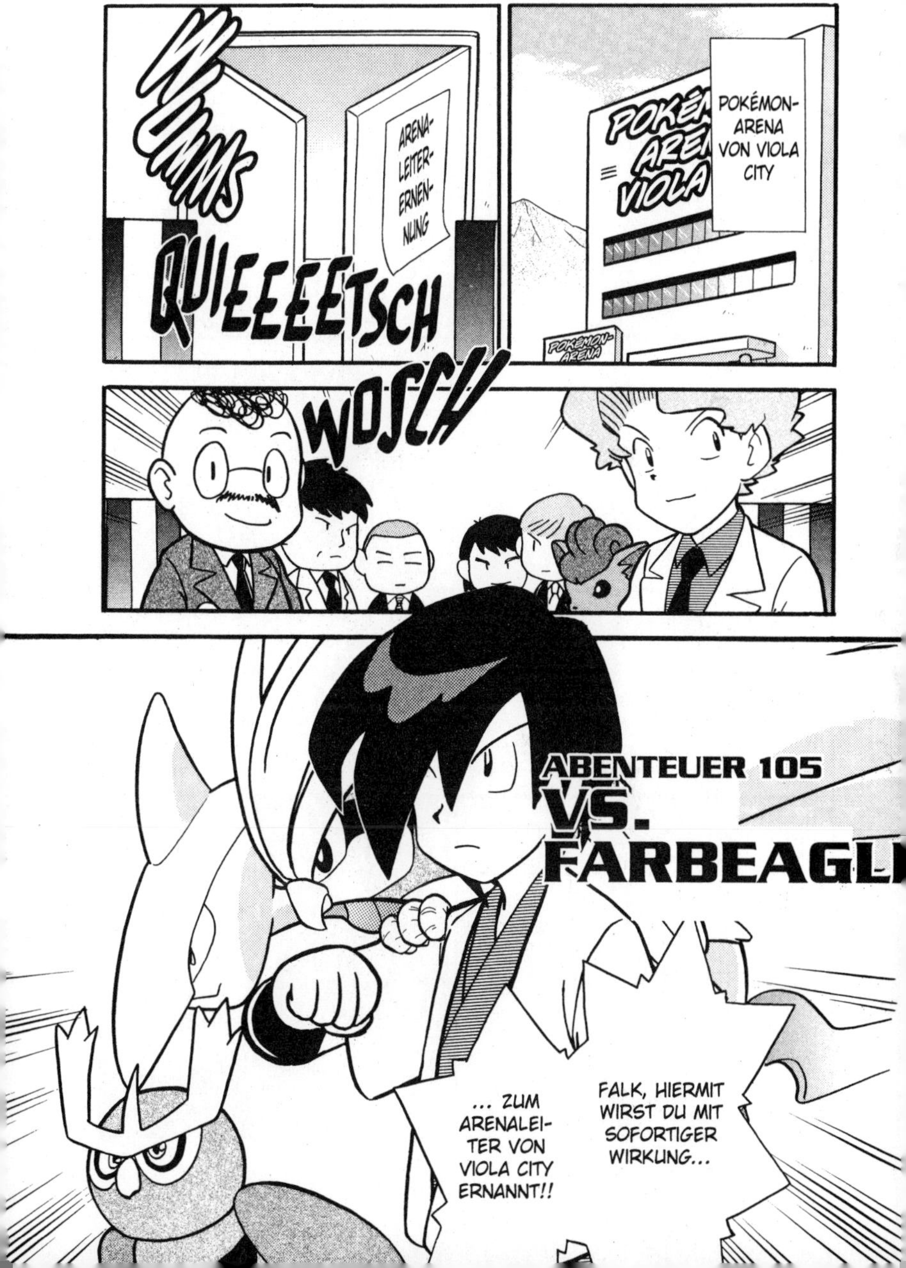
POKÉMON-ARENA VON VIOLA CITY
POKÉMON ARENA VIOLA
POKÉMON-ARENA
ARENA-LEITER-ERNENNUNG
WUMMS
QUIEEEEETSCH
WOSCH
ABENTEUER 105
VS. FARBEAGLE
FALK, HIERMIT WIRST DU MIT SOFORTIGER WIRKUNG...
... ZUM ARENALEITER VON VIOLA CITY ERNANNT!!

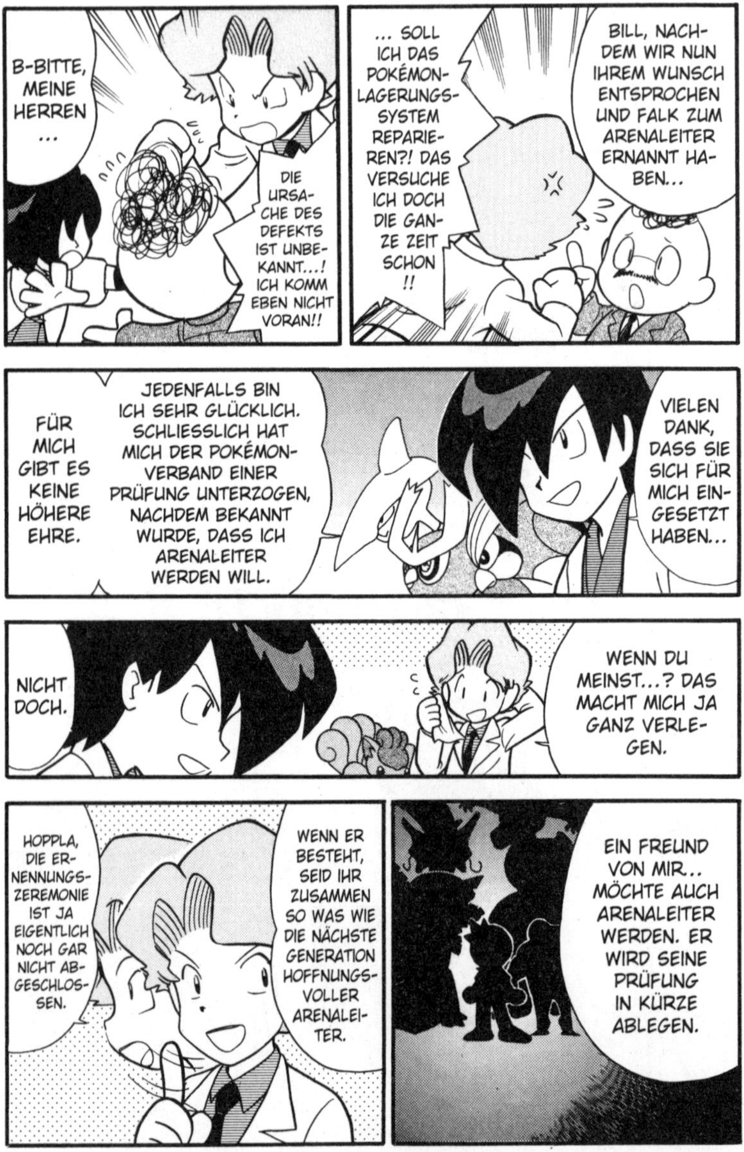
BILL, NACHDEM WIR NUN IHREM WUNSCH ENTSPROCHEN UND FALK ZUM ARENALEITER ERNANNT HABEN…
… SOLL ICH DAS POKÉMON-LAGERUNGSSYSTEM REPARIEREN?! DAS VERSUCHE ICH DOCH DIE GANZE ZEIT SCHON!!
DIE URSACHE DES DEFEKTS IST UNBEKANNT…! ICH KOMM EBEN NICHT VORAN!!
B-BITTE, MEINE HERREN …
VIELEN DANK, DASS SIE SICH FÜR MICH EINGESETZT HABEN…
JEDENFALLS BIN ICH SEHR GLÜCKLICH. SCHLIESSLICH HAT MICH DER POKÉMON-VERBAND EINER PRÜFUNG UNTERZOGEN, NACHDEM BEKANNT WURDE, DASS ICH ARENALEITER WERDEN WILL.
FÜR MICH GIBT ES KEINE HÖHERE EHRE.
WENN DU MEINST…? DAS MACHT MICH JA GANZ VERLEGEN.
NICHT DOCH.
EIN FREUND VON MIR… MÖCHTE AUCH ARENALEITER WERDEN. ER WIRD SEINE PRÜFUNG IN KÜRZE ABLEGEN.
WENN ER BESTEHT, SEID IHR ZUSAMMEN SO WAS WIE DIE NÄCHSTE GENERATION HOFFNUNGSVOLLER ARENALEITER.
HOPPLA, DIE ERNENNUNGSZEREMONIE IST JA EIGENTLICH NOCH GAR NICHT ABGESCHLOSSEN.

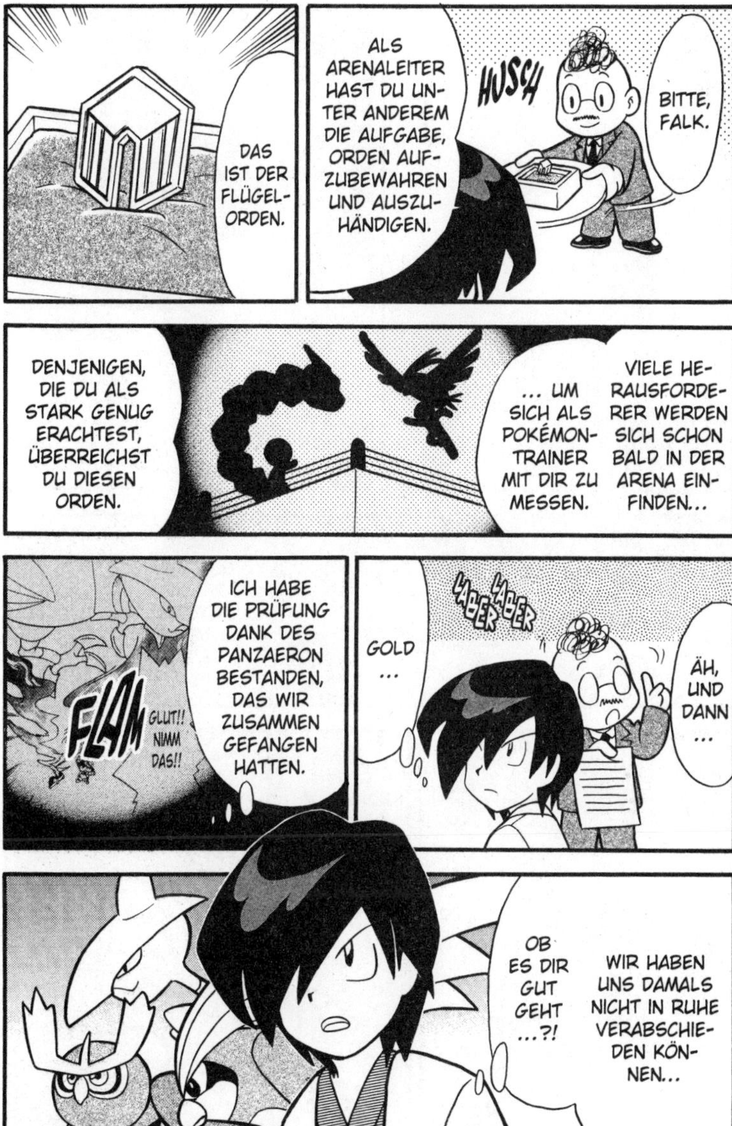
BITTE, FALK.
HUSCH
ALS ARENALEITER HAST DU UNTER ANDEREM DIE AUFGABE, ORDEN AUFZUBEWAHREN UND AUSZUHÄNDIGEN.
DAS IST DER FLÜGELORDEN.
VIELE HERAUSFORDERER WERDEN SICH SCHON BALD IN DER ARENA EINFINDEN…
… UM SICH ALS POKÉMON-TRAINER MIT DIR ZU MESSEN.
DENJENIGEN, DIE DU ALS STARK GENUG ERACHTEST, ÜBERREICHST DU DIESEN ORDEN.
LABER LABER
ÄH, UND DANN …
GOLD …
ICH HABE DIE PRÜFUNG DANK DES PANZAERON BESTANDEN, DAS WIR ZUSAMMEN GEFANGEN HATTEN.
FLAM
GLUT!! NIMM DAS!!
WIR HABEN UNS DAMALS NICHT IN RUHE VERABSCHIEDEN KÖNNEN…
OB ES DIR GUT GEHT …?!

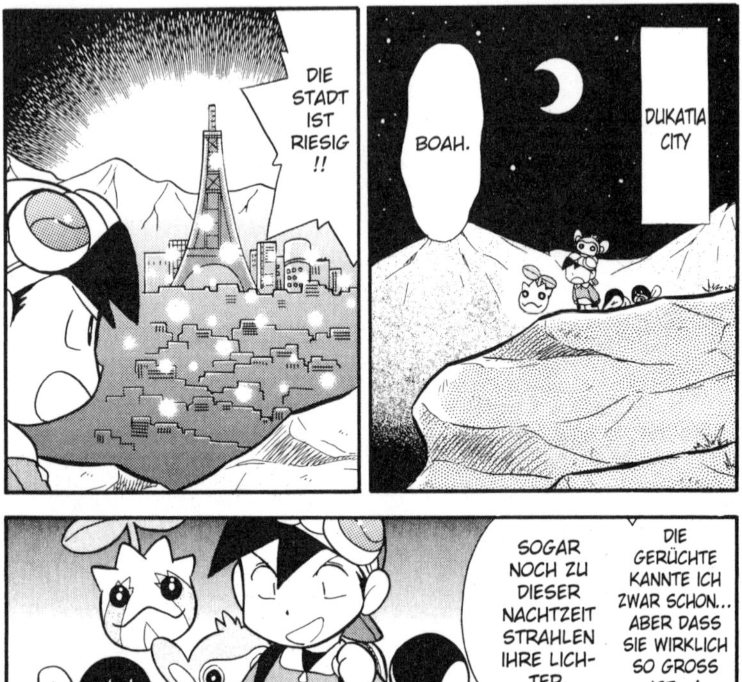
DUKATIA CITY
BOAH.
DIE STADT IST RIESIG!!
DIE GERÜCHTE KANNTE ICH ZWAR SCHON... ABER DASS SIE WIRKLICH SO GROSS IST...!
SOGAR NOCH ZU DIESER NACHTZEIT STRAHLEN IHRE LICHTER.
KAUFHAUS, SPIELHALLE... ES SOLL DORT LAUTER TOLLE SACHEN GEBEN.
PIEP
ABER LEIDER BIN ICH IMMER NOCH VÖLLIG PLEITE.
LEERE
NA JA, SO IST ES EBEN. ICH WERDE MICH JETZT HINHAUEN UND MORGEN ÜBER MEINE FINANZEN NACHDENKEN.
GÄHN

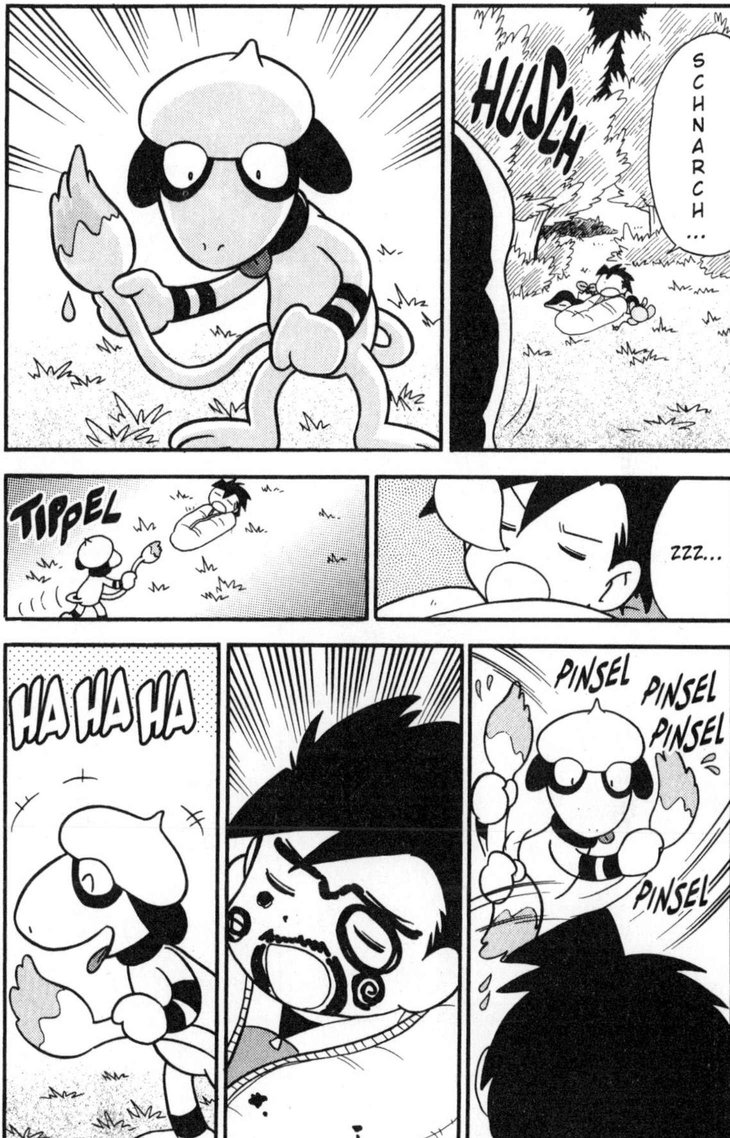
HUSCH
SCHNARCH...
TIPPEL
ZZZ...
HA HA HA
PINSEL
PINSEL
PINSEL
PINSEL

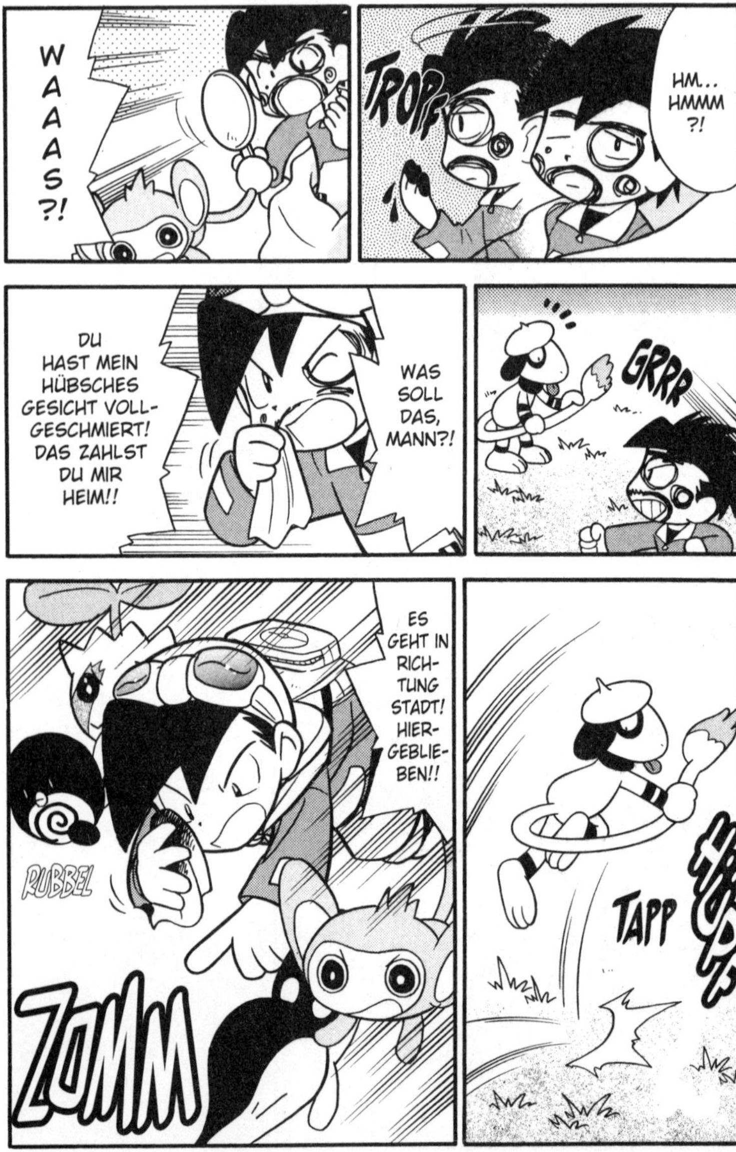
HM... HMMM?!
TROPF
WAAAAS?!
GRRR
WAS SOLL DAS, MANN?!
DU HAST MEIN HÜBSCHES GESICHT VOLLGESCHMIERT! DAS ZAHLST DU MIR HEIM!!
HÜPF
TAPP
ES GEHT IN RICHTUNG STADT! HIERGEBLIEBEN!!
RUBBEL
ZOMM

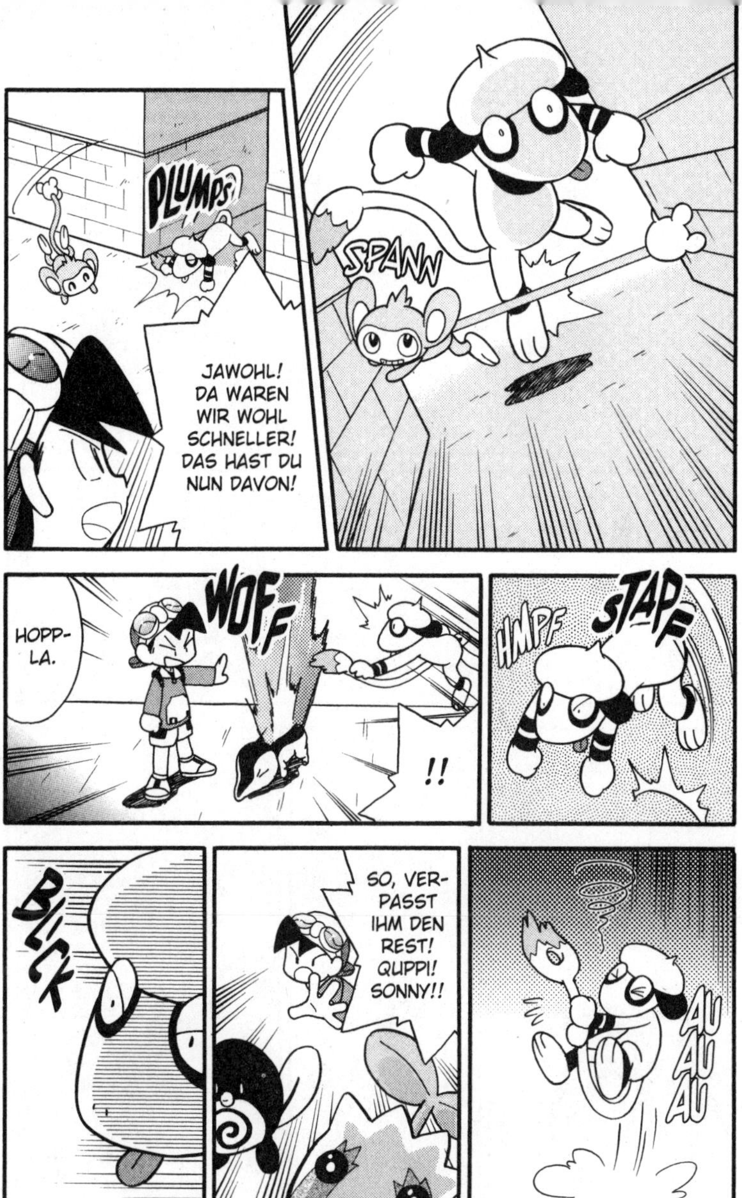
PLUMPS
JAWOHL! DA WAREN WIR WOHL SCHNELLER! DAS HAST DU NUN DAVON!
SPANN
HOPP-LA.
WOFF
!!
HMPF
STAPF
BLICK
SO, VERPASST IHM DEN REST! QUPPI! SONNY!!
AU AU AU

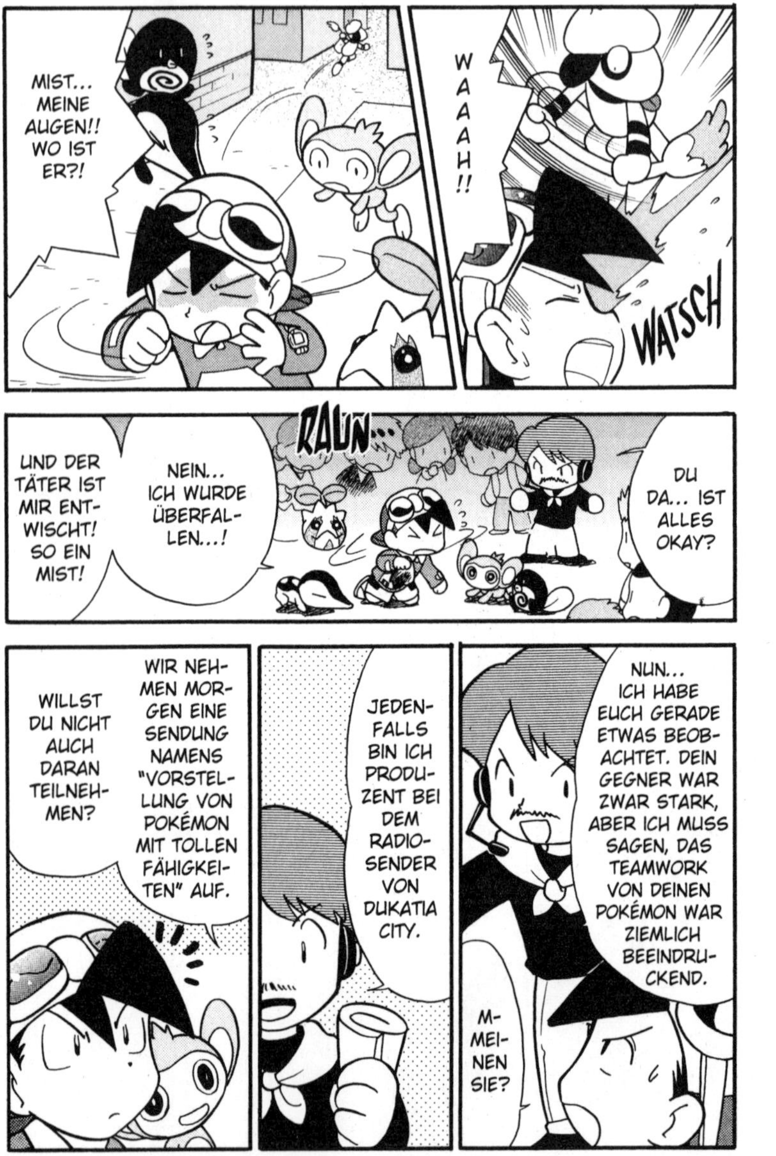
WAAAAH!!
WATSCH
MIST... MEINE AUGEN!! WO IST ER?!
RAUN...
DU DA... IST ALLES OKAY?
NEIN... ICH WURDE ÜBERFALLEN...!
UND DER TÄTER IST MIR ENTWISCHT! SO EIN MIST!
NUN... ICH HABE EUCH GERADE ETWAS BEOBACHTET. DEIN GEGNER WAR ZWAR STARK, ABER ICH MUSS SAGEN, DAS TEAMWORK VON DEINEN POKÉMON WAR ZIEMLICH BEEINDRUCKEND.
M-MEINEN SIE?
JEDENFALLS BIN ICH PRODUZENT BEI DEM RADIOSENDER VON DUKATIA CITY.
WIR NEHMEN MORGEN EINE SENDUNG NAMENS "VORSTELLUNG VON POKÉMON MIT TOLLEN FÄHIGKEITEN" AUF.
WILLST DU NICHT AUCH DARAN TEILNEHMEN?

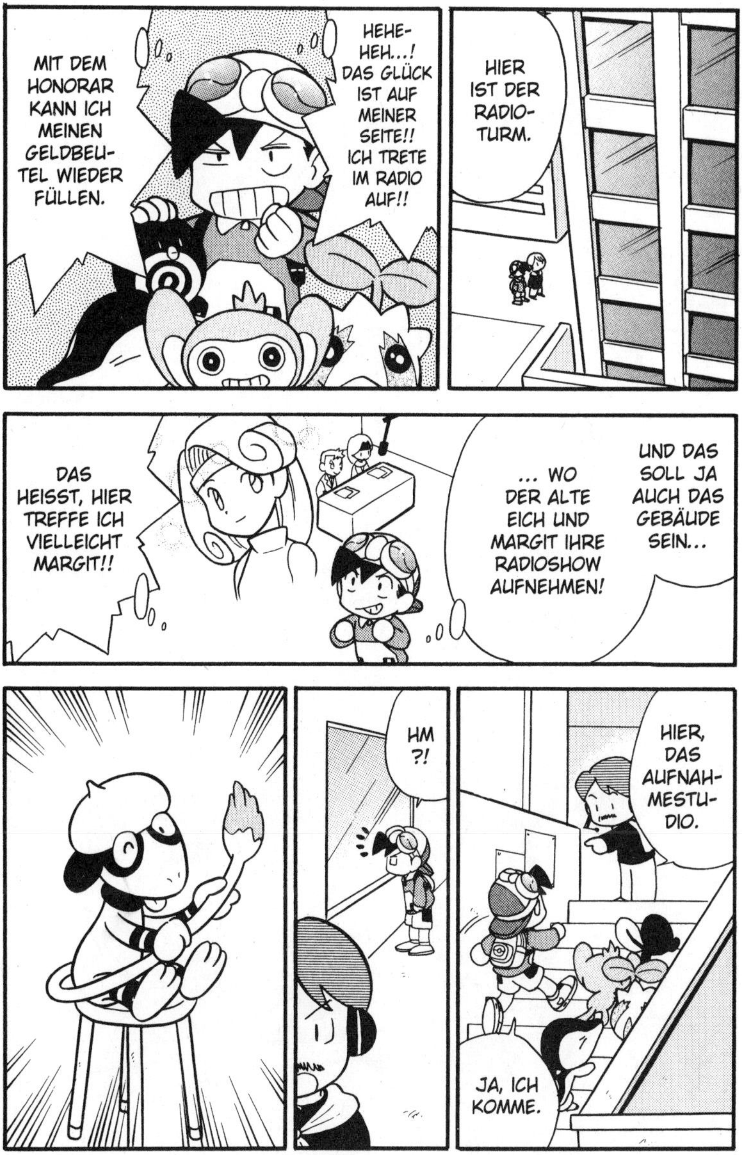
HEHE-HEH...! DAS GLÜCK IST AUF MEINER SEITE!! ICH TRETE IM RADIO AUF!!
MIT DEM HONORAR KANN ICH MEINEN GELDBEUTEL WIEDER FÜLLEN.
HIER IST DER RADIOTURM.
UND DAS SOLL JA AUCH DAS GEBÄUDE SEIN...
... WO DER ALTE EICH UND MARGIT IHRE RADIOSHOW AUFNEHMEN!
DAS HEISST, HIER TREFFE ICH VIELLEICHT MARGIT!!
HM ?!
HIER, DAS AUFNAHMESTUDIO.
JA, ICH KOMME.

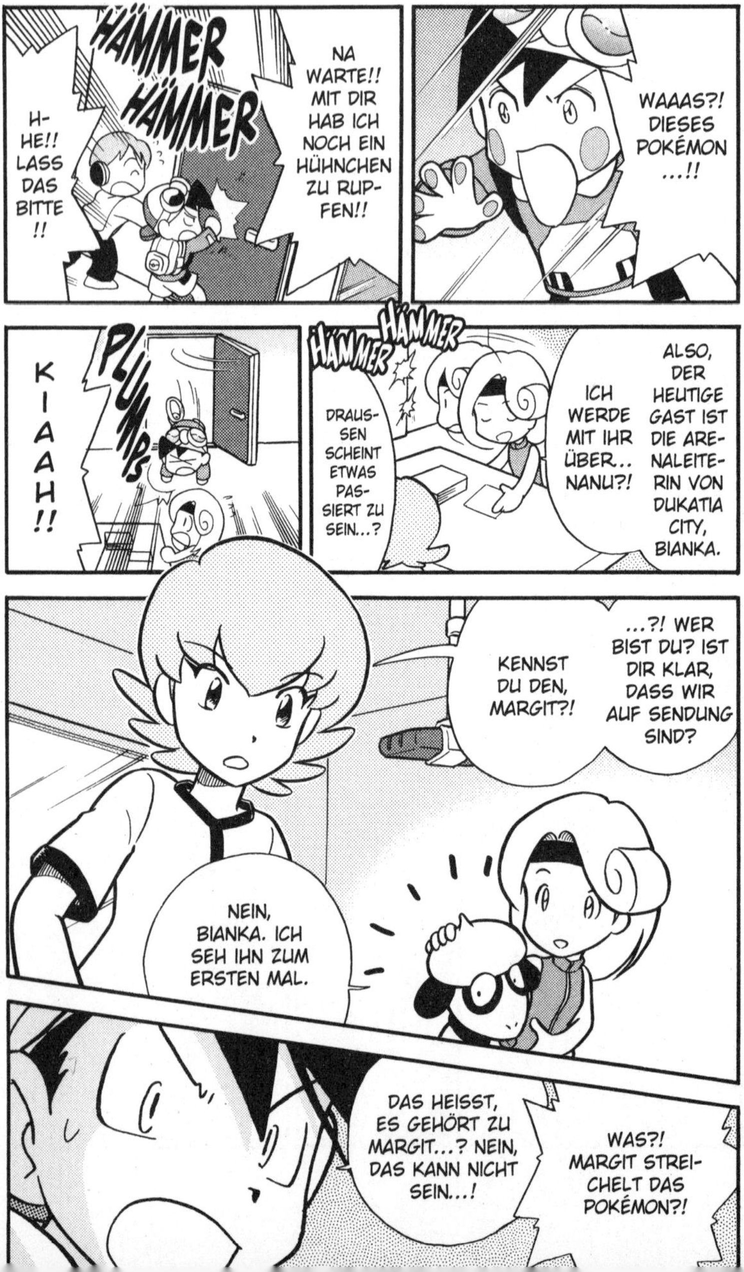
WAAAS?! DIESES POKÉMON ...!!
NA WARTE!! MIT DIR HAB ICH NOCH EIN HÜHNCHEN ZU RUPFEN!!
HÄMMER HÄMMER
H-HE!! LASS DAS BITTE!!
ALSO, DER HEUTIGE GAST IST DIE ARENALEITERIN VON DUKATIA CITY, BIANKA.
ICH WERDE MIT IHR ÜBER... NANU?!
HÄMMER HÄMMER
DRAUSSEN SCHEINT ETWAS PASSIERT ZU SEIN...?
PLUMPS
KIAAAH!!
...?! WER BIST DU? IST DIR KLAR, DASS WIR AUF SENDUNG SIND?
KENNST DU DEN, MARGIT?!
NEIN, BIANKA. ICH SEH IHN ZUM ERSTEN MAL.
WAS?! MARGIT STREICHELT DAS POKÉMON?!
DAS HEISST, ES GEHÖRT ZU MARGIT...? NEIN, DAS KANN NICHT SEIN...!

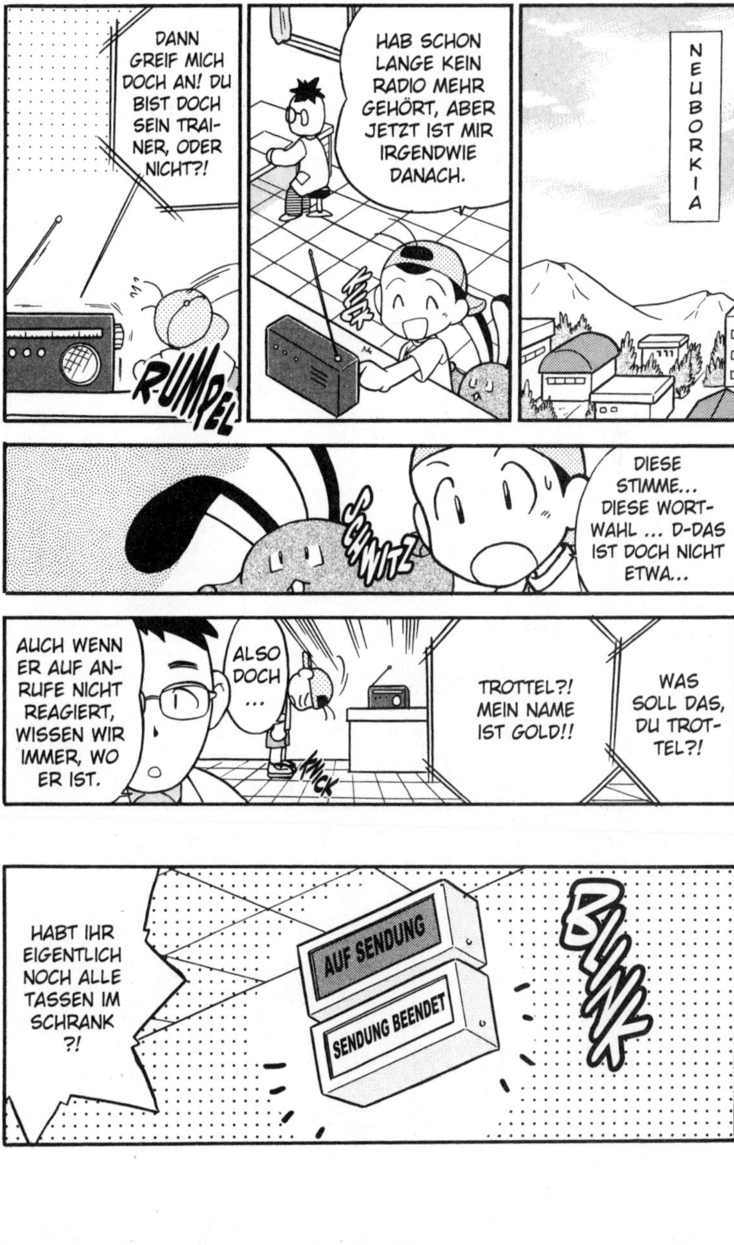
NEUBORKIA
HAB SCHON LANGE KEIN RADIO MEHR GEHÖRT, ABER JETZT IST MIR IRGENDWIE DANACH.
KLICK
DANN GREIF MICH DOCH AN! DU BIST DOCH SEIN TRAINER, ODER NICHT?!
R-RUMPEL
DIESE STIMME... DIESE WORTWAHL ... D-DAS IST DOCH NICHT ETWA...
SCHNITZ
WAS SOLL DAS, DU TROTTEL?!
TROTTEL?! MEIN NAME IST GOLD!!
KNICK
ALSO DOCH ...
AUCH WENN ER AUF ANRUFE NICHT REAGIERT, WISSEN WIR IMMER, WO ER IST.
BLINK
AUF SENDUNG
SENDUNG BEENDET
HABT IHR EIGENTLICH NOCH ALLE TASSEN IM SCHRANK ?!

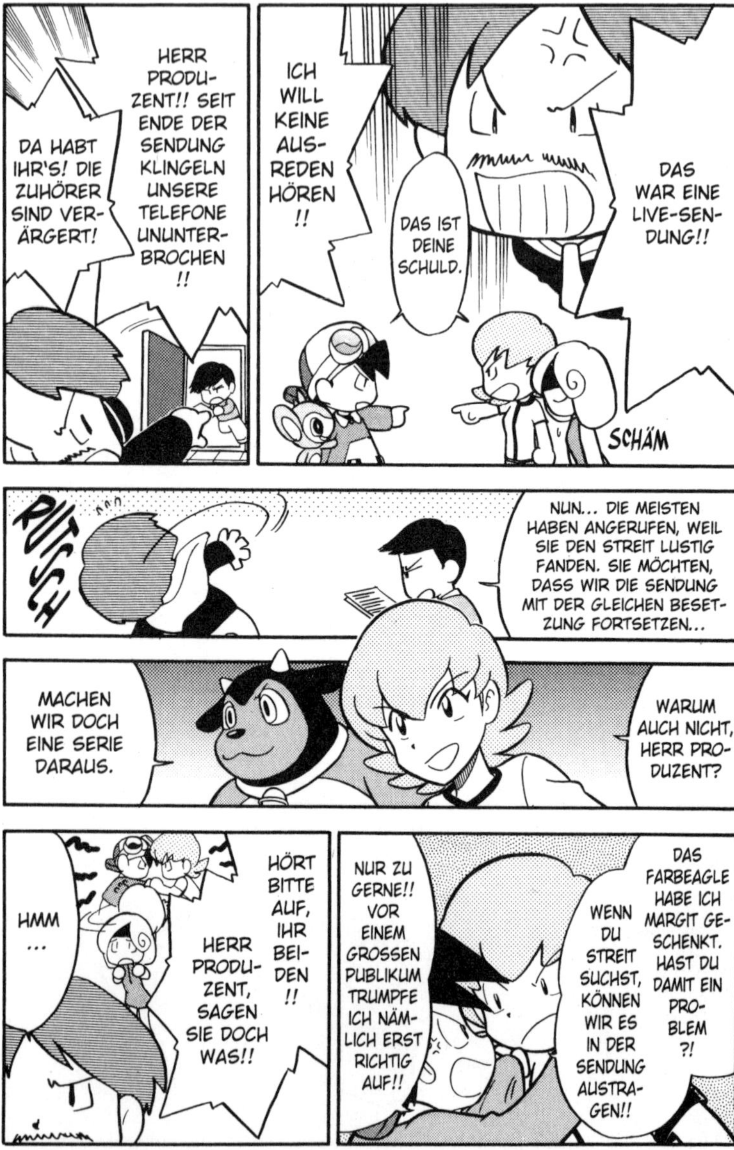
DAS WAR EINE LIVE-SENDUNG!!
DAS IST DEINE SCHULD.
ICH WILL KEINE AUSREDEN HÖREN!!
SCHÄM
HERR PRODUZENT!! SEIT ENDE DER SENDUNG KLINGELN UNSERE TELEFONE UNUNTERBROCHEN!!
DA HABT IHR'S! DIE ZUHÖRER SIND VERÄRGERT!
NUN... DIE MEISTEN HABEN ANGERUFEN, WEIL SIE DEN STREIT LUSTIG FANDEN. SIE MÖCHTEN, DASS WIR DIE SENDUNG MIT DER GLEICHEN BESETZUNG FORTSETZEN...
RUTSCH
WARUM AUCH NICHT, HERR PRODUZENT?
MACHEN WIR DOCH EINE SERIE DARAUS.
DAS FARBEAGLE HABE ICH MARGIT GESCHENKT. HAST DU DAMIT EIN PROBLEM?!
WENN DU STREIT SUCHST, KÖNNEN WIR ES IN DER SENDUNG AUSTRAGEN!!
NUR ZU GERNE!! VOR EINEM GROSSEN PUBLIKUM TRUMPFE ICH NÄMLICH ERST RICHTIG AUF!!
HÖRT BITTE AUF, IHR BEIDEN!!
HERR PRODUZENT, SAGEN SIE DOCH WAS!!
HMM ...

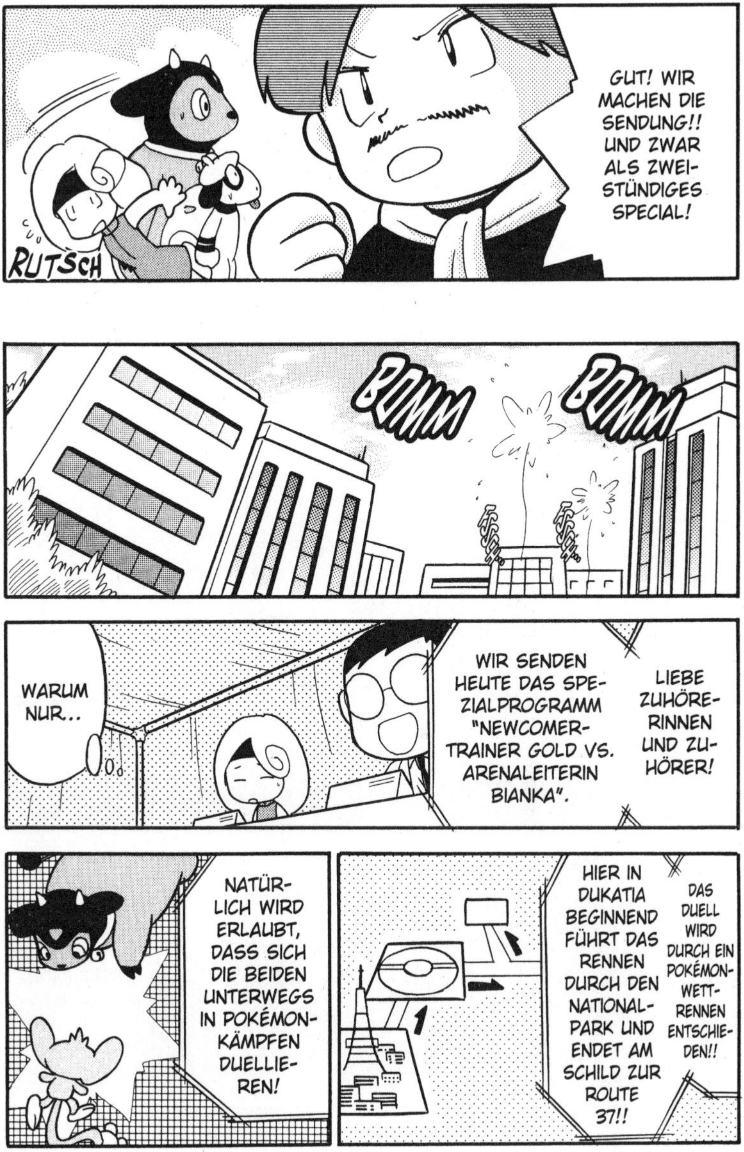
GUT! WIR MACHEN DIE SENDUNG!! UND ZWAR ALS ZWEI-STÜNDIGES SPECIAL!
RUTSCH
BOMM
BOMM
LIEBE ZUHÖRE-RINNEN UND ZU-HÖRER!
WIR SENDEN HEUTE DAS SPE-ZIALPROGRAMM "NEWCOMER-TRAINER GOLD VS. ARENALEITERIN BIANKA".
WARUM NUR...
DAS DUELL WIRD DURCH EIN POKÉMON-WETT-RENNEN ENTSCHIE-DEN!!
HIER IN DUKATIA BEGINNEND FÜHRT DAS RENNEN DURCH DEN NATIONAL-PARK UND ENDET AM SCHILD ZUR ROUTE 37!!
NATÜR-LICH WIRD ERLAUBT, DASS SICH DIE BEIDEN UNTERWEGS IN POKÉMON-KÄMPFEN DUELLIE-REN!

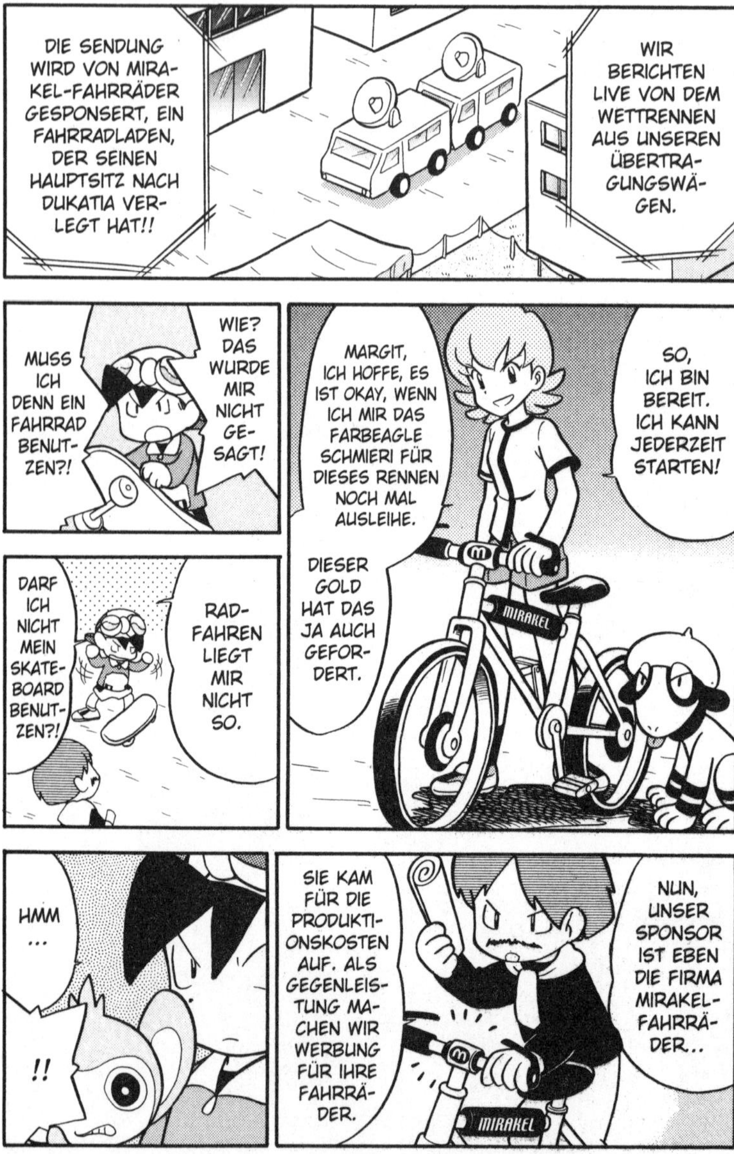
WIR BERICHTEN LIVE VON DEM WETTRENNEN AUS UNSEREN ÜBERTRAGUNGSWÄGEN.
DIE SENDUNG WIRD VON MIRAKEL-FAHRRÄDER GESPONSERT, EIN FAHRRADLADEN, DER SEINEN HAUPTSITZ NACH DUKATIA VERLEGT HAT!!
SO, ICH BIN BEREIT. ICH KANN JEDERZEIT STARTEN!
MARGIT, ICH HOFFE, ES IST OKAY, WENN ICH MIR DAS FARBEAGLE SCHMIERI FÜR DIESES RENNEN NOCH MAL AUSLEIHE.
DIESER GOLD HAT DAS JA AUCH GEFORDERT.
MIRAKEL
WIE? DAS WURDE MIR NICHT GESAGT!
MUSS ICH DENN EIN FAHRRAD BENUTZEN?!
RADFAHREN LIEGT MIR NICHT SO.
DARF ICH NICHT MEIN SKATEBOARD BENUTZEN?!
NUN, UNSER SPONSOR IST EBEN DIE FIRMA MIRAKEL-FAHRRÄDER...
SIE KAM FÜR DIE PRODUKTIONSKOSTEN AUF. ALS GEGENLEISTUNG MACHEN WIR WERBUNG FÜR IHRE FAHRRÄDER.
MIRAKEL
HMM ...
!!

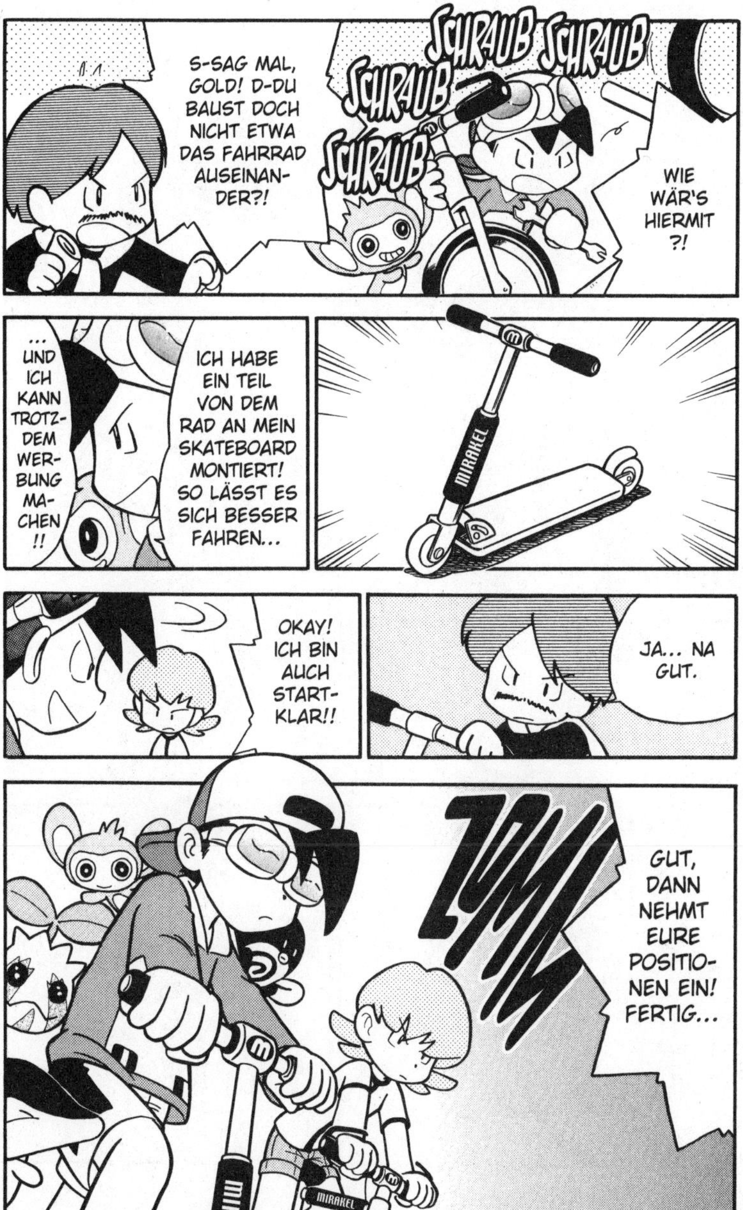
S-SAG MAL, GOLD! D-DU BAUST DOCH NICHT ETWA DAS FAHRRAD AUSEINANDER?!
SCHRAUB SCHRAUB SCHRAUB SCHRAUB
WIE WÄR'S HIERMIT ?!
ICH HABE EIN TEIL VON DEM RAD AN MEIN SKATEBOARD MONTIERT! SO LÄSST ES SICH BESSER FAHREN…
… UND ICH KANN TROTZDEM WERBUNG MACHEN !!
MIRAKEL
JA… NA GUT.
OKAY! ICH BIN AUCH STARTKLAR!!
GUT, DANN NEHMT EURE POSITIONEN EIN! FERTIG…
MIRAKEL
MIRAKEL

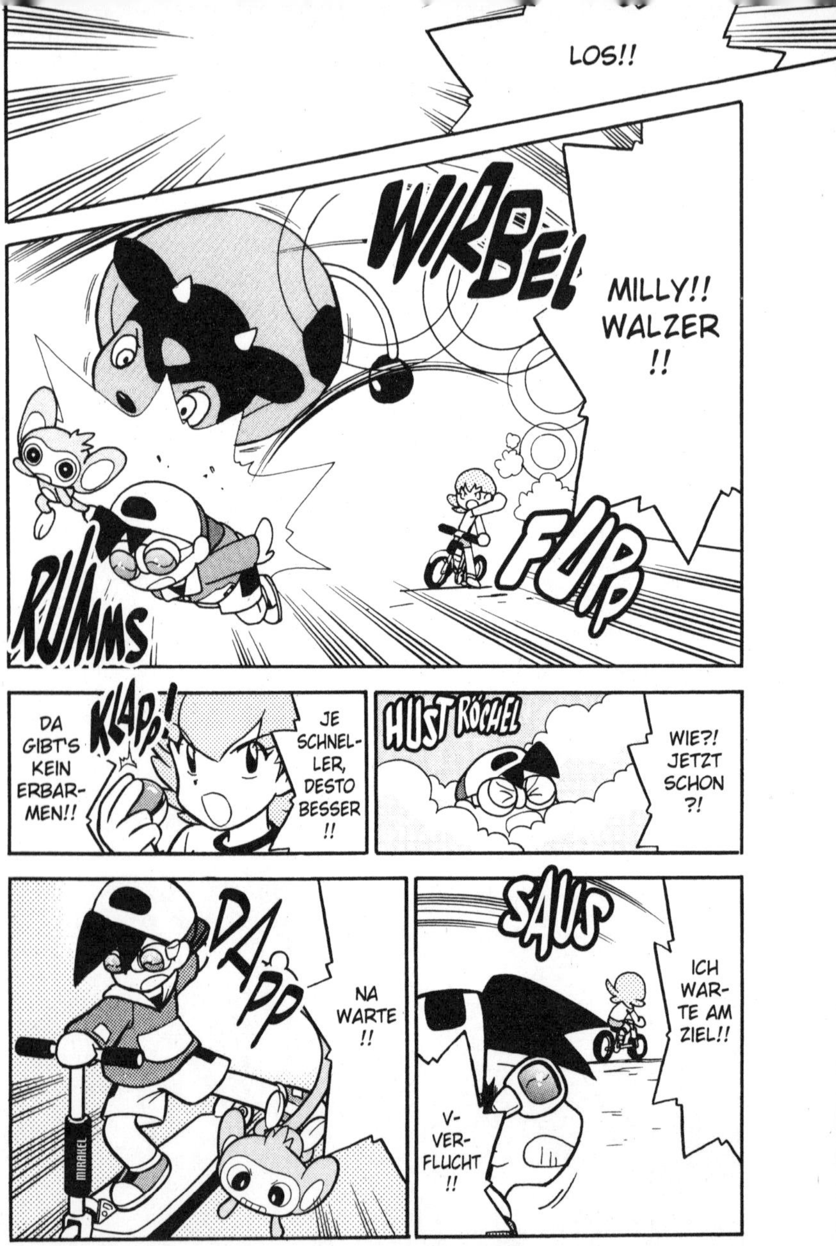

LOS!!
WIRBEL
MILLY!! WALZER!!
FLUPP
RUMMS
HUST RÖCHEL
WIE?! JETZT SCHON?!
JE SCHNELLER, DESTO BESSER!!
KLAPP!
DA GIBT'S KEIN ERBARMEN!!
SAUS
ICH WARTE AM ZIEL!!
V-VERFLUCHT!!
DAPP
NA WARTE!!
MIRAKEL

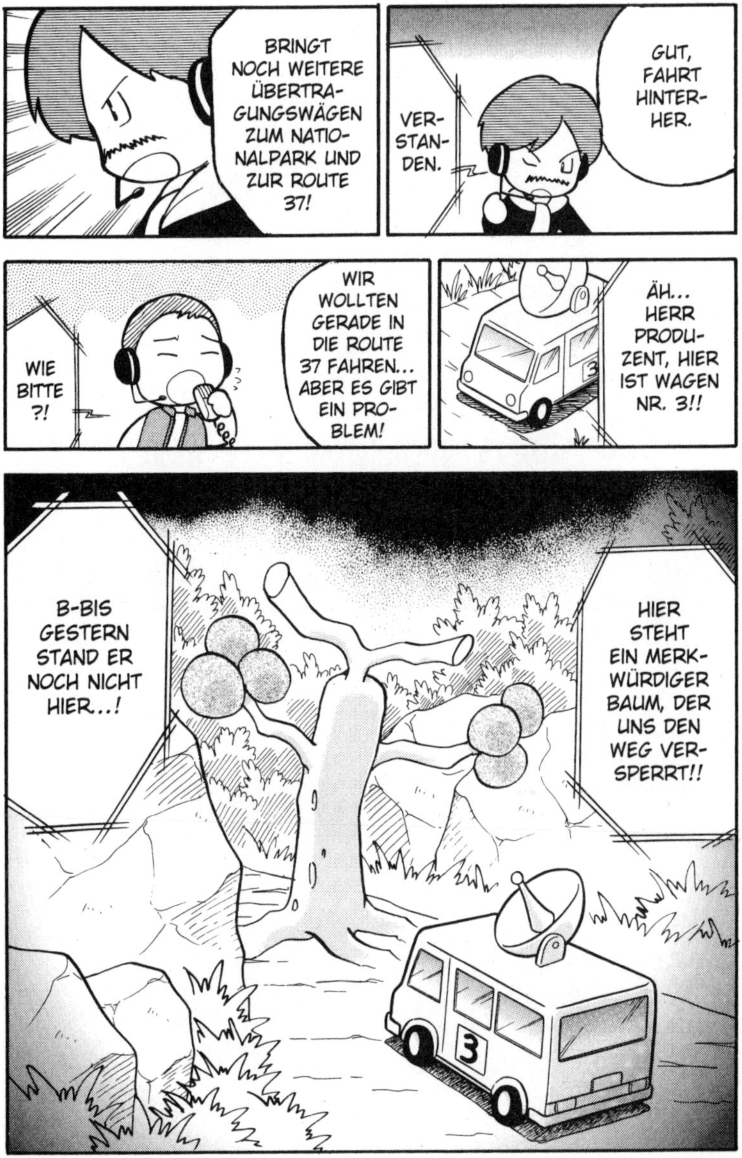
GUT, FAHRT HINTERHER.
VERSTANDEN.
BRINGT NOCH WEITERE ÜBERTRAGUNGSWÄGEN ZUM NATIONALPARK UND ZUR ROUTE 37!
ÄH... HERR PRODUZENT, HIER IST WAGEN NR. 3!!
WIR WOLLTEN GERADE IN DIE ROUTE 37 FAHREN... ABER ES GIBT EIN PROBLEM!
WIE BITTE?!
HIER STEHT EIN MERKWÜRDIGER BAUM, DER UNS DEN WEG VERSPERRT!!
B-BIS GESTERN STAND ER NOCH NICHT HIER...!
3

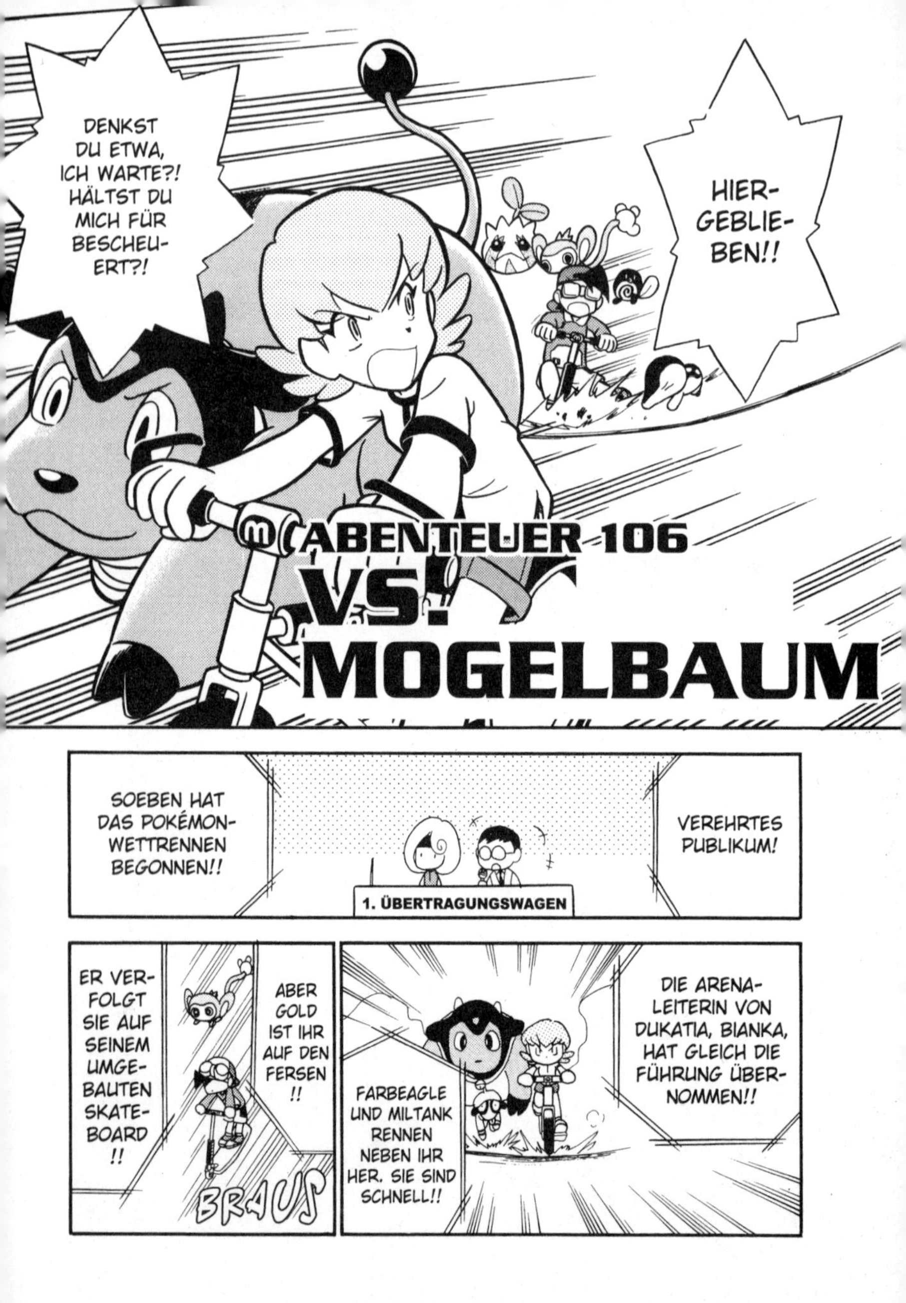
HIER-GEBLIE-BEN!!
DENKST DU ETWA, ICH WARTE?! HÄLTST DU MICH FÜR BESCHEU-ERT?!
ABENTEUER 106
VS. MOGELBAUM
VEREHRTES PUBLIKUM!
SOEBEN HAT DAS POKÉMON-WETTRENNEN BEGONNEN!!
1. ÜBERTRAGUNGSWAGEN
DIE ARENA-LEITERIN VON DUKATIA, BIANKA, HAT GLEICH DIE FÜHRUNG ÜBER-NOMMEN!!
FARBEAGLE UND MILTANK RENNEN NEBEN IHR HER. SIE SIND SCHNELL!!
ABER GOLD IST IHR AUF DEN FERSEN!!
ER VER-FOLGT SIE AUF SEINEM UMGE-BAUTEN SKATE-BOARD!!
BRAUS

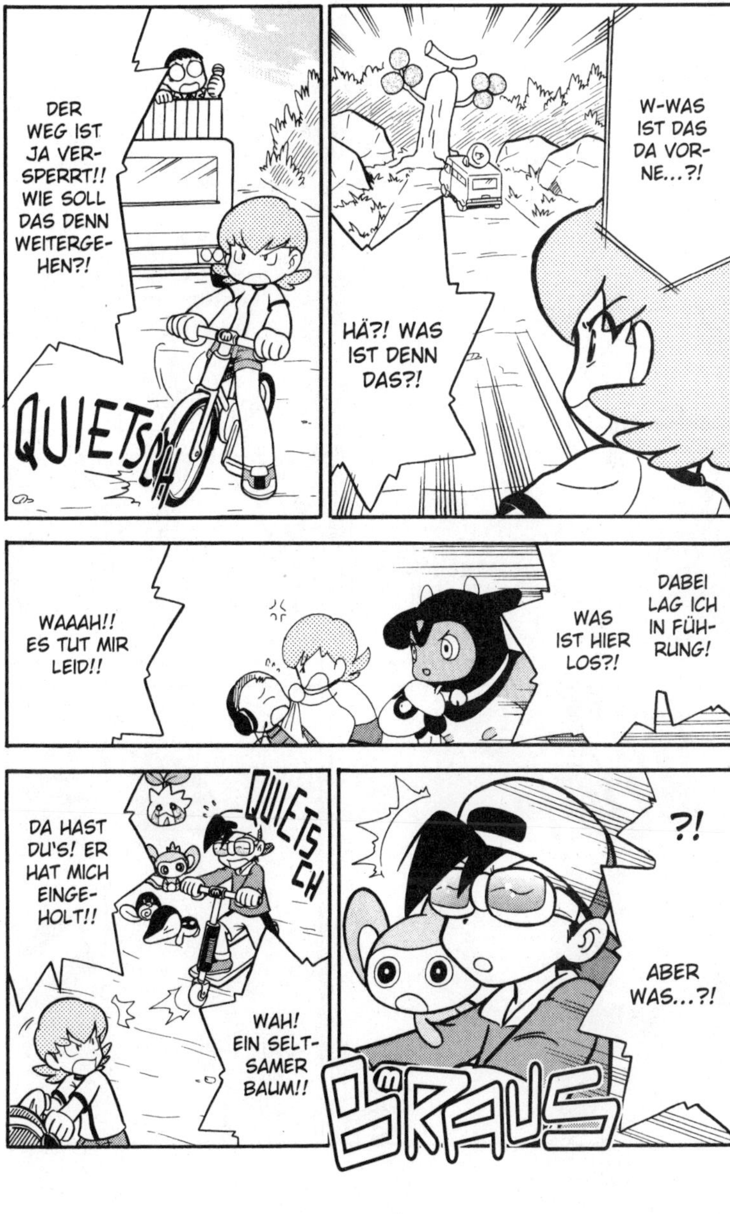

W-WAS IST DAS DA VORNE...?!
HÄ?! WAS IST DENN DAS?!
DER WEG IST JA VERSPERRT!! WIE SOLL DAS DENN WEITERGEHEN?!
QUIETSCH
DABEI LAG ICH IN FÜHRUNG!
WAS IST HIER LOS?!
WAAAH!! ES TUT MIR LEID!!
?!
ABER WAS...?!
BRAUS
DA HAST DU'S! ER HAT MICH EINGEHOLT!!
QUIETSCH
WAH! EIN SELTSAMER BAUM!!

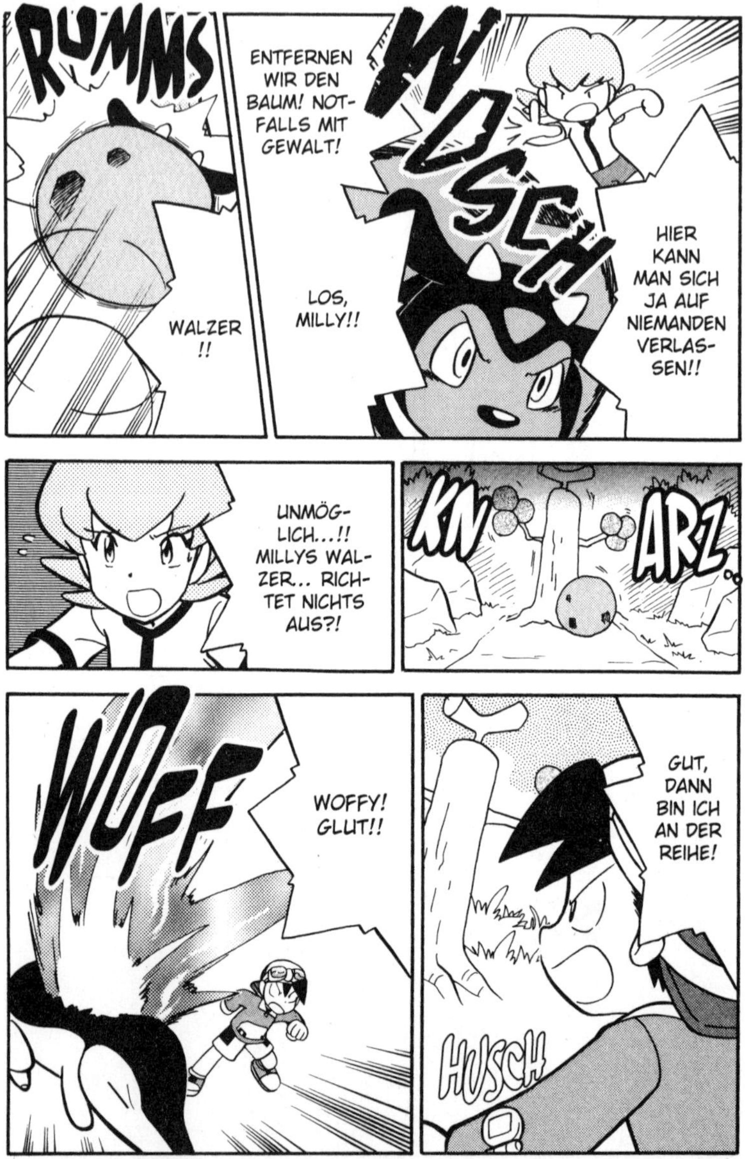
HIER KANN MAN SICH JA AUF NIEMANDEN VERLASSEN!!
WUSCH
ENTFERNEN WIR DEN BAUM! NOTFALLS MIT GEWALT!
LOS, MILLY!!
RUMMS
WALZER!!
KN ARZ
UNMÖGLICH...!! MILLYS WALZER... RICHTET NICHTS AUS?!
GUT, DANN BIN ICH AN DER REIHE!
HUSCH
WOFFY! GLUT!!
WUFF

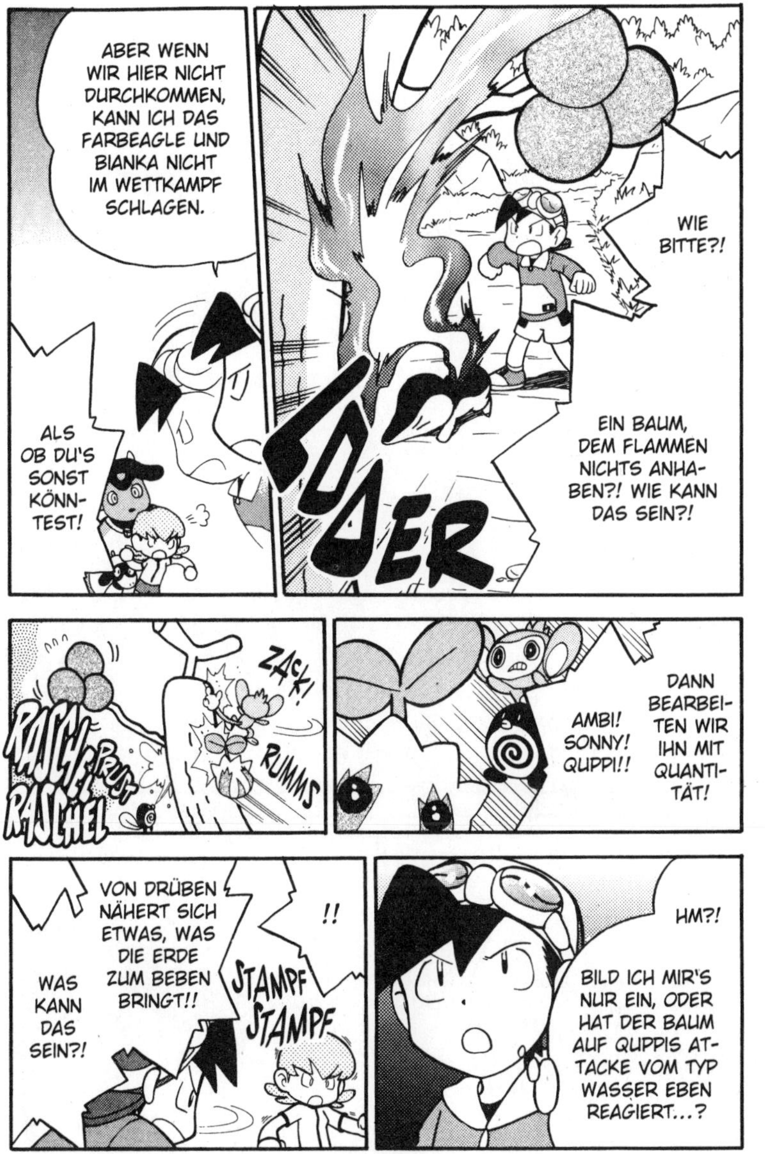
WIE BITTE?!
EIN BAUM, DEM FLAMMEN NICHTS ANHABEN?! WIE KANN DAS SEIN?!
LODER
ABER WENN WIR HIER NICHT DURCHKOMMEN, KANN ICH DAS FARBEAGLE UND BIANKA NICHT IM WETTKAMPF SCHLAGEN.
ALS OB DU'S SONST KÖNNTEST!
DANN BEARBEITEN WIR IHN MIT QUANTITÄT!
AMBI! SONNY! QUPPI!!
ZACK!
RUMMS
RASCHEL RASCHEL
PRUST
HM?!
BILD ICH MIR'S NUR EIN, ODER HAT DER BAUM AUF QUPPIS ATTACKE VOM TYP WASSER EBEN REAGIERT...?
!!
VON DRÜBEN NÄHERT SICH ETWAS, WAS DIE ERDE ZUM BEBEN BRINGT!!
STAMPF STAMPF
WAS KANN DAS SEIN?!

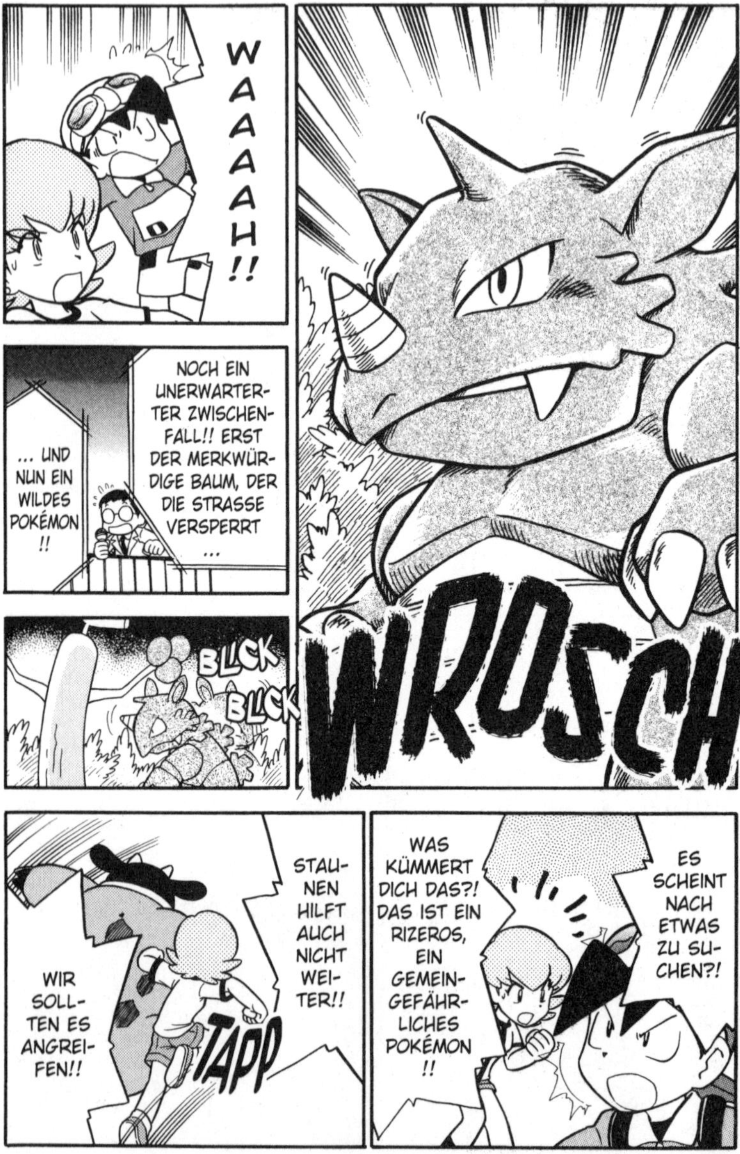
WAAAAAH!!
NOCH EIN UNERWARTERTER ZWISCHENFALL!! ERST DER MERKWÜRDIGE BAUM, DER DIE STRASSE VERSPERRT ...
... UND NUN EIN WILDES POKÉMON !!
BLICK BLICK
WROSCH
ES SCHEINT NACH ETWAS ZU SUCHEN?!
WAS KÜMMERT DICH DAS?! DAS IST EIN RIZEROS, EIN GEMEINGEFÄHRLICHES POKÉMON !!
STAUNEN HILFT AUCH NICHT WEITER!!
WIR SOLLTEN ES ANGREIFEN!!
TAPP

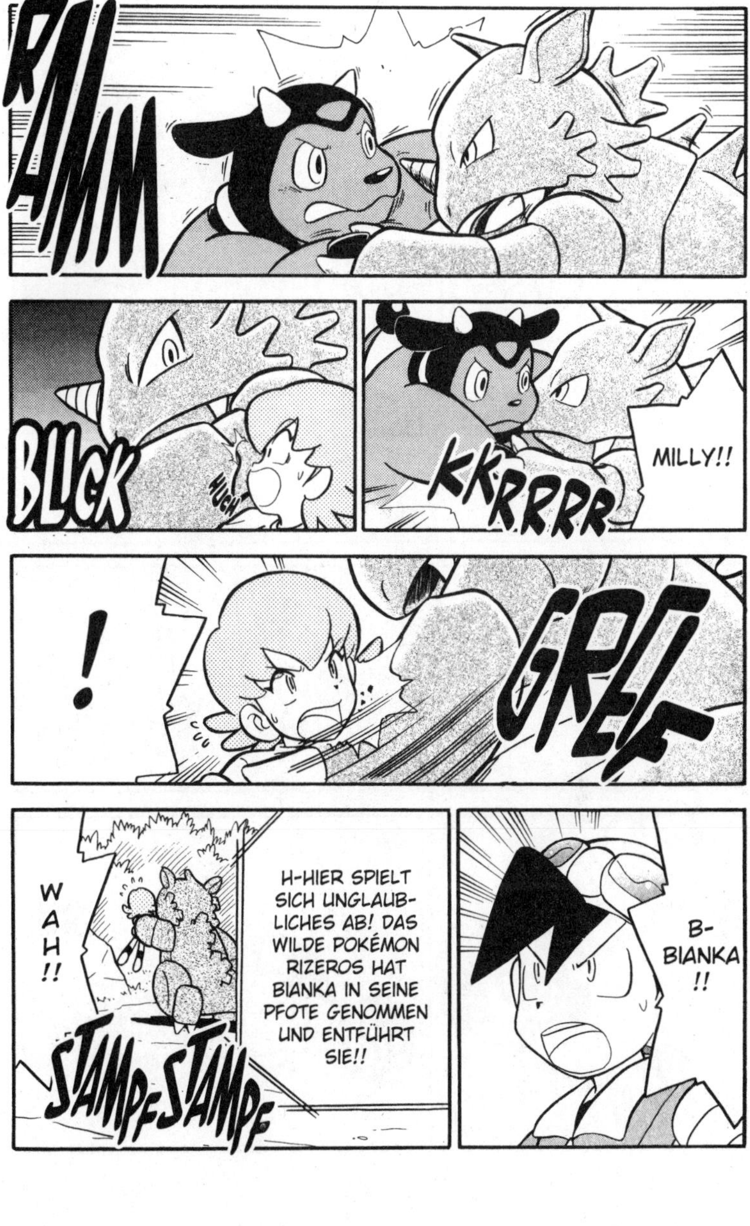
RAMM
BLICK
HUCH
KKRRRR
MILLY!!
!
GREIF
WAH!!
STAMPF STAMPF
H-HIER SPIELT SICH UNGLAUBLICHES AB! DAS WILDE POKÉMON RIZEROS HAT BIANKA IN SEINE PFOTE GENOMMEN UND ENTFÜHRT SIE!!
B-BIANKA!!

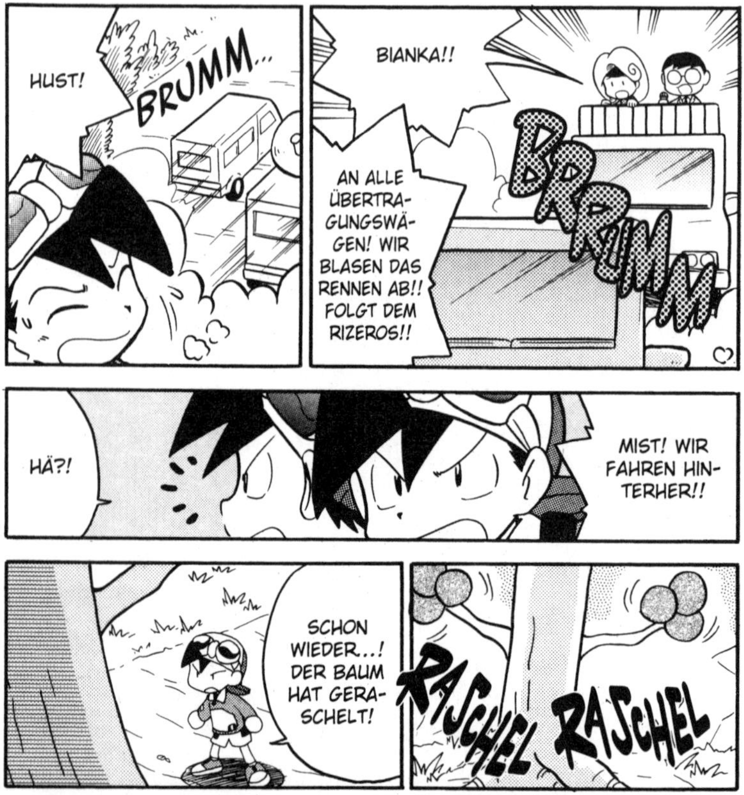
BIANKA!!
BRRRUMM
AN ALLE ÜBERTRAGUNGSWÄGEN! WIR BLASEN DAS RENNEN AB!! FOLGT DEM RIZEROS!!
HUST!
BRUMM...
MIST! WIR FAHREN HINTERHER!!
HÄ?!
RASCHEL RASCHEL
SCHON WIEDER...! DER BAUM HAT GERASCHELT!
GENAU, QUPPI!!
KANNST DU DIE ATTACKE VOM TYP WASSER VON VORHIN WIEDERHOLEN?!
PRUST
PLATSCH!

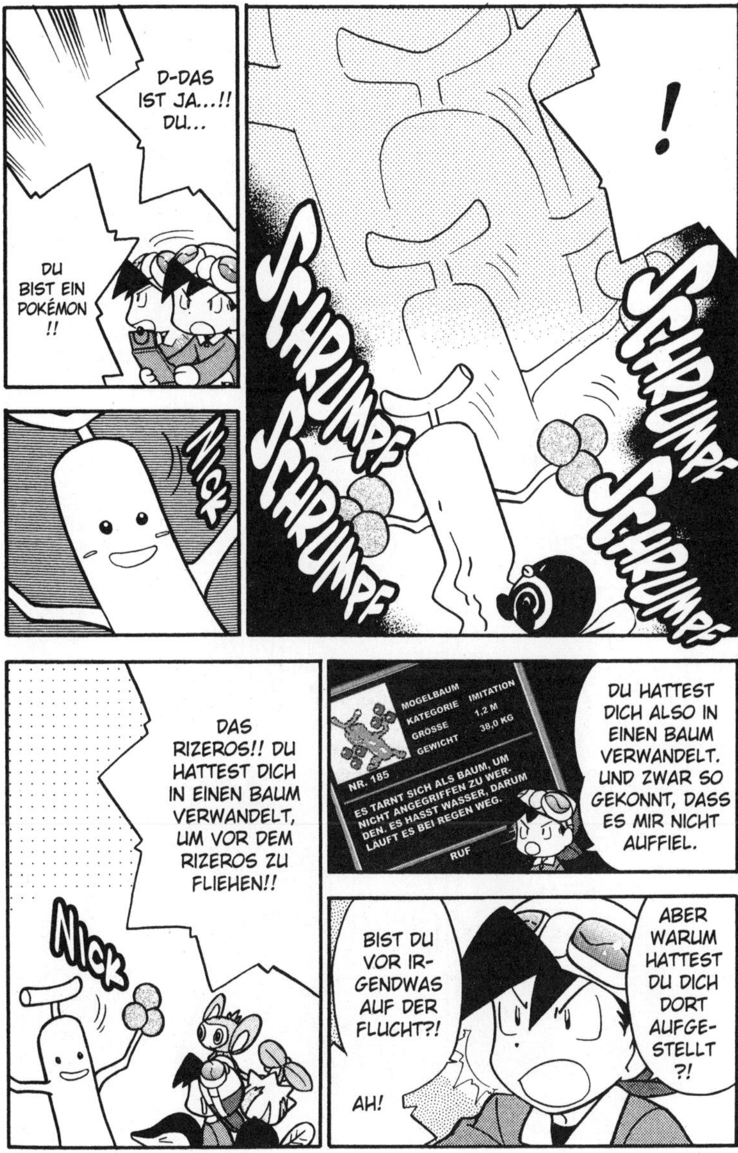
D-DAS IST JA...!! DU...
DU BIST EIN POKÉMON !!
!
SCHRUMPF SCHRUMPF
SCHRUMPF SCHRUMPF
NICK
DAS RIZEROS!! DU HATTEST DICH IN EINEN BAUM VERWANDELT, UM VOR DEM RIZEROS ZU FLIEHEN!!
NICK
MOGELBAUM
KATEGORIE IMITATION
GRÖSSE 1,2 M
GEWICHT 38,0 KG
NR. 185
ES TARNT SICH ALS BAUM, UM NICHT ANGEGRIFFEN ZU WERDEN. ES HASST WASSER, DARUM LÄUFT ES BEI REGEN WEG.
RUF
DU HATTEST DICH ALSO IN EINEN BAUM VERWANDELT. UND ZWAR SO GEKONNT, DASS ES MIR NICHT AUFFIEL.
ABER WARUM HATTEST DU DICH DORT AUFGESTELLT ?!
BIST DU VOR IRGENDWAS AUF DER FLUCHT?!
AH!

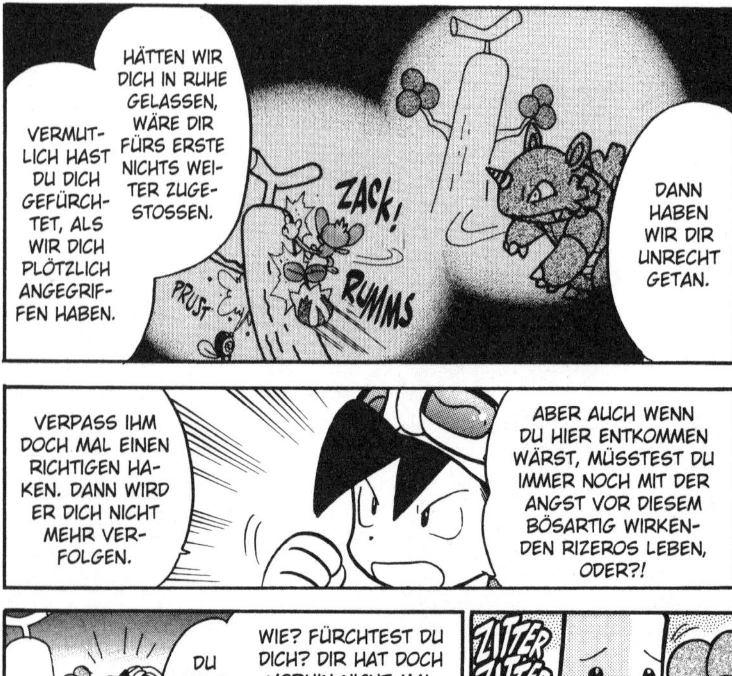
DANN HABEN WIR DIR UNRECHT GETAN.
ZACK!
RUMMS
PRUST
HÄTTEN WIR DICH IN RUHE GELASSEN, WÄRE DIR FÜRS ERSTE NICHTS WEITER ZUGESTOSSEN.
VERMUTLICH HAST DU DICH GEFÜRCHTET, ALS WIR DICH PLÖTZLICH ANGEGRIFFEN HABEN.
ABER AUCH WENN DU HIER ENTKOMMEN WÄRST, MÜSSTEST DU IMMER NOCH MIT DER ANGST VOR DIESEM BÖSARTIG WIRKENDEN RIZEROS LEBEN, ODER?!
VERPASS IHM DOCH MAL EINEN RICHTIGEN HAKEN. DANN WIRD ER DICH NICHT MEHR VERFOLGEN.
ZITTER ZITTER
WIE? FÜRCHTEST DU DICH? DIR HAT DOCH VORHIN NICHT MAL DAS MILTANK WAS ANHABEN KÖNNEN!
DU BIST STARK!
GUT!!
!!
SCHLIESS DICH MIR AN! LASS DAS TIMING FÜR DEINEN ANGRIFF MEINE SACHE SEIN!!
DU WIRST SEHEN, ES WIRD DICH IN RUHE LASSEN!!
GEHEN WIR!!
TAPP

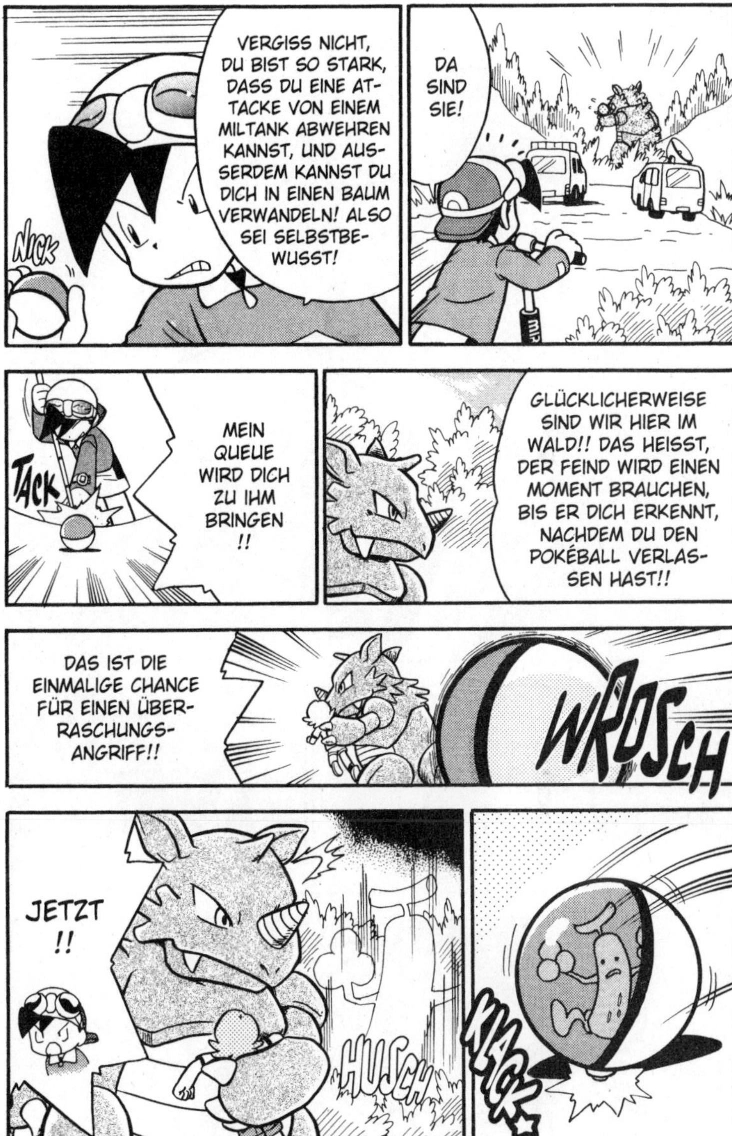

DA SIND SIE!
VERGISS NICHT, DU BIST SO STARK, DASS DU EINE ATTACKE VON EINEM MILTANK ABWEHREN KANNST, UND AUSSERDEM KANNST DU DICH IN EINEN BAUM VERWANDELN! ALSO SEI SELBSTBEWUSST!
NICK
GLÜCKLICHERWEISE SIND WIR HIER IM WALD!! DAS HEISST, DER FEIND WIRD EINEN MOMENT BRAUCHEN, BIS ER DICH ERKENNT, NACHDEM DU DEN POKÉBALL VERLASSEN HAST!!
MEIN QUEUE WIRD DICH ZU IHM BRINGEN!!
TACK
WROSCH
DAS IST DIE EINMALIGE CHANCE FÜR EINEN ÜBERRASCHUNGSANGRIFF!!
KLACK
HUSCH
JETZT!!

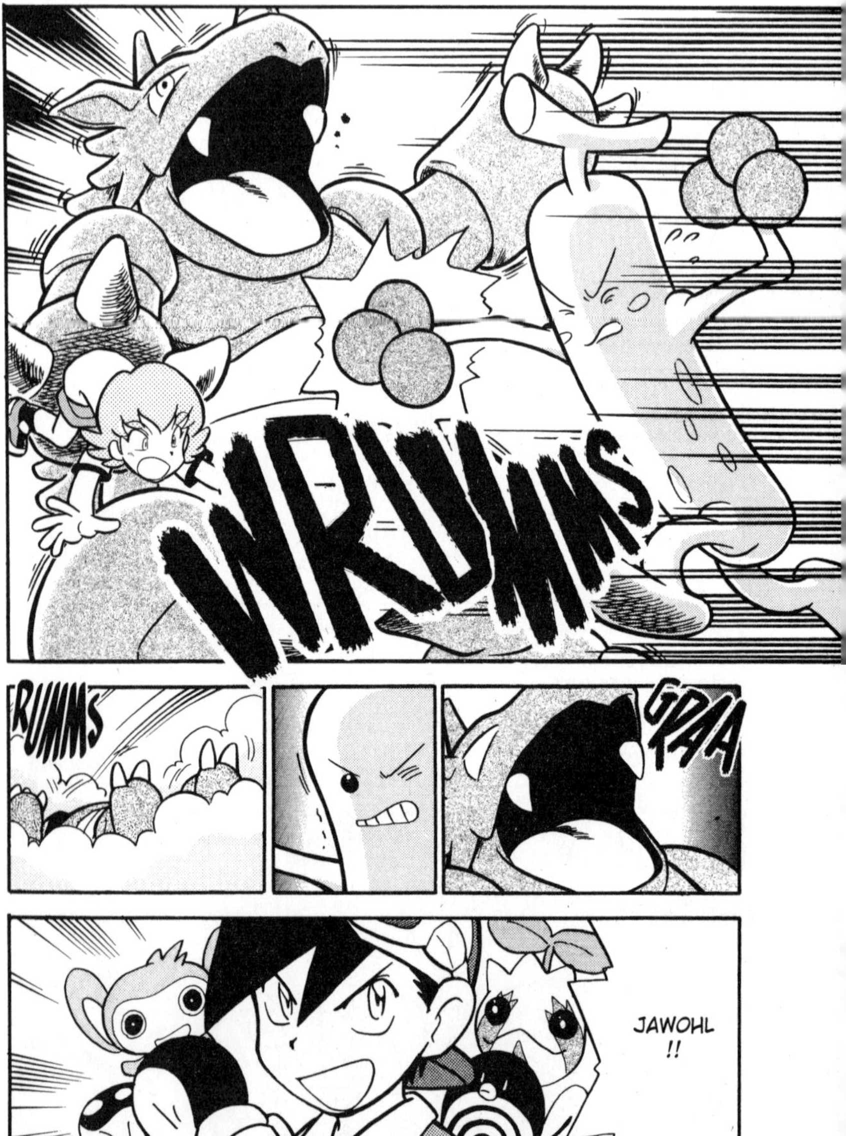

WRUMMS
RUMMS
GRAA
JAWOHL !!

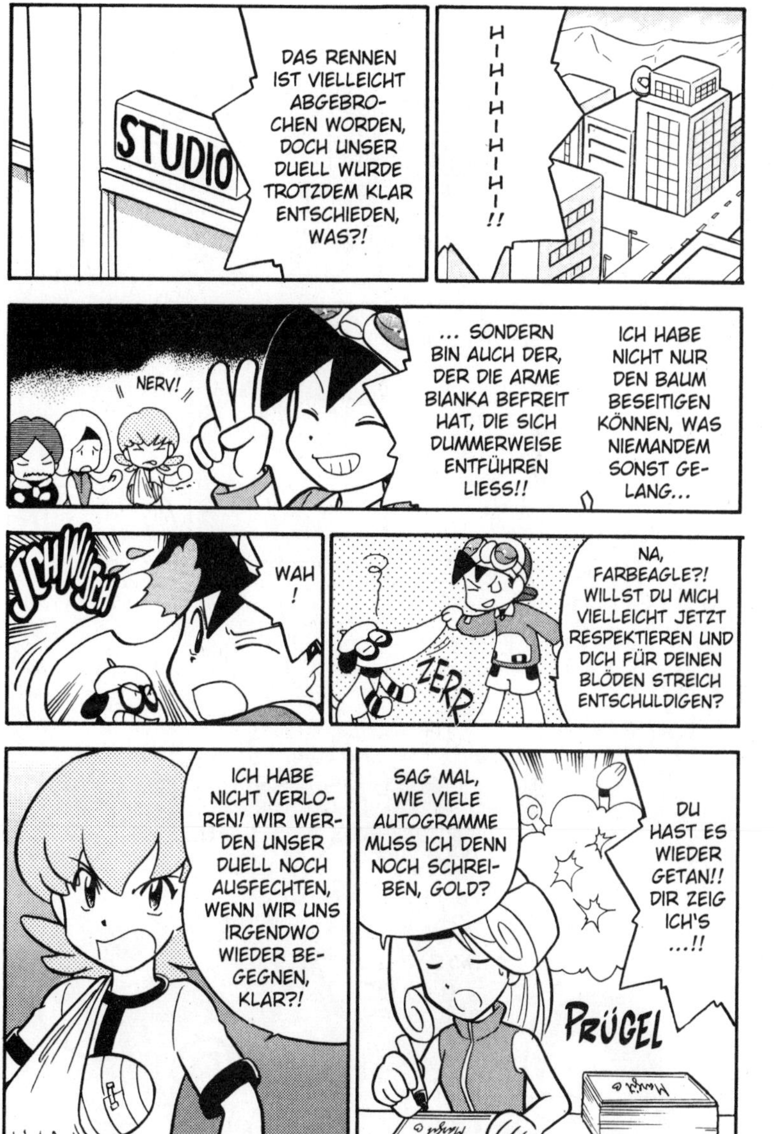

HI-HI-HI-HI!!
DAS RENNEN IST VIELLEICHT ABGEBROCHEN WORDEN, DOCH UNSER DUELL WURDE TROTZDEM KLAR ENTSCHIEDEN, WAS?!
STUDIO
ICH HABE NICHT NUR DEN BAUM BESEITIGEN KÖNNEN, WAS NIEMANDEM SONST GELANG...
... SONDERN BIN AUCH DER, DER DIE ARME BIANKA BEFREIT HAT, DIE SICH DUMMERWEISE ENTFÜHREN LIESS!!
NERV!
NA, FARBEAGLE?! WILLST DU MICH VIELLEICHT JETZT RESPEKTIEREN UND DICH FÜR DEINEN BLÖDEN STREICH ENTSCHULDIGEN?
ZERR
WAH!
SCHWUSCH
DU HAST ES WIEDER GETAN!! DIR ZEIG ICH'S ...!!
PRÜGEL
SAG MAL, WIE VIELE AUTOGRAMME MUSS ICH DENN NOCH SCHREIBEN, GOLD?
ICH HABE NICHT VERLOREN! WIR WERDEN UNSER DUELL NOCH AUSFECHTEN, WENN WIR UNS IRGENDWO WIEDER BEGEGNEN, KLAR?!

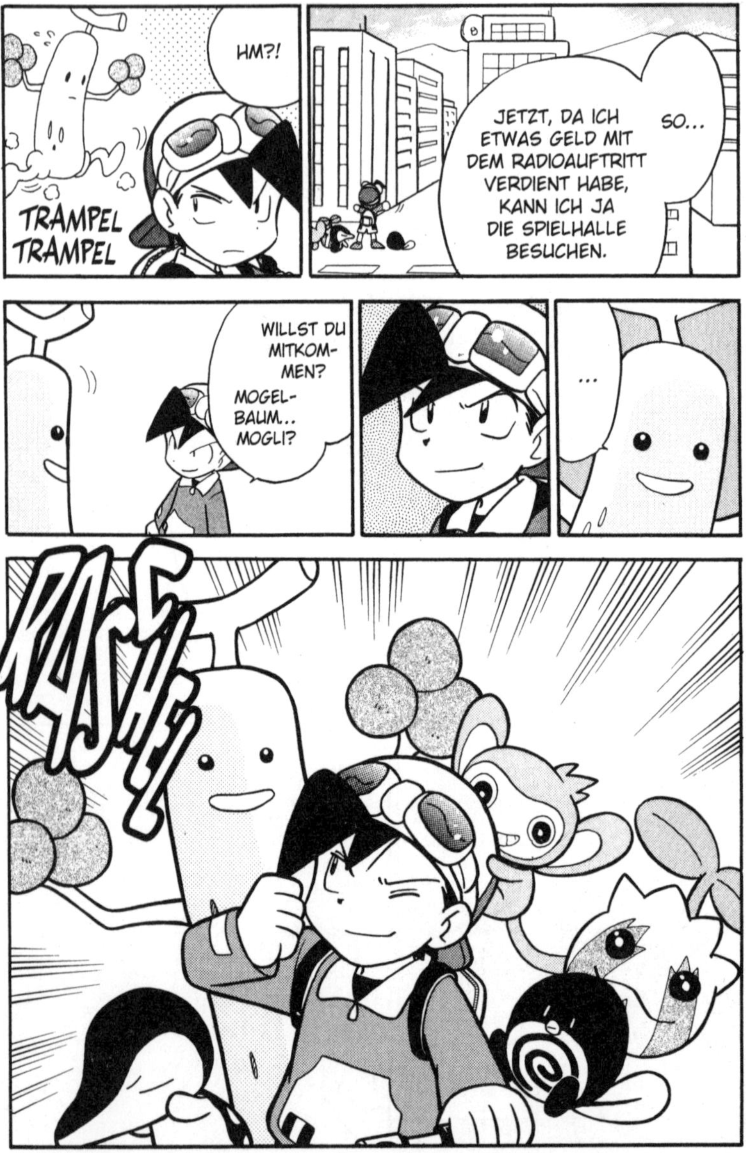
TRAMPEL
TRAMPEL
HM?!
SO...
JETZT, DA ICH ETWAS GELD MIT DEM RADIOAUFTRITT VERDIENT HABE, KANN ICH JA DIE SPIELHALLE BESUCHEN.
WILLST DU MITKOMMEN?
MOGELBAUM... MOGLI?
...
RASCHEL

# ABENTEUER 107 VS. SKORGLA

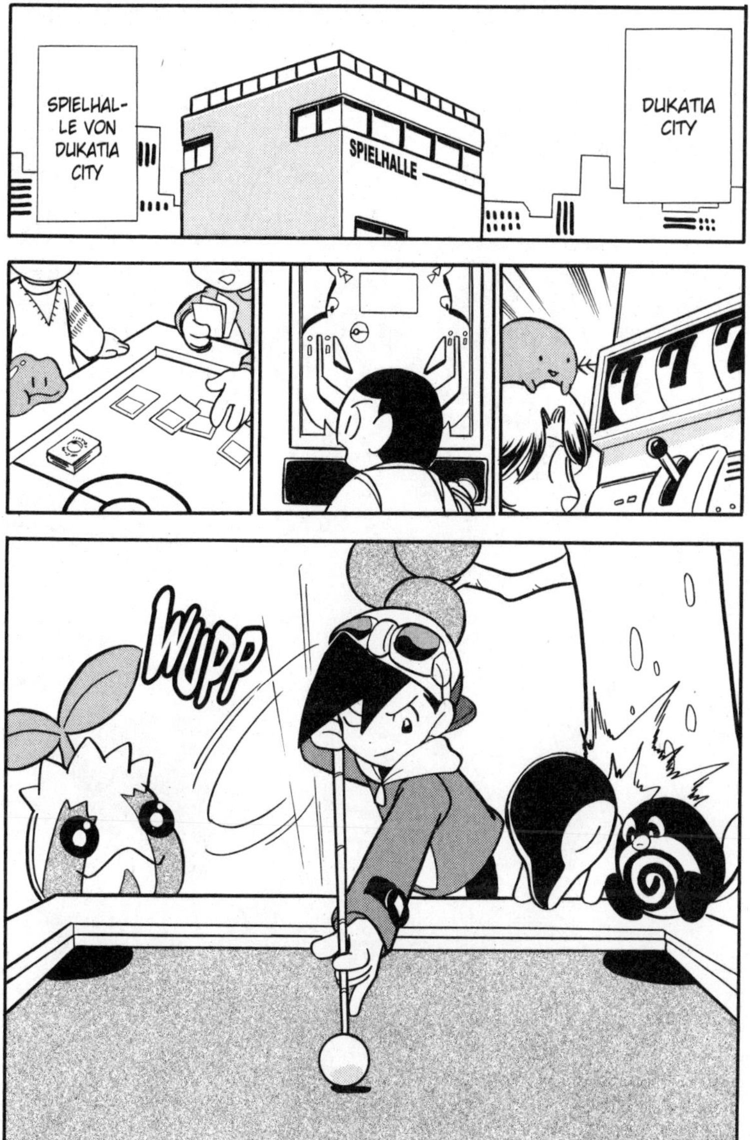

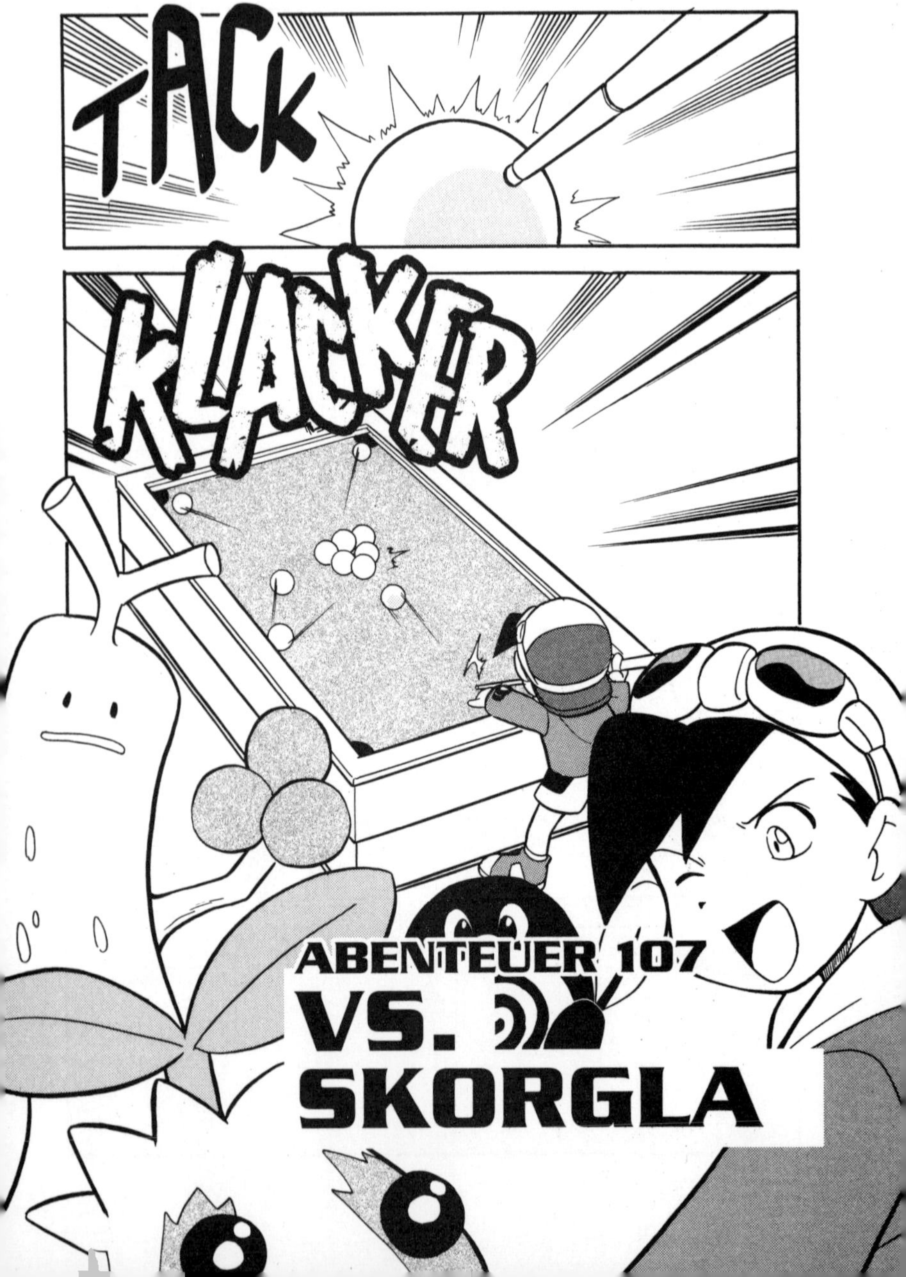

TACK
KLACKER
ABENTEUER 107
VS. SKORGLA

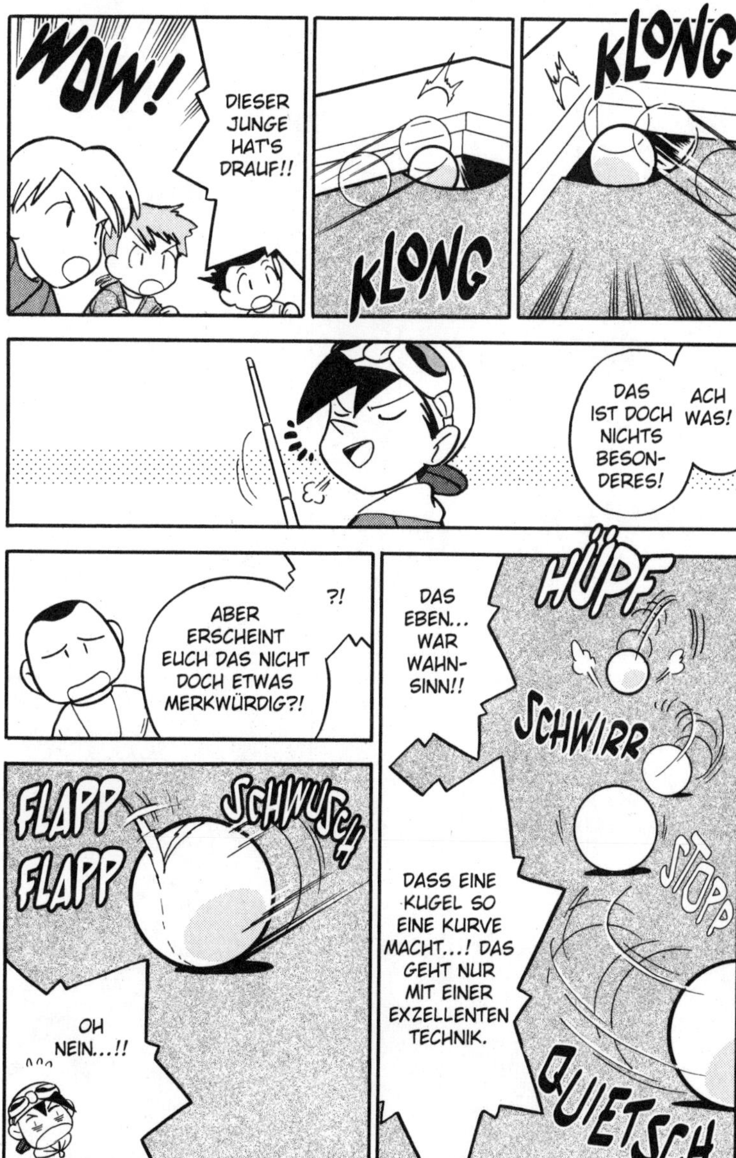
WOW!
DIESER JUNGE HAT'S DRAUF!!
KLONG
KLONG
ACH WAS!
DAS IST DOCH NICHTS BESONDERES!
?!
ABER ERSCHEINT EUCH DAS NICHT DOCH ETWAS MERKWÜRDIG?!
DAS EBEN... WAR WAHNSINN!!
HÜPF
SCHWIRR
STOPP
DASS EINE KUGEL SO EINE KURVE MACHT...! DAS GEHT NUR MIT EINER EXZELLENTEN TECHNIK.
QUIETSCH
FLAPP FLAPP
SCHWUSCH
OH NEIN...!!

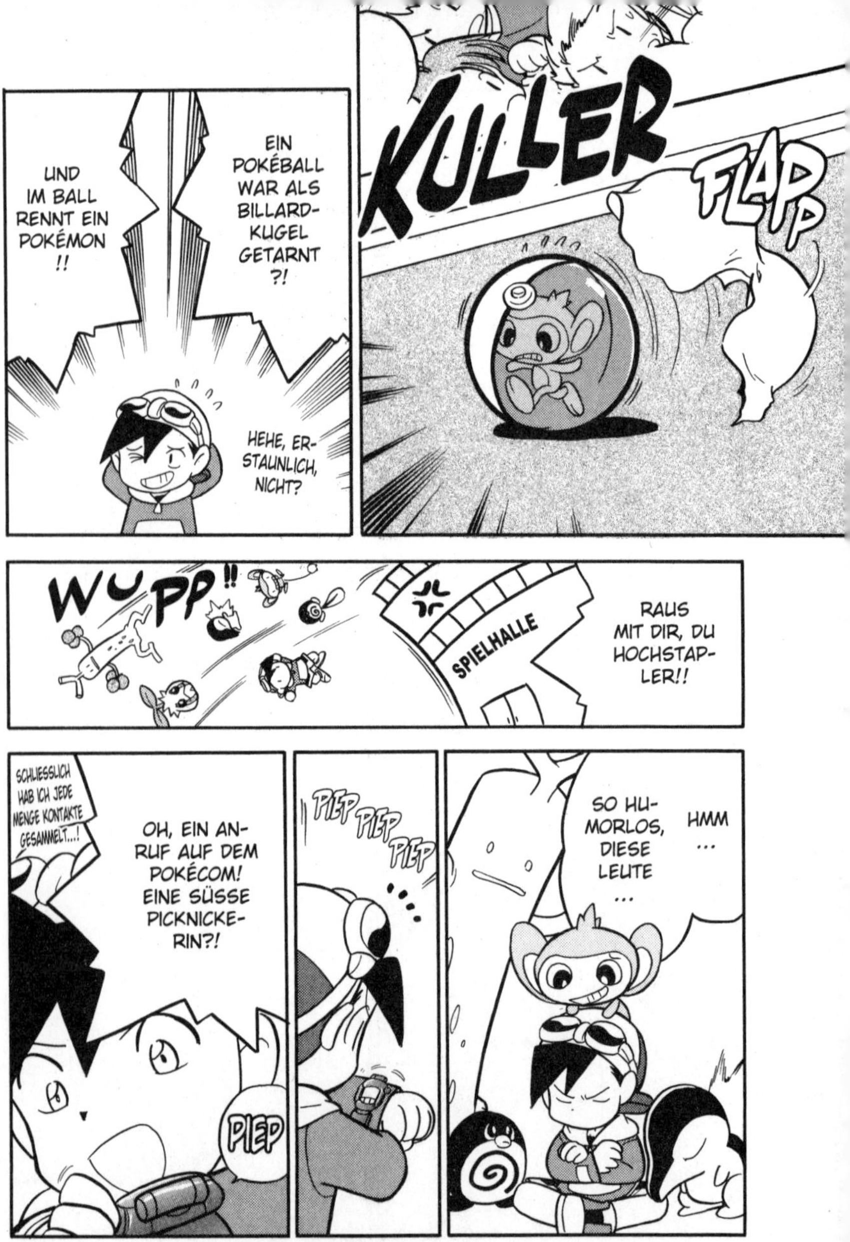
KULLER
FLAPP
EIN POKÉBALL WAR ALS BILLARD-KUGEL GETARNT ?!
UND IM BALL RENNT EIN POKÉMON !!
HEHE, ER-STAUNLICH, NICHT?
WUPP!!
SPIELHALLE
RAUS MIT DIR, DU HOCHSTAP-LER!!
SO HU-MORLOS, DIESE LEUTE ...
HMM ...
PIEP PIEP PIEP
OH, EIN AN-RUF AUF DEM POKÉCOM! EINE SÜSSE PICKNICKE-RIN?!
SCHLIESSLICH HAB ICH JEDE MENGE KONTAKTE GESAMMELT...!
PIEP

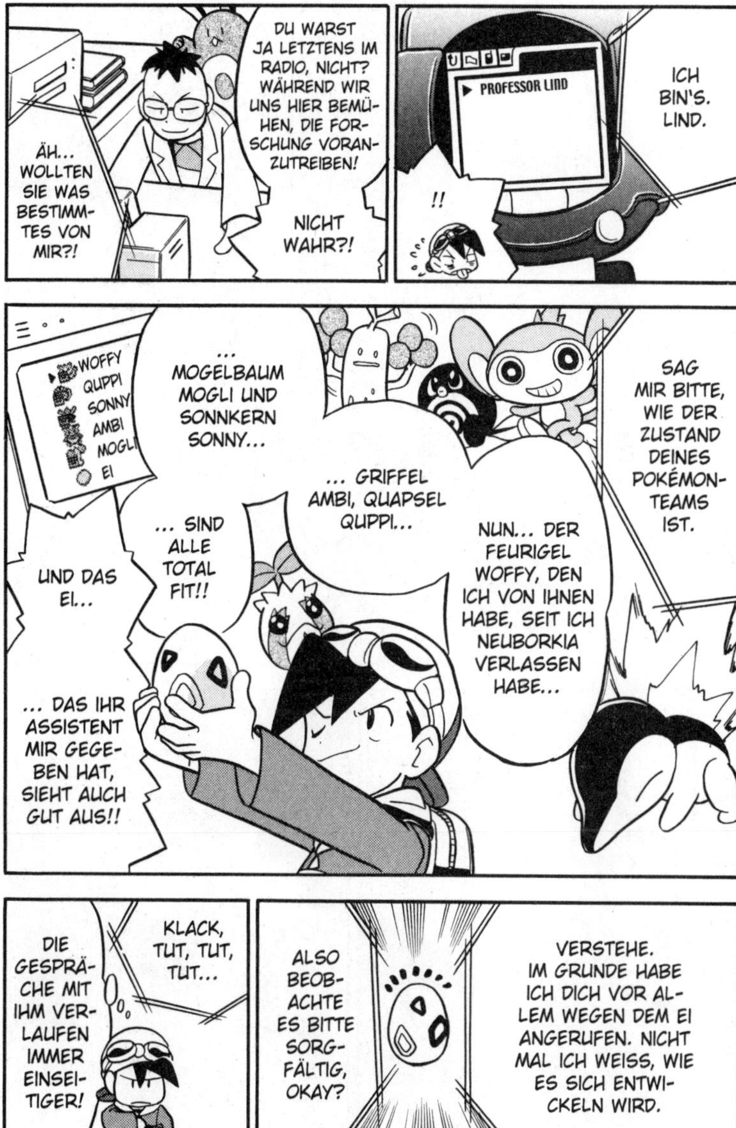
PROFESSOR LIND
ICH BIN'S. LIND.
!!
DU WARST JA LETZTENS IM RADIO, NICHT? WÄHREND WIR UNS HIER BEMÜHEN, DIE FORSCHUNG VORANZUTREIBEN!
NICHT WAHR?!
ÄH... WOLLTEN SIE WAS BESTIMMTES VON MIR?!
SAG MIR BITTE, WIE DER ZUSTAND DEINES POKÉMON-TEAMS IST.
WOFFY
QUPPI
SONNY
AMBI
MOGLI
EI
NUN... DER FEURIGEL WOFFY, DEN ICH VON IHNEN HABE, SEIT ICH NEUBORKIA VERLASSEN HABE...
... GRIFFEL AMBI, QUAPSEL QUPPI...
... MOGELBAUM MOGLI UND SONNKERN SONNY...
... SIND ALLE TOTAL FIT!!
UND DAS EI...
... DAS IHR ASSISTENT MIR GEGEBEN HAT, SIEHT AUCH GUT AUS!!
VERSTEHE. IM GRUNDE HABE ICH DICH VOR ALLEM WEGEN DEM EI ANGERUFEN. NICHT MAL ICH WEISS, WIE ES SICH ENTWICKELN WIRD.
ALSO BEOBACHTE ES BITTE SORGFÄLTIG, OKAY?
KLACK, TUT, TUT, TUT...
DIE GESPRÄCHE MIT IHM VERLAUFEN IMMER EINSEITIGER!

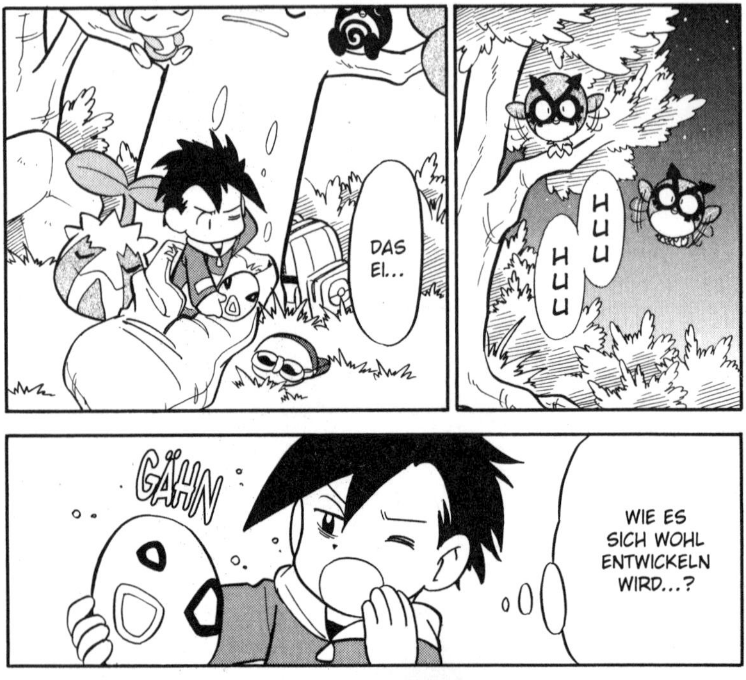
DAS EI…
HUU HUU
GÄHN
WIE ES SICH WOHL ENTWICKELN WIRD…?
PLUMPS
ZZZZZZ
VIELLEICHT SCHLÜPFT JA EIN ECHT STARKES POKÉMON…
… MIT DEM ICH'S DEM ARM-LEUCHTER ZEIGEN KANN.
NA, WER'S GLAUBT… HAHA …

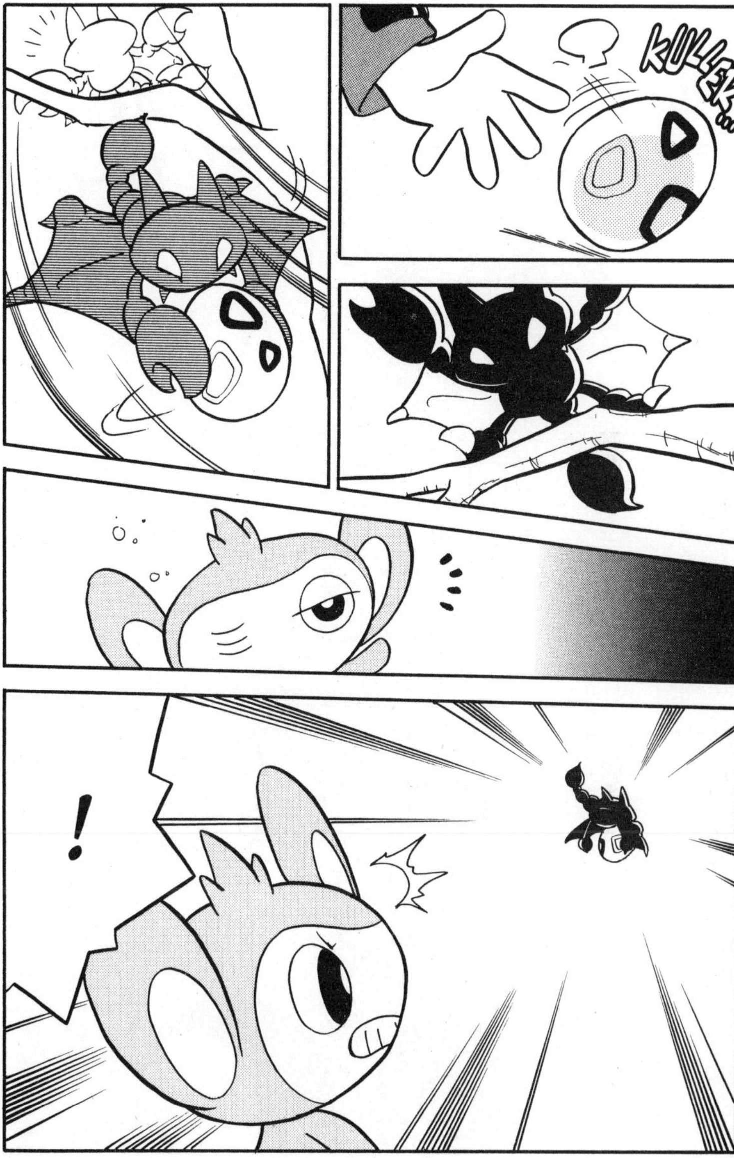
KULLER...
!

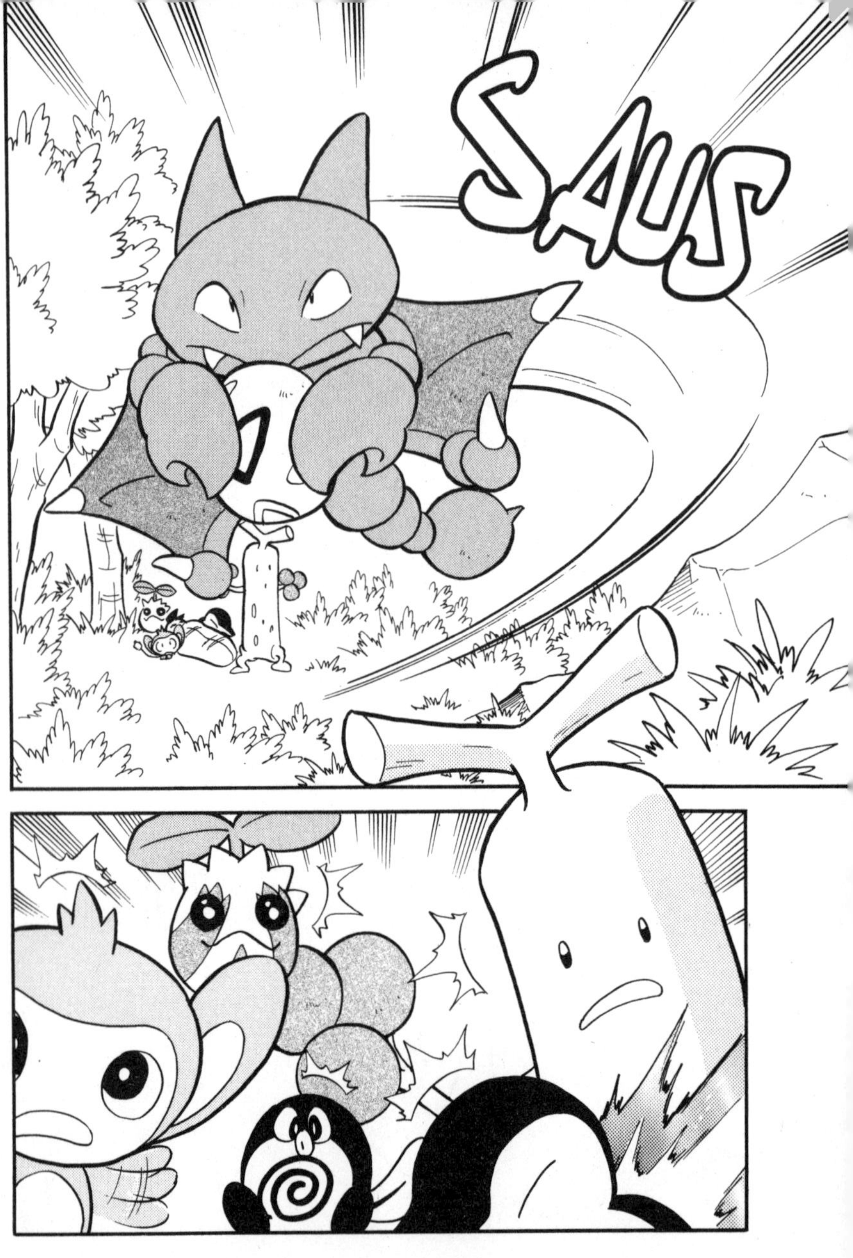
SAUS

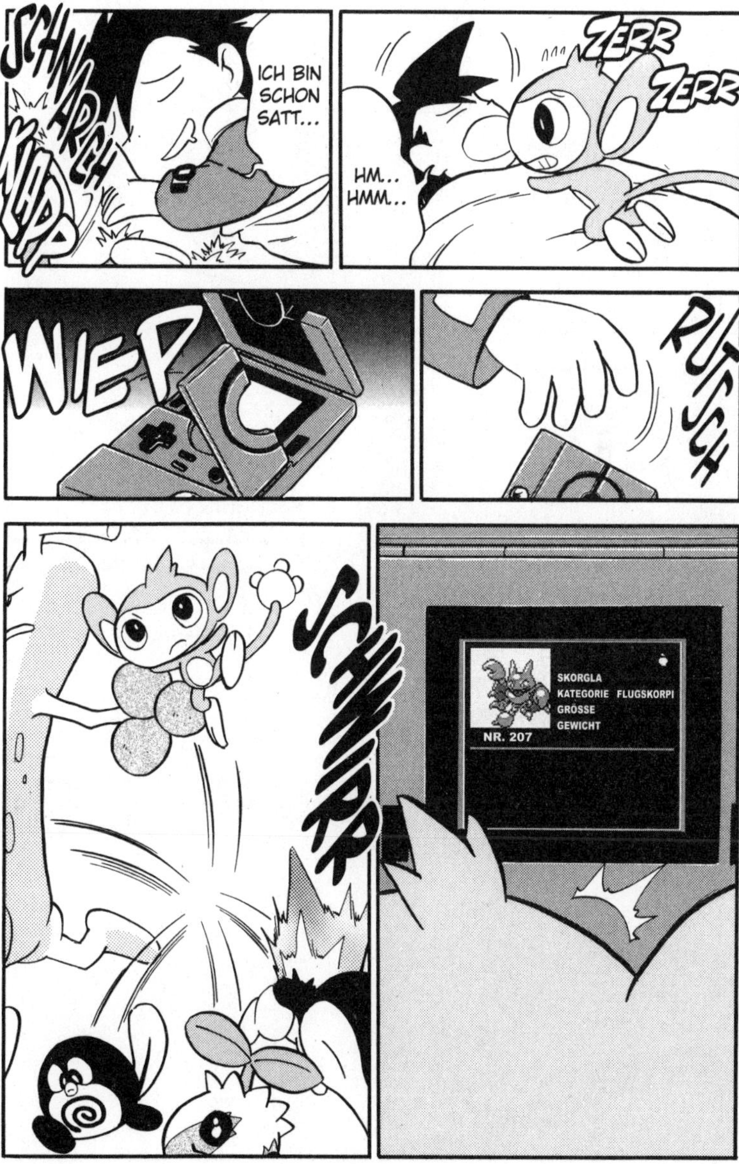
ZERR
ZERR
HM...
HMM...
ICH BIN SCHON SATT...
SCHNARCH
KLAPP
RUTSCH
WIEP
SKORGLA
KATEGORIE FLUGSKORPI
GRÖSSE
GEWICHT
NR. 207
SCHWIRR

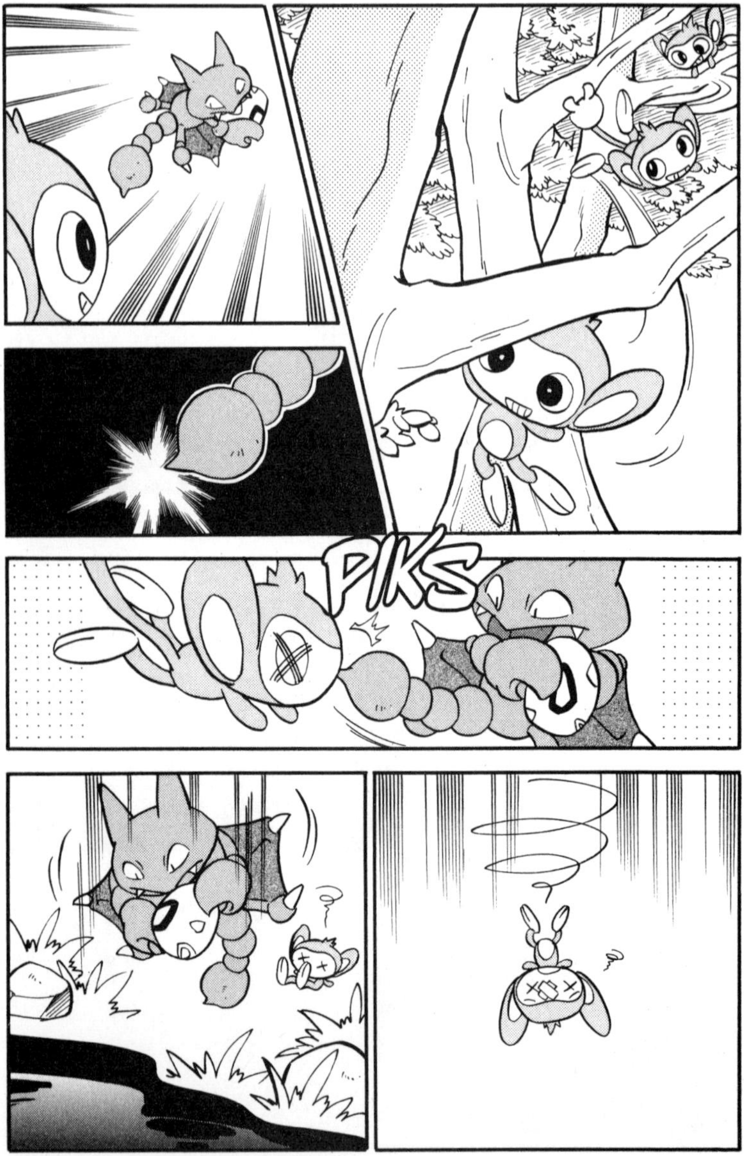
PIKS

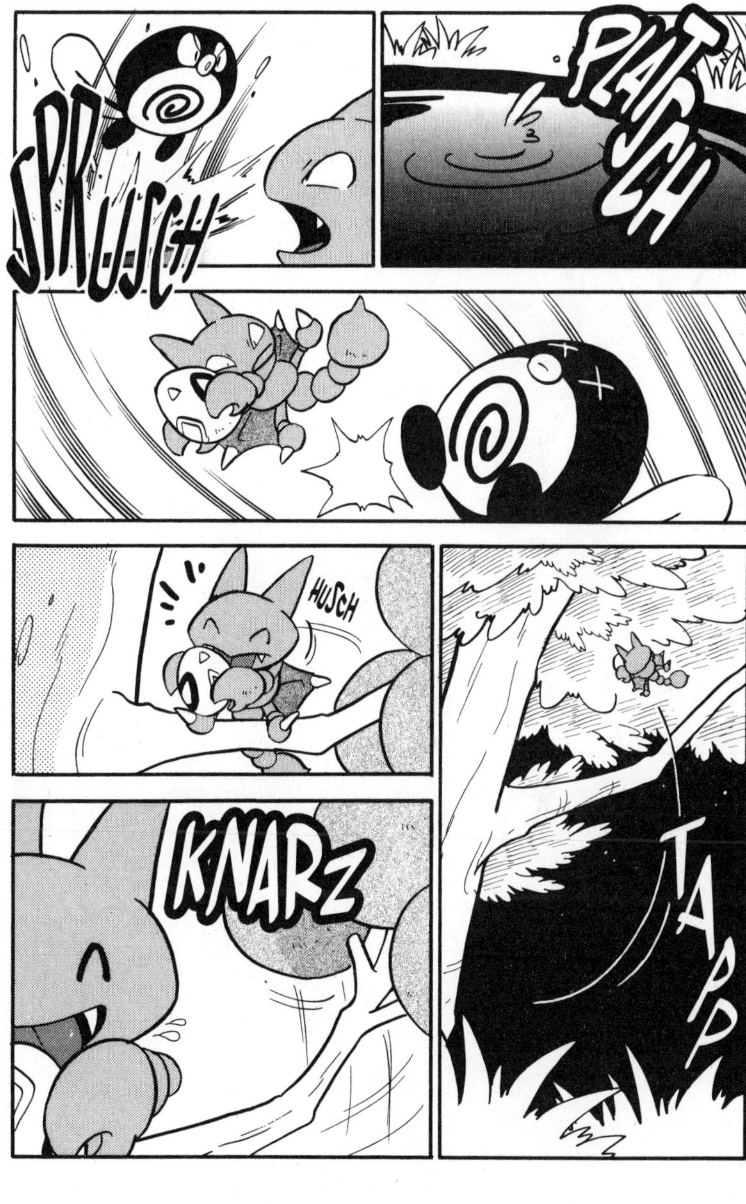
SPRUSCH
PLATSCH
HUSCH
KNARZ
TAPP

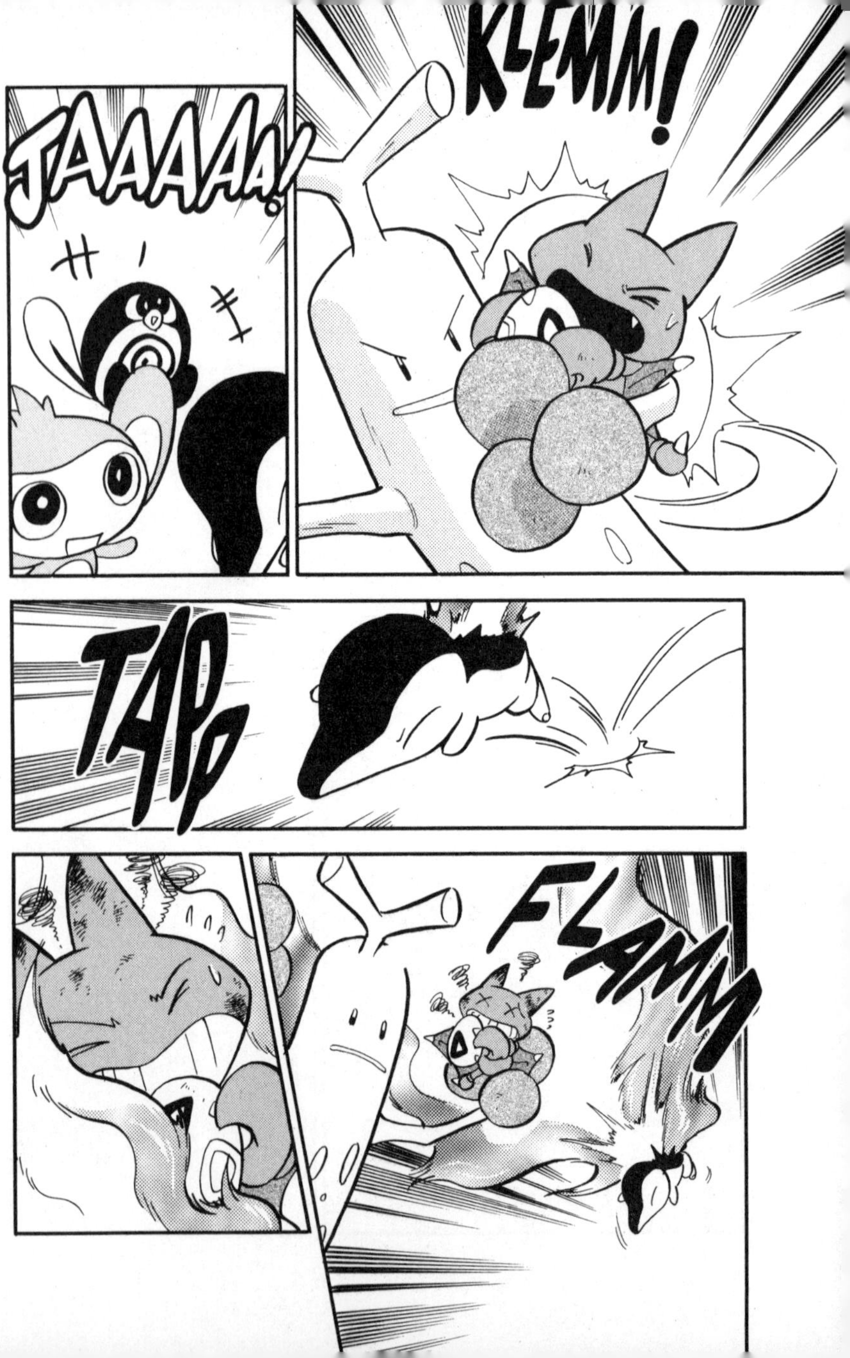
KLEMM!
JAAAAA!
TAPP
FLAMM!

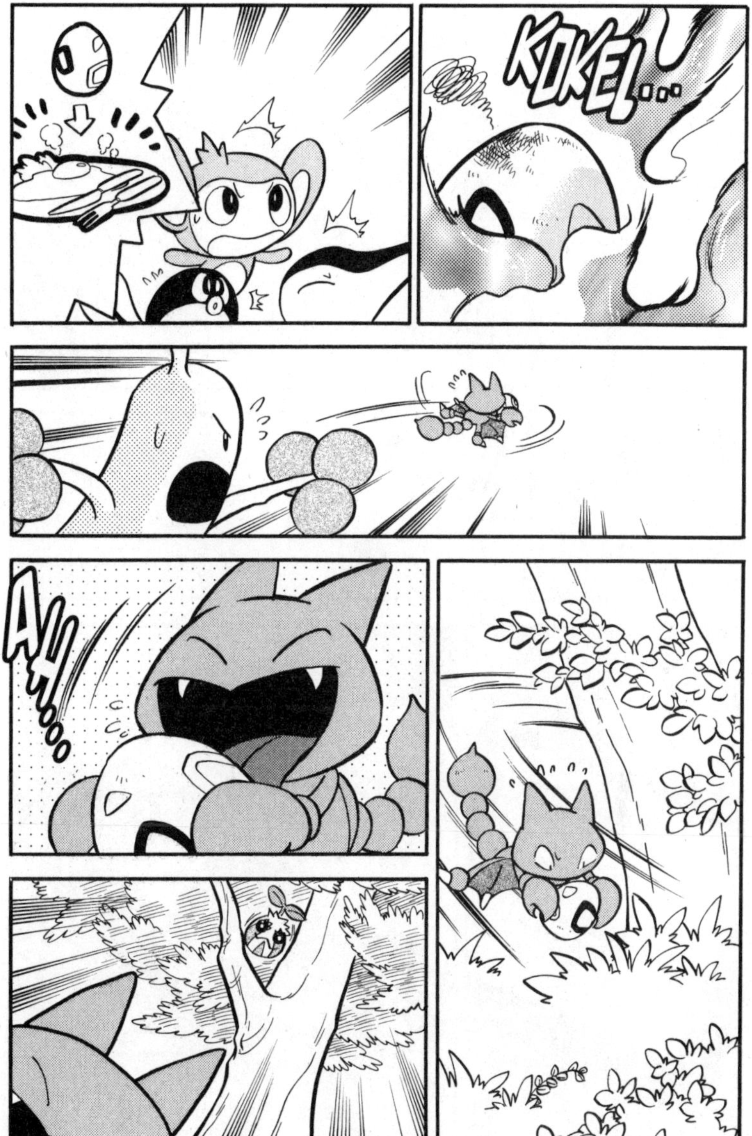

KOKEL...
AH!...

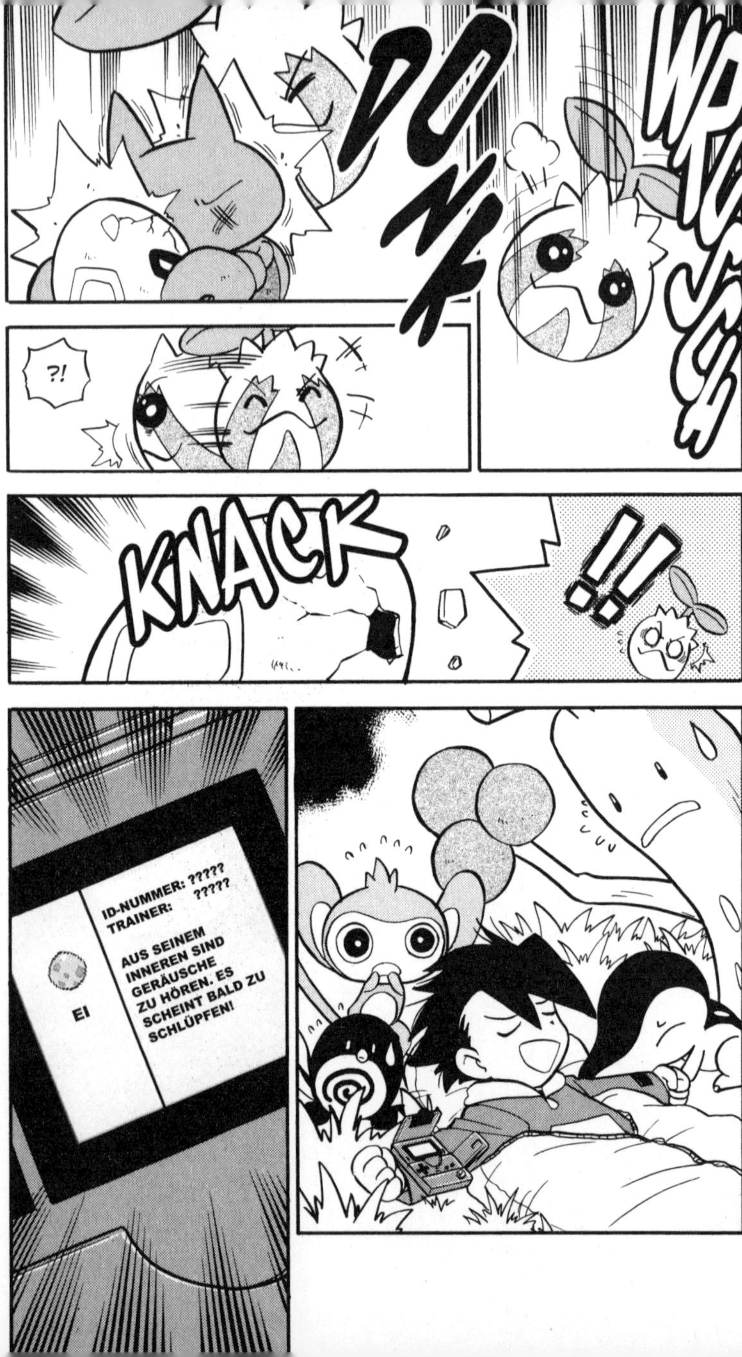
WRUSCH
DONK
?!
KNACK
!!
ID-NUMMER: ?????
TRAINER: ?????
AUS SEINEM INNEREN SIND GERÄUSCHE ZU HÖREN. ES SCHEINT BALD ZU SCHLÜPFEN!
EI

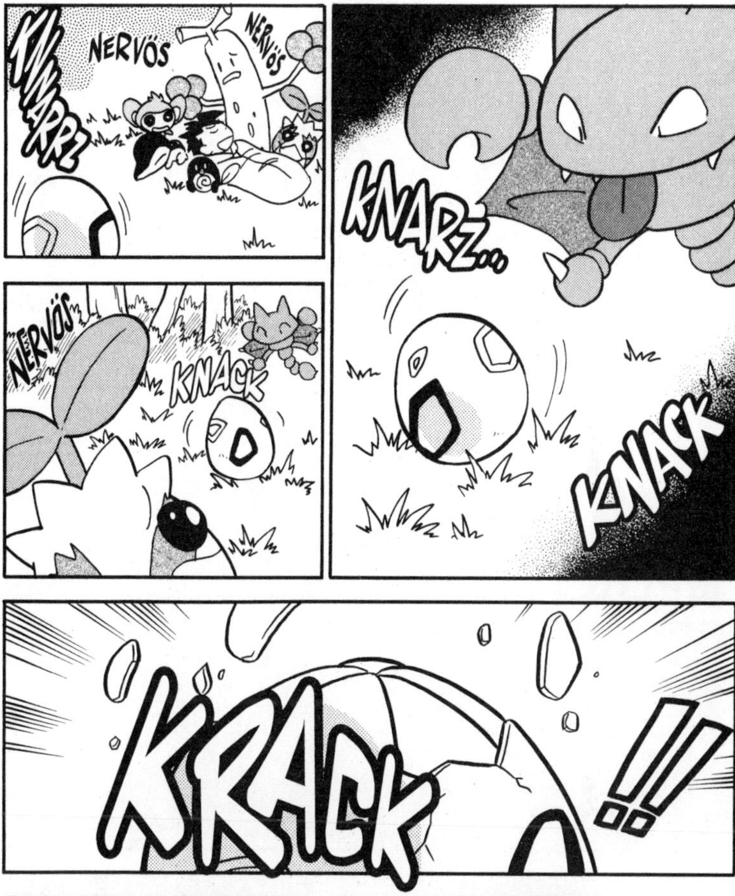
KNARZ...
KNACK
KNARRZ
NERVÖS
NERVÖS
NERVÖS
KNACK
KRACK!!

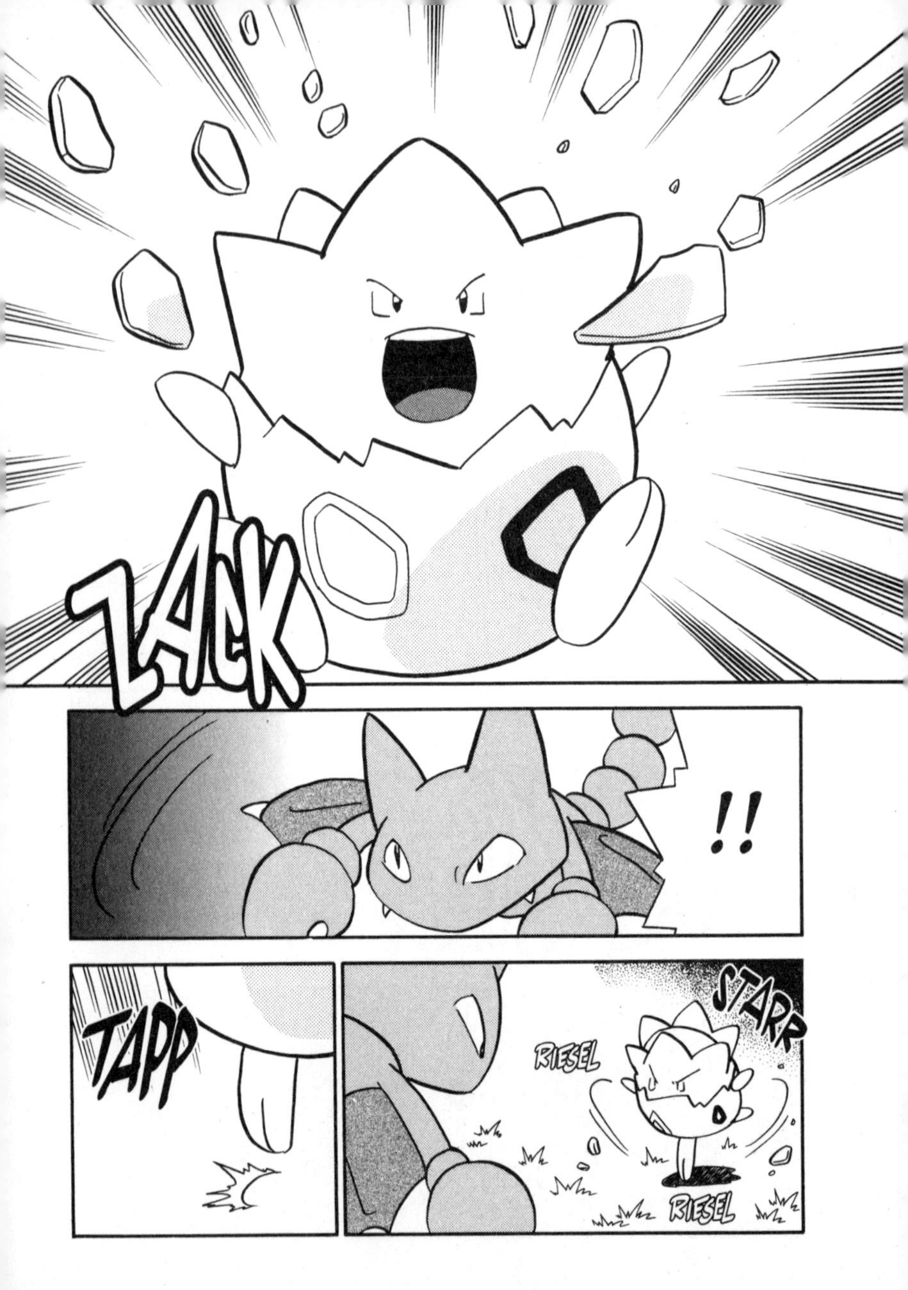
ZACK
!!
TAPP
STARR
RIESEL
RIESEL

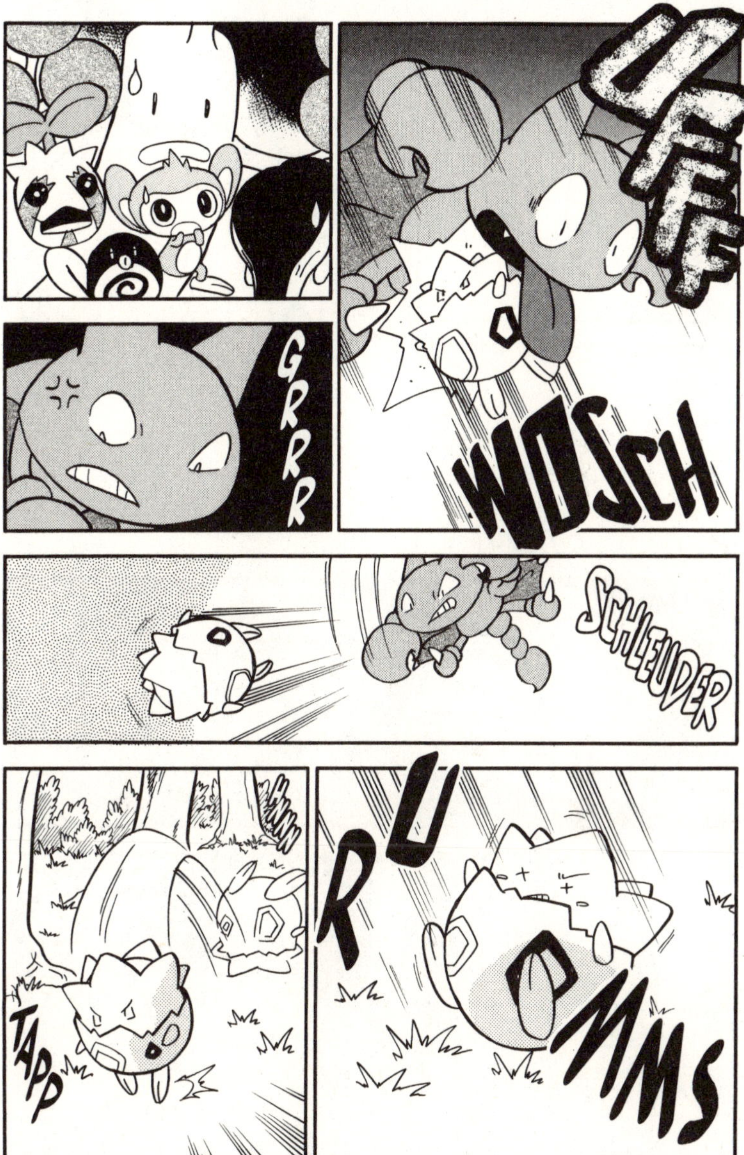
UFFF
GRRR
WOSCH
SCHLEUDER
RUMMS
HNNN
TAPP

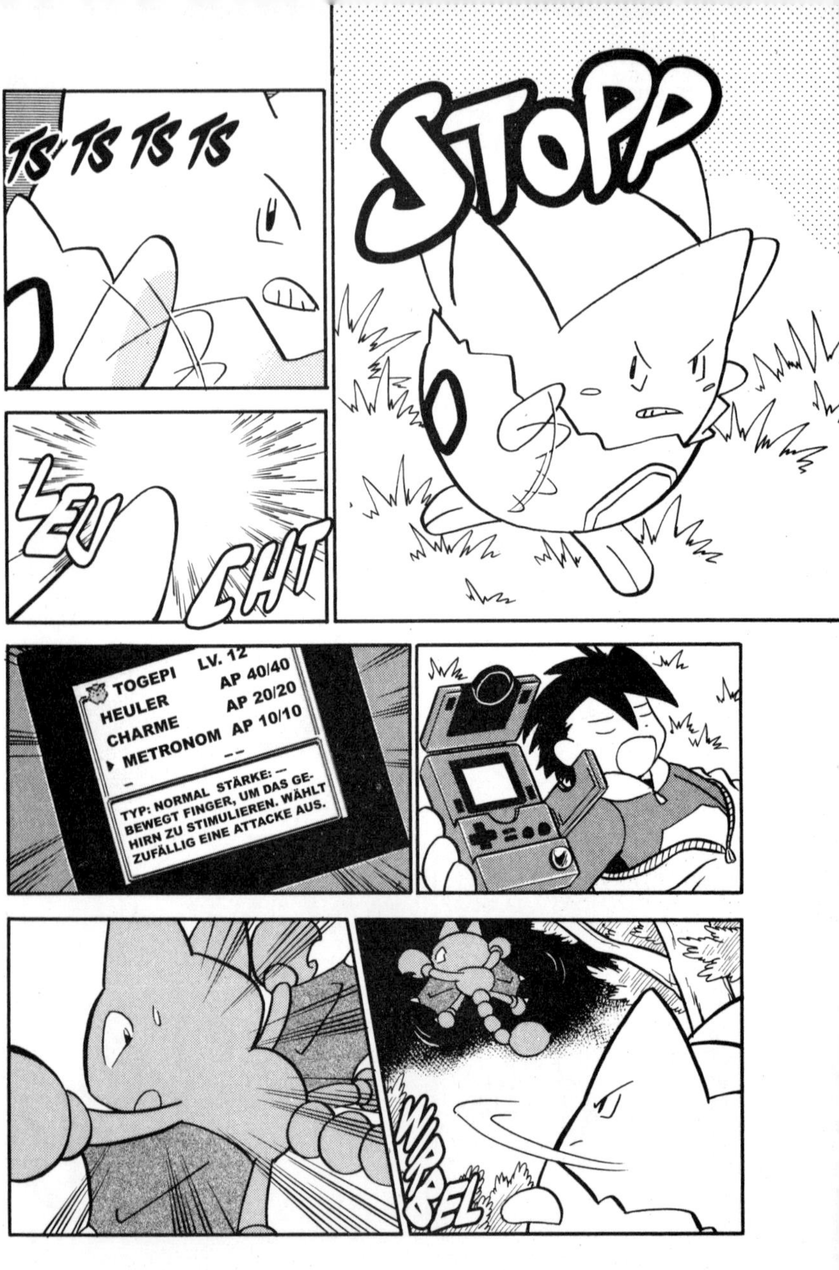
TS TS TS TS
LEUCHT
STOPP
TOGEPI LV. 12
HEULER AP 40/40
CHARME AP 20/20
METRONOM AP 10/10
TYP: NORMAL STÄRKE: --
BEWEGT FINGER, UM DAS GEHIRN ZU STIMULIEREN. WÄHLT ZUFÄLLIG EINE ATTACKE AUS.
WIRBEL

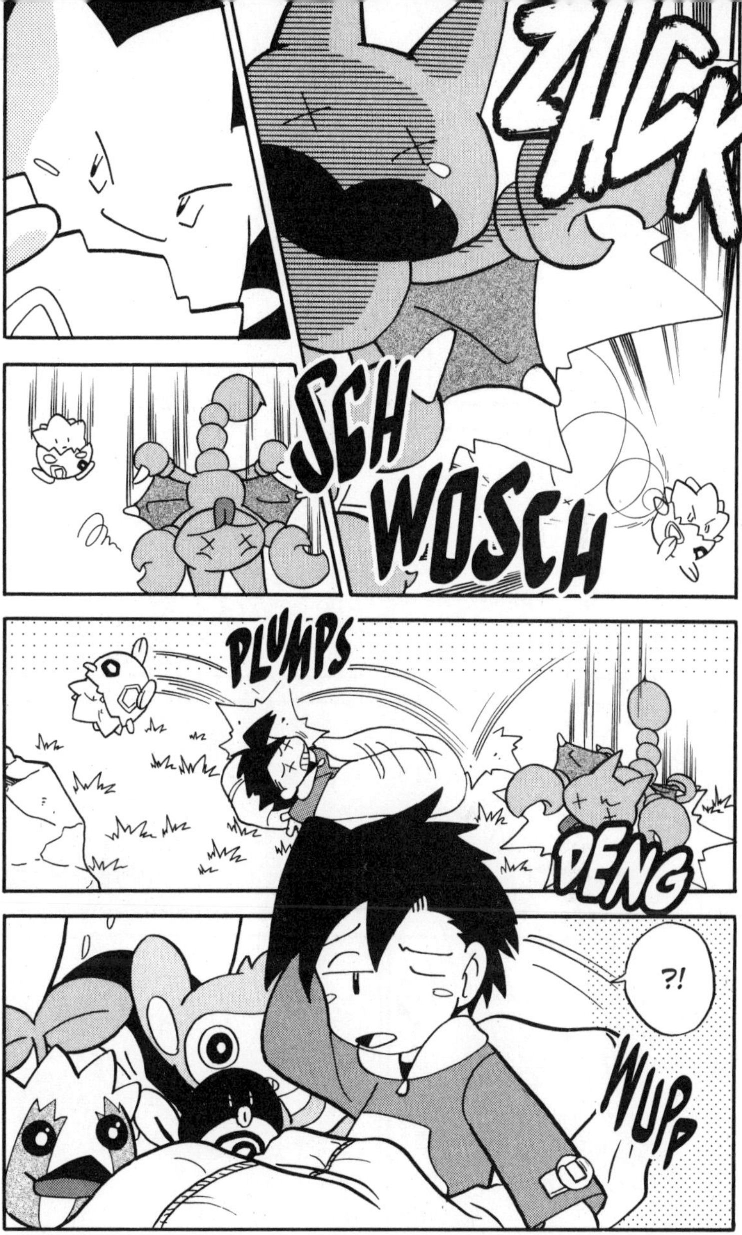
ZACK
SCH
WOSCH
PLUMPS
DENG
?!
WUPP

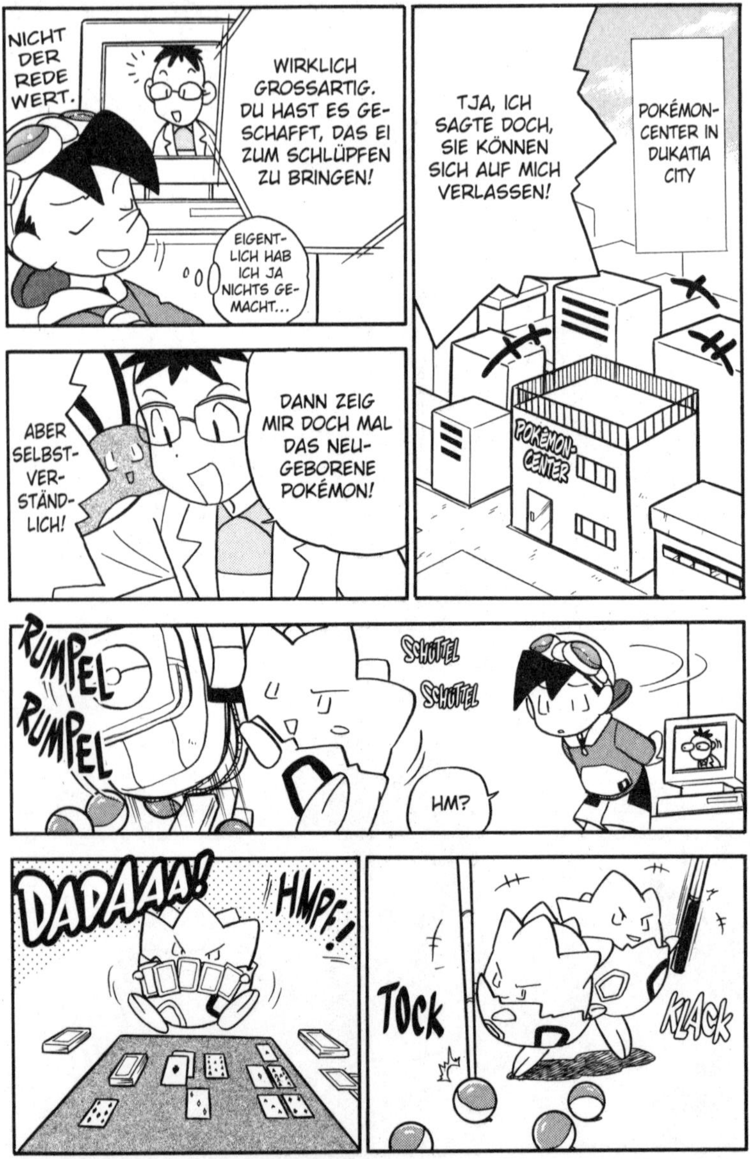

POKÉMON-CENTER IN DUKATIA CITY
TJA, ICH SAGTE DOCH, SIE KÖNNEN SICH AUF MICH VERLASSEN!
POKÉMON-CENTER
WIRKLICH GROSSARTIG. DU HAST ES GESCHAFFT, DAS EI ZUM SCHLÜPFEN ZU BRINGEN!
NICHT DER REDE WERT.
EIGENTLICH HAB ICH JA NICHTS GEMACHT...
DANN ZEIG MIR DOCH MAL DAS NEUGEBORENE POKÉMON!
ABER SELBSTVERSTÄNDLICH!
SCHÜTTEL
SCHÜTTEL
HM?
RUMPEL
RUMPEL
TOCK
KLACK
DADAAA!
HMPF!

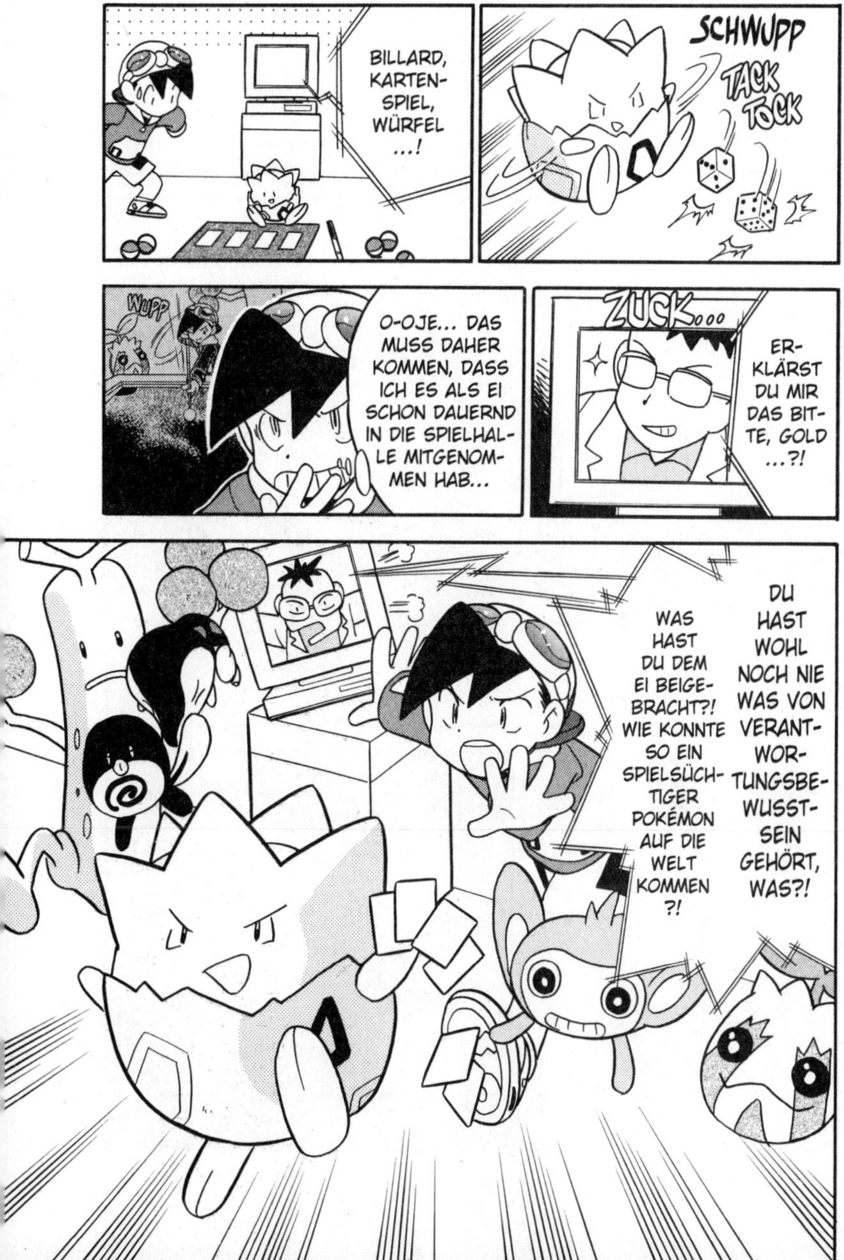
SCHWUPP
TACK TOCK
BILLARD, KARTEN-SPIEL, WÜRFEL ...!
ZUCK...
ER-KLÄRST DU MIR DAS BIT-TE, GOLD ...?!
WUPP
O-OJE... DAS MUSS DAHER KOMMEN, DASS ICH ES ALS EI SCHON DAUERND IN DIE SPIELHAL-LE MITGENOM-MEN HAB...
DU HAST WOHL NOCH NIE WAS VON VERANT-WOR-TUNGSBE-WUSST-SEIN GEHÖRT, WAS?!
WAS HAST DU DEM EI BEIGE-BRACHT?! WIE KONNTE SO EIN SPIELSÜCH-TIGER POKÉMON AUF DIE WELT KOMMEN ?!

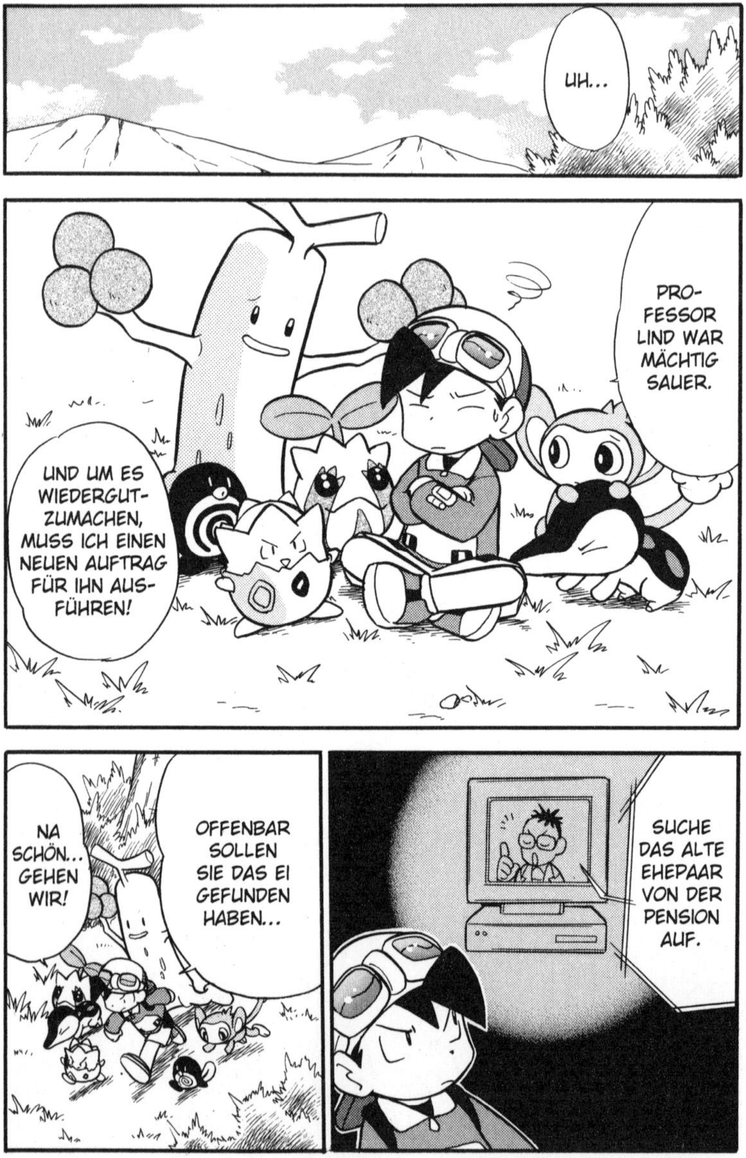
UH...
PROFESSOR LIND WAR MÄCHTIG SAUER.
UND UM ES WIEDERGUTZUMACHEN, MUSS ICH EINEN NEUEN AUFTRAG FÜR IHN AUSFÜHREN!
SUCHE DAS ALTE EHEPAAR VON DER PENSION AUF.
OFFENBAR SOLLEN SIE DAS EI GEFUNDEN HABEN...
NA SCHÖN... GEHEN WIR!

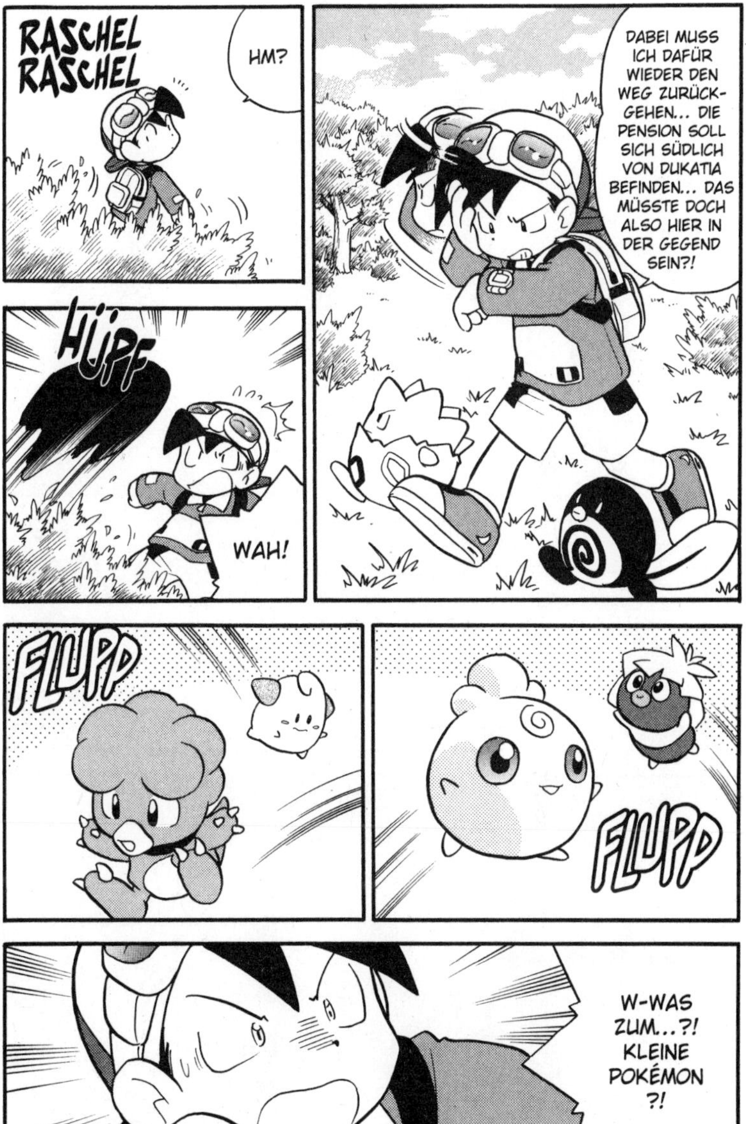
RASCHEL RASCHEL
HM?
DABEI MUSS ICH DAFÜR WIEDER DEN WEG ZURÜCK-GEHEN... DIE PENSION SOLL SICH SÜDLICH VON DUKATIA BEFINDEN... DAS MÜSSTE DOCH ALSO HIER IN DER GEGEND SEIN?!
HÜPF
WAH!
FLUPP
FLUPP
W-WAS ZUM...?! KLEINE POKÉMON ?!

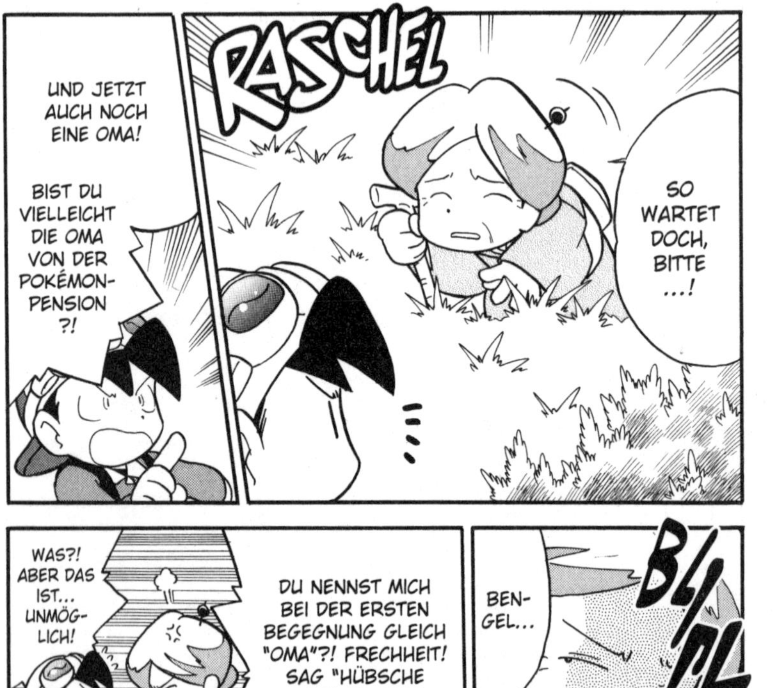
RASCHEL
SO WARTET DOCH, BITTE ...!
UND JETZT AUCH NOCH EINE OMA!
BIST DU VIELLEICHT DIE OMA VON DER POKÉMON-PENSION ?!
BLICK
BEN-GEL...
DU NENNST MICH BEI DER ERSTEN BEGEGNUNG GLEICH "OMA"?! FRECHHEIT! SAG "HÜBSCHE MAID" ZU MIR!!
WAS?! ABER DAS IST... UNMÖG-LICH!
ALS ENT-SCHULDI-GUNG HILFST DU MIR BEIM EINFANGEN!!
LOS!!
DONK
WAH!

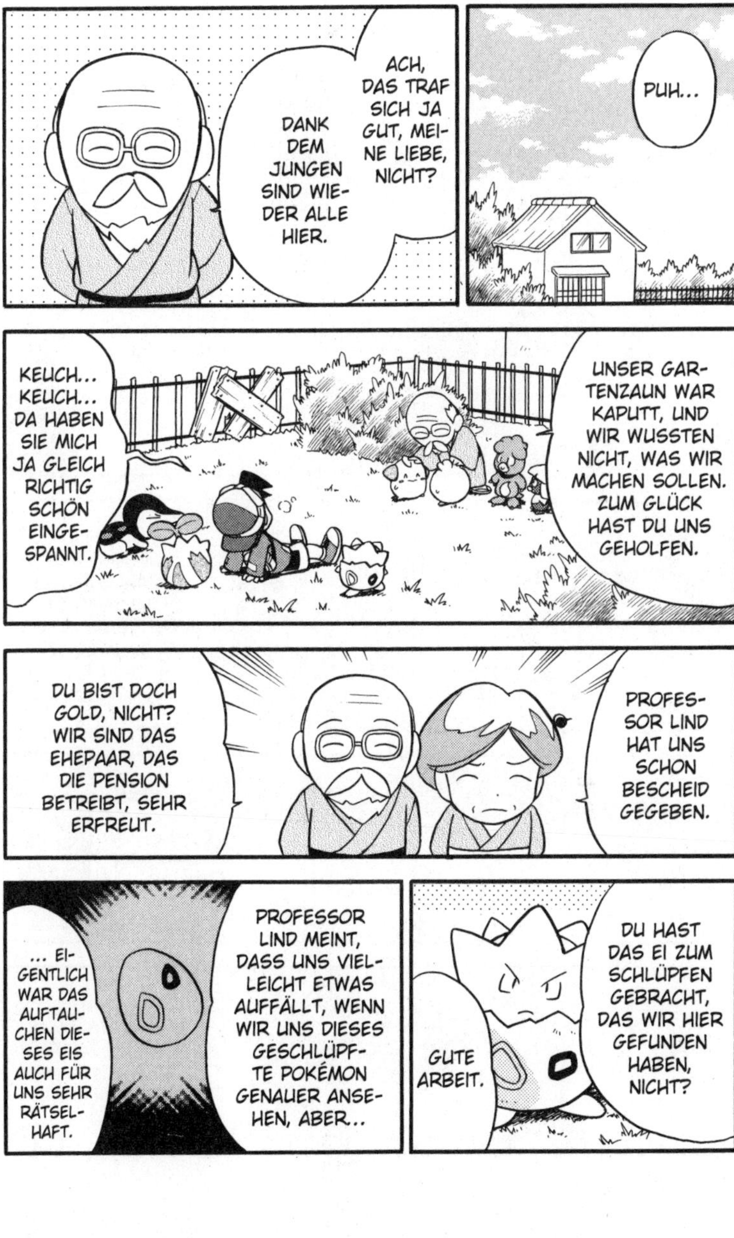
PUH…
ACH, DAS TRAF SICH JA GUT, MEINE LIEBE, NICHT?
DANK DEM JUNGEN SIND WIEDER ALLE HIER.
UNSER GARTENZAUN WAR KAPUTT, UND WIR WUSSTEN NICHT, WAS WIR MACHEN SOLLEN. ZUM GLÜCK HAST DU UNS GEHOLFEN.
KEUCH… KEUCH… DA HABEN SIE MICH JA GLEICH RICHTIG SCHÖN EINGESPANNT.
PROFESSOR LIND HAT UNS SCHON BESCHEID GEGEBEN.
DU BIST DOCH GOLD, NICHT? WIR SIND DAS EHEPAAR, DAS DIE PENSION BETREIBT, SEHR ERFREUT.
DU HAST DAS EI ZUM SCHLÜPFEN GEBRACHT, DAS WIR HIER GEFUNDEN HABEN, NICHT?
GUTE ARBEIT.
PROFESSOR LIND MEINT, DASS UNS VIELLEICHT ETWAS AUFFÄLLT, WENN WIR UNS DIESES GESCHLÜPFTE POKÉMON GENAUER ANSEHEN, ABER…
… EIGENTLICH WAR DAS AUFTAUCHEN DIESES EIS AUCH FÜR UNS SEHR RÄTSELHAFT.

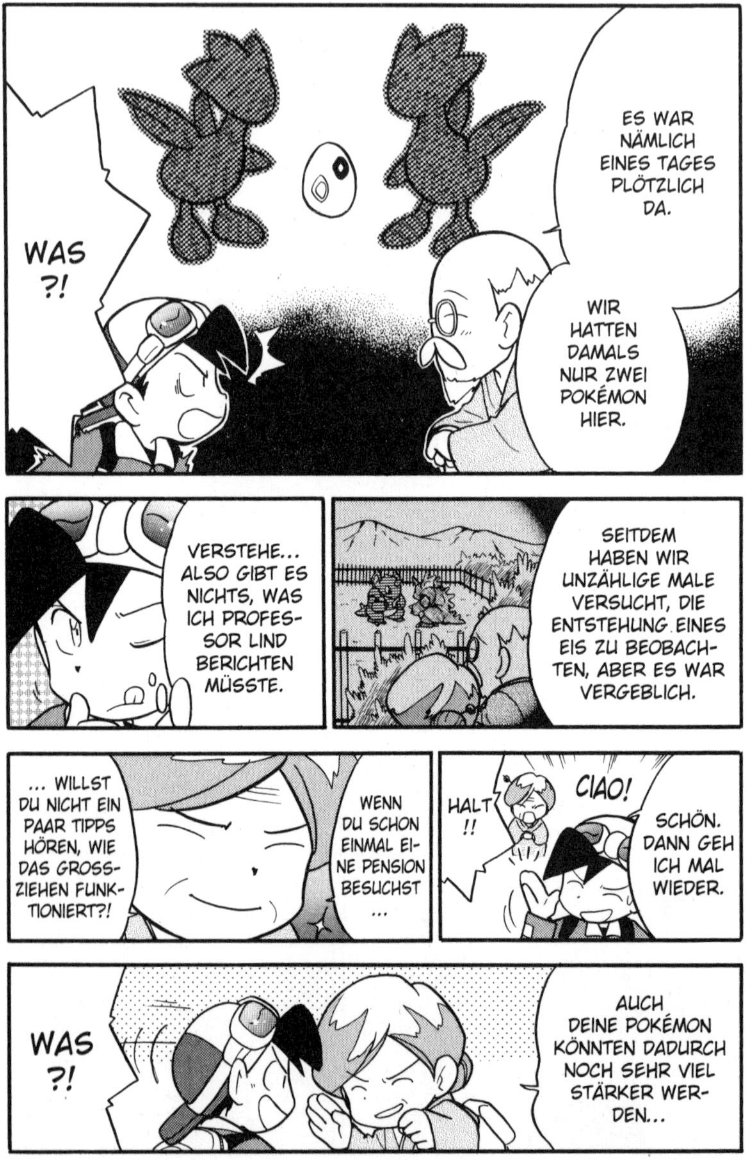
WIR HATTEN DAMALS NUR ZWEI POKÉMON HIER.
ES WAR NÄMLICH EINES TAGES PLÖTZLICH DA.
WAS ?!
SEITDEM HABEN WIR UNZÄHLIGE MALE VERSUCHT, DIE ENTSTEHUNG EINES EIS ZU BEOBACHTEN, ABER ES WAR VERGEBLICH.
VERSTEHE... ALSO GIBT ES NICHTS, WAS ICH PROFESSOR LIND BERICHTEN MÜSSTE.
SCHÖN. DANN GEH ICH MAL WIEDER.
CIAO!
HALT !!
WENN DU SCHON EINMAL EINE PENSION BESUCHST ...
... WILLST DU NICHT EIN PAAR TIPPS HÖREN, WIE DAS GROSSZIEHEN FUNKTIONIERT?!
AUCH DEINE POKÉMON KÖNNTEN DADURCH NOCH SEHR VIEL STÄRKER WERDEN...
WAS ?!

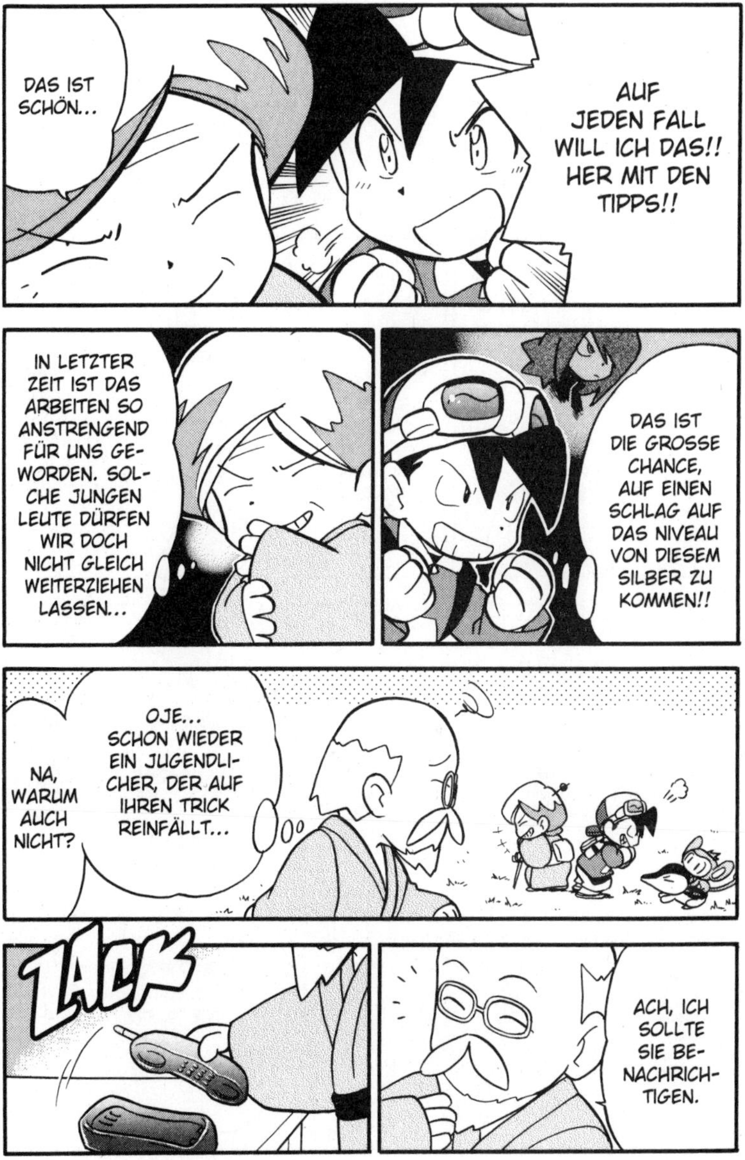
AUF JEDEN FALL WILL ICH DAS!! HER MIT DEN TIPPS!!
DAS IST SCHÖN…
DAS IST DIE GROSSE CHANCE, AUF EINEN SCHLAG AUF DAS NIVEAU VON DIESEM SILBER ZU KOMMEN!!
IN LETZTER ZEIT IST DAS ARBEITEN SO ANSTRENGEND FÜR UNS GE-WORDEN. SOL-CHE JUNGEN LEUTE DÜRFEN WIR DOCH NICHT GLEICH WEITERZIEHEN LASSEN…
OJE… SCHON WIEDER EIN JUGENDLI-CHER, DER AUF IHREN TRICK REINFÄLLT…
NA, WARUM AUCH NICHT?
ACH, ICH SOLLTE SIE BE-NACHRICH-TIGEN.
ZACK

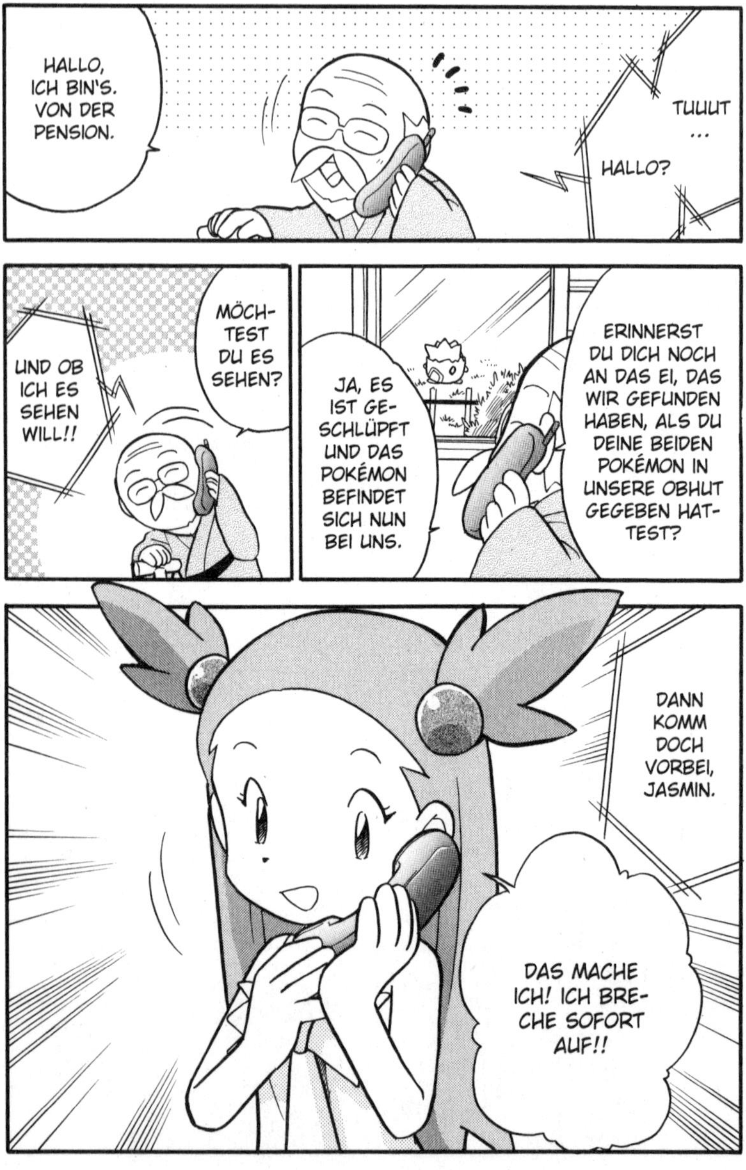
TUUUT ...
HALLO?
HALLO, ICH BIN'S. VON DER PENSION.
ERINNERST DU DICH NOCH AN DAS EI, DAS WIR GEFUNDEN HABEN, ALS DU DEINE BEIDEN POKÉMON IN UNSERE OBHUT GEGEBEN HAT-TEST?
JA, ES IST GE-SCHLÜPFT UND DAS POKÉMON BEFINDET SICH NUN BEI UNS.
MÖCH-TEST DU ES SEHEN?
UND OB ICH ES SEHEN WILL!!
DANN KOMM DOCH VORBEI, JASMIN.
DAS MACHE ICH! ICH BRE-CHE SOFORT AUF!!

# ABENTEUER 108 VS. IGELAVAR

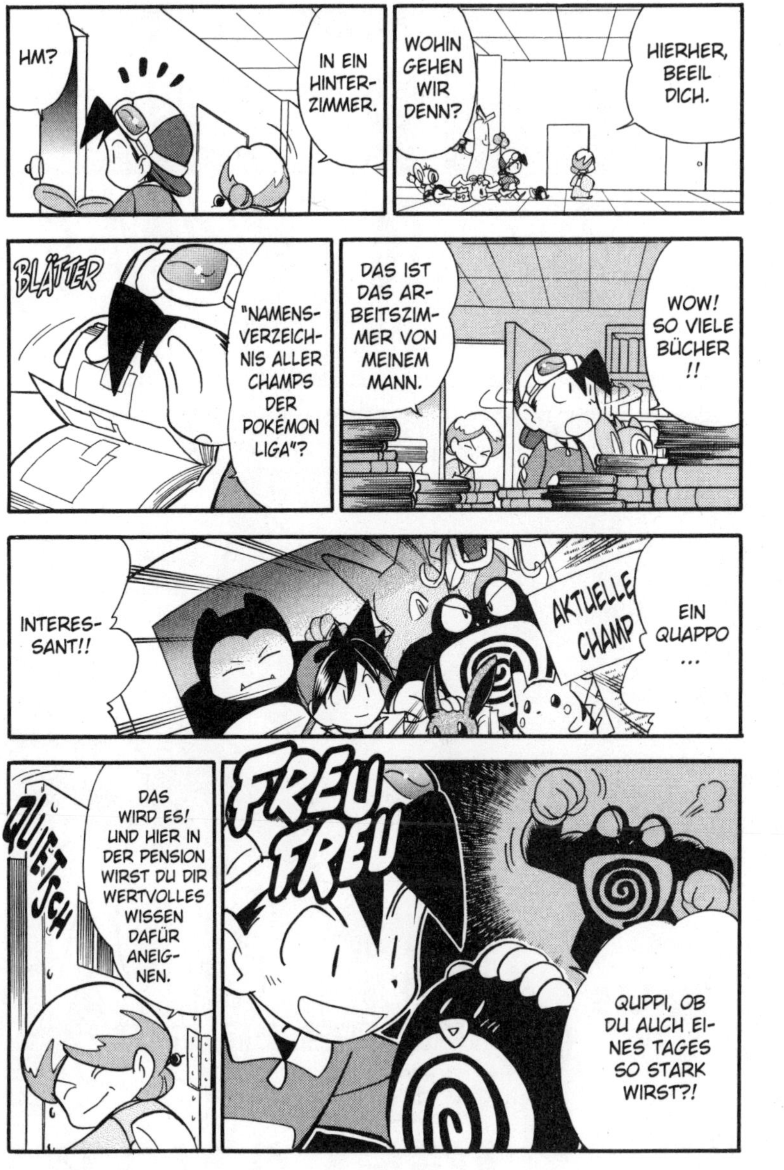

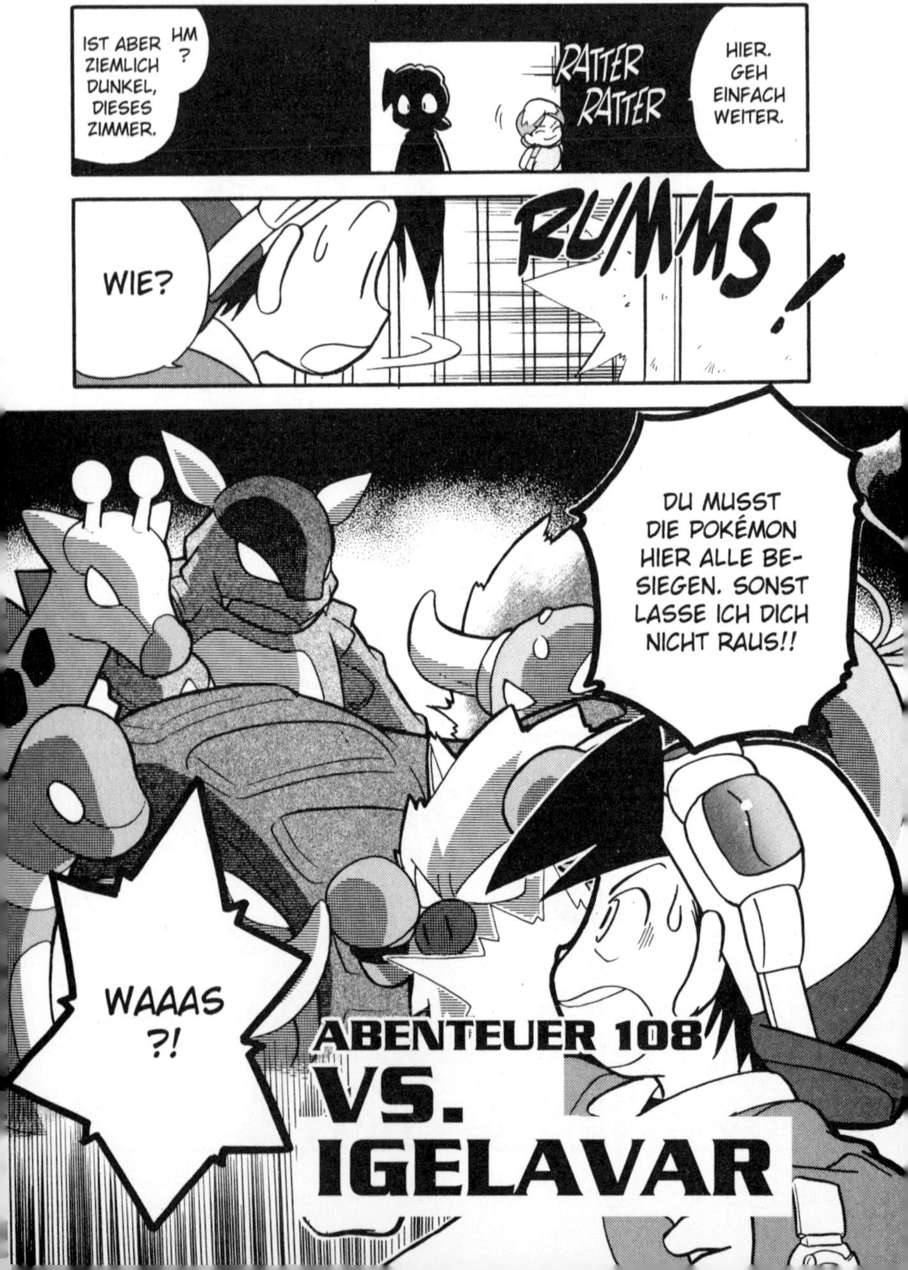
HIER. GEH EINFACH WEITER.
RATTER RATTER
HM?
IST ABER ZIEMLICH DUNKEL, DIESES ZIMMER.
RUMMS!
WIE?
DU MUSST DIE POKÉMON HIER ALLE BESIEGEN. SONST LASSE ICH DICH NICHT RAUS!!
WAAAS?!
ABENTEUER 108
VS. IGELAVAR

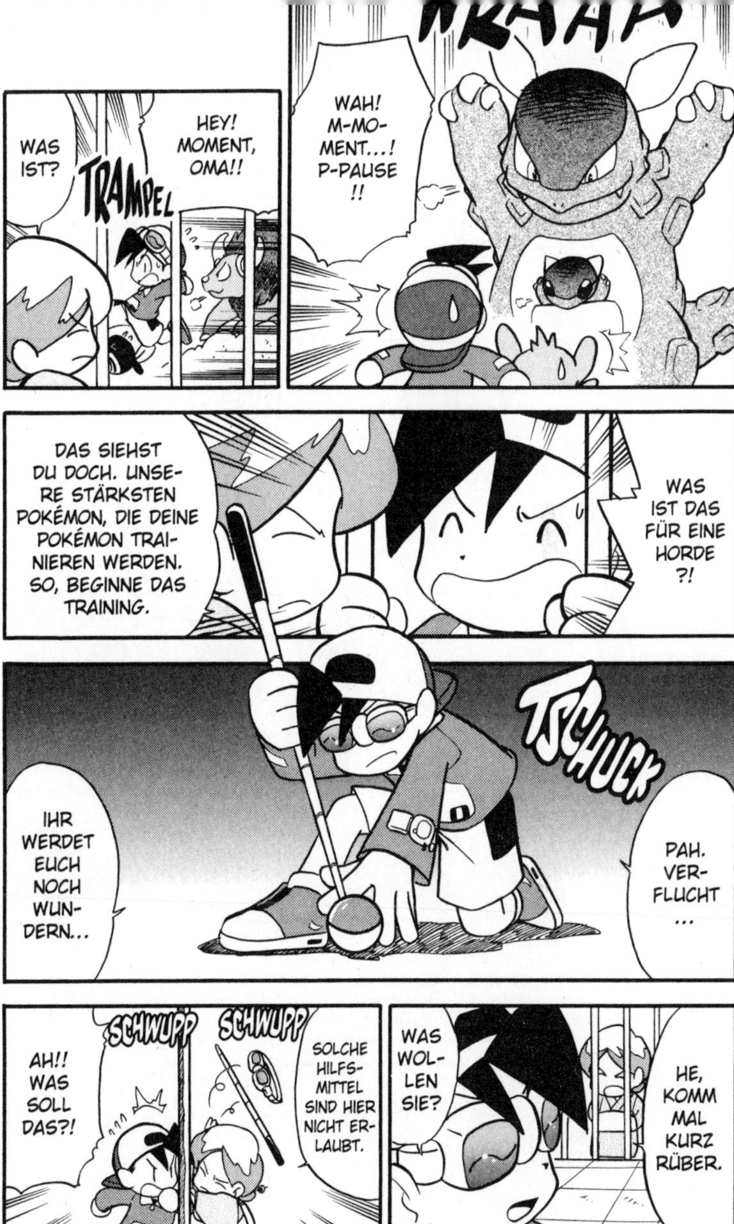
WAH! M-MOMENT...! P-PAUSE !!
HEY! MOMENT, OMA!!
TRAMPEL
WAS IST?
WAS IST DAS FÜR EINE HORDE ?!
DAS SIEHST DU DOCH. UNSERE STÄRKSTEN POKÉMON, DIE DEINE POKÉMON TRAINIEREN WERDEN. SO, BEGINNE DAS TRAINING.
TSCHUCK
PAH. VERFLUCHT ...
IHR WERDET EUCH NOCH WUNDERN...
HE, KOMM MAL KURZ RÜBER.
WAS WOLLEN SIE?
SOLCHE HILFSMITTEL SIND HIER NICHT ERLAUBT.
SCHWUPP
SCHWUPP
AH!! WAS SOLL DAS?!

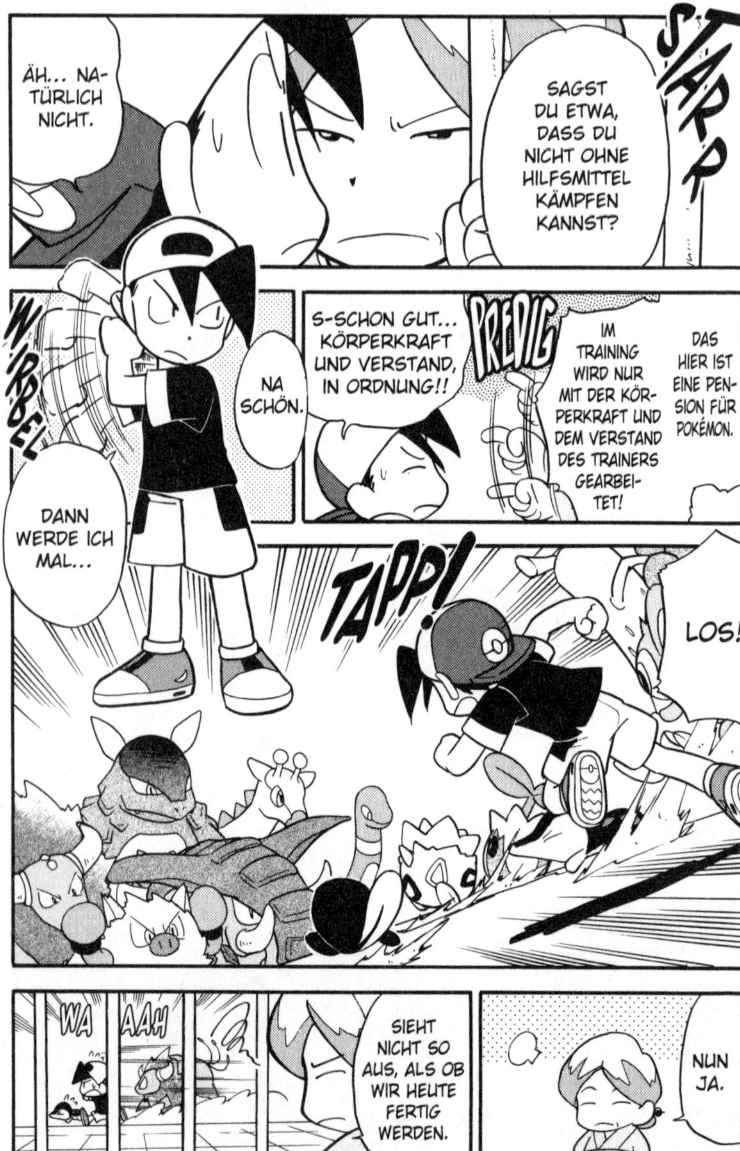
STARR
SAGST DU ETWA, DASS DU NICHT OHNE HILFSMITTEL KÄMPFEN KANNST?
ÄH… NATÜRLICH NICHT.
DAS HIER IST EINE PENSION FÜR POKÉMON.
IM TRAINING WIRD NUR MIT DER KÖRPERKRAFT UND DEM VERSTAND DES TRAINERS GEARBEITET!
PREDIG
S-SCHON GUT… KÖRPERKRAFT UND VERSTAND, IN ORDNUNG!!
WIRBEL
NA SCHÖN.
DANN WERDE ICH MAL…
TAPP!
LOS!!
NUN JA.
SIEHT NICHT SO AUS, ALS OB WIR HEUTE FERTIG WERDEN.
WA
AAH

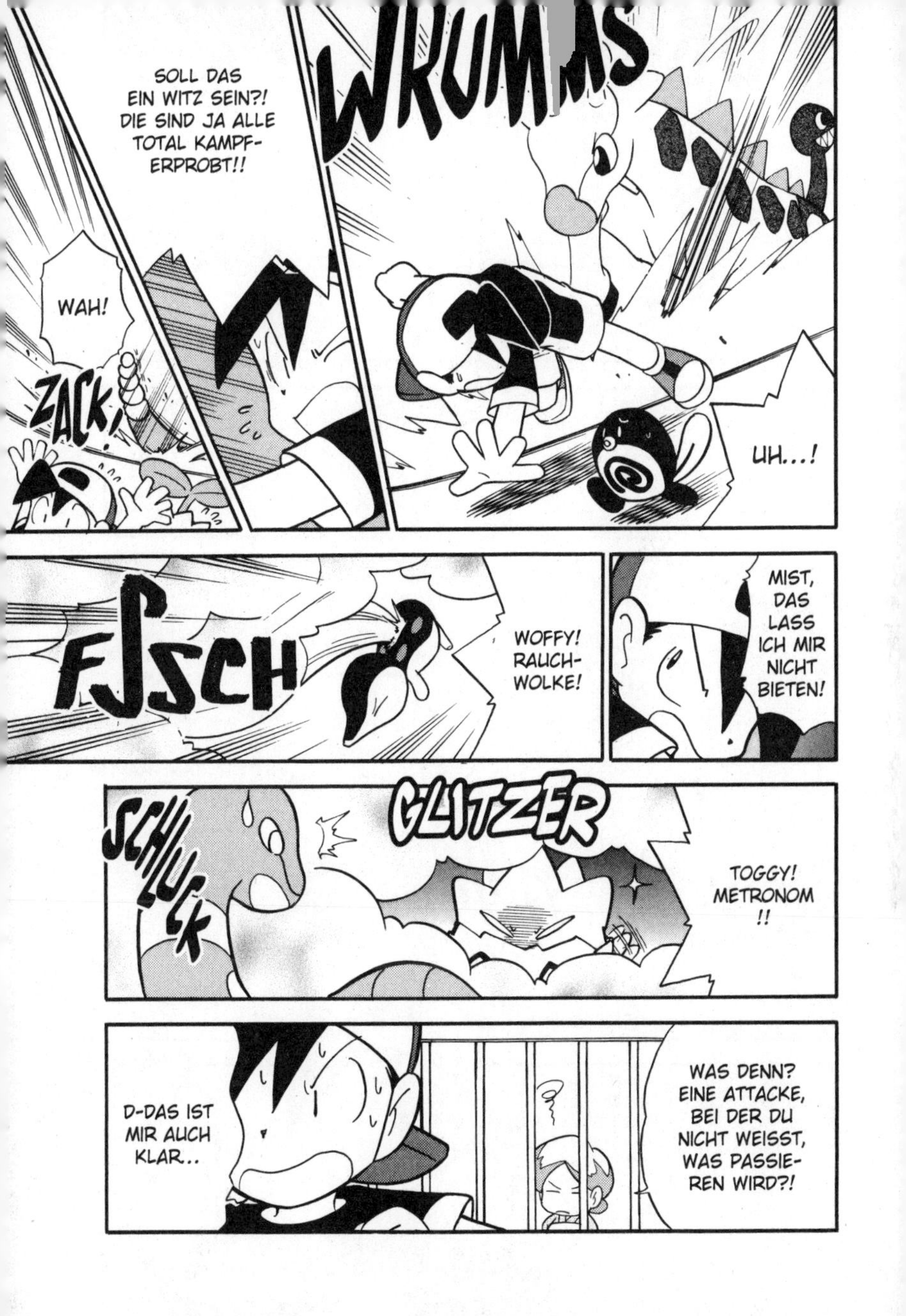
WRUMMS
SOLL DAS EIN WITZ SEIN?! DIE SIND JA ALLE TOTAL KAMPF-ERPROBT!!
UH...!
WAH!
ZACK
MIST, DAS LASS ICH MIR NICHT BIETEN!
WOFFY! RAUCH-WOLKE!
FSSCH
TOGGY! METRONOM!!
GLITZER
SCHLUCK
WAS DENN? EINE ATTACKE, BEI DER DU NICHT WEISST, WAS PASSIEREN WIRD?!
D-DAS IST MIR AUCH KLAR...

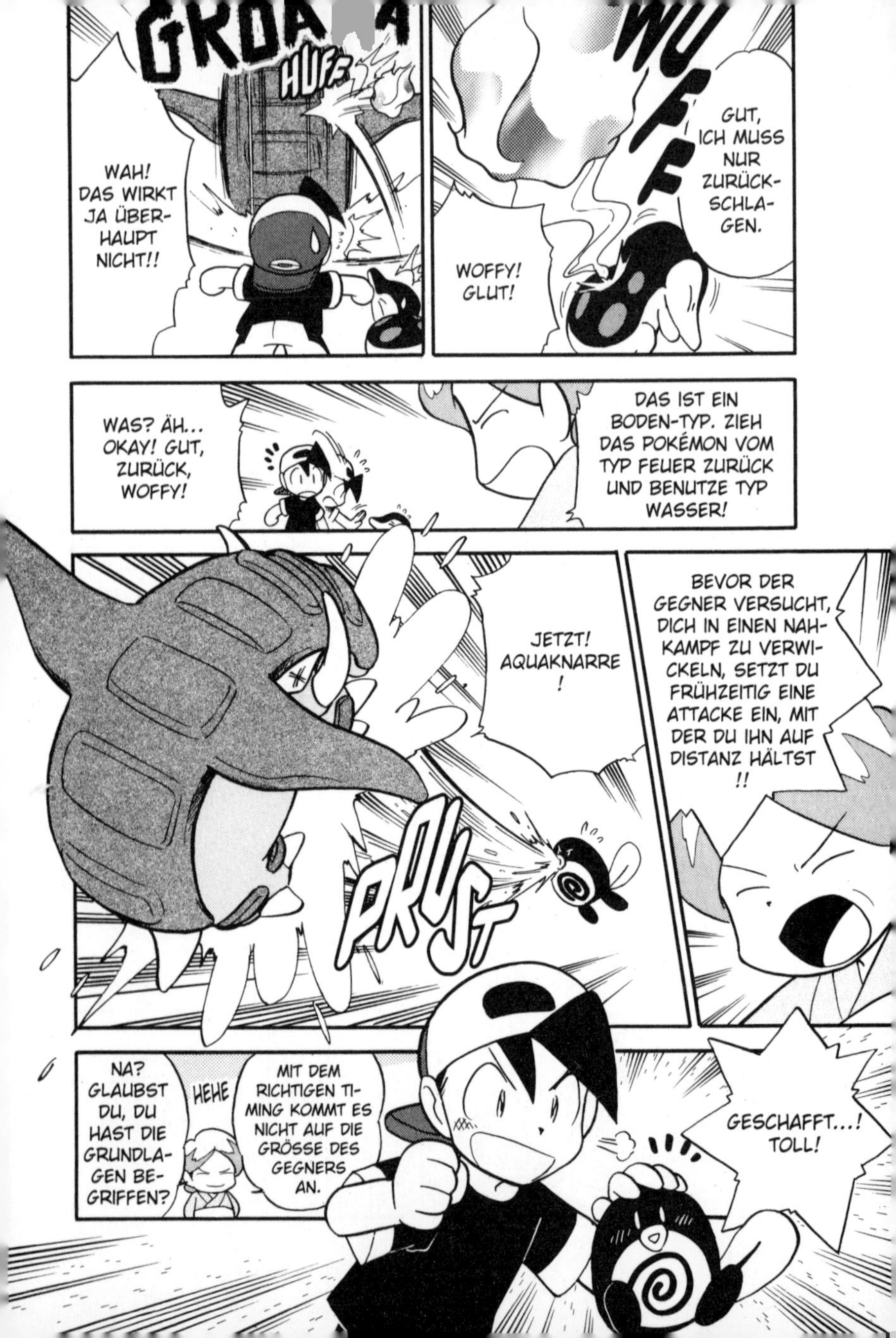
GUT, ICH MUSS NUR ZURÜCK-SCHLA-GEN.
WOFFY! GLUT!
WUFFF
GROA A
HUFF
WAH! DAS WIRKT JA ÜBER-HAUPT NICHT!!
DAS IST EIN BODEN-TYP. ZIEH DAS POKÉMON VOM TYP FEUER ZURÜCK UND BENUTZE TYP WASSER!
WAS? ÄH... OKAY! GUT, ZURÜCK, WOFFY!
BEVOR DER GEGNER VERSUCHT, DICH IN EINEN NAH-KAMPF ZU VERWI-CKELN, SETZT DU FRÜHZEITIG EINE ATTACKE EIN, MIT DER DU IHN AUF DISTANZ HÄLTST!!
JETZT! AQUAKNARRE!
PRUST
GESCHAFFT...! TOLL!
MIT DEM RICHTIGEN TI-MING KOMMT ES NICHT AUF DIE GRÖSSE DES GEGNERS AN.
HEHE
NA? GLAUBST DU, DU HAST DIE GRUNDLA-GEN BE-GRIFFEN?

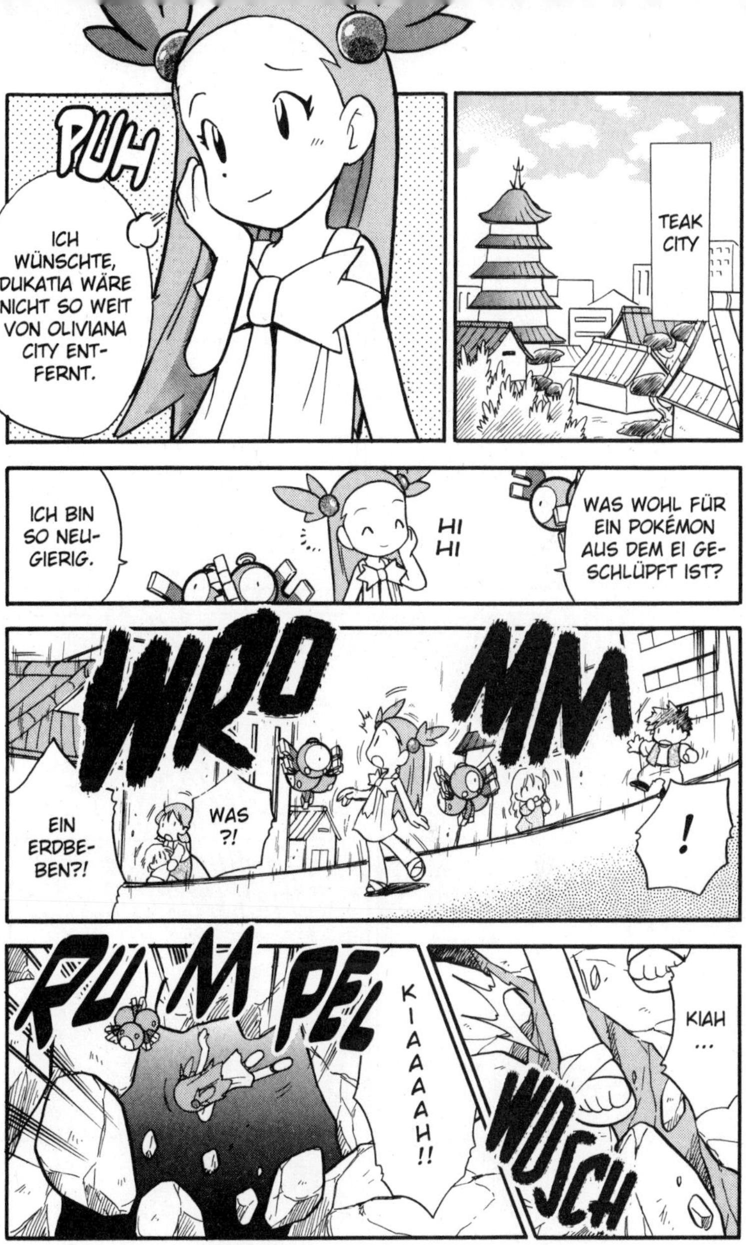
PUH
ICH WÜNSCHTE, DUKATIA WÄRE NICHT SO WEIT VON OLIVIANA CITY ENTFERNT.
TEAK CITY
ICH BIN SO NEUGIERIG.
HI HI
WAS WOHL FÜR EIN POKÉMON AUS DEM EI GESCHLÜPFT IST?
WROOMM
EIN ERDBEBEN?!
WAS ?!
!
RUMPEL
KIAAAAAH!!
KIAH ...
WOSCH

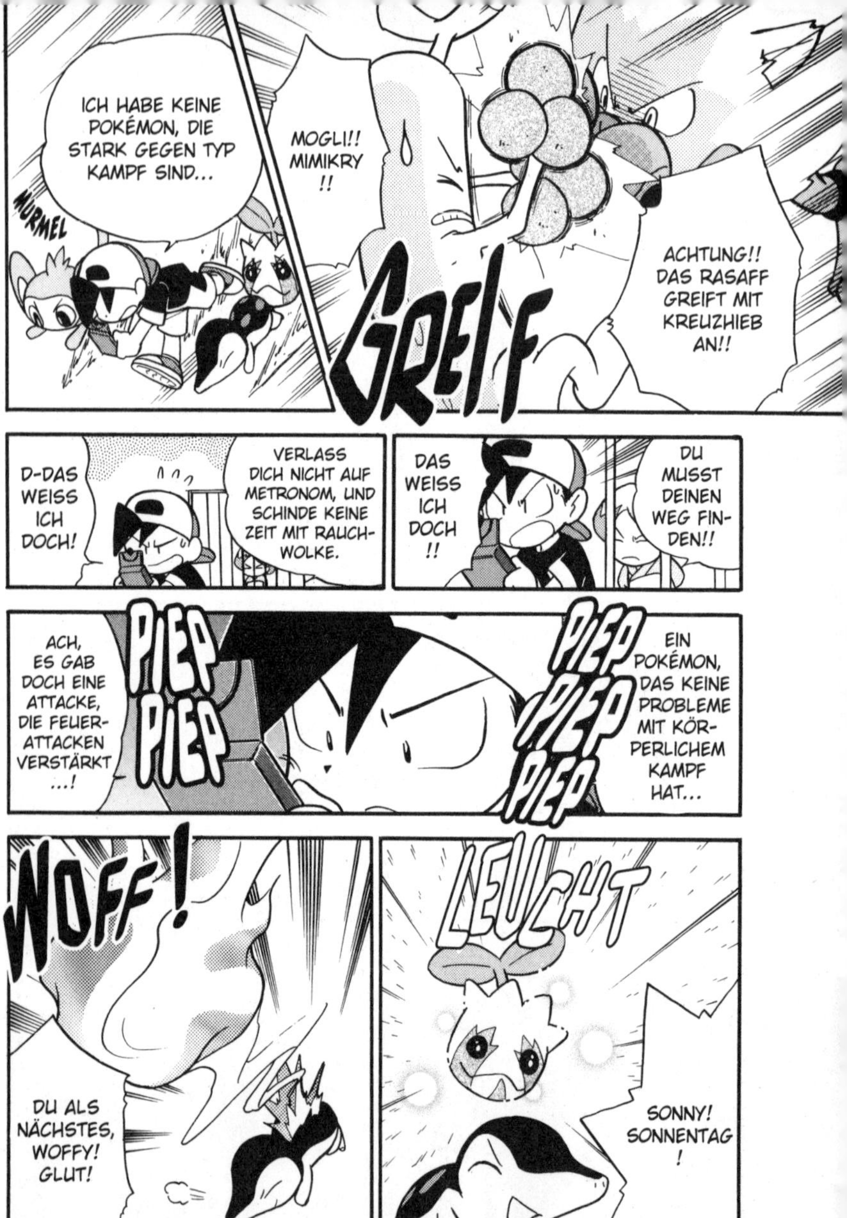
ICH HABE KEINE POKÉMON, DIE STARK GEGEN TYP KAMPF SIND…
MURMEL
MOGLI!! MIMIKRY !!
GREIF
ACHTUNG!! DAS RASAFF GREIFT MIT KREUZHIEB AN!!
D-DAS WEISS ICH DOCH!
VERLASS DICH NICHT AUF METRONOM, UND SCHINDE KEINE ZEIT MIT RAUCH-WOLKE.
DAS WEISS ICH DOCH !!
DU MUSST DEINEN WEG FIN-DEN!!
ACH, ES GAB DOCH EINE ATTACKE, DIE FEUER-ATTACKEN VERSTÄRKT …!
PIEP PIEP
PIEP PIEP PIEP
EIN POKÉMON, DAS KEINE PROBLEME MIT KÖR-PERLICHEM KAMPF HAT…
WOFF!
DU ALS NÄCHSTES, WOFFY! GLUT!
LEUCHT
SONNY! SONNENTAG !

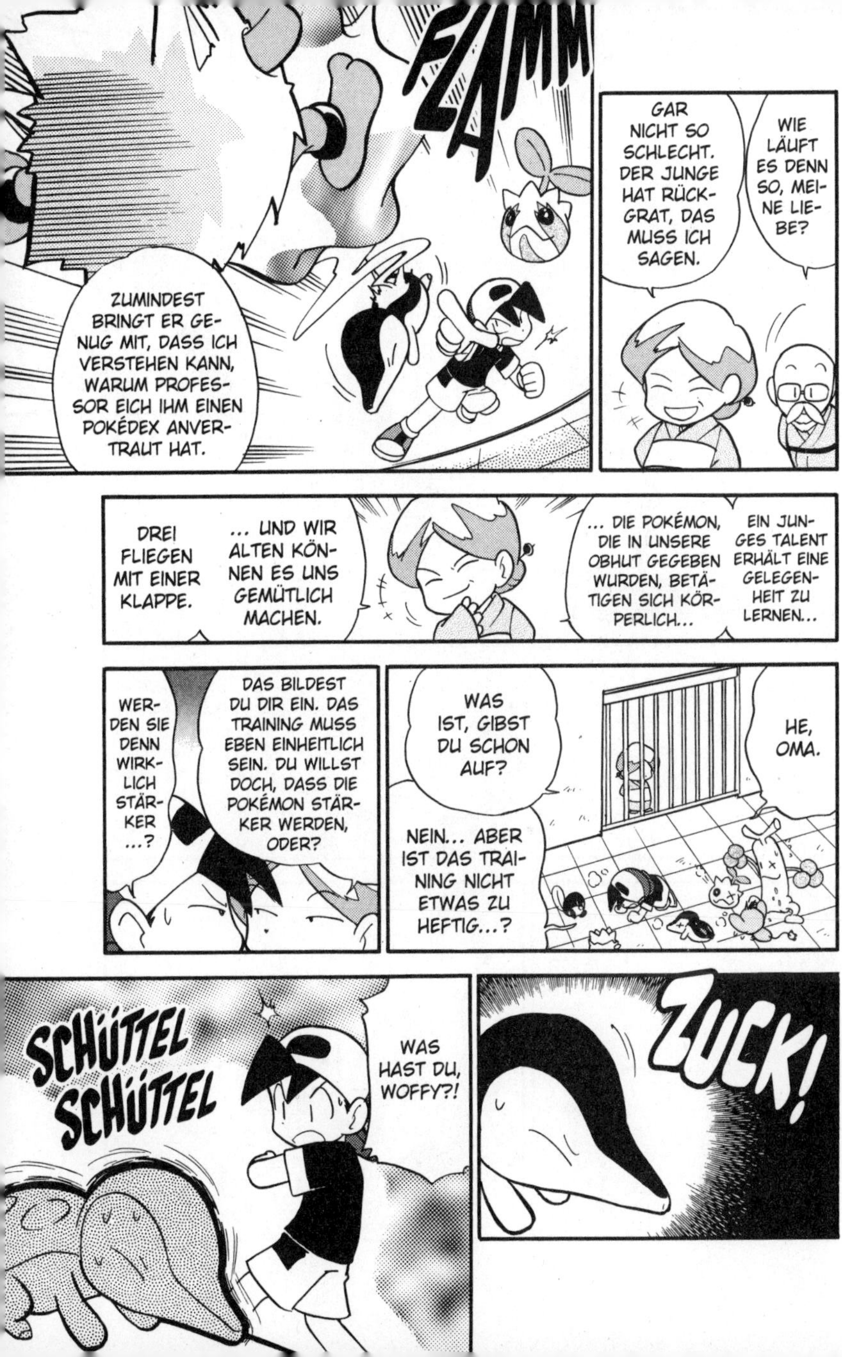
WIE LÄUFT ES DENN SO, MEINE LIEBE?
GAR NICHT SO SCHLECHT. DER JUNGE HAT RÜCKGRAT, DAS MUSS ICH SAGEN.
ZUMINDEST BRINGT ER GENUG MIT, DASS ICH VERSTEHEN KANN, WARUM PROFESSOR EICH IHM EINEN POKÉDEX ANVERTRAUT HAT.
EIN JUNGES TALENT ERHÄLT EINE GELEGENHEIT ZU LERNEN…
… DIE POKÉMON, DIE IN UNSERE OBHUT GEGEBEN WURDEN, BETÄTIGEN SICH KÖRPERLICH…
… UND WIR ALTEN KÖNNEN ES UNS GEMÜTLICH MACHEN.
DREI FLIEGEN MIT EINER KLAPPE.
HE, OMA.
WAS IST, GIBST DU SCHON AUF?
NEIN… ABER IST DAS TRAINING NICHT ETWAS ZU HEFTIG…?
DAS BILDEST DU DIR EIN. DAS TRAINING MUSS EBEN EINHEITLICH SEIN. DU WILLST DOCH, DASS DIE POKÉMON STÄRKER WERDEN, ODER?
WERDEN SIE DENN WIRKLICH STÄRKER …?
ZUCK!
WAS HAST DU, WOFFY?!
SCHÜTTEL SCHÜTTEL

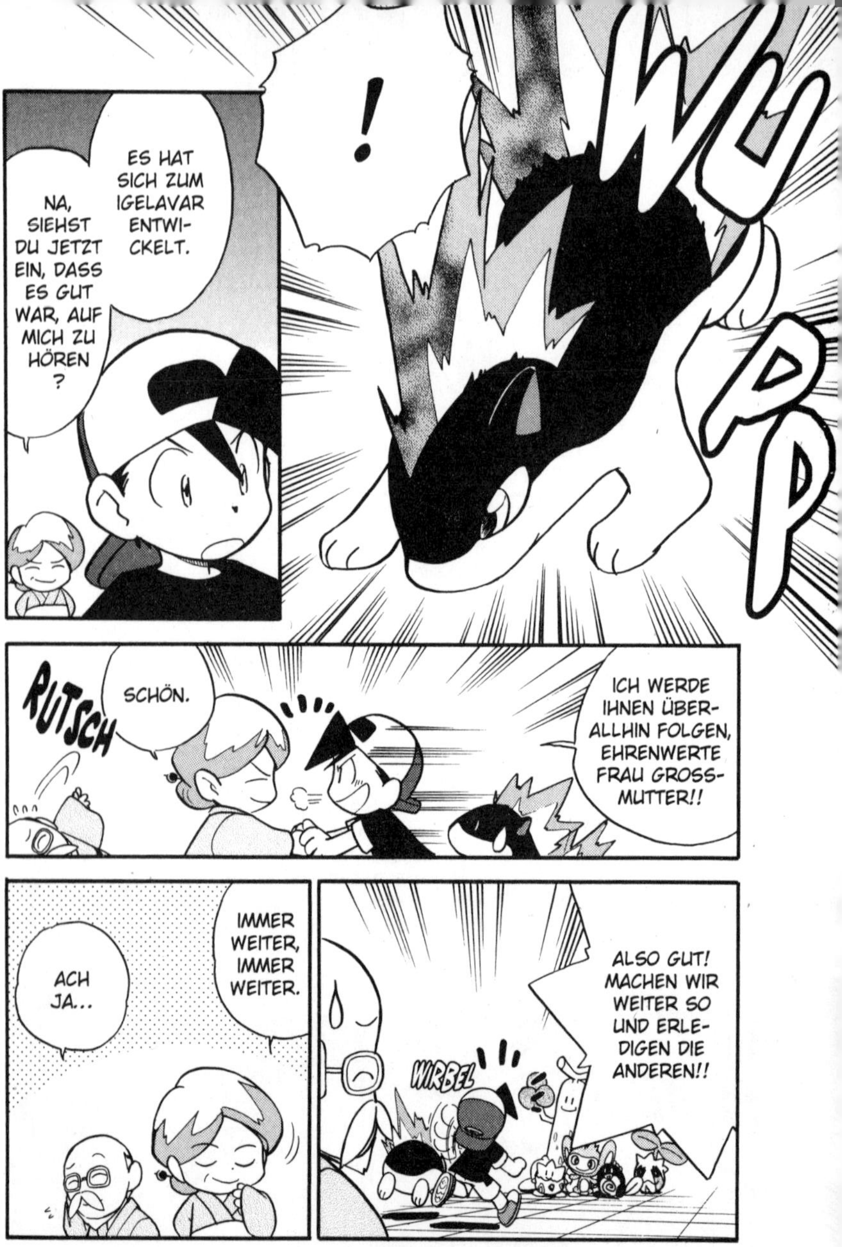
!
WUPP
ES HAT SICH ZUM IGELAVAR ENTWICKELT.
NA, SIEHST DU JETZT EIN, DASS ES GUT WAR, AUF MICH ZU HÖREN?
ICH WERDE IHNEN ÜBERALLHIN FOLGEN, EHRENWERTE FRAU GROSSMUTTER!!
SCHÖN.
RUTSCH
IMMER WEITER, IMMER WEITER.
ACH JA...
ALSO GUT! MACHEN WIR WEITER SO UND ERLEDIGEN DIE ANDEREN!!
WIRBEL

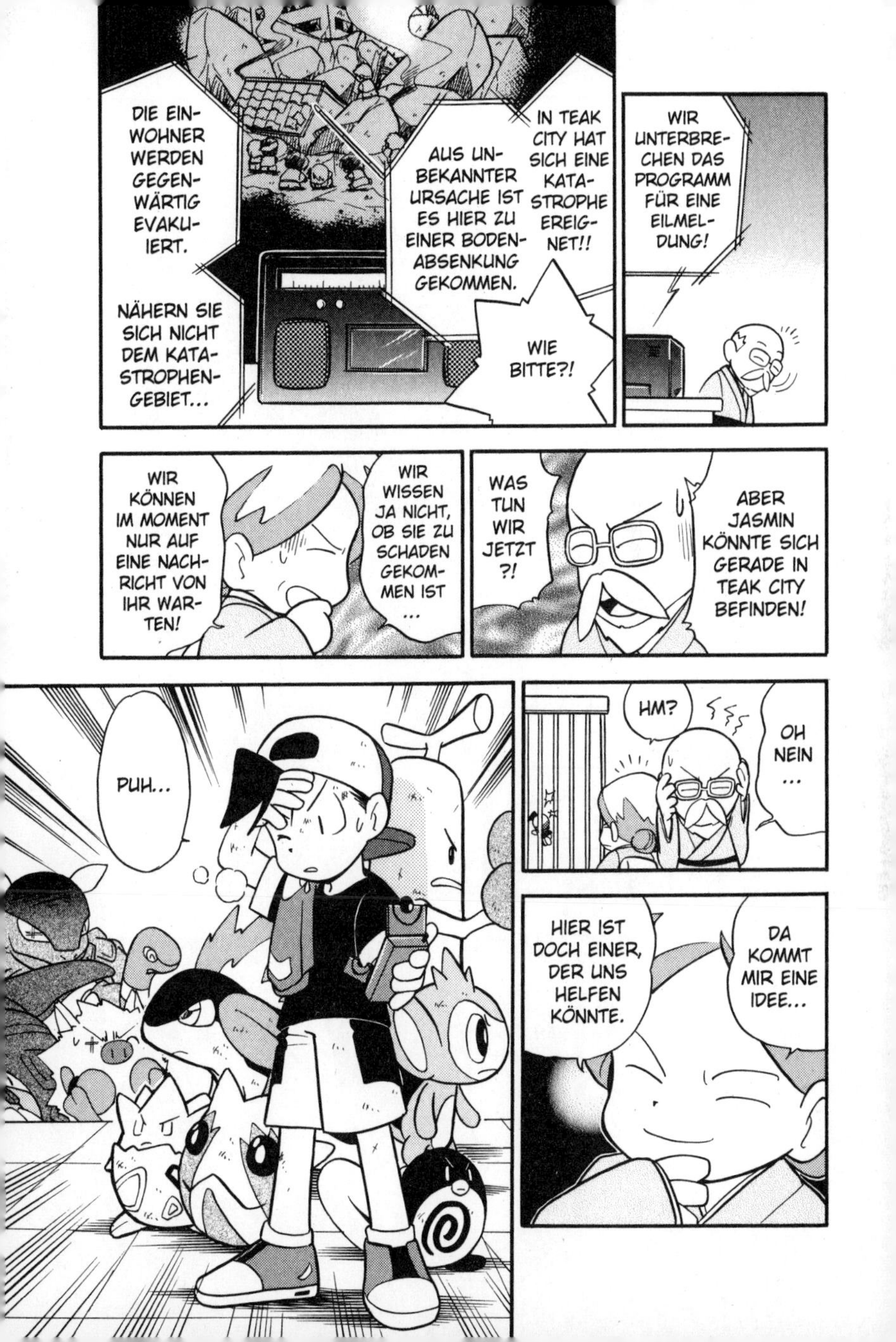
WIR UNTERBRECHEN DAS PROGRAMM FÜR EINE EILMELDUNG!
IN TEAK CITY HAT SICH EINE KATASTROPHE EREIGNET!!
AUS UNBEKANNTER URSACHE IST ES HIER ZU EINER BODENABSENKUNG GEKOMMEN.
WIE BITTE?!
DIE EINWOHNER WERDEN GEGENWÄRTIG EVAKUIERT.
NÄHERN SIE SICH NICHT DEM KATASTROPHENGEBIET…
ABER JASMIN KÖNNTE SICH GERADE IN TEAK CITY BEFINDEN!
WAS TUN WIR JETZT?!
WIR WISSEN JA NICHT, OB SIE ZU SCHADEN GEKOMMEN IST …
WIR KÖNNEN IM MOMENT NUR AUF EINE NACHRICHT VON IHR WARTEN!
OH NEIN …
HM?
DA KOMMT MIR EINE IDEE…
HIER IST DOCH EINER, DER UNS HELFEN KÖNNTE.
PUH…

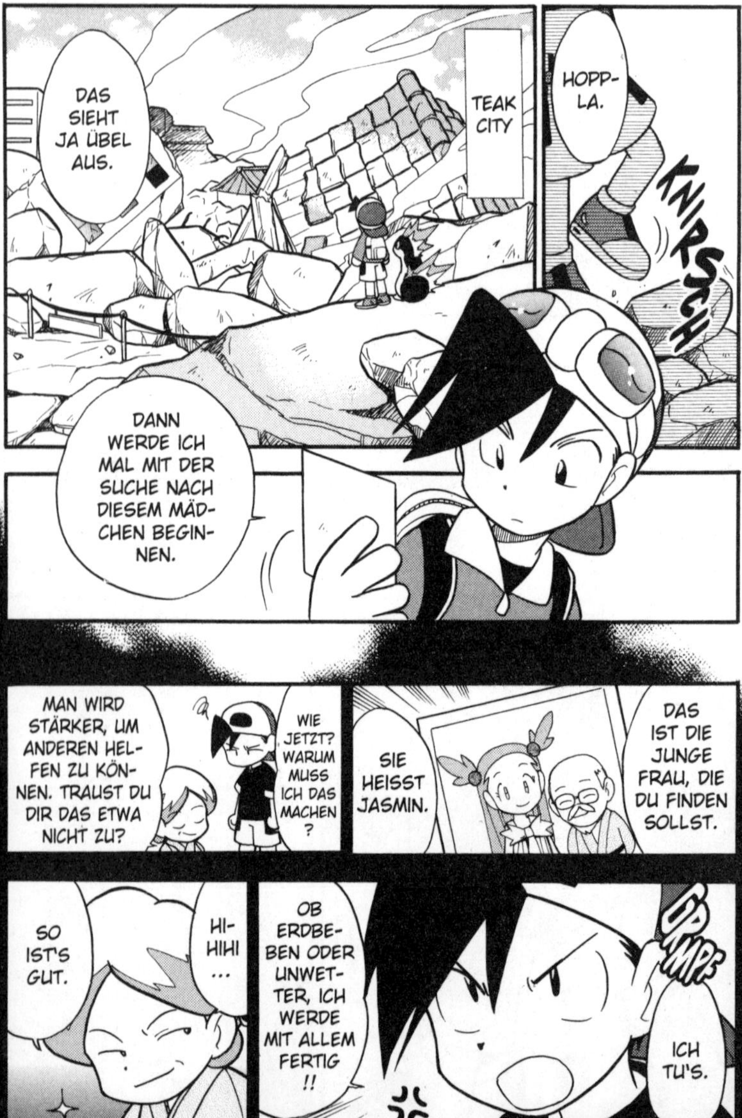
HOPP-LA.
KNIRSCH
TEAK CITY
DAS SIEHT JA ÜBEL AUS.
DANN WERDE ICH MAL MIT DER SUCHE NACH DIESEM MÄD-CHEN BEGIN-NEN.
DAS IST DIE JUNGE FRAU, DIE DU FINDEN SOLLST.
SIE HEISST JASMIN.
WIE JETZT? WARUM MUSS ICH DAS MACHEN ?
MAN WIRD STÄRKER, UM ANDEREN HEL-FEN ZU KÖN-NEN. TRAUST DU DIR DAS ETWA NICHT ZU?
ICH TU'S.
OB ERDBE-BEN ODER UNWET-TER, ICH WERDE MIT ALLEM FERTIG !!
HI-HIHI ...
SO IST'S GUT.

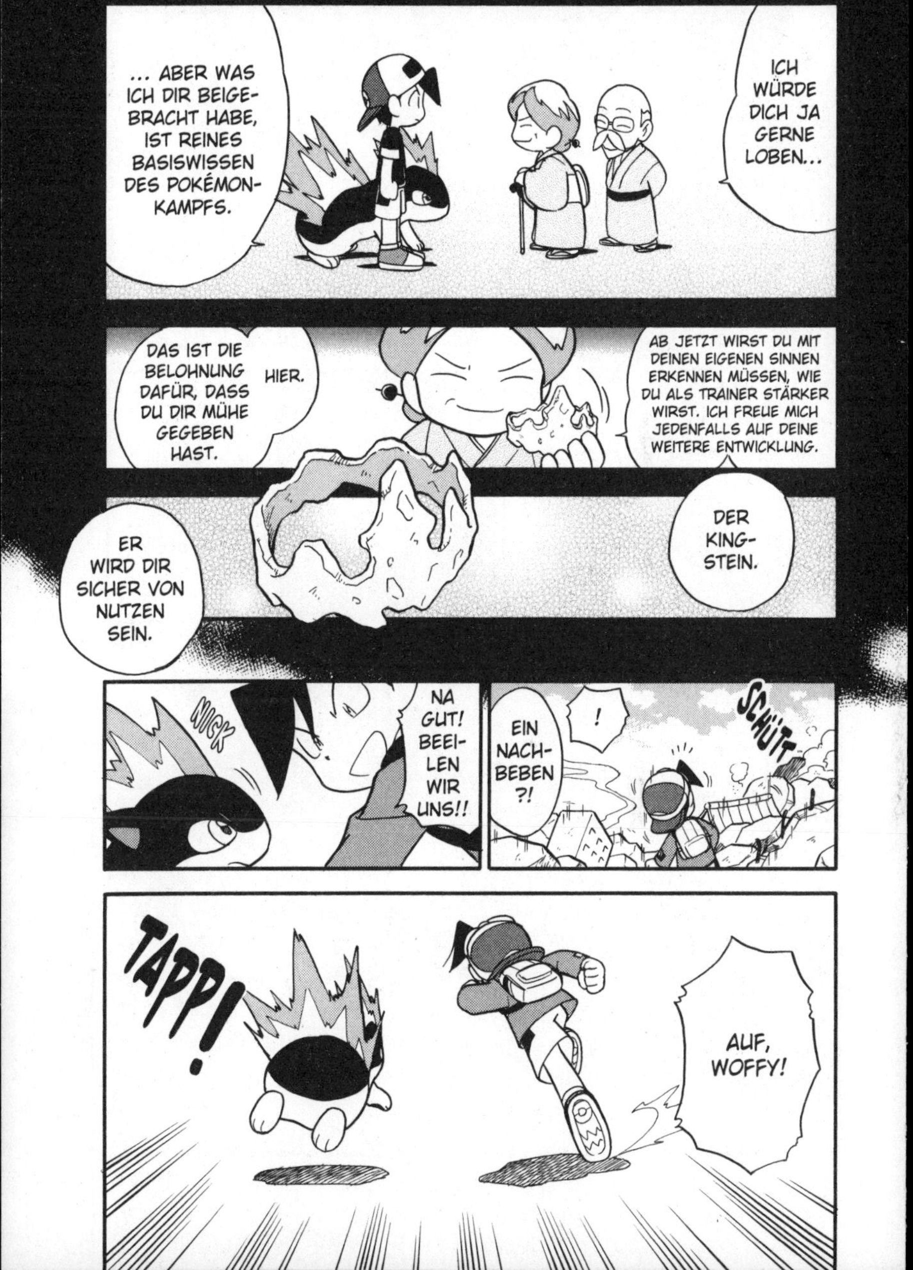
ICH WÜRDE DICH JA GERNE LOBEN...
... ABER WAS ICH DIR BEIGEBRACHT HABE, IST REINES BASISWISSEN DES POKÉMON-KAMPFS.
AB JETZT WIRST DU MIT DEINEN EIGENEN SINNEN ERKENNEN MÜSSEN, WIE DU ALS TRAINER STÄRKER WIRST. ICH FREUE MICH JEDENFALLS AUF DEINE WEITERE ENTWICKLUNG.
HIER.
DAS IST DIE BELOHNUNG DAFÜR, DASS DU DIR MÜHE GEGEBEN HAST.
DER KING-STEIN.
ER WIRD DIR SICHER VON NUTZEN SEIN.
SCHÜTT
!
EIN NACHBEBEN?!
NA GUT! BEEILEN WIR UNS!!
NICK
AUF, WOFFY!
TAPP!

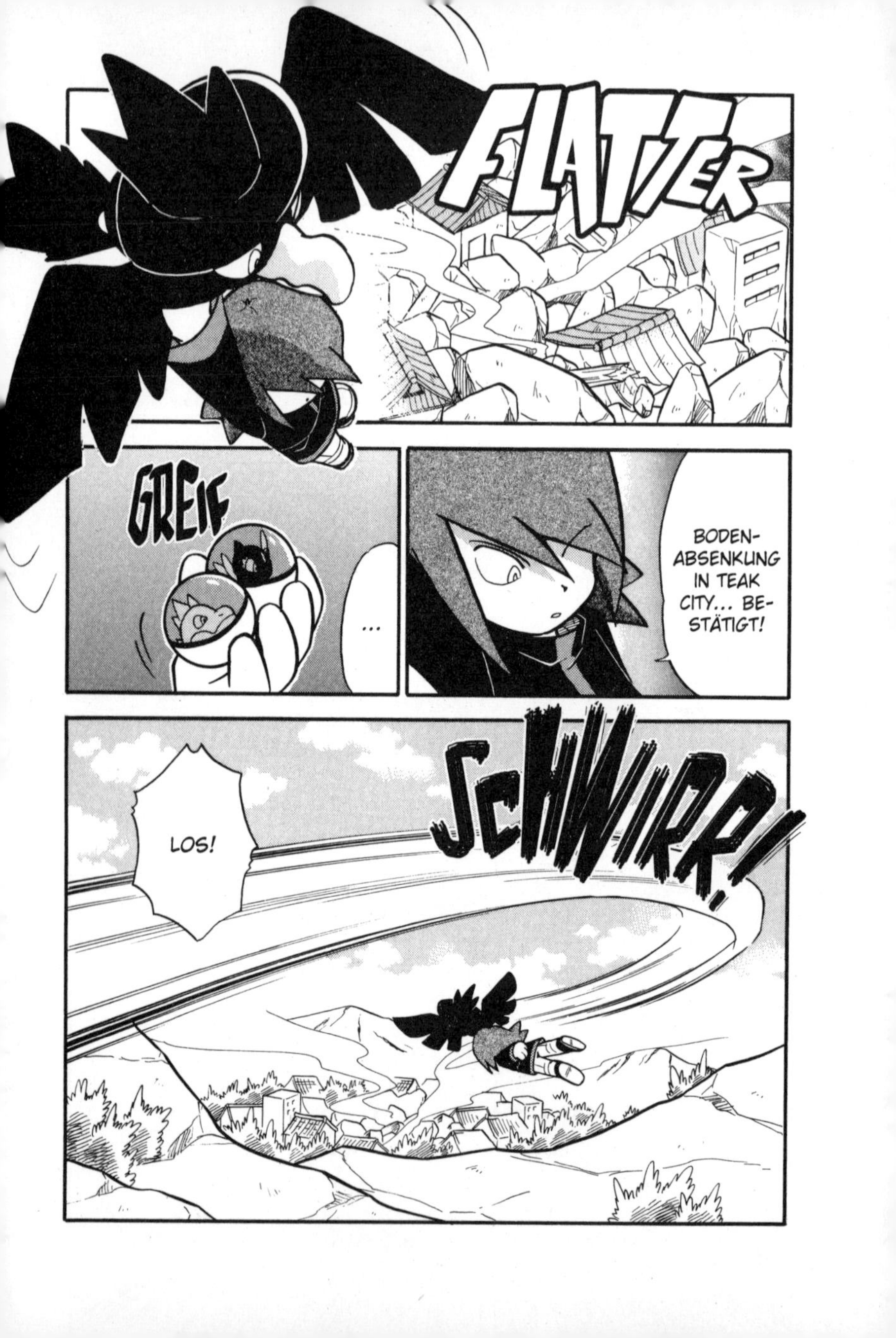
FLATTER
GREIF
...
BODEN-
ABSENKUNG
IN TEAK
CITY... BE-
STÄTIGT!
SCHWIRR!
LOS!

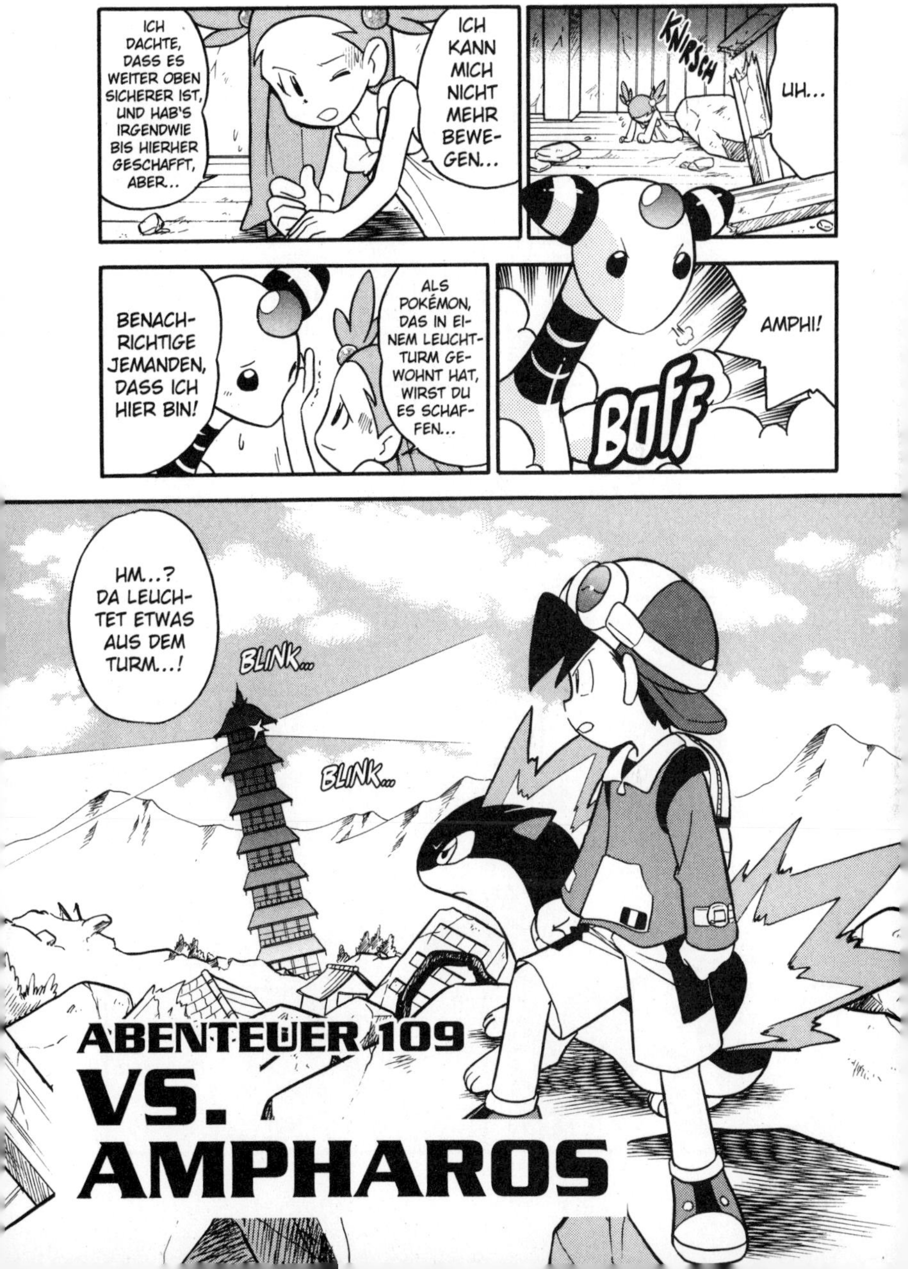
ICH DACHTE, DASS ES WEITER OBEN SICHERER IST, UND HAB'S IRGENDWIE BIS HIERHER GESCHAFFT, ABER...
ICH KANN MICH NICHT MEHR BEWEGEN...
KNIRSCH
UH...
AMPHI!
BOFF
ALS POKÉMON, DAS IN EINEM LEUCHTTURM GEWOHNT HAT, WIRST DU ES SCHAFFEN...
BENACHRICHTIGE JEMANDEN, DASS ICH HIER BIN!
HM...? DA LEUCHTET ETWAS AUS DEM TURM...!
BLINK...
BLINK...
ABENTEUER 109
VS. AMPHAROS

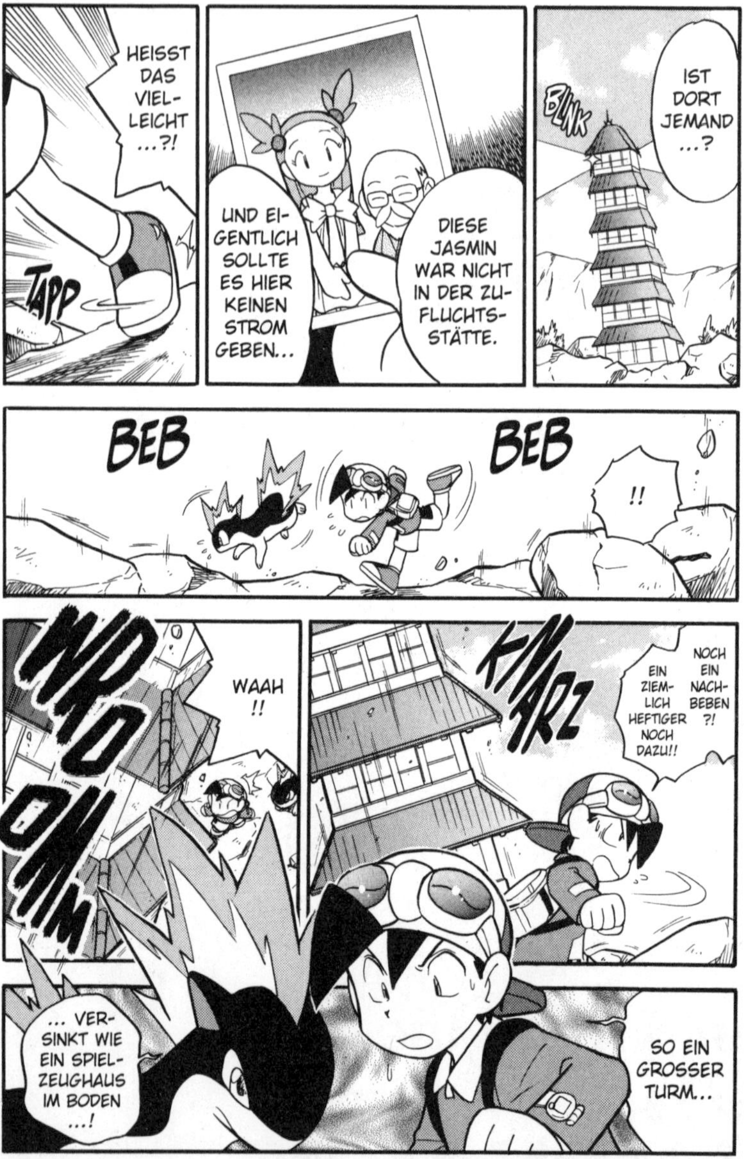
IST DORT JEMAND ...?
BLINK
DIESE JASMIN WAR NICHT IN DER ZUFLUCHTS-STÄTTE.
UND EIGENTLICH SOLLTE ES HIER KEINEN STROM GEBEN...
HEISST DAS VIELLEICHT ...?!
TAPP
BEB
BEB
!!
KNARZ
NOCH EIN NACHBEBEN?!
EIN ZIEMLICH HEFTIGER NOCH DAZU!!
WAAH !!
SO EIN GROSSER TURM...
... VERSINKT WIE EIN SPIELZEUGHAUS IM BODEN ...!

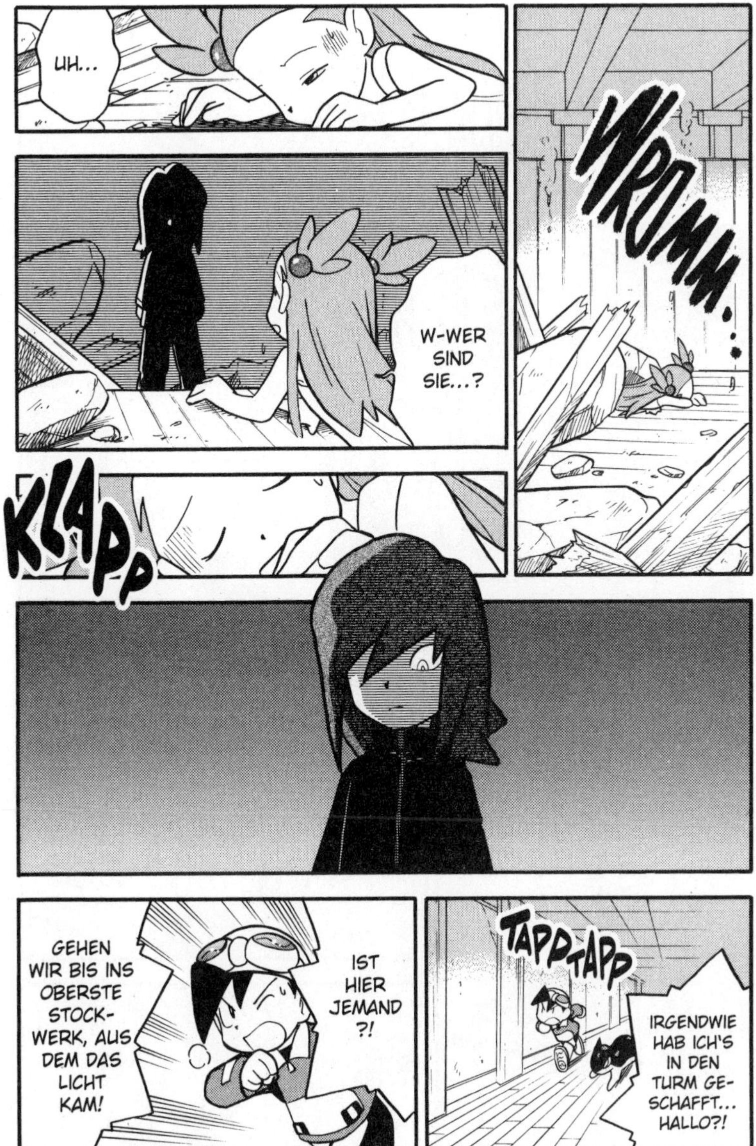
WRUMM..
UH...
W-WER SIND SIE...?
KLAPP
TAPP TAPP
IRGENDWIE HAB ICH'S IN DEN TURM GE-SCHAFFT... HALLO?!
IST HIER JEMAND ?!
GEHEN WIR BIS INS OBERSTE STOCK-WERK, AUS DEM DAS LICHT KAM!

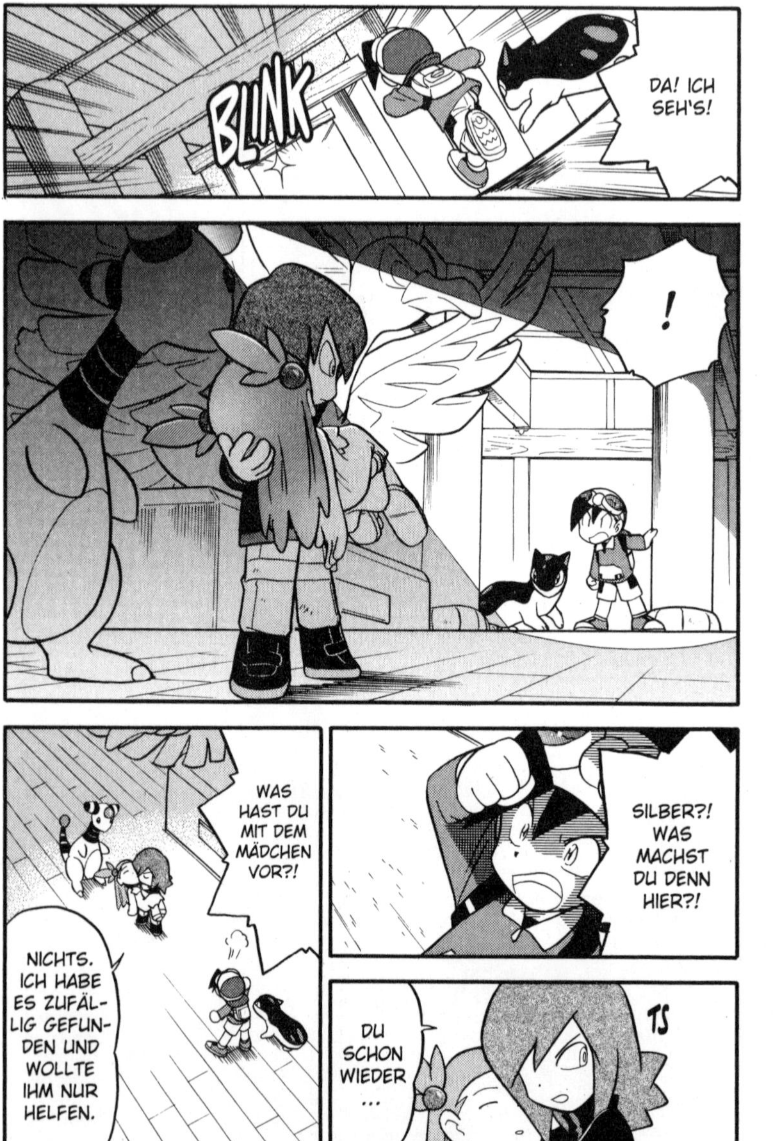
BLINK
DA! ICH SEH'S!
!
SILBER?! WAS MACHST DU DENN HIER?!
WAS HAST DU MIT DEM MÄDCHEN VOR?!
NICHTS. ICH HABE ES ZUFÄL-LIG GEFUN-DEN UND WOLLTE IHM NUR HELFEN.
TS
DU SCHON WIEDER ...

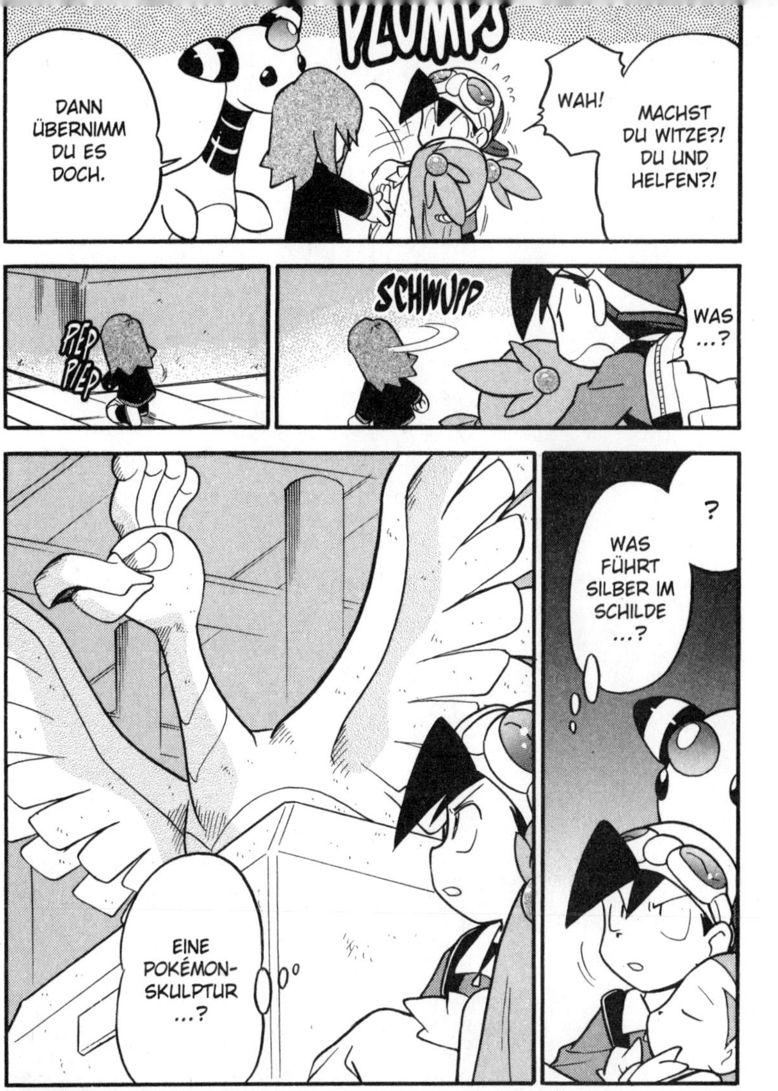
MACHST DU WITZE?! DU UND HELFEN?!
WAH!
PLUMPS
DANN ÜBERNIMM DU ES DOCH.
WAS ...?
SCHWUPP
PIEP PIEP
?
WAS FÜHRT SILBER IM SCHILDE ...?
EINE POKÉMON-SKULPTUR ...?
"HO-OH"...
HO-OH

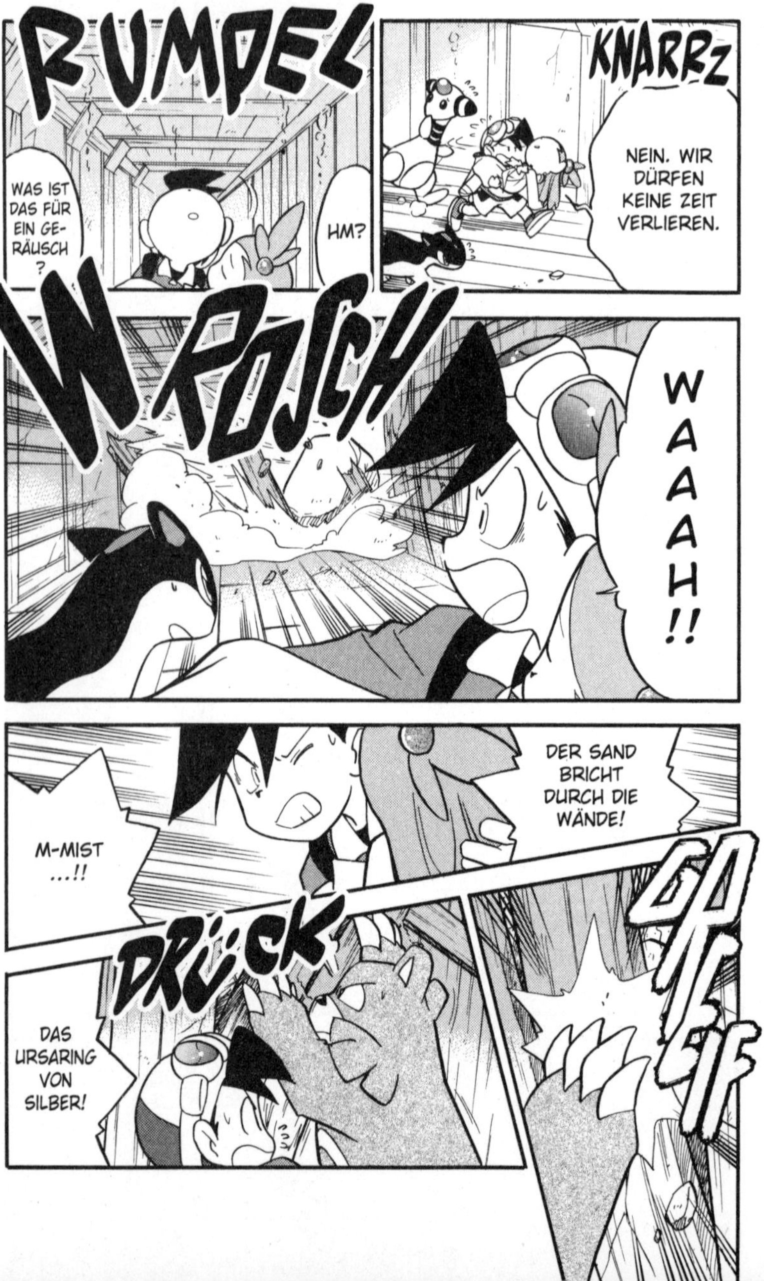
KNARRZ
NEIN. WIR DÜRFEN KEINE ZEIT VERLIEREN.
RUMPEL
HM?
WAS IST DAS FÜR EIN GERÄUSCH?
WAAAAH!!
WROSCH
DER SAND BRICHT DURCH DIE WÄNDE!
M-MIST ...!!
DRÜCK
DAS URSARING VON SILBER!

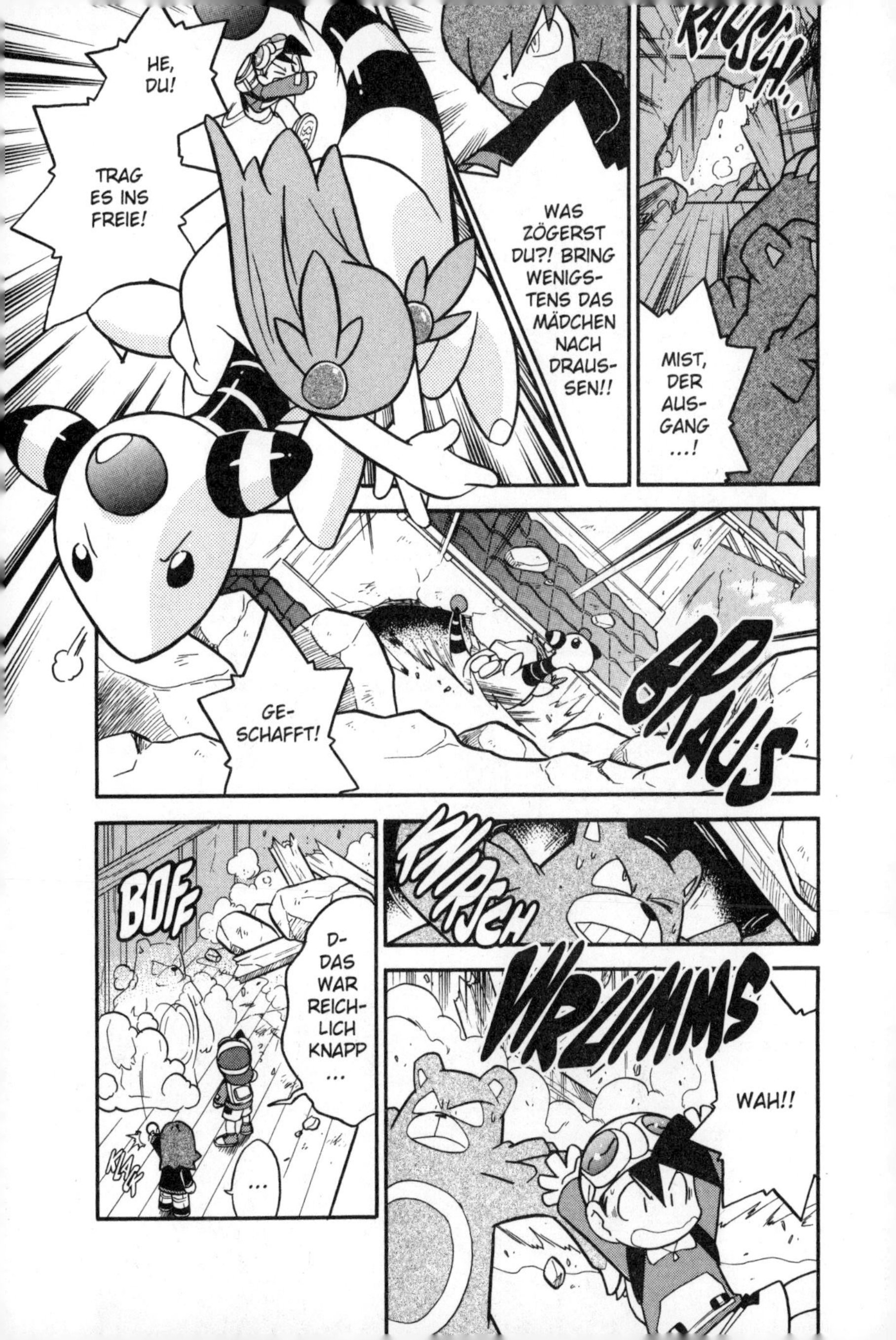

RAUSCH...
MIST, DER AUSGANG ...!
WAS ZÖGERST DU?! BRING WENIGSTENS DAS MÄDCHEN NACH DRAUSSEN!!
HE, DU!
TRAG ES INS FREIE!
BRAUS
GESCHAFFT!
KNIRSCH
WRUMMS
WAH!!
BOFF
D-DAS WAR REICHLICH KNAPP ...
KLACK
...

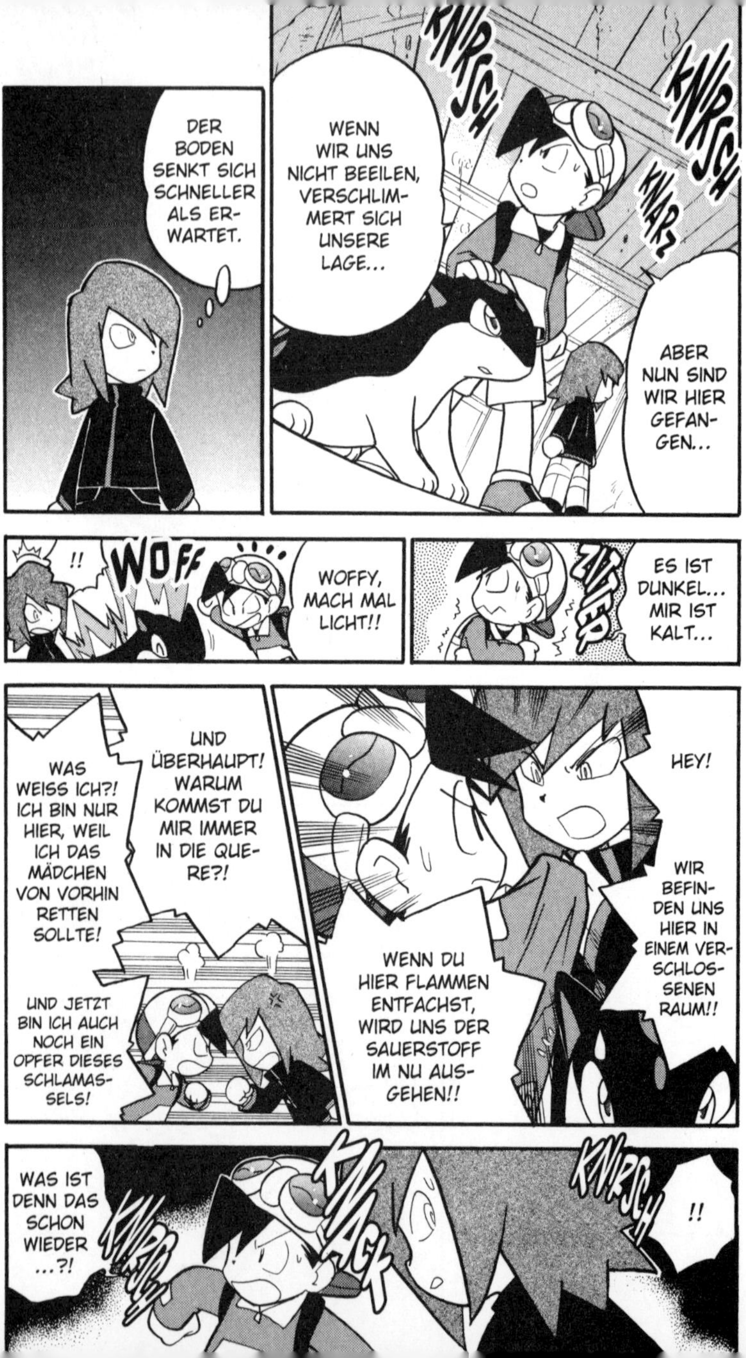
KNIRSCH
KNIRSCH
KNARZ
ABER NUN SIND WIR HIER GEFANGEN...
WENN WIR UNS NICHT BEEILEN, VERSCHLIMMERT SICH UNSERE LAGE...
DER BODEN SENKT SICH SCHNELLER ALS ERWARTET.
ES IST DUNKEL... MIR IST KALT...
ZITTER
WOFFY, MACH MAL LICHT!!
WOFF
!!
HEY!
WIR BEFINDEN UNS HIER IN EINEM VERSCHLOSSENEN RAUM!!
WENN DU HIER FLAMMEN ENTFACHST, WIRD UNS DER SAUERSTOFF IM NU AUSGEHEN!!
UND ÜBERHAUPT! WARUM KOMMST DU MIR IMMER IN DIE QUERE?!
WAS WEISS ICH?! ICH BIN NUR HIER, WEIL ICH DAS MÄDCHEN VON VORHIN RETTEN SOLLTE!
UND JETZT BIN ICH AUCH NOCH EIN OPFER DIESES SCHLAMASSELS!
KNIRSCH
!!
KNACK
KNIRSCH
WAS IST DENN DAS SCHON WIEDER ...?!

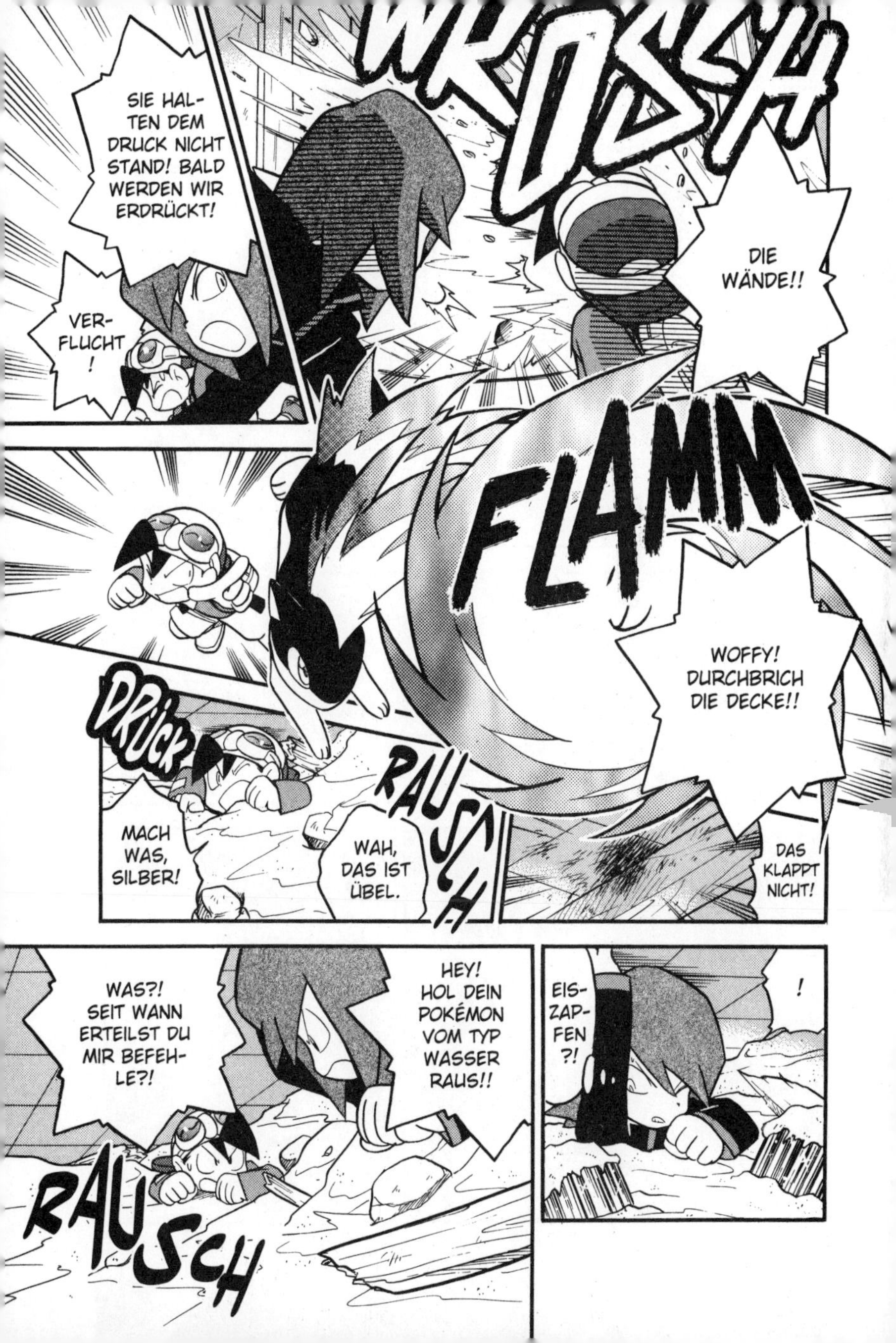
DIE WÄNDE!!
SIE HALTEN DEM DRUCK NICHT STAND! BALD WERDEN WIR ERDRÜCKT!
VERFLUCHT!
FLAMM
WOFFY! DURCHBRICH DIE DECKE!!
DRÜCK
DAS KLAPPT NICHT!
RAUSCH
WAH, DAS IST ÜBEL.
MACH WAS, SILBER!
!
EISZAPFEN?!
HEY! HOL DEIN POKÉMON VOM TYP WASSER RAUS!!
WAS?! SEIT WANN ERTEILST DU MIR BEFEHLE?!
RAUSCH

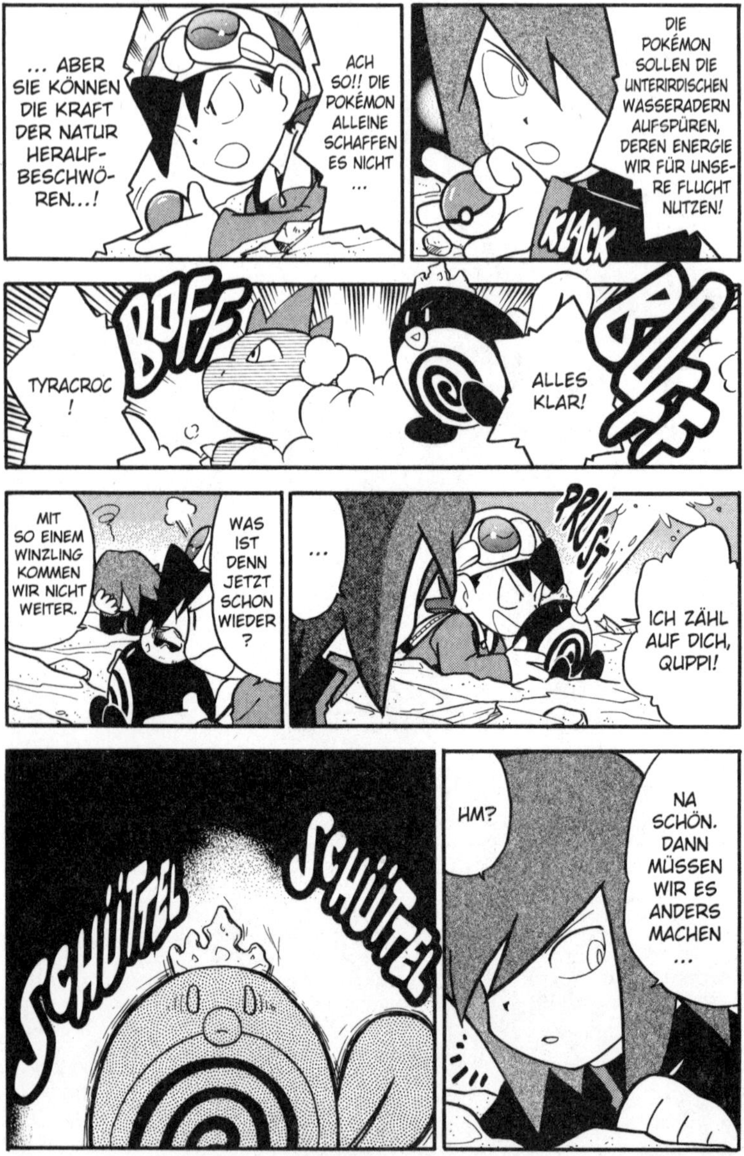
DIE POKÉMON SOLLEN DIE UNTERIRDISCHEN WASSERADERN AUFSPÜREN, DEREN ENERGIE WIR FÜR UNSERE FLUCHT NUTZEN!
KLACK
ACH SO!! DIE POKÉMON ALLEINE SCHAFFEN ES NICHT ...
... ABER SIE KÖNNEN DIE KRAFT DER NATUR HERAUFBESCHWÖREN...!
BUFF
ALLES KLAR!
BOFF
TYRACROC!
PRUST
ICH ZÄHL AUF DICH, QUPPI!
...
WAS IST DENN JETZT SCHON WIEDER?
MIT SO EINEM WINZLING KOMMEN WIR NICHT WEITER.
NA SCHÖN. DANN MÜSSEN WIR ES ANDERS MACHEN ...
HM?
SCHÜTTEL
SCHÜTTEL

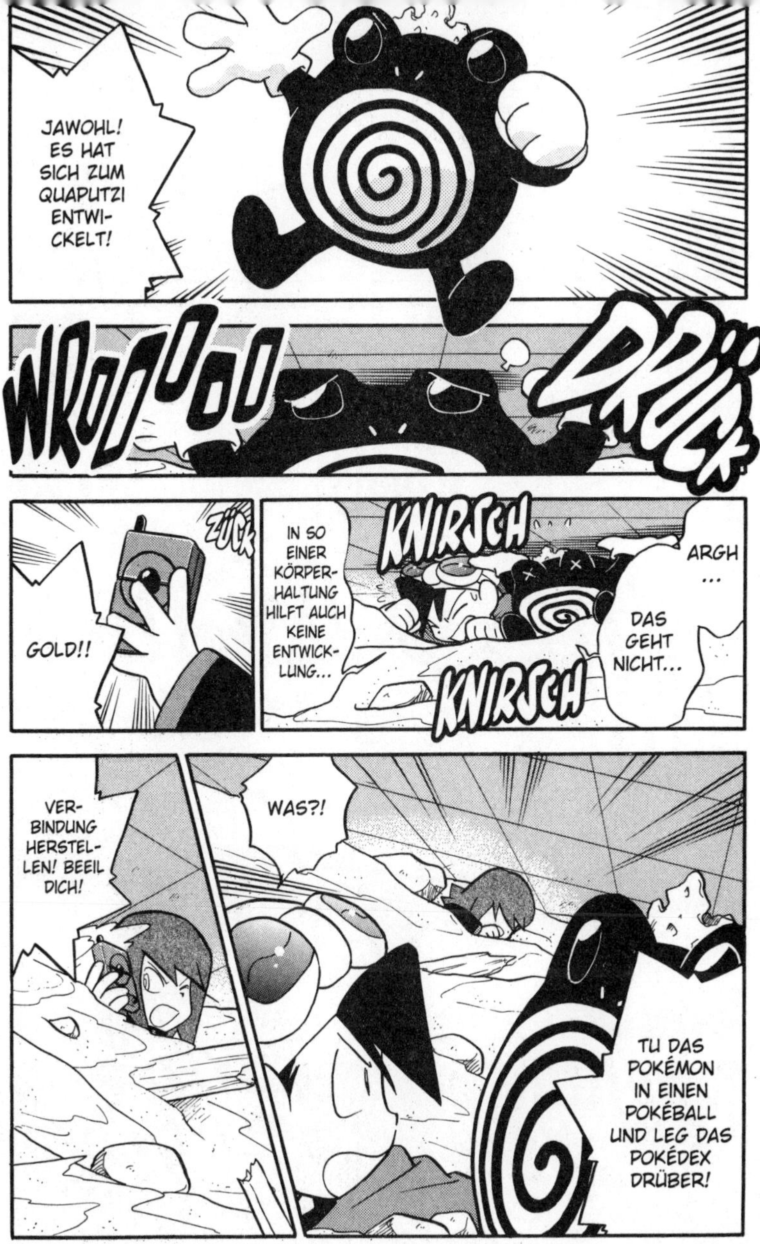
JAWOHL! ES HAT SICH ZUM QUAPUTZI ENTWI-CKELT!
WROSOOOO
DRÜCK
ZÜCK
GOLD!!
KNIRSCH
IN SO EINER KÖRPER-HALTUNG HILFT AUCH KEINE ENTWICK-LUNG...
KNIRSCH
ARGH ...
DAS GEHT NICHT...
VER-BINDUNG HERSTEL-LEN! BEEIL DICH!
WAS?!
TU DAS POKÉMON IN EINEN POKÉBALL UND LEG DAS POKÉDEX DRÜBER!

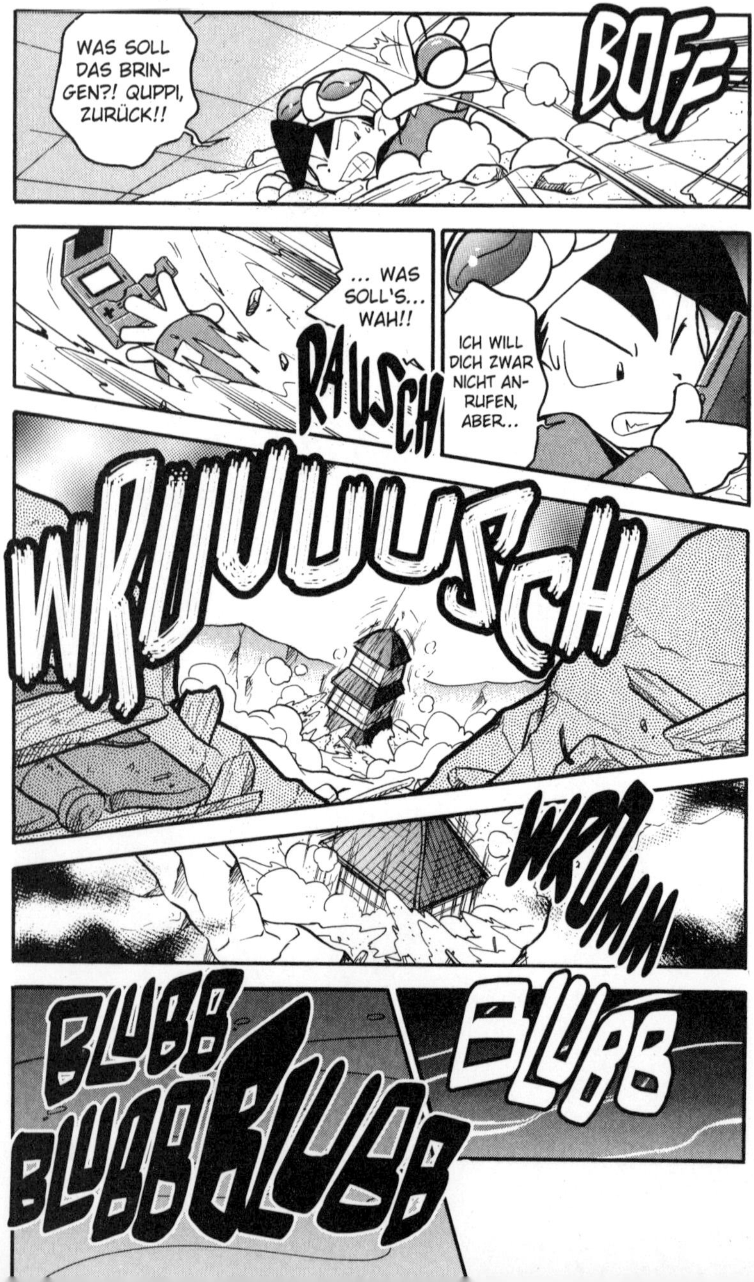
WAS SOLL DAS BRINGEN?! QUPPI, ZURÜCK!!
BOFF
... WAS SOLL'S... WAH!!
RAUSCH
ICH WILL DICH ZWAR NICHT ANRUFEN, ABER..
WRUUUUSCH
WROMM
BLUBB
BLUBB
BLUBB
BLUBB

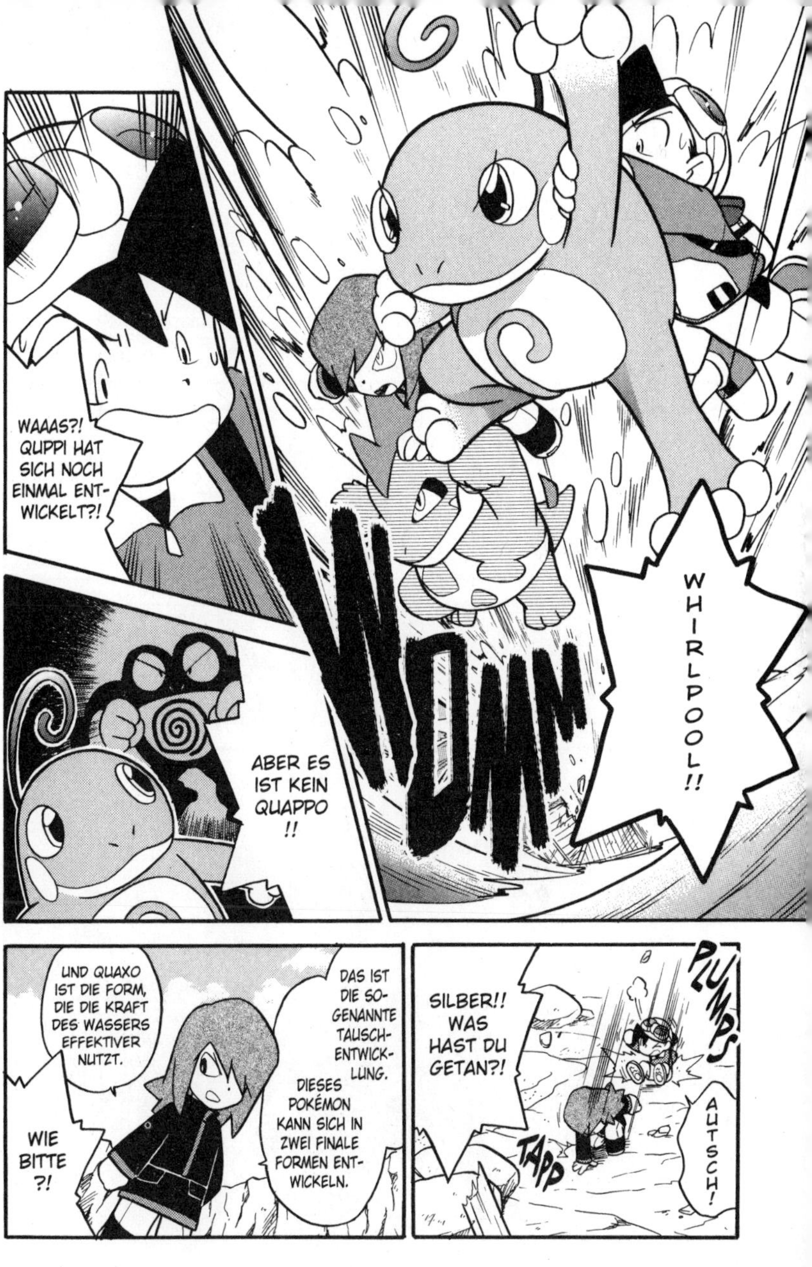

WHIRLPOOL!!
WOMM
WAAAS?! QUPPI HAT SICH NOCH EINMAL ENT-WICKELT?!
ABER ES IST KEIN QUAPPO !!
PLUMPS
AUTSCH!
TAPP
SILBER!! WAS HAST DU GETAN?!
DAS IST DIE SO-GENANNTE TAUSCH-ENTWICK-LUNG.
DIESES POKÉMON KANN SICH IN ZWEI FINALE FORMEN ENT-WICKELN.
UND QUAXO IST DIE FORM, DIE DIE KRAFT DES WASSERS EFFEKTIVER NUTZT.
WIE BITTE ?!

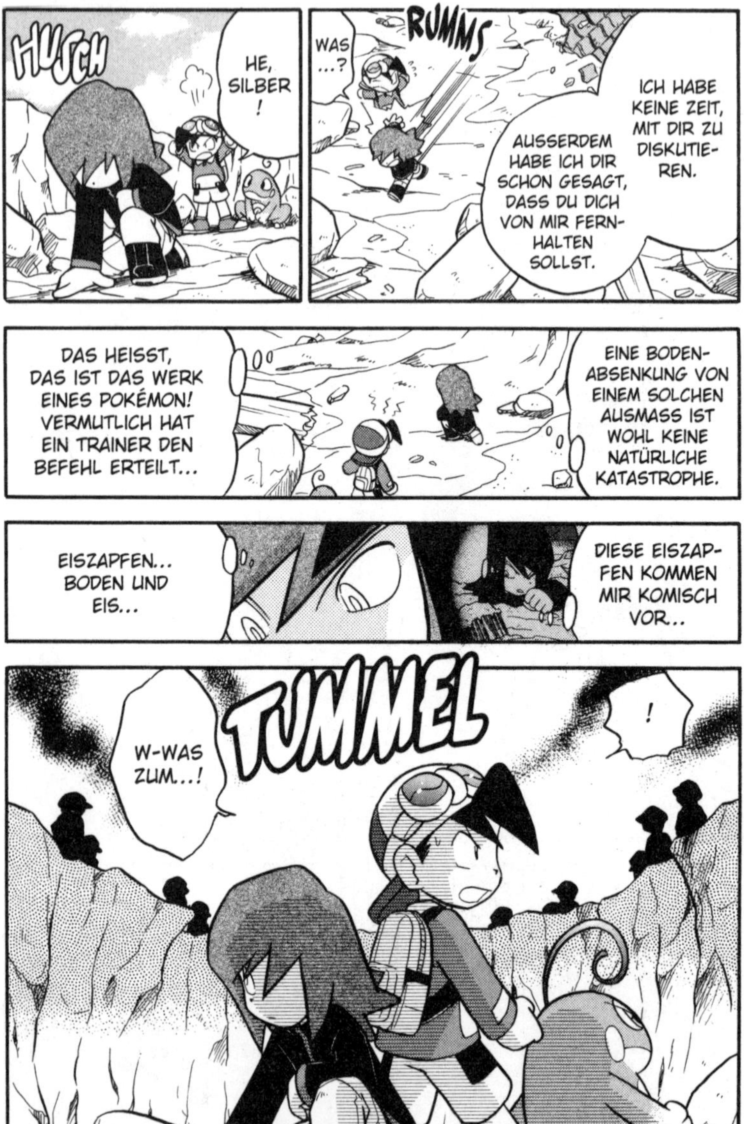
RUMMS
WAS ...?
ICH HABE KEINE ZEIT, MIT DIR ZU DISKUTIEREN.
AUSSERDEM HABE ICH DIR SCHON GESAGT, DASS DU DICH VON MIR FERNHALTEN SOLLST.
HUSCH
HE, SILBER!
EINE BODENABSENKUNG VON EINEM SOLCHEN AUSMASS IST WOHL KEINE NATÜRLICHE KATASTROPHE.
DAS HEISST, DAS IST DAS WERK EINES POKÉMON! VERMUTLICH HAT EIN TRAINER DEN BEFEHL ERTEILT...
DIESE EISZAPFEN KOMMEN MIR KOMISCH VOR...
EISZAPFEN... BODEN UND EIS...
!
TUMMEL
W-WAS ZUM...!

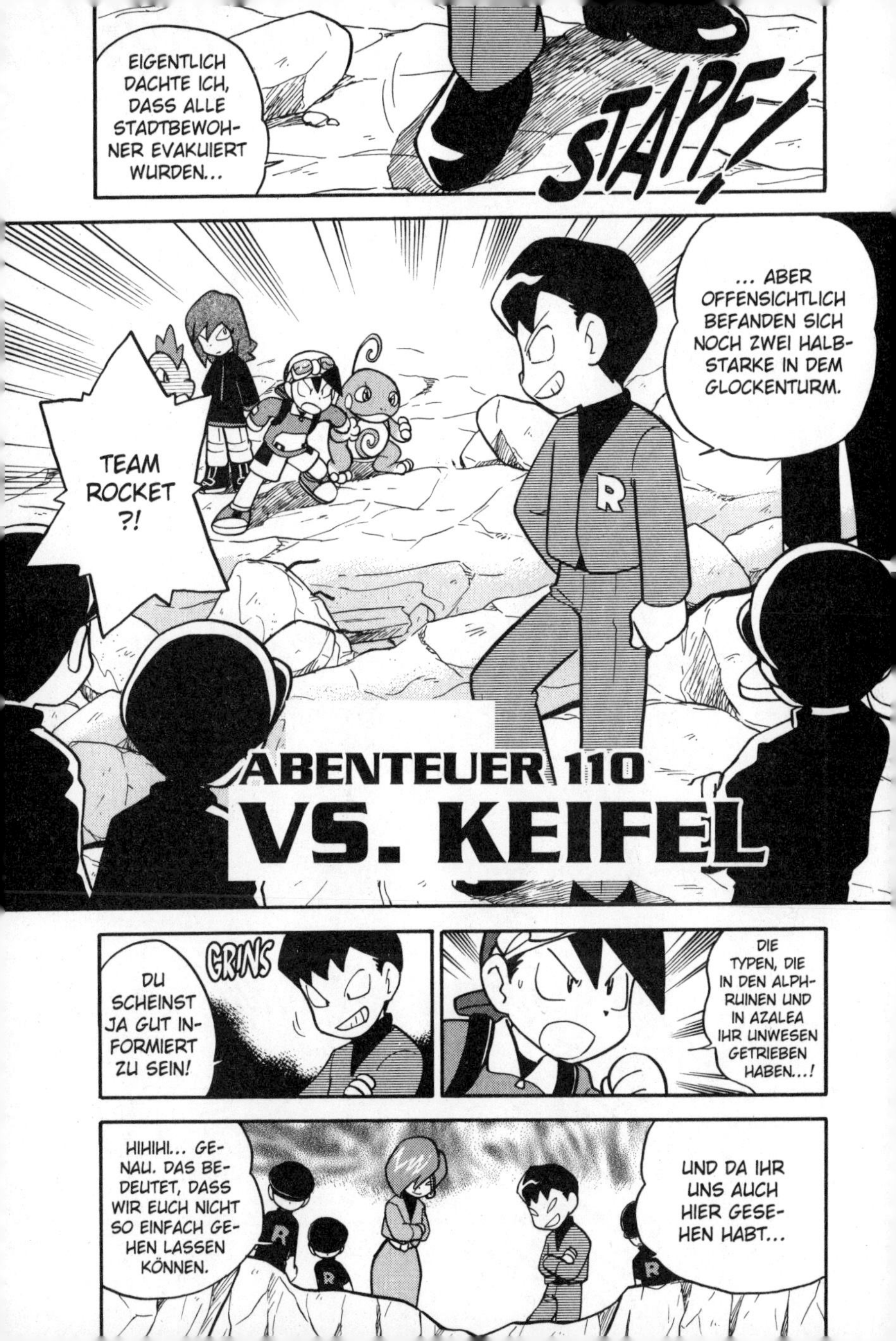
STAPF!
EIGENTLICH DACHTE ICH, DASS ALLE STADTBEWOHNER EVAKUIERT WURDEN…
… ABER OFFENSICHTLICH BEFANDEN SICH NOCH ZWEI HALBSTARKE IN DEM GLOCKENTURM.
TEAM ROCKET ?!
ABENTEUER 110
VS. KEIFEL
DIE TYPEN, DIE IN DEN ALPH-RUINEN UND IN AZALEA IHR UNWESEN GETRIEBEN HABEN…!
GRINS
DU SCHEINST JA GUT INFORMIERT ZU SEIN!
UND DA IHR UNS AUCH HIER GESEHEN HABT…
HIHIHI… GENAU. DAS BEDEUTET, DASS WIR EUCH NICHT SO EINFACH GEHEN LASSEN KÖNNEN.

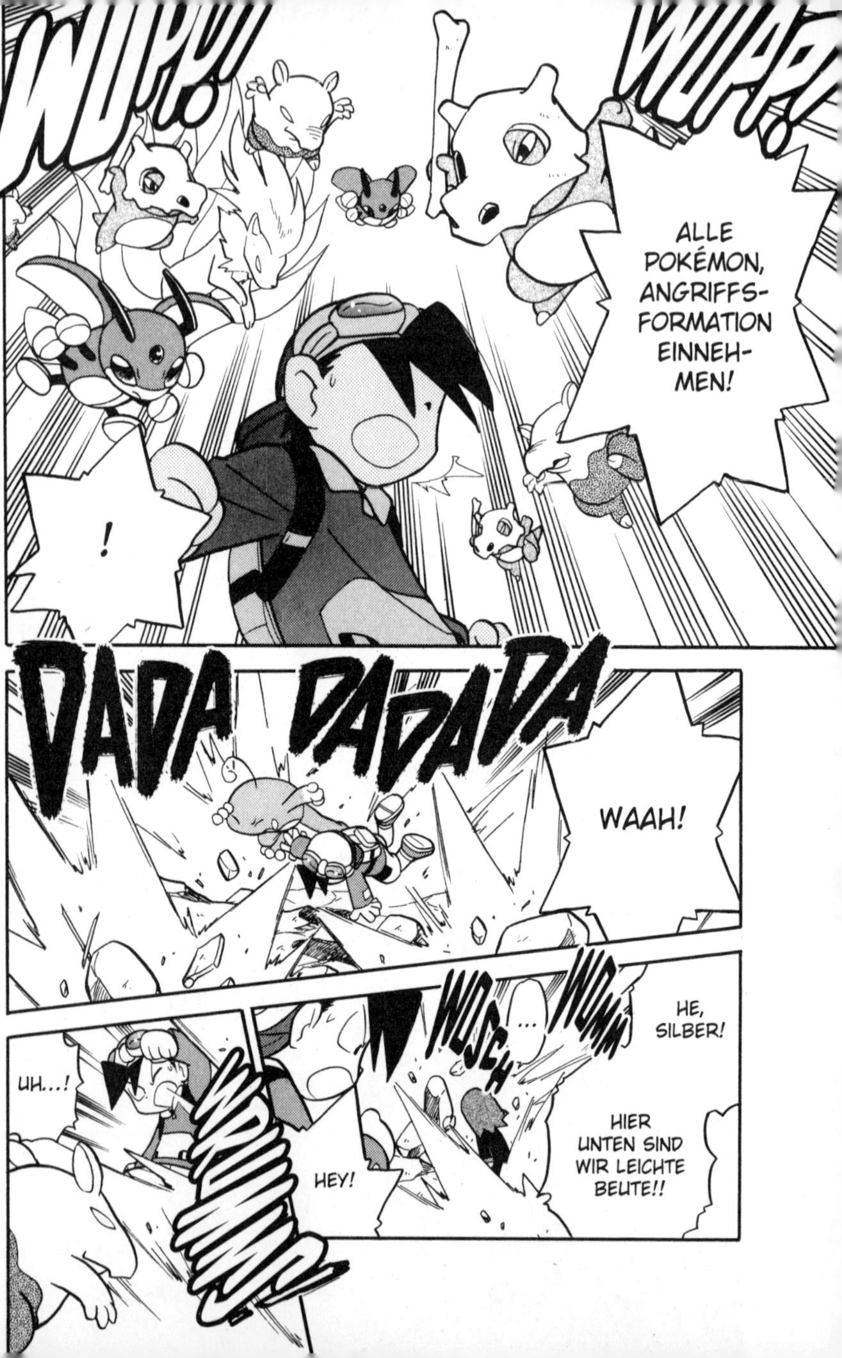
WUPP!
WUPP!
ALLE POKÉMON, ANGRIFFS-FORMATION EINNEH-MEN!
!
DADA DADADA
WAAH!
WUMM
WUSCH
HE, SILBER!
...
HIER UNTEN SIND WIR LEICHTE BEUTE!!
HEY!
UH...!

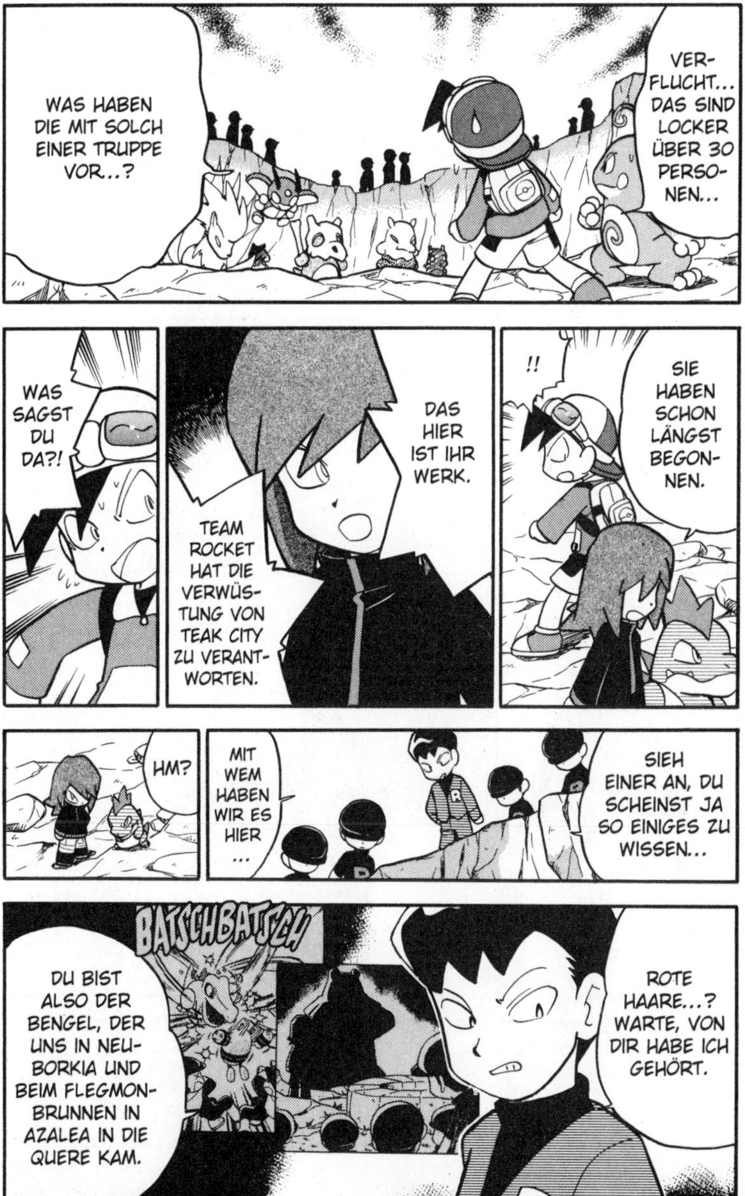
VERFLUCHT... DAS SIND LOCKER ÜBER 30 PERSONEN...
WAS HABEN DIE MIT SOLCH EINER TRUPPE VOR...?
SIE HABEN SCHON LÄNGST BEGONNEN.
!!
DAS HIER IST IHR WERK.
TEAM ROCKET HAT DIE VERWÜSTUNG VON TEAK CITY ZU VERANTWORTEN.
WAS SAGST DU DA?!
SIEH EINER AN, DU SCHEINST JA SO EINIGES ZU WISSEN...
MIT WEM HABEN WIR ES HIER ...
HM?
ROTE HAARE...? WARTE, VON DIR HABE ICH GEHÖRT.
BATSCHBATSCH
DU BIST ALSO DER BENGEL, DER UNS IN NEUBORKIA UND BEIM FLEGMONBRUNNEN IN AZALEA IN DIE QUERE KAM.

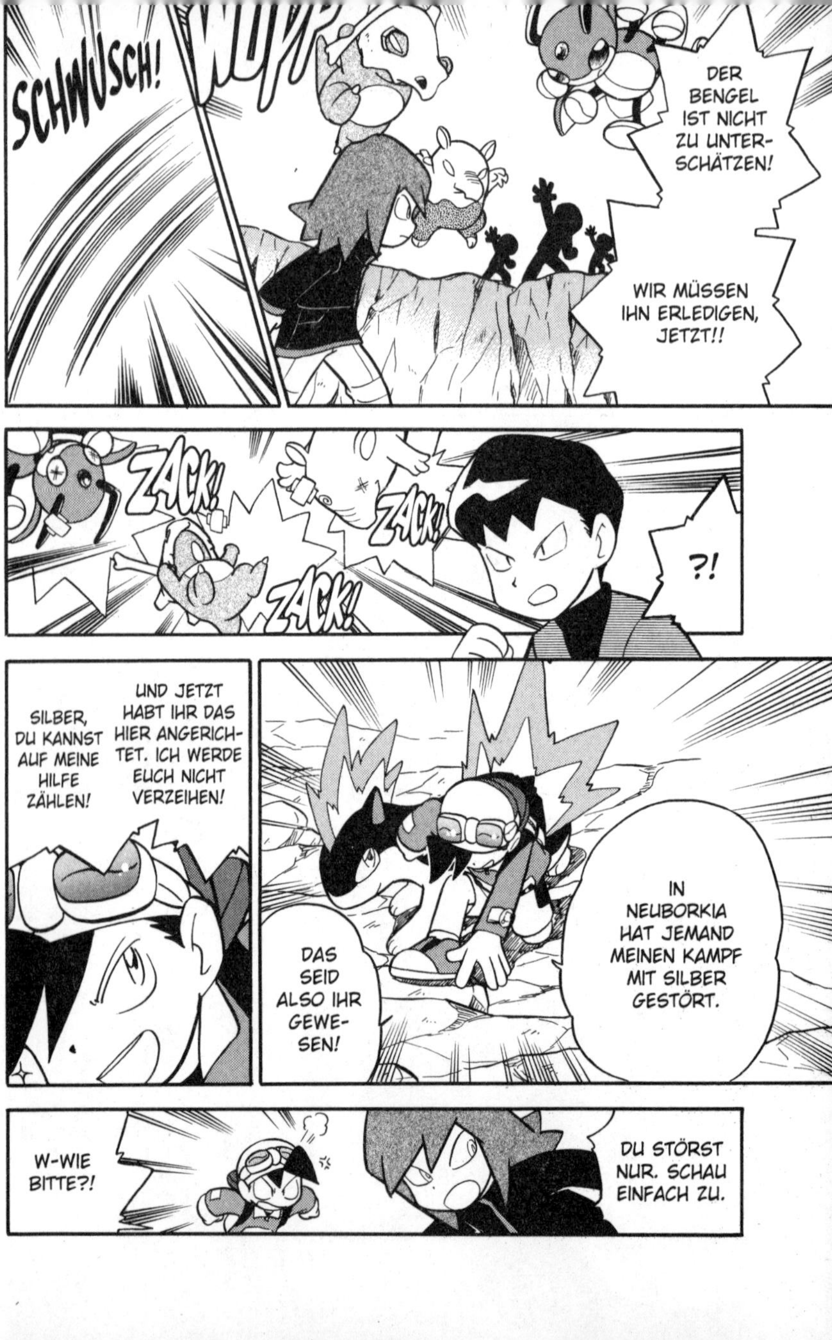
DER BENGEL IST NICHT ZU UNTER-SCHÄTZEN!
WIR MÜSSEN IHN ERLEDIGEN, JETZT!!
WUMP
SCHWUSCH!
?!
ZACK!
ZACK!
ZACK!
IN NEUBORKIA HAT JEMAND MEINEN KAMPF MIT SILBER GESTÖRT.
DAS SEID ALSO IHR GEWE-SEN!
UND JETZT HABT IHR DAS HIER ANGERICH-TET. ICH WERDE EUCH NICHT VERZEIHEN!
SILBER, DU KANNST AUF MEINE HILFE ZÄHLEN!
DU STÖRST NUR. SCHAU EINFACH ZU.
W-WIE BITTE?!

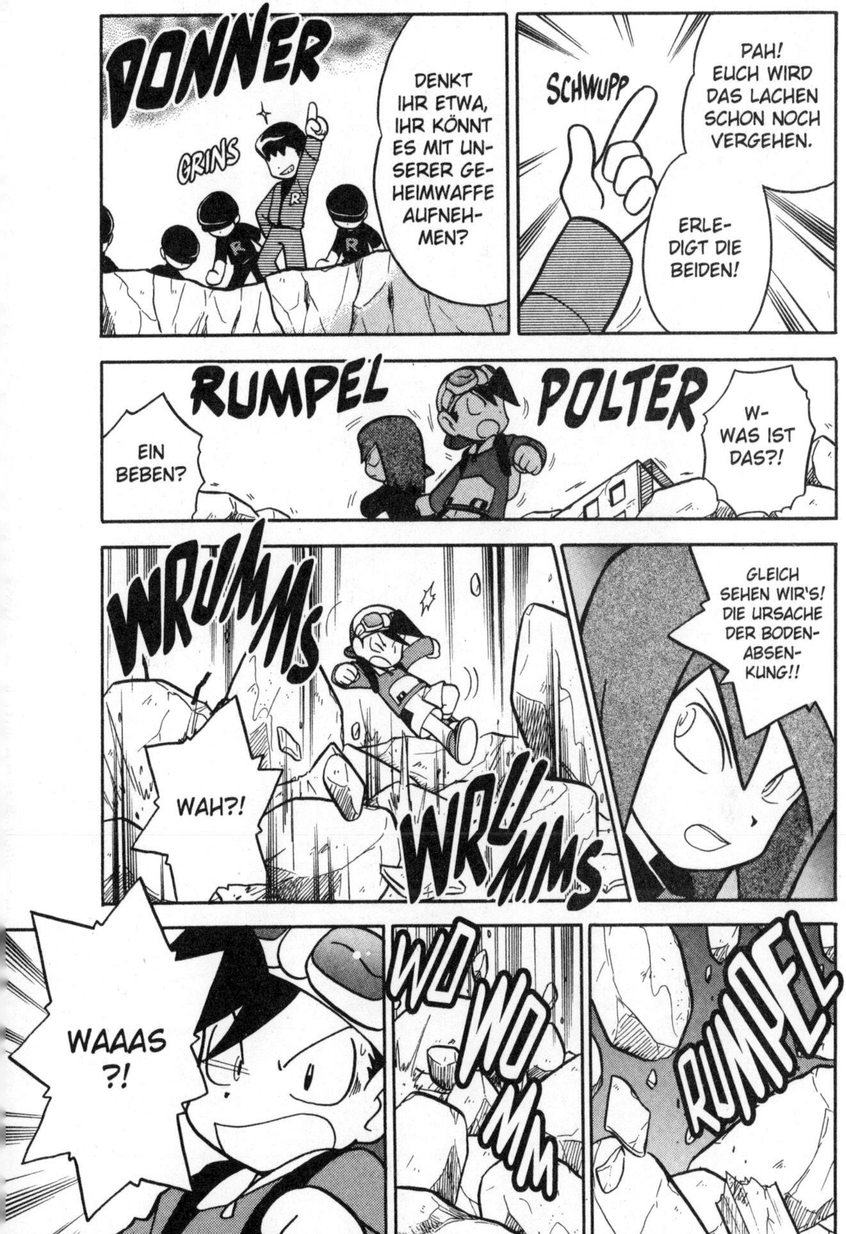
DONNER
GRINS
DENKT IHR ETWA, IHR KÖNNT ES MIT UNSERER GEHEIMWAFFE AUFNEHMEN?
SCHWUPP
PAH! EUCH WIRD DAS LACHEN SCHON NOCH VERGEHEN.
ERLEDIGT DIE BEIDEN!
RUMPEL
POLTER
EIN BEBEN?
W-WAS IST DAS?!
WRUMMS
GLEICH SEHEN WIR'S! DIE URSACHE DER BODENABSENKUNG!!
WAH?!
WRUMMS
WAAAS?!
WUMM WUMM
RUMPEL

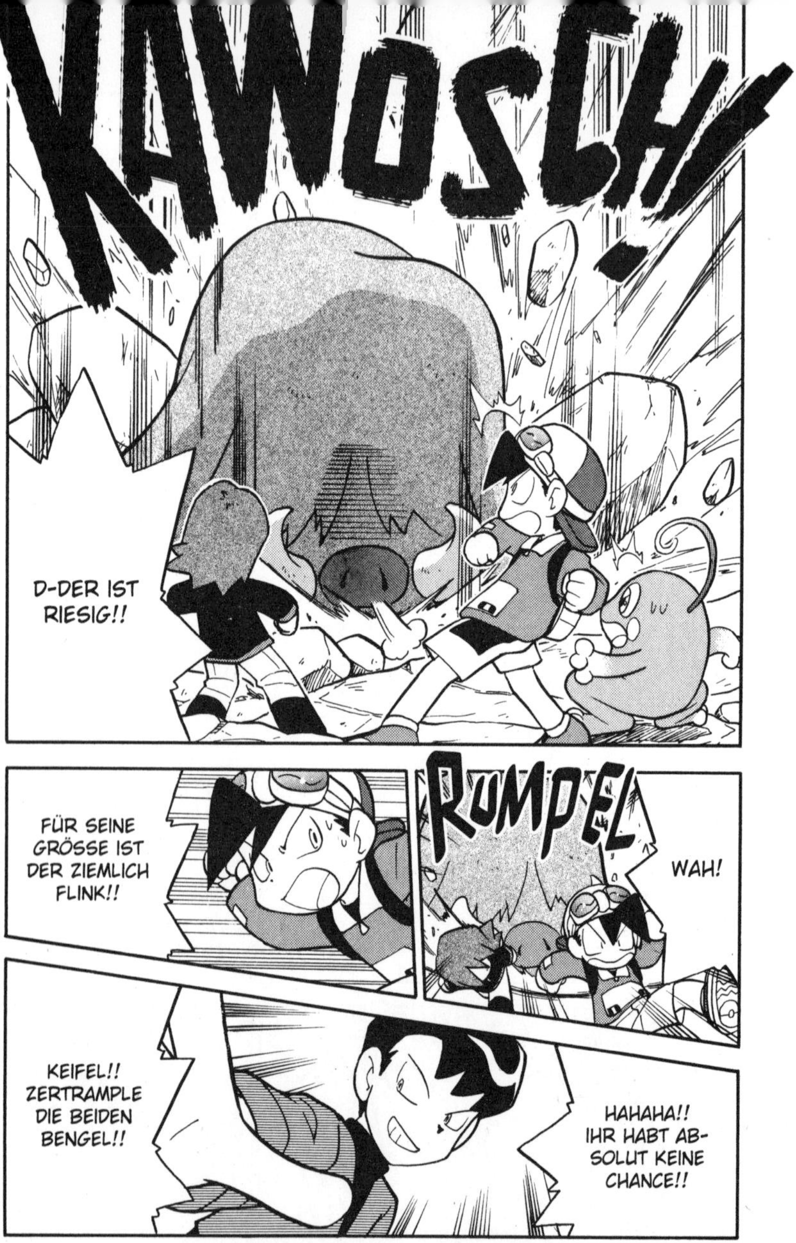
KAWOSCH!
D-DER IST RIESIG!!
FÜR SEINE GRÖSSE IST DER ZIEMLICH FLINK!!
RUMPEL
WAH!
KEIFEL!! ZERTRAMPLE DIE BEIDEN BENGEL!!
HAHAHA!! IHR HABT AB-SOLUT KEINE CHANCE!!

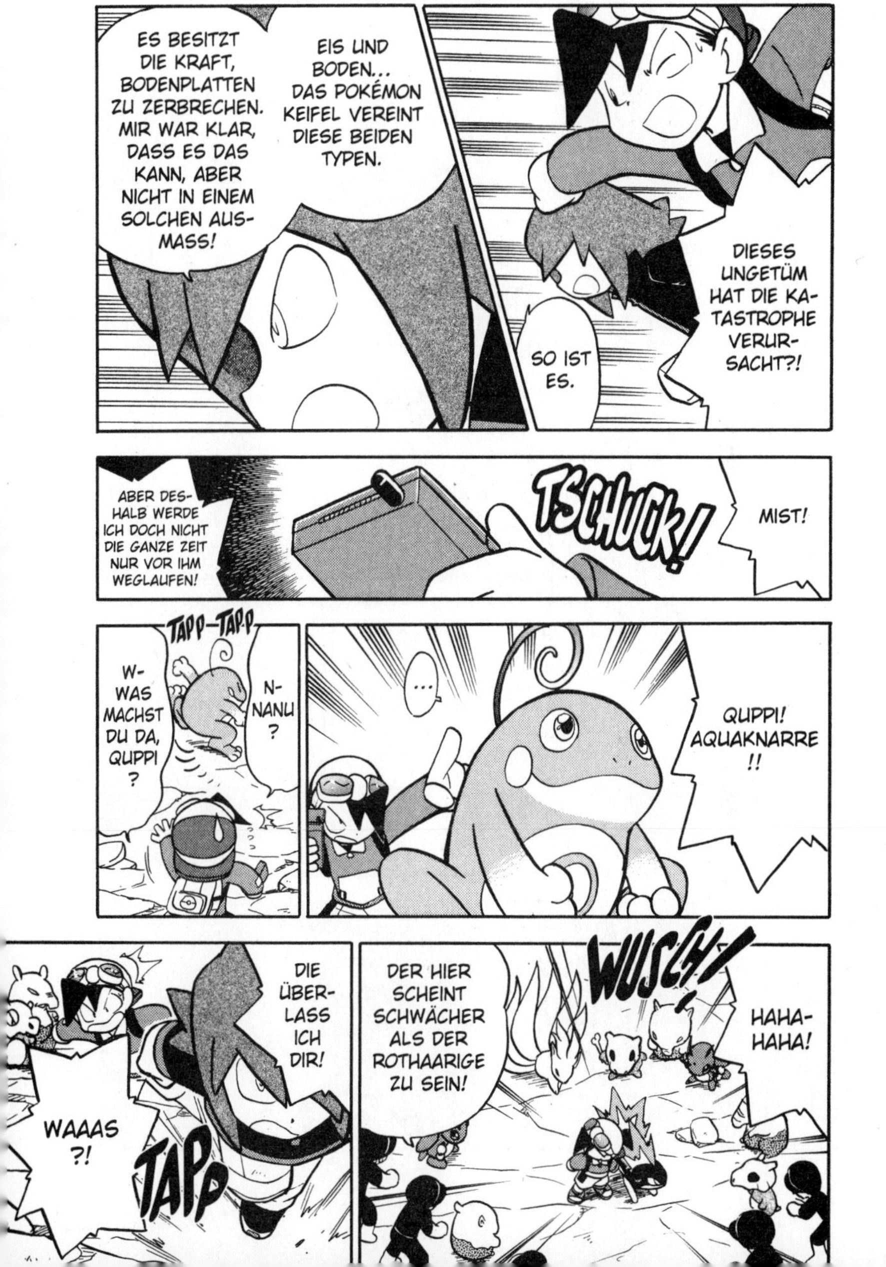
DIESES UNGETÜM HAT DIE KATASTROPHE VERURSACHT?!
SO IST ES.
EIS UND BODEN... DAS POKÉMON KEIFEL VEREINT DIESE BEIDEN TYPEN.
ES BESITZT DIE KRAFT, BODENPLATTEN ZU ZERBRECHEN. MIR WAR KLAR, DASS ES DAS KANN, ABER NICHT IN EINEM SOLCHEN AUSMASS!
MIST!
TSCHUCK!
ABER DESHALB WERDE ICH DOCH NICHT DIE GANZE ZEIT NUR VOR IHM WEGLAUFEN!
QUPPI! AQUAKNARRE!!
...
TAPP-TAPP
N-NANU?
W-WAS MACHST DU DA, QUPPI?
HAHAHAHA!
WUSCH!
DER HIER SCHEINT SCHWÄCHER ALS DER ROTHAARIGE ZU SEIN!
DIE ÜBERLASS ICH DIR!
WAAAS?!
TAPP

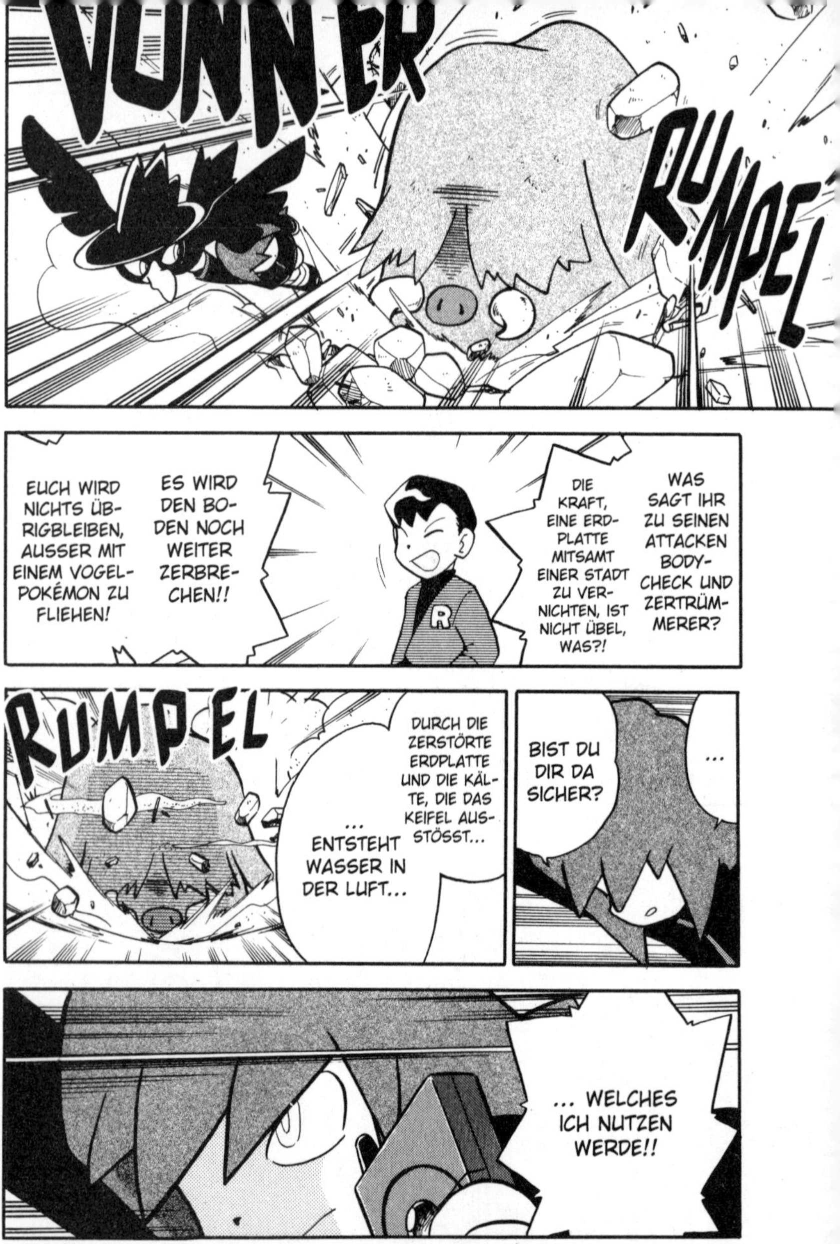

VUNNER
RUMPEL
WAS SAGT IHR ZU SEINEN ATTACKEN BODY-CHECK UND ZERTRÜMMERER?
DIE KRAFT, EINE ERDPLATTE MITSAMT EINER STADT ZU VERNICHTEN, IST NICHT ÜBEL, WAS?!
ES WIRD DEN BODEN NOCH WEITER ZERBRECHEN!!
EUCH WIRD NICHTS ÜBRIGBLEIBEN, AUSSER MIT EINEM VOGEL-POKÉMON ZU FLIEHEN!
...
BIST DU DIR DA SICHER?
RUMPEL
DURCH DIE ZERSTÖRTE ERDPLATTE UND DIE KÄLTE, DIE DAS KEIFEL AUSSTÖSST...
... ENTSTEHT WASSER IN DER LUFT...
... WELCHES ICH NUTZEN WERDE!!

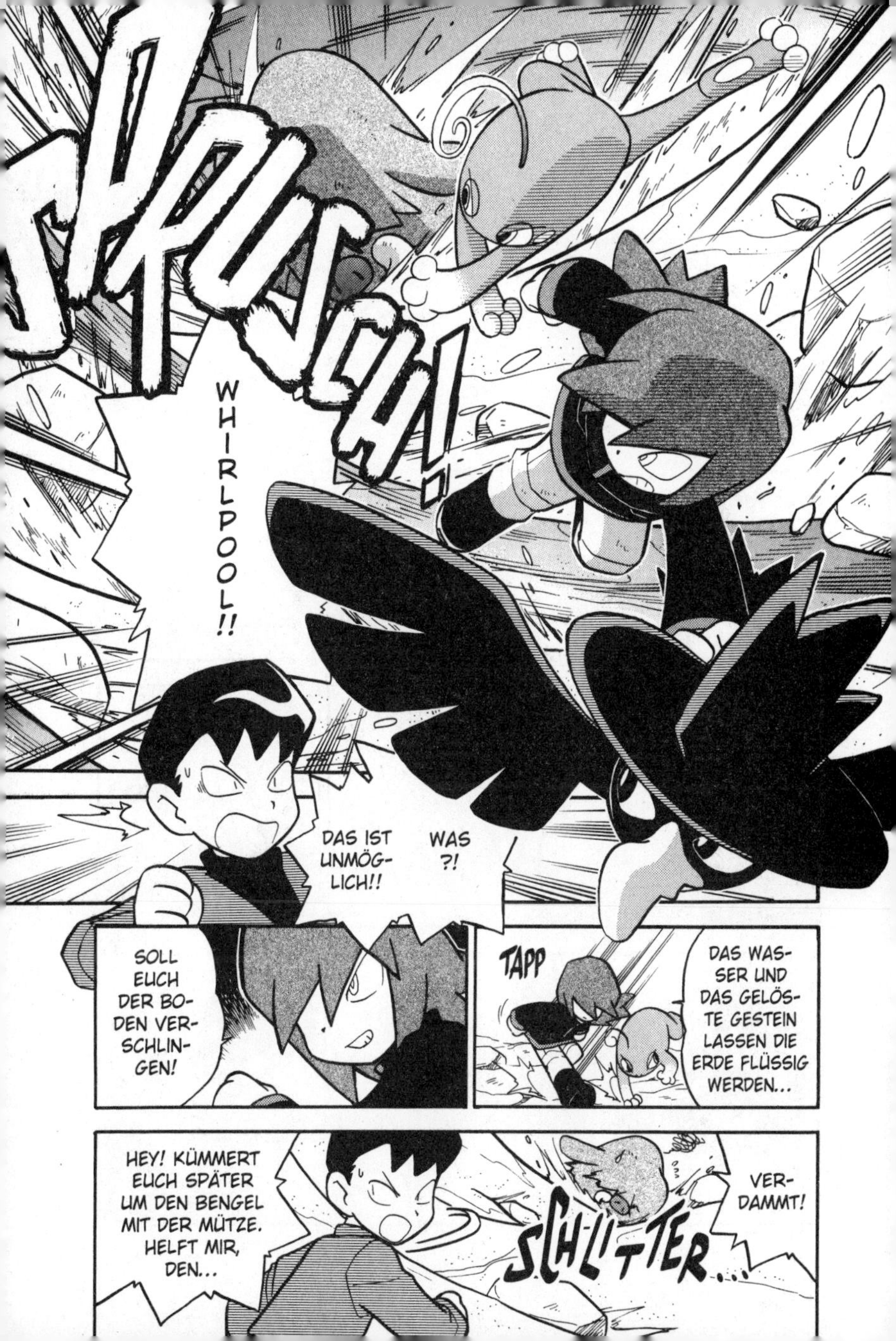

SCHRUSCH!
WHIRLPOOL!!
WAS?!
DAS IST UNMÖGLICH!!
TAPP
DAS WASSER UND DAS GELÖSTE GESTEIN LASSEN DIE ERDE FLÜSSIG WERDEN...
SOLL EUCH DER BODEN VERSCHLINGEN!
VERDAMMT!
SCHLITTER...
HEY! KÜMMERT EUCH SPÄTER UM DEN BENGEL MIT DER MÜTZE. HELFT MIR, DEN...

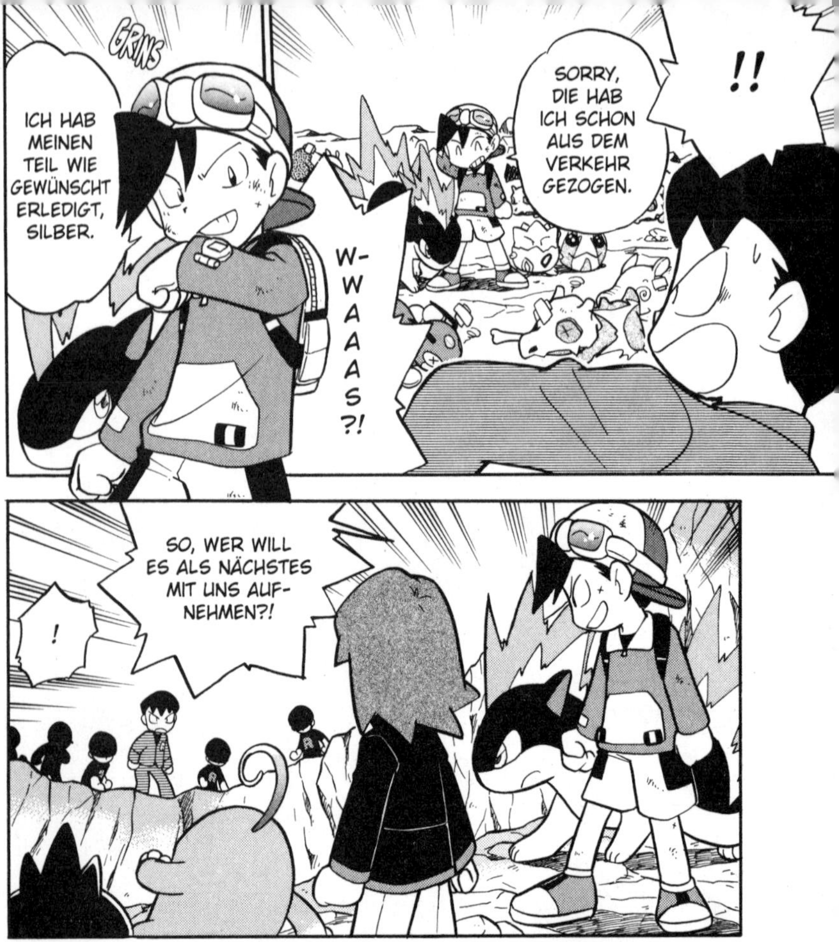
GRINS
ICH HAB MEINEN TEIL WIE GEWÜNSCHT ERLEDIGT, SILBER.
W-WAAAAS?!
SORRY, DIE HAB ICH SCHON AUS DEM VERKEHR GEZOGEN.
!!
!
SO, WER WILL ES ALS NÄCHSTES MIT UNS AUF-NEHMEN?!
HUSCH HUSCH
LOS! BEREITET DIE REST-LICHEN POKÉMON VOR!!
GLAUBT IHR ETWA... IHR HABT GEWON-NEN?
HMPF ...

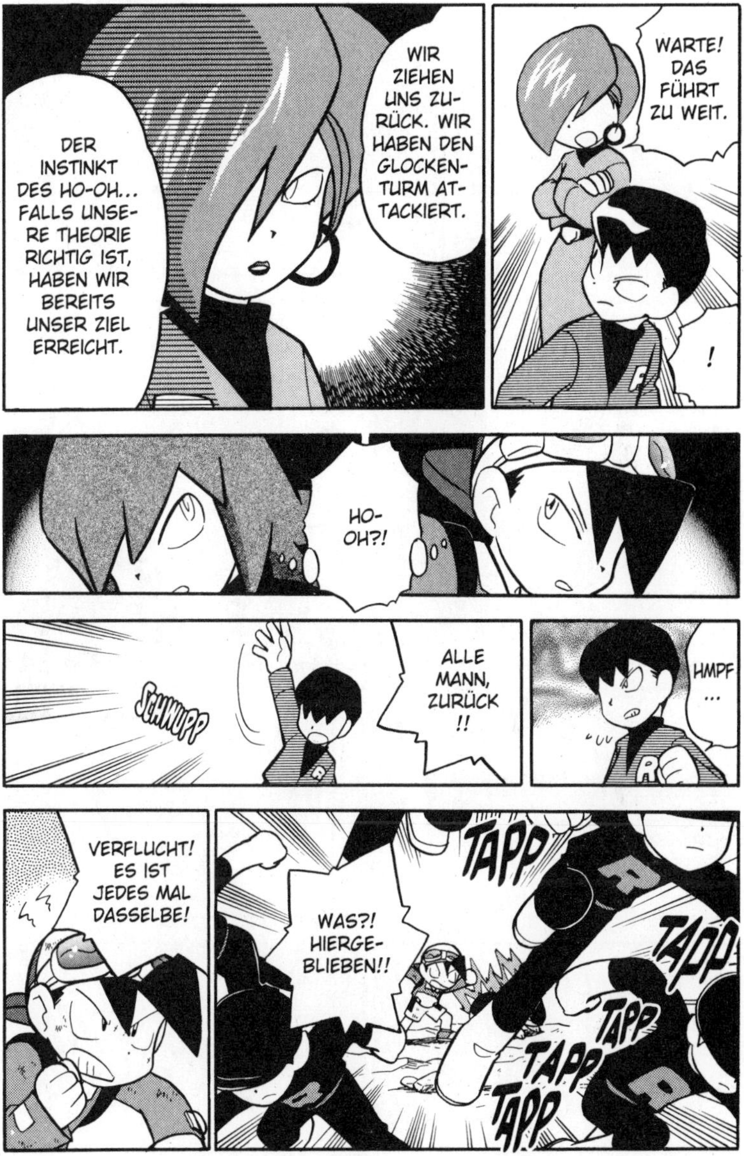
WIR ZIEHEN UNS ZURÜCK. WIR HABEN DEN GLOCKENTURM ATTACKIERT.
WARTE! DAS FÜHRT ZU WEIT.
!
DER INSTINKT DES HO-OH... FALLS UNSERE THEORIE RICHTIG IST, HABEN WIR BEREITS UNSER ZIEL ERREICHT.
HO-OH?!
SCHWUPP
ALLE MANN, ZURÜCK !!
HMPF ...
TAPP
TAPP
TAPP
TAPP
TAPP
WAS?! HIERGEBLIEBEN!!
VERFLUCHT! ES IST JEDES MAL DASSELBE!

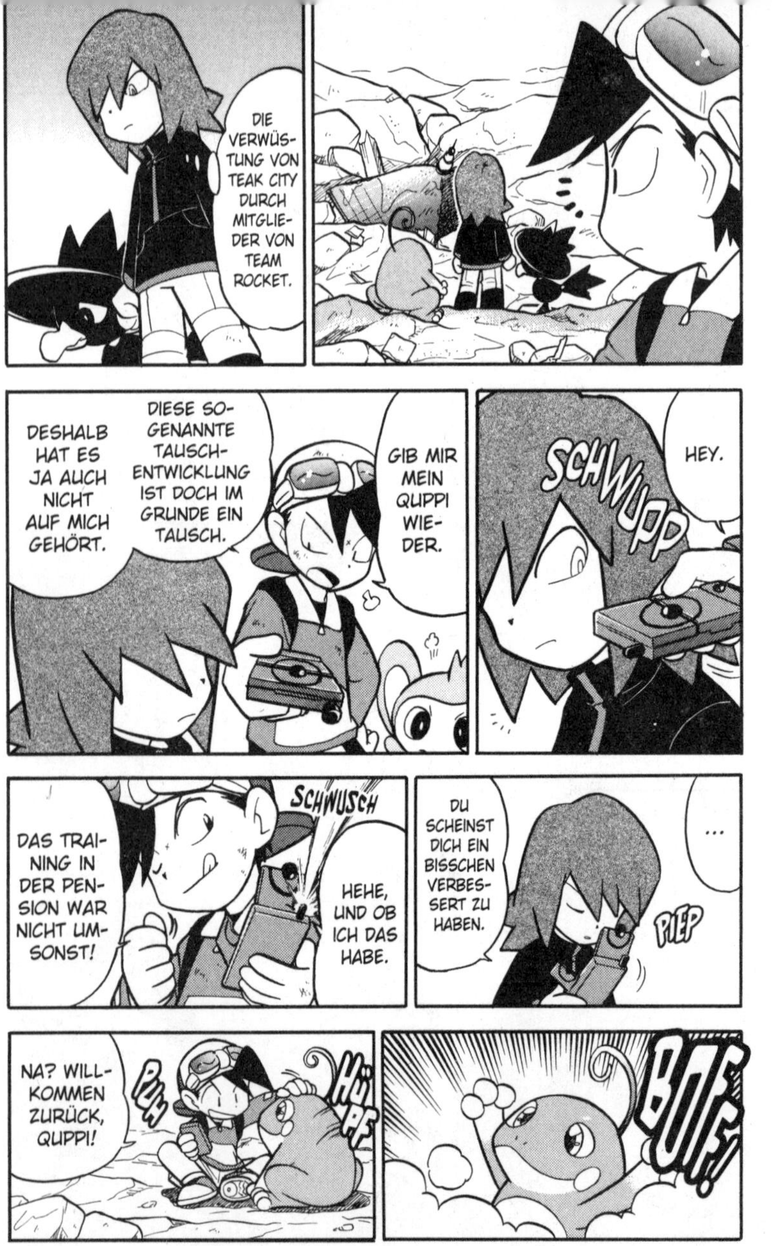
DIE VERWÜSTUNG VON TEAK CITY DURCH MITGLIEDER VON TEAM ROCKET.
HEY.
SCHWUPP
GIB MIR MEIN QUPPI WIEDER.
DIESE SOGENANNTE TAUSCHENTWICKLUNG IST DOCH IM GRUNDE EIN TAUSCH.
DESHALB HAT ES JA AUCH NICHT AUF MICH GEHÖRT.
...
DU SCHEINST DICH EIN BISSCHEN VERBESSERT ZU HABEN.
PIEP
HEHE, UND OB ICH DAS HABE.
SCHWUSCH
DAS TRAINING IN DER PENSION WAR NICHT UMSONST!
NA? WILLKOMMEN ZURÜCK, QUPPI!

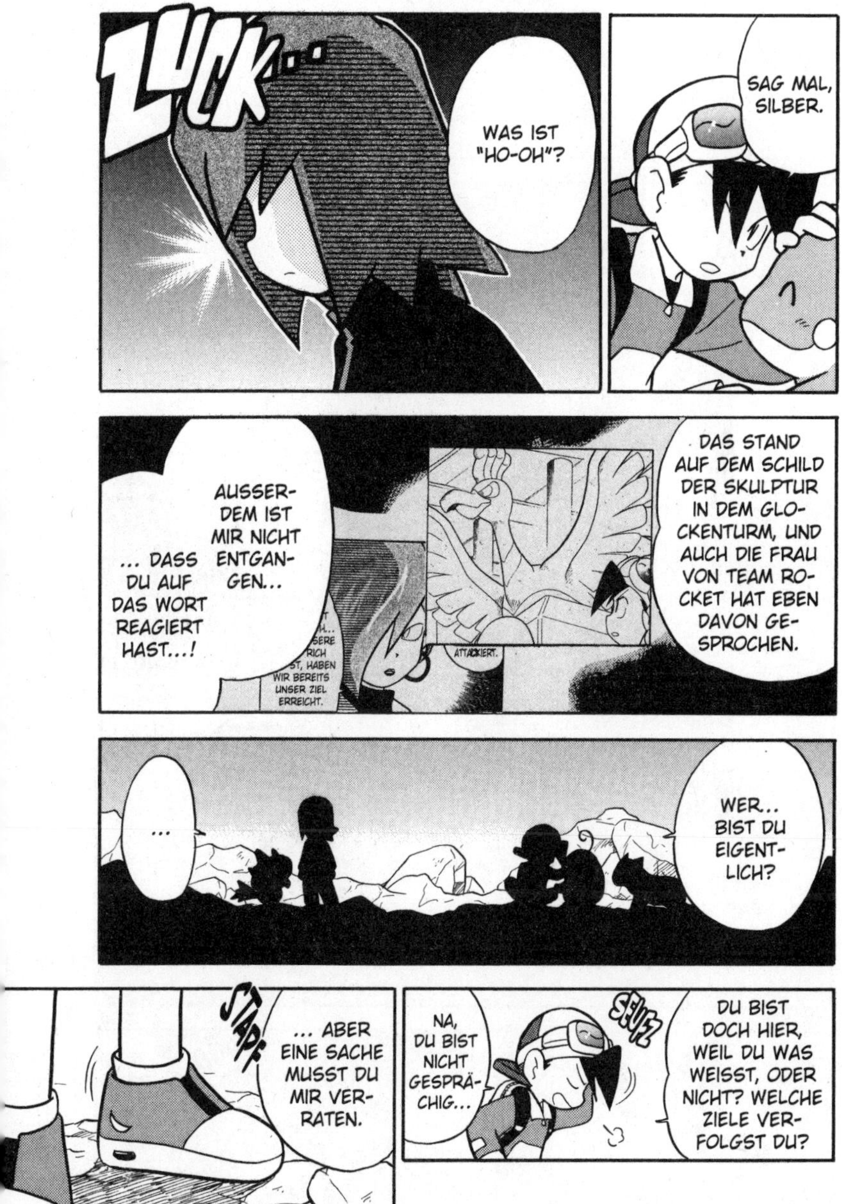
SAG MAL, SILBER.
ZUCK...
WAS IST "HO-OH"?
DAS STAND AUF DEM SCHILD DER SKULPTUR IN DEM GLOCKENTURM, UND AUCH DIE FRAU VON TEAM ROCKET HAT EBEN DAVON GESPROCHEN.
AUSSERDEM IST MIR NICHT ENTGANGEN...
... DASS DU AUF DAS WORT REAGIERT HAST...!
WER... BIST DU EIGENTLICH?
...
SEUFZ
DU BIST DOCH HIER, WEIL DU WAS WEISST, ODER NICHT? WELCHE ZIELE VERFOLGST DU?
NA, DU BIST NICHT GESPRÄCHIG...
STAPF
... ABER EINE SACHE MUSST DU MIR VERRATEN.

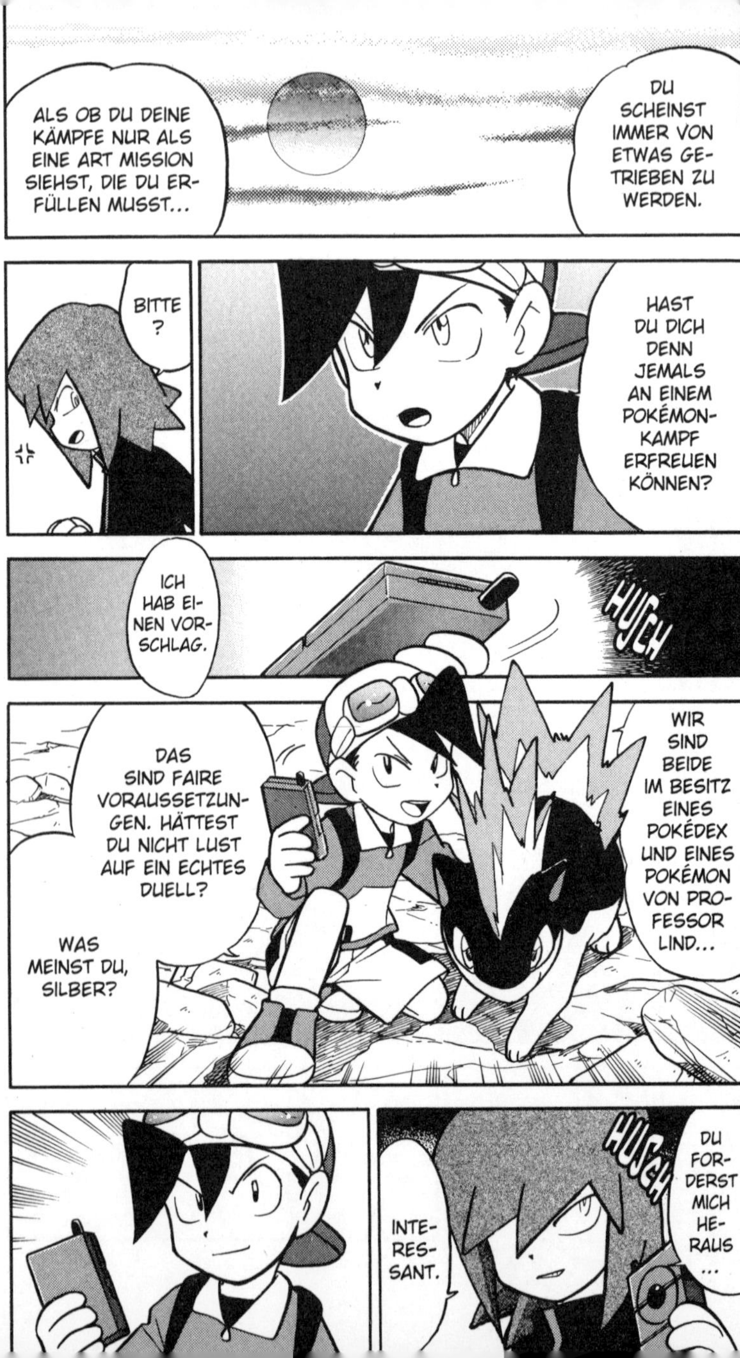

DU SCHEINST IMMER VON ETWAS GETRIEBEN ZU WERDEN.
ALS OB DU DEINE KÄMPFE NUR ALS EINE ART MISSION SIEHST, DIE DU ERFÜLLEN MUSST…
HAST DU DICH DENN JEMALS AN EINEM POKÉMON-KAMPF ERFREUEN KÖNNEN?
BITTE ?
HUSCH
ICH HAB EINEN VORSCHLAG.
WIR SIND BEIDE IM BESITZ EINES POKÉDEX UND EINES POKÉMON VON PROFESSOR LIND…
DAS SIND FAIRE VORAUSSETZUNGEN. HÄTTEST DU NICHT LUST AUF EIN ECHTES DUELL?
WAS MEINST DU, SILBER?
HUSCH
DU FORDERST MICH HERAUS …
INTERESSANT.

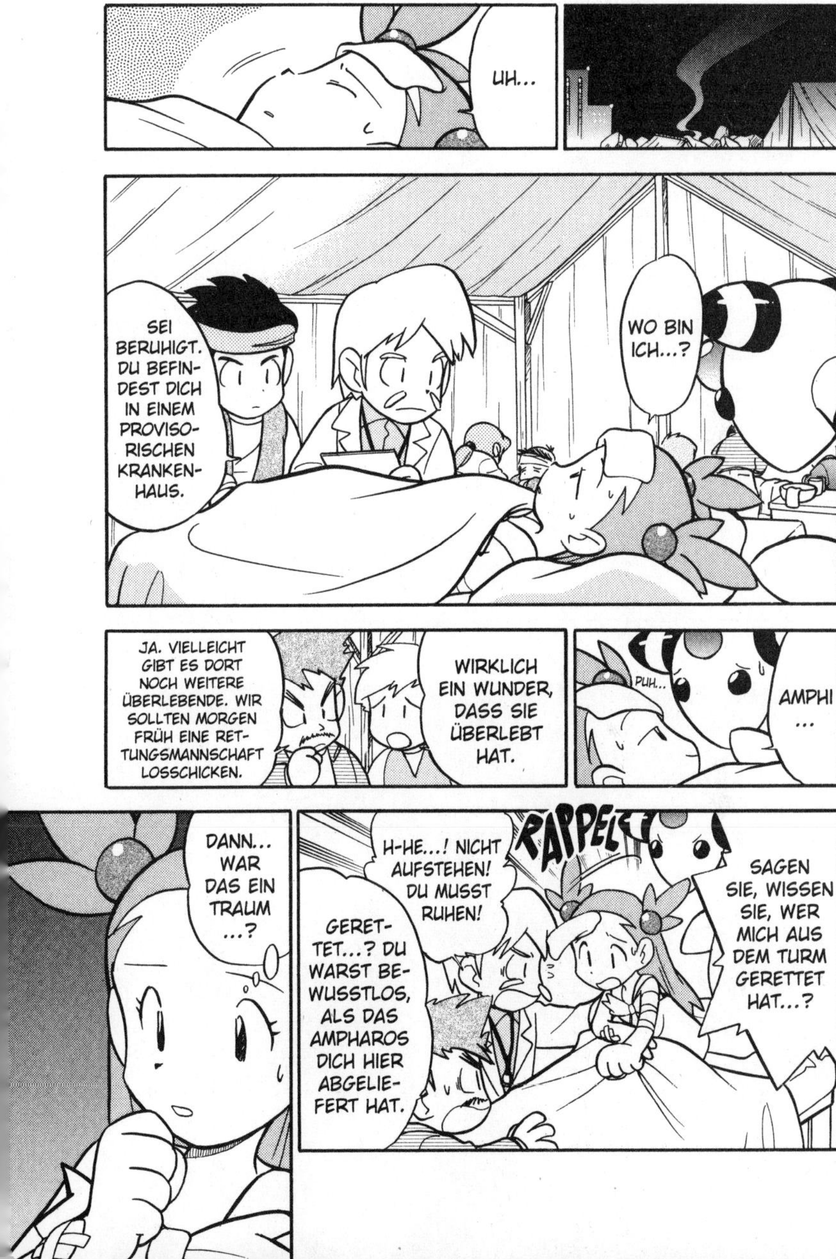
UH...
WO BIN ICH...?
SEI BERUHIGT. DU BEFINDEST DICH IN EINEM PROVISORISCHEN KRANKENHAUS.
AMPHI ...
PUH...
WIRKLICH EIN WUNDER, DASS SIE ÜBERLEBT HAT.
JA. VIELLEICHT GIBT ES DORT NOCH WEITERE ÜBERLEBENDE. WIR SOLLTEN MORGEN FRÜH EINE RETTUNGSMANNSCHAFT LOSSCHICKEN.
SAGEN SIE, WISSEN SIE, WER MICH AUS DEM TURM GERETTET HAT...?
RAPPEL
H-HE...! NICHT AUFSTEHEN! DU MUSST RUHEN!
GERETTET...? DU WARST BEWUSSTLOS, ALS DAS AMPHAROS DICH HIER ABGELIEFERT HAT.
DANN... WAR DAS EIN TRAUM ...?

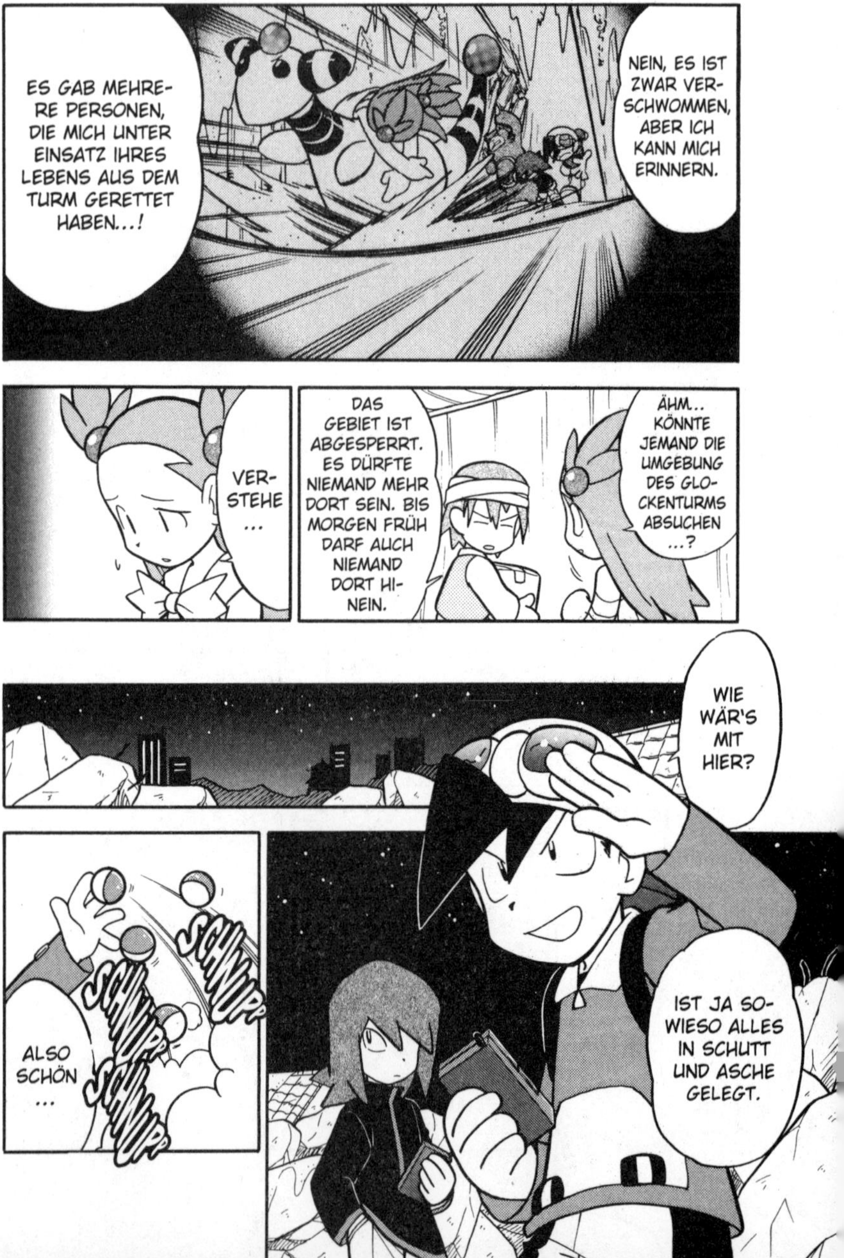
NEIN, ES IST ZWAR VERSCHWOMMEN, ABER ICH KANN MICH ERINNERN.
ES GAB MEHRERE PERSONEN, DIE MICH UNTER EINSATZ IHRES LEBENS AUS DEM TURM GERETTET HABEN...!
ÄHM... KÖNNTE JEMAND DIE UMGEBUNG DES GLOCKENTURMS ABSUCHEN ...?
DAS GEBIET IST ABGESPERRT. ES DÜRFTE NIEMAND MEHR DORT SEIN. BIS MORGEN FRÜH DARF AUCH NIEMAND DORT HINEIN.
VERSTEHE ...
WIE WÄR'S MIT HIER?
IST JA SOWIESO ALLES IN SCHUTT UND ASCHE GELEGT.
ALSO SCHÖN ...
SCHNUPP
SCHNUPP
SCHNUPP

# ABENTEUER 111 VS. DESPOTAR

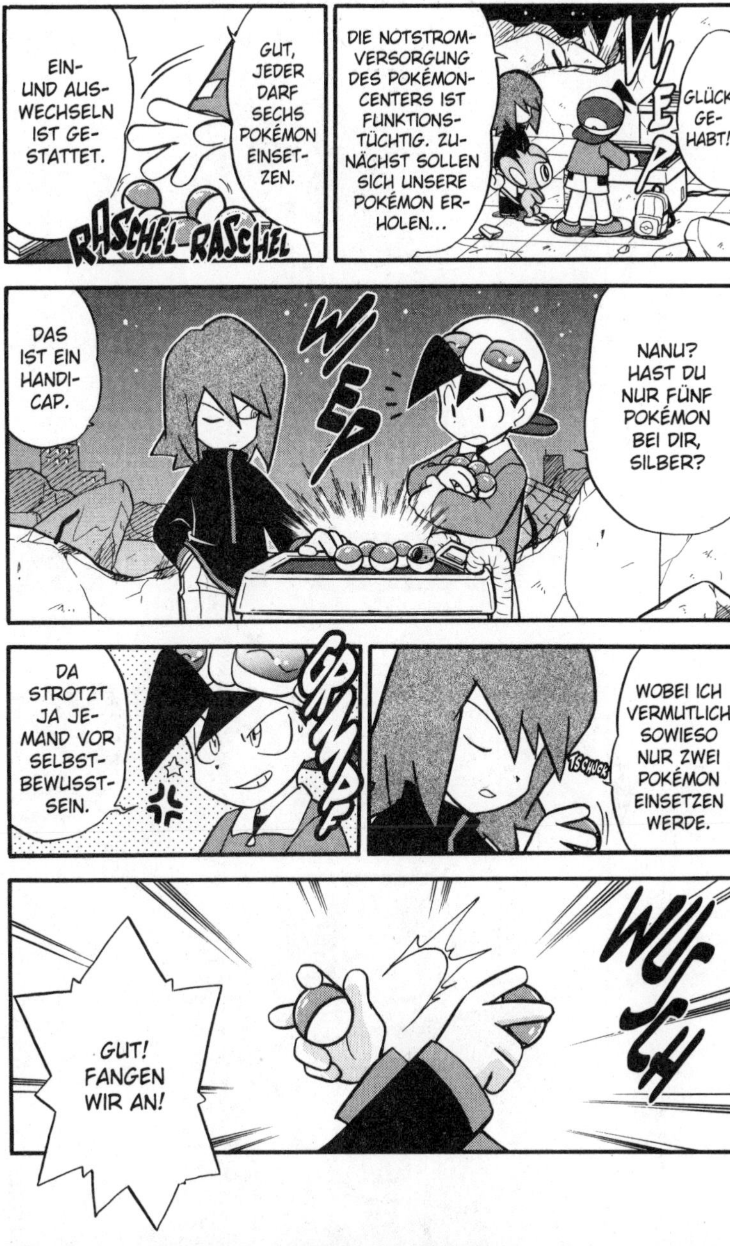

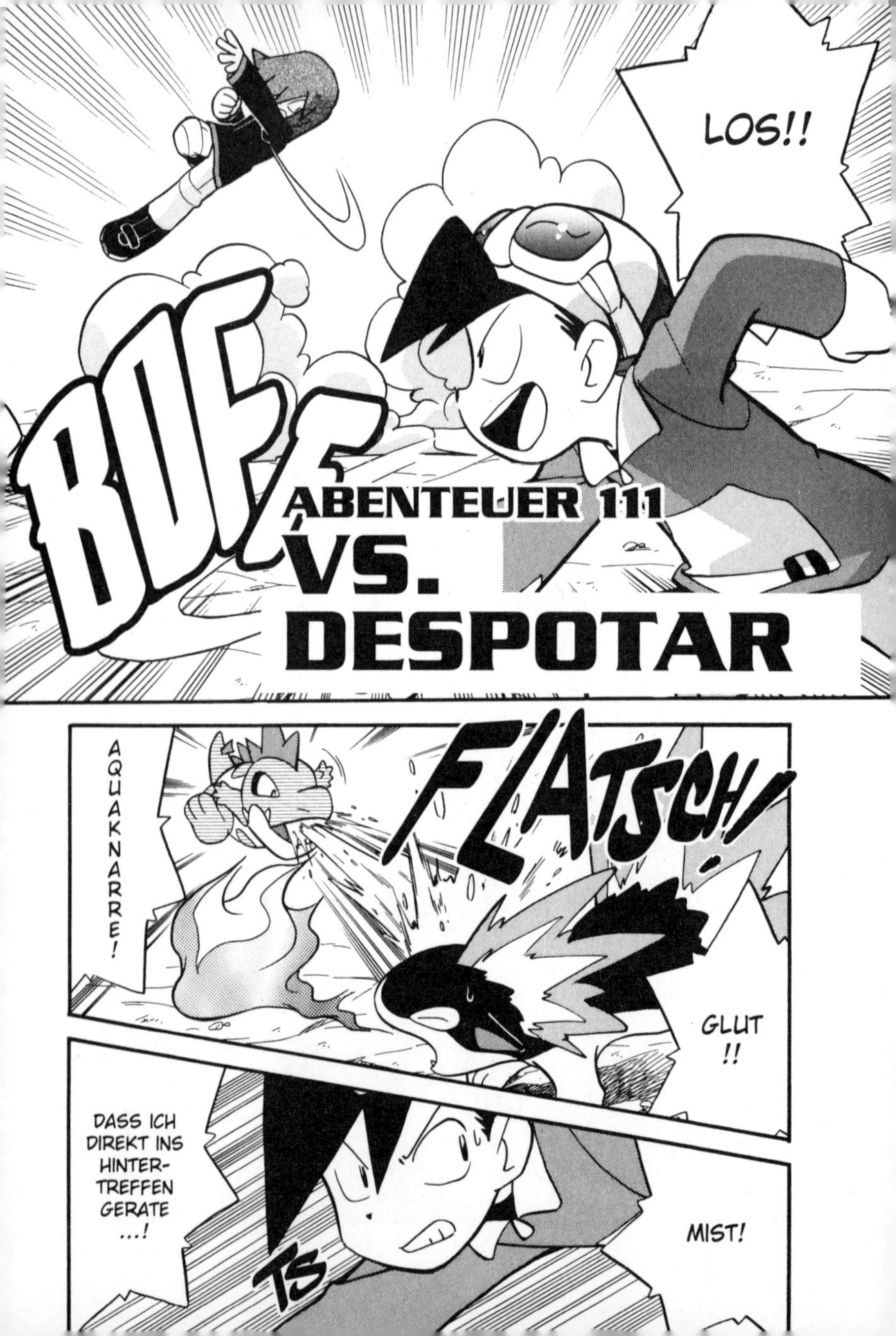
LOS!!
BOF
ABENTEUER 111
VS. DESPOTAR
FLATSCH!
AQUAKNARRE!
GLUT!!
MIST!
DASS ICH DIREKT INS HINTER-TREFFEN GERATE ...!
TS

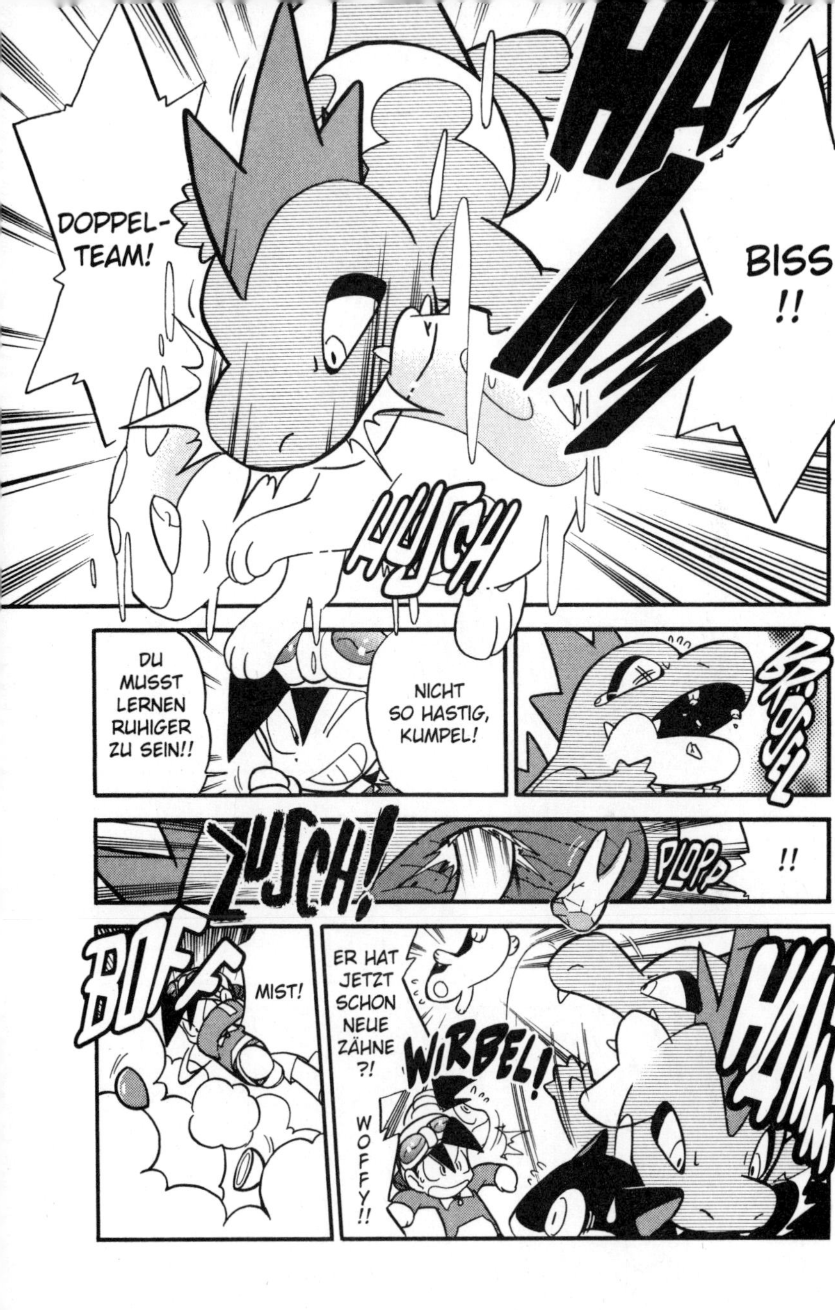
HAMM
BISS!!
DOPPEL-TEAM!
HUSCH
BRÖSEL
NICHT SO HASTIG, KUMPEL!
DU MUSST LERNEN RUHIGER ZU SEIN!!
!!
PLOPP
ZUSCH!
HAMM
ER HAT JETZT SCHON NEUE ZÄHNE?!
WIRBEL!
WOFFY!!
MIST!
BOFF

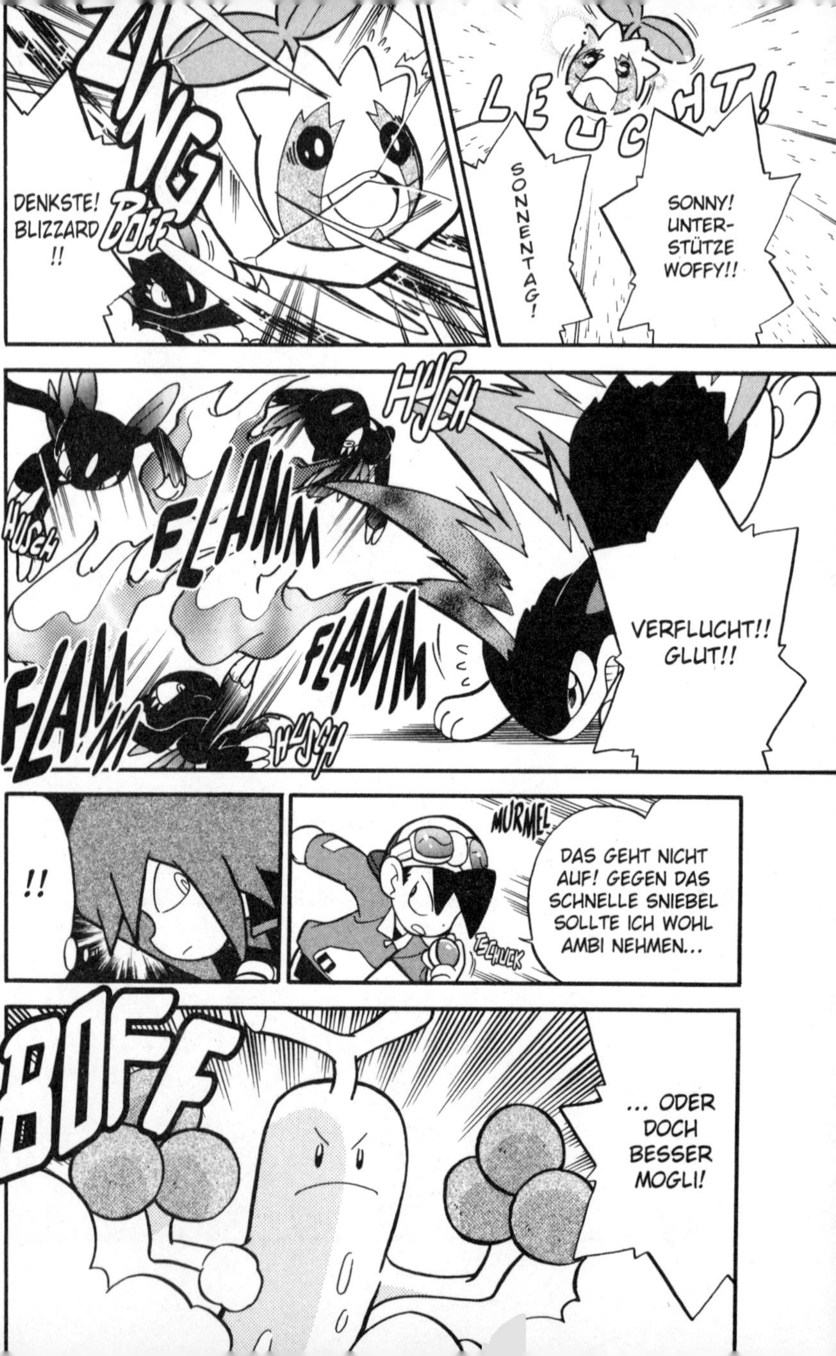
SONNY! UNTERSTÜTZE WOFFY!!
SONNENTAG!
LEUCHT!
DENKSTE! BLIZZARD!!
ZING
BOFF
HUSCH
VERFLUCHT!! GLUT!!
FLAMM
FLAMM
FLAMM
HUSCH
HUSCH
MURMEL
DAS GEHT NICHT AUF! GEGEN DAS SCHNELLE SNIEBEL SOLLTE ICH WOHL AMBI NEHMEN...
TSCHUCK
!!
BOFF
... ODER DOCH BESSER MOGLI!

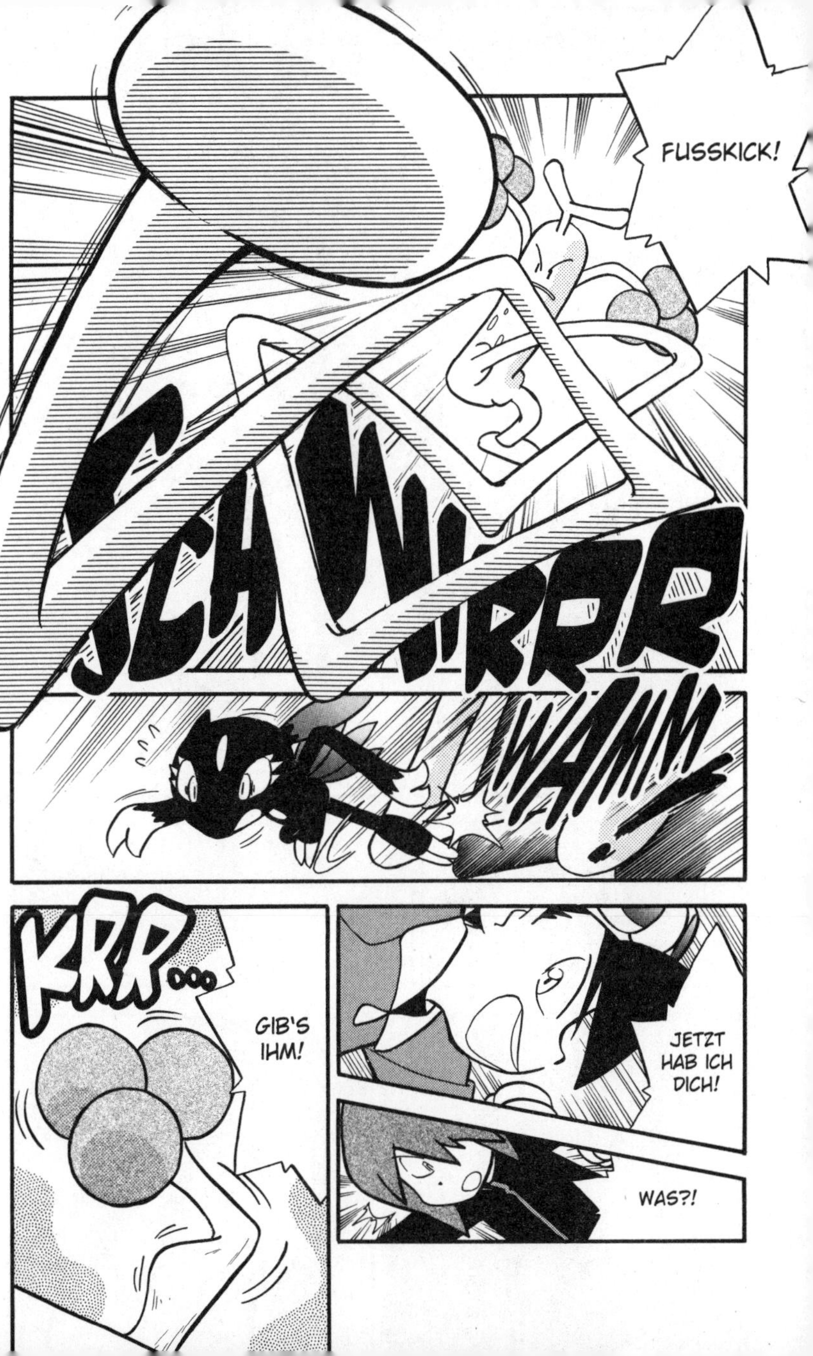

FUSSKICK!
SCHWIRRR
WAMM!
KRR...
GIB'S IHM!
JETZT HAB ICH DICH!
WAS?!

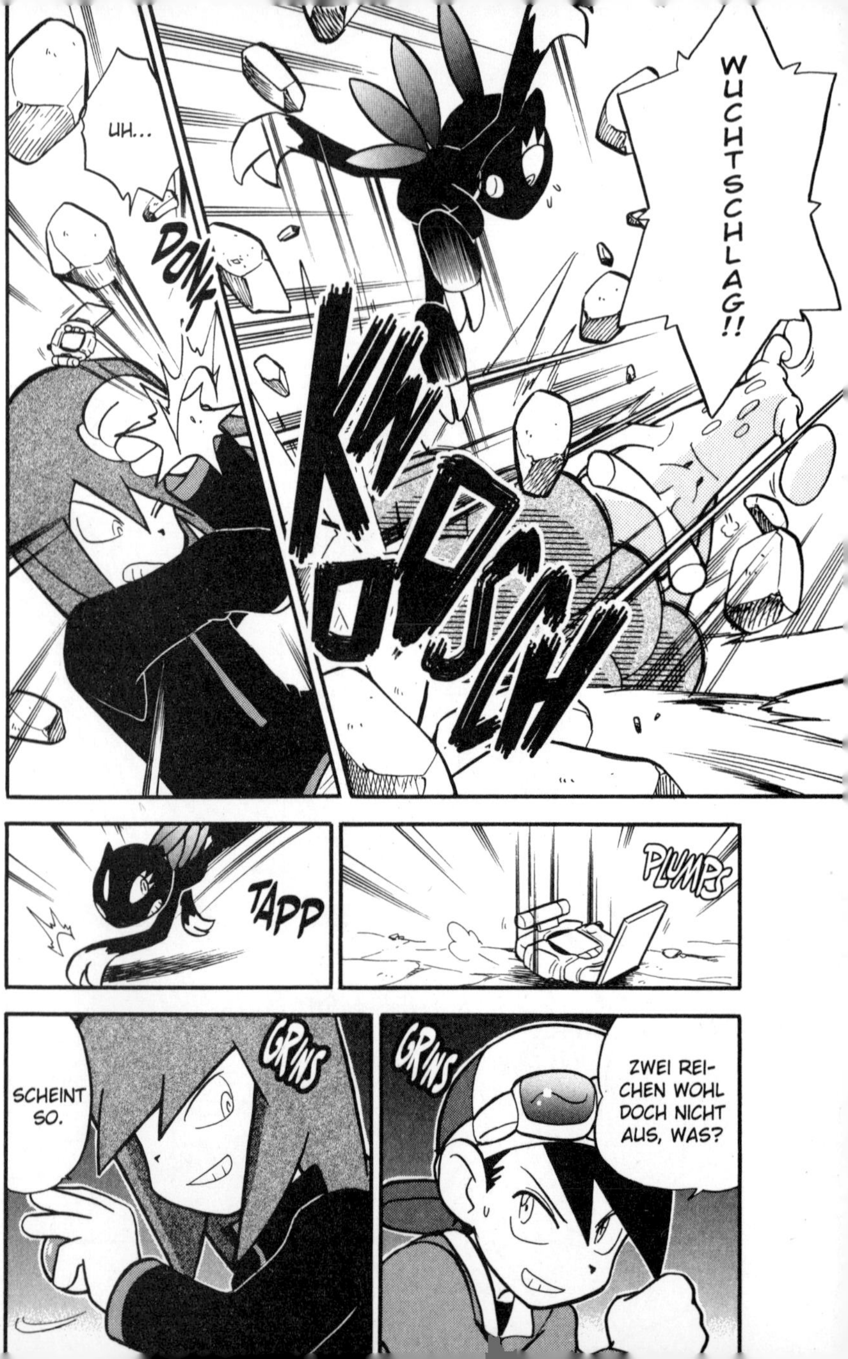
WUCHTSCHLAG!!
UH…
DONK
KWOOSCH
PLUMPS
TAPP
GRINS
ZWEI REICHEN WOHL DOCH NICHT AUS, WAS?
GRINS
SCHEINT SO.

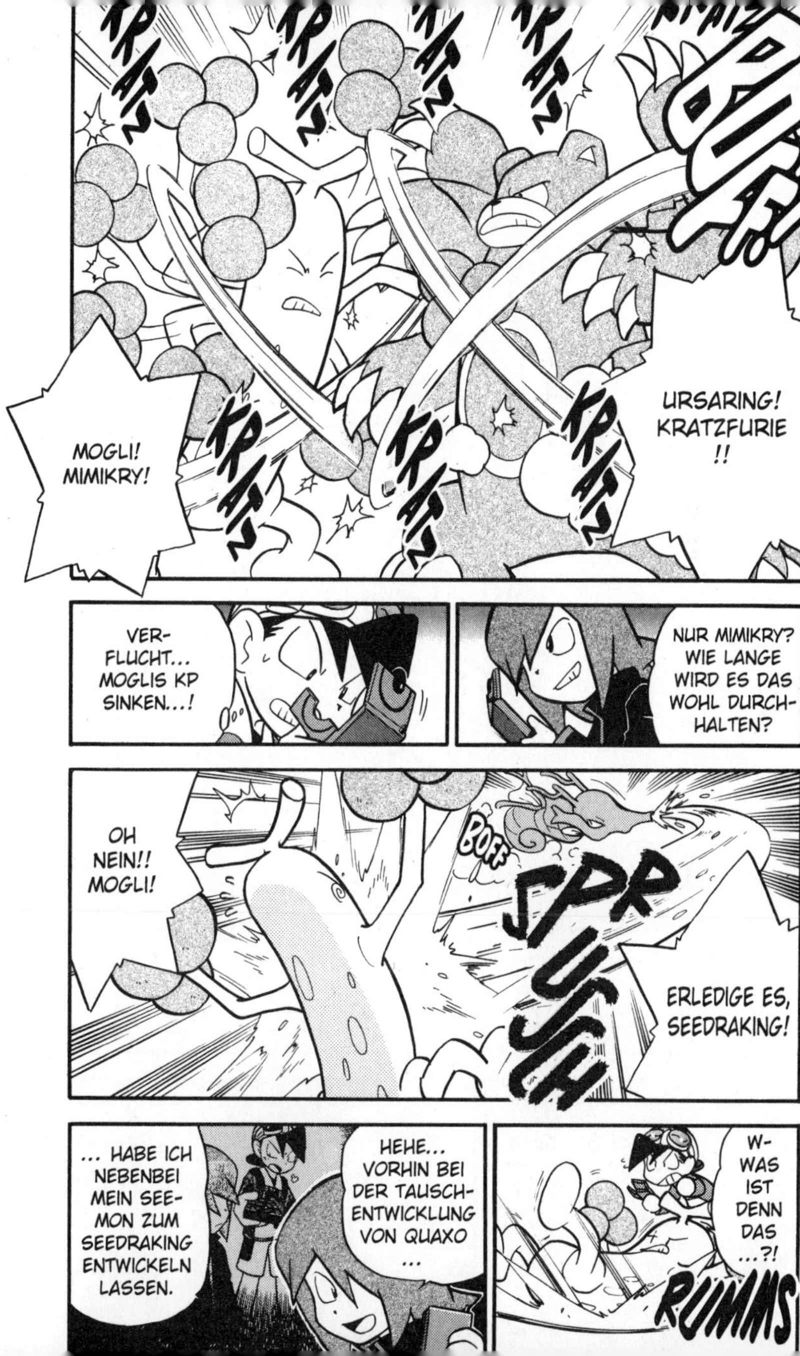

URSARING! KRATZFURIE !!
MOGLI! MIMIKRY!
KRATZ
NUR MIMIKRY? WIE LANGE WIRD ES DAS WOHL DURCH-HALTEN?
VER-FLUCHT... MOGLIS KP SINKEN...!
ERLEDIGE ES, SEEDRAKING!
BOFF
OH NEIN!! MOGLI!
W-WAS IST DENN DAS ...?!
RUMMS
HEHE... VORHIN BEI DER TAUSCH-ENTWICKLUNG VON QUAXO ...
... HABE ICH NEBENBEI MEIN SEE-MON ZUM SEEDRAKING ENTWICKELN LASSEN.

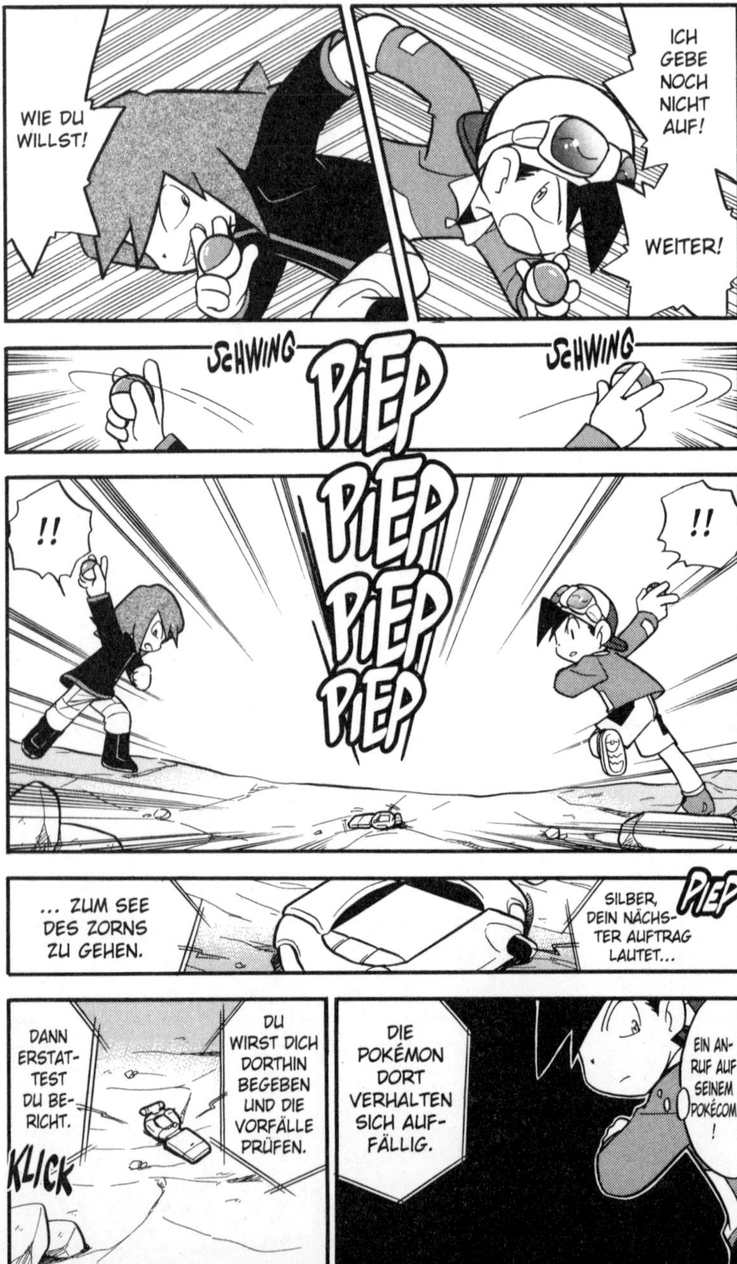
ICH GEBE NOCH NICHT AUF!
WEITER!
WIE DU WILLST!
SCHWING
SCHWING
PIEP
PIEP
PIEP
PIEP
!!
!!
PIEP
SILBER, DEIN NÄCHSTER AUFTRAG LAUTET…
… ZUM SEE DES ZORNS ZU GEHEN.
EIN ANRUF AUF SEINEM POKÉCOM!
DIE POKÉMON DORT VERHALTEN SICH AUFFÄLLIG.
DU WIRST DICH DORTHIN BEGEBEN UND DIE VORFÄLLE PRÜFEN.
DANN ERSTATTEST DU BERICHT.
KLICK

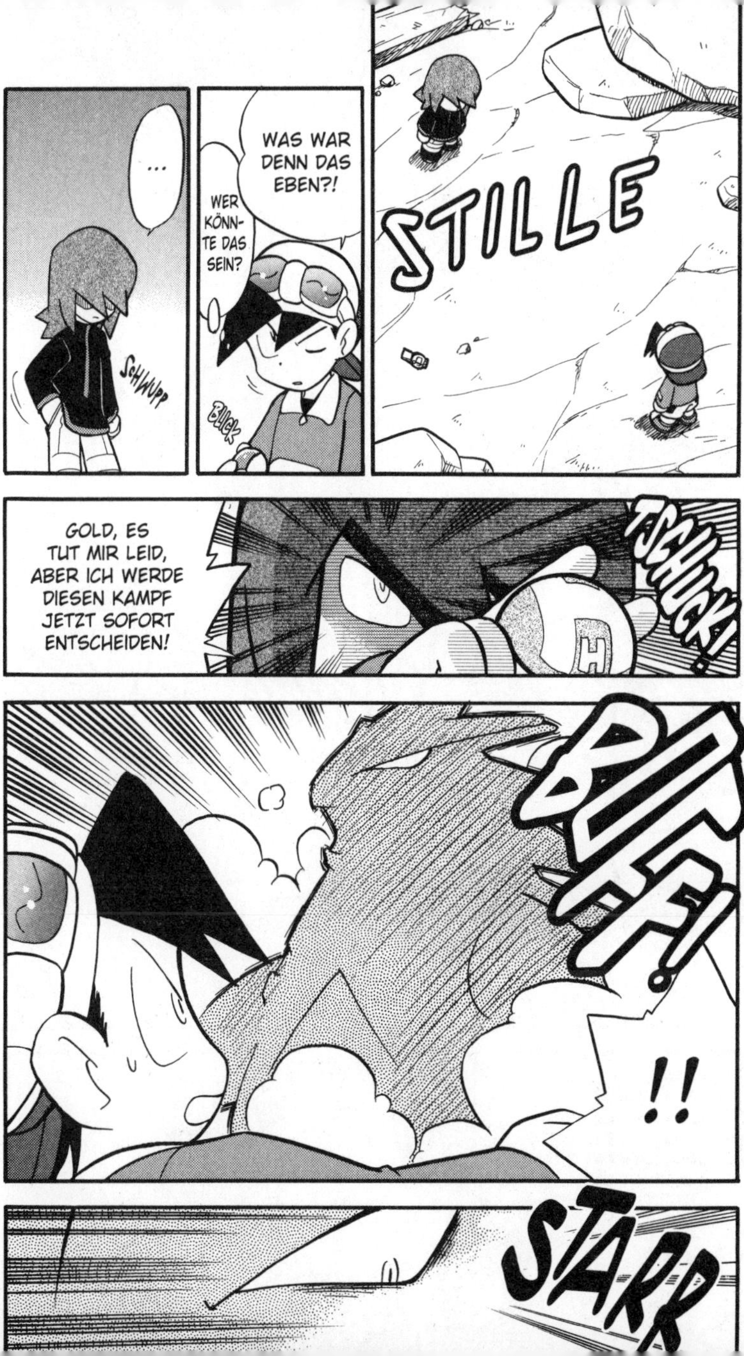

STILLE
WAS WAR DENN DAS EBEN?!
WER KÖNNTE DAS SEIN?
BLICK
…
SCHWUPP
TSCHUCK!
GOLD, ES TUT MIR LEID, ABER ICH WERDE DIESEN KAMPF JETZT SOFORT ENTSCHEIDEN!
BUFF!
!!
STARR

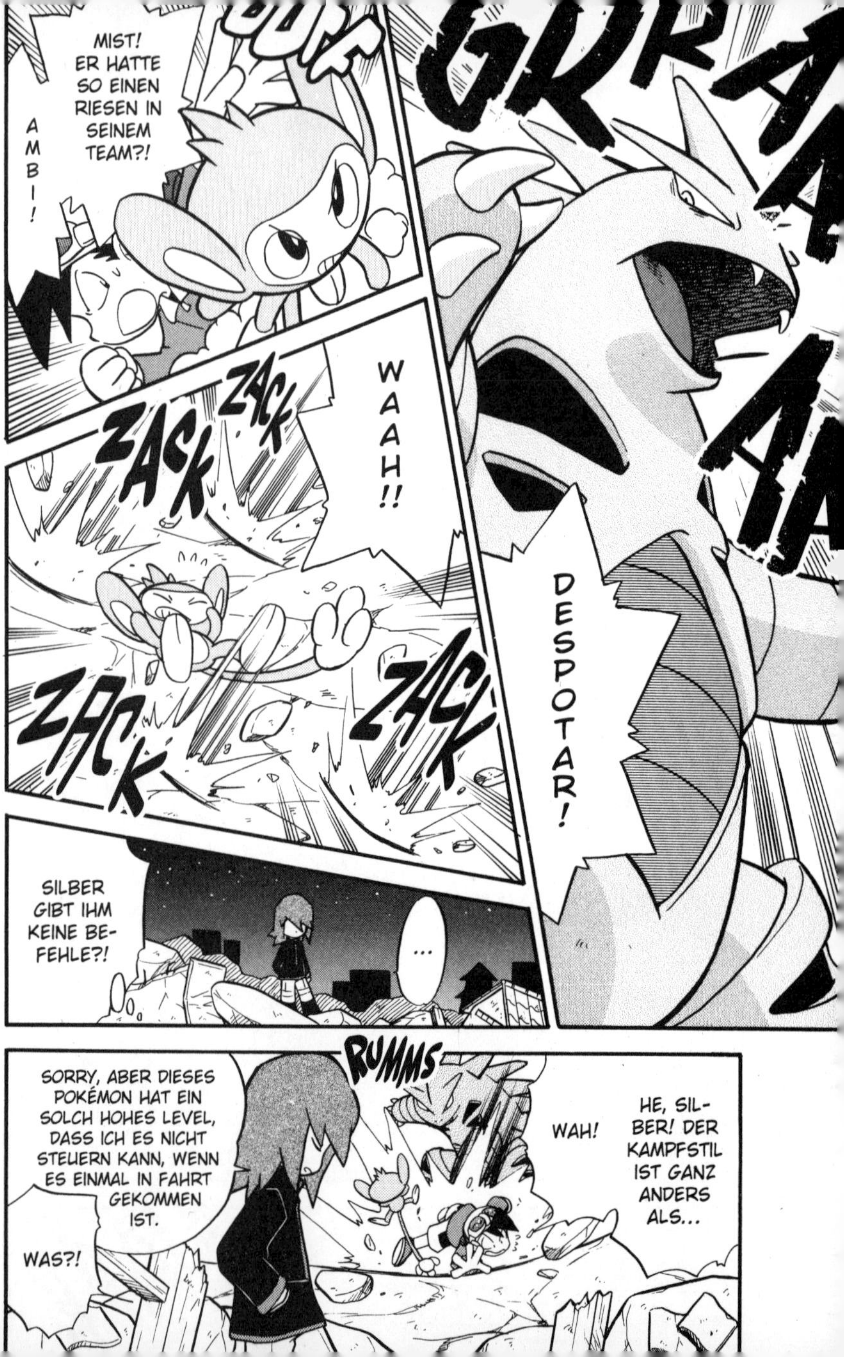
GDRAAAA
MIST! ER HATTE SO EINEN RIESEN IN SEINEM TEAM?!
AMBI!!
ZACK
ZACK
WAAAH!!
ZACK
ZACK
DESPOTAR!
SILBER GIBT IHM KEINE BE-FEHLE?!
...
RUMMS
HE, SIL-BER! DER KAMPFSTIL IST GANZ ANDERS ALS...
WAH!
SORRY, ABER DIESES POKÉMON HAT EIN SOLCH HOHES LEVEL, DASS ICH ES NICHT STEUERN KANN, WENN ES EINMAL IN FAHRT GEKOMMEN IST.
WAS?!

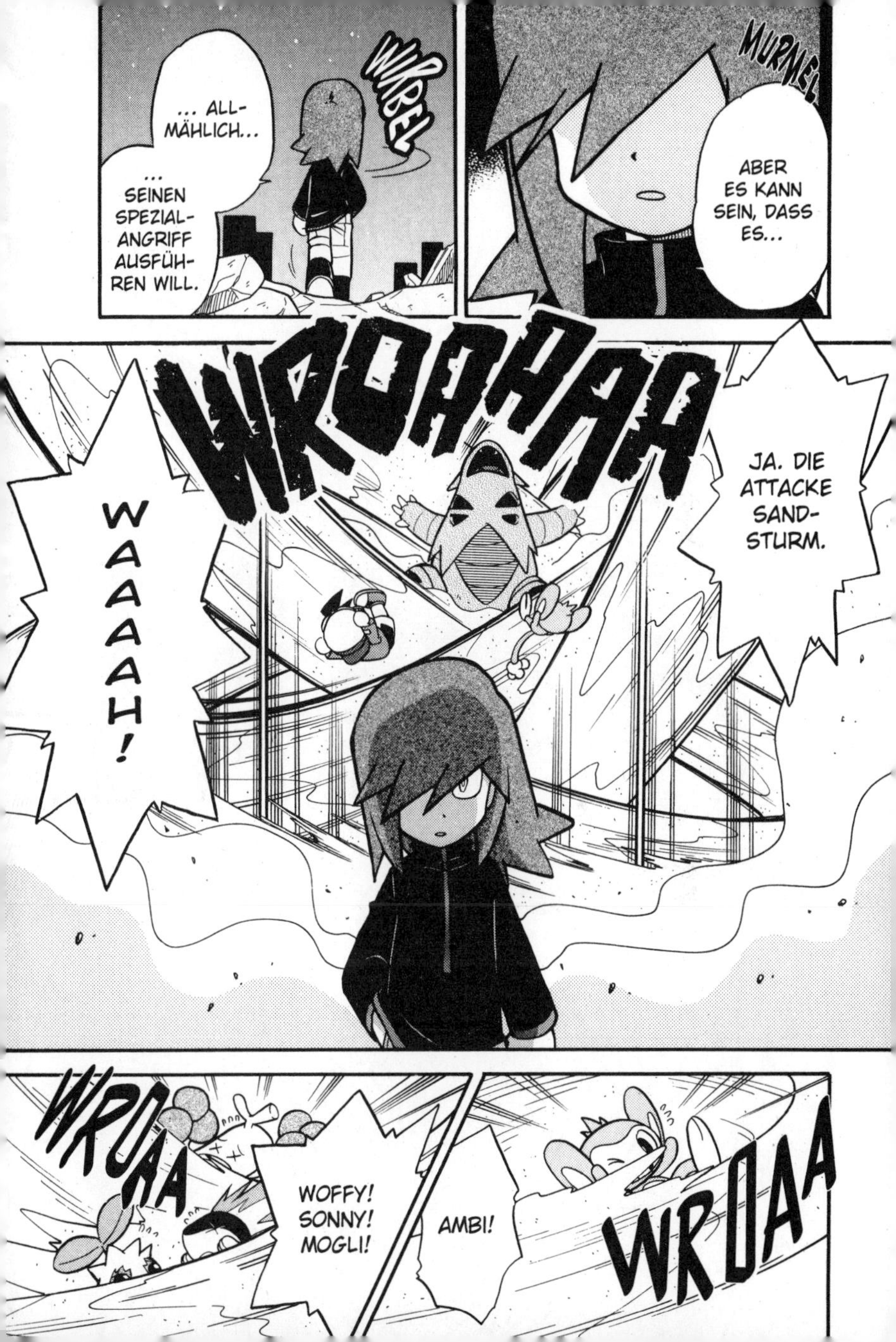
MURMEL
ABER ES KANN SEIN, DASS ES…
WIRBEL
… ALL-MÄHLICH…
… SEINEN SPEZIAL-ANGRIFF AUSFÜHREN WILL.
WROAAAA
JA. DIE ATTACKE SANDSTURM.
WAAAAAH!
WROAA
AMBI!
WOFFY! SONNY! MOGLI!
WROAA

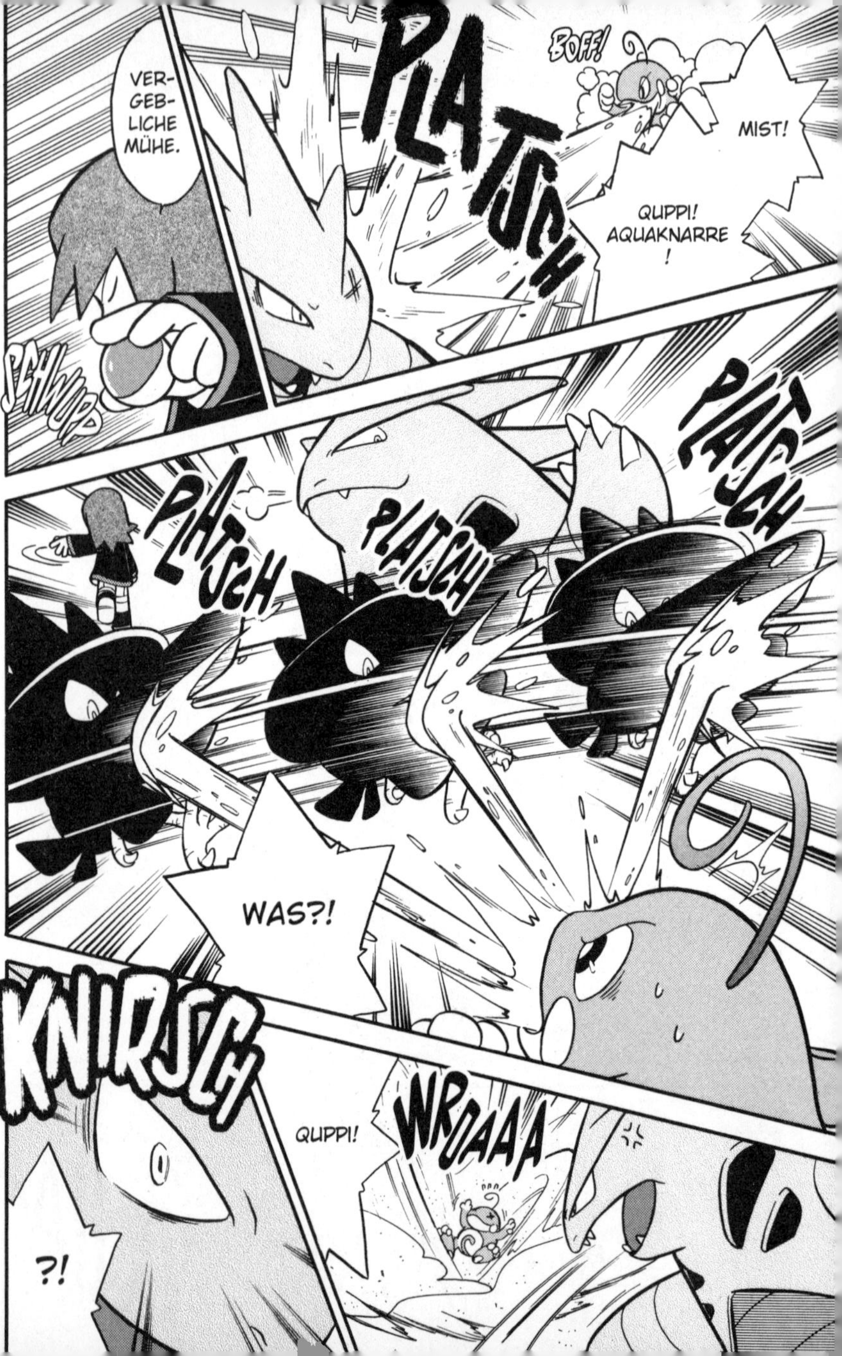
BOFF!
MIST!
QUPPI! AQUAKNARRE !
PLATSCH
VER-GEB-LICHE MÜHE.
SCHWUPP
PLATSCH
PLATSCH
PLATSCH
WAS?!
WROAAA
QUPPI!
KNIRSCH
?!

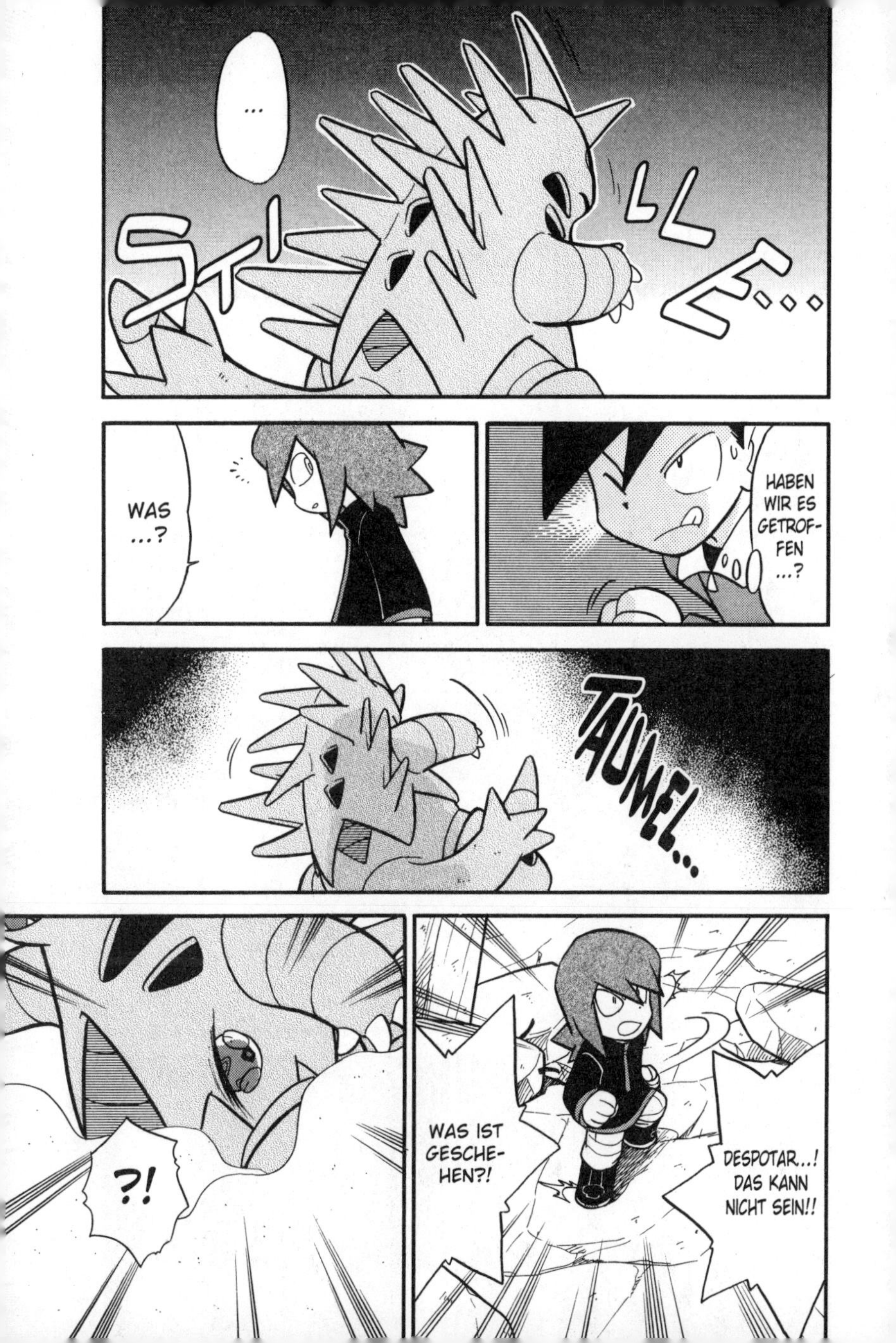
...
STILLE...
HABEN WIR ES GETROFFEN ...?
WAS ...?
TAUMEL...
DESPOTAR...! DAS KANN NICHT SEIN!!
WAS IST GESCHEHEN?!
?!

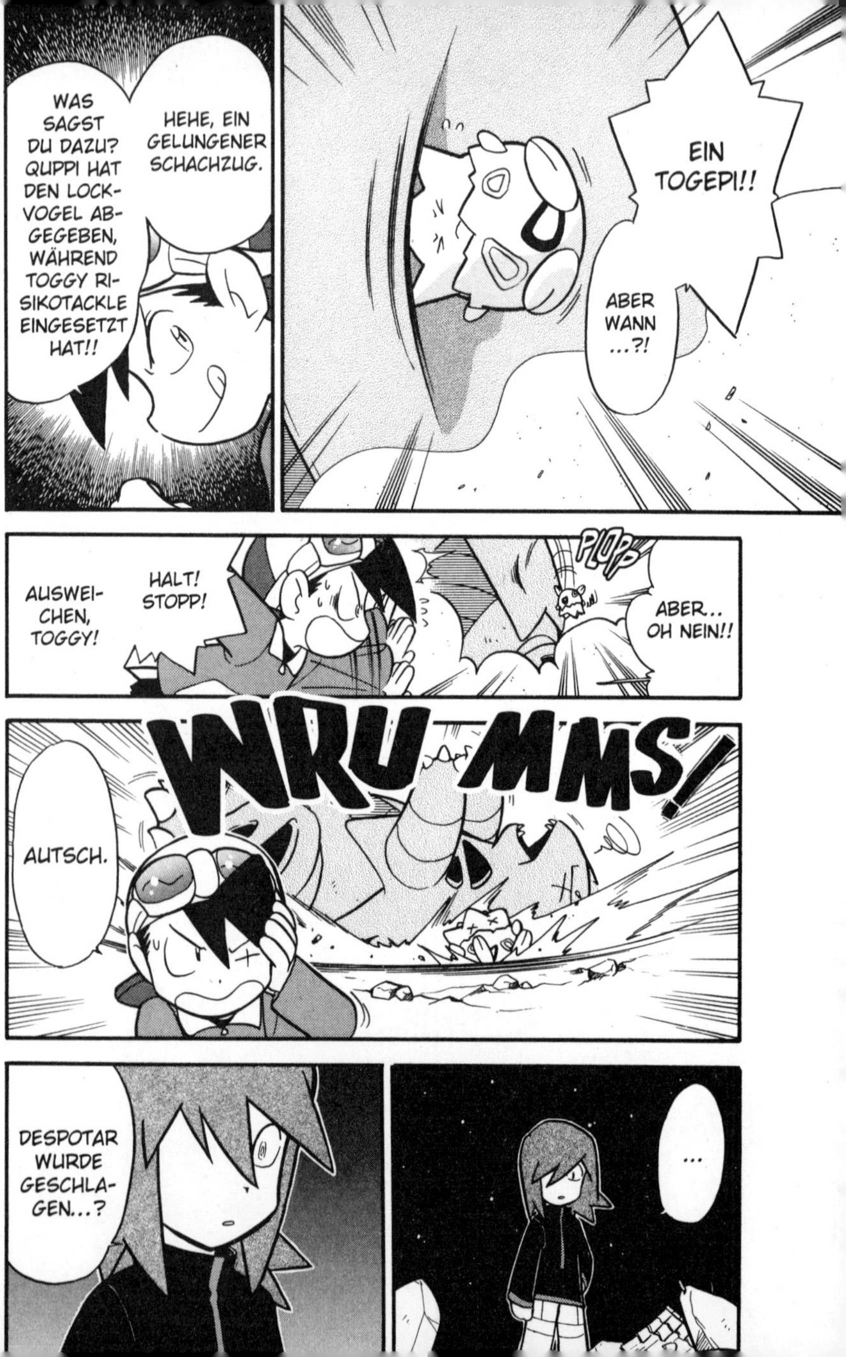
EIN TOGEPI!!
ABER WANN ...?!
HEHE, EIN GELUNGENER SCHACHZUG.
WAS SAGST DU DAZU? QUPPI HAT DEN LOCK-VOGEL ABGEGEBEN, WÄHREND TOGGY RISIKOTACKLE EINGESETZT HAT!!
PLOPP
ABER... OH NEIN!!
HALT! STOPP!
AUSWEICHEN, TOGGY!
WRUMMS!
AUTSCH.
...
DESPOTAR WURDE GESCHLAGEN...?

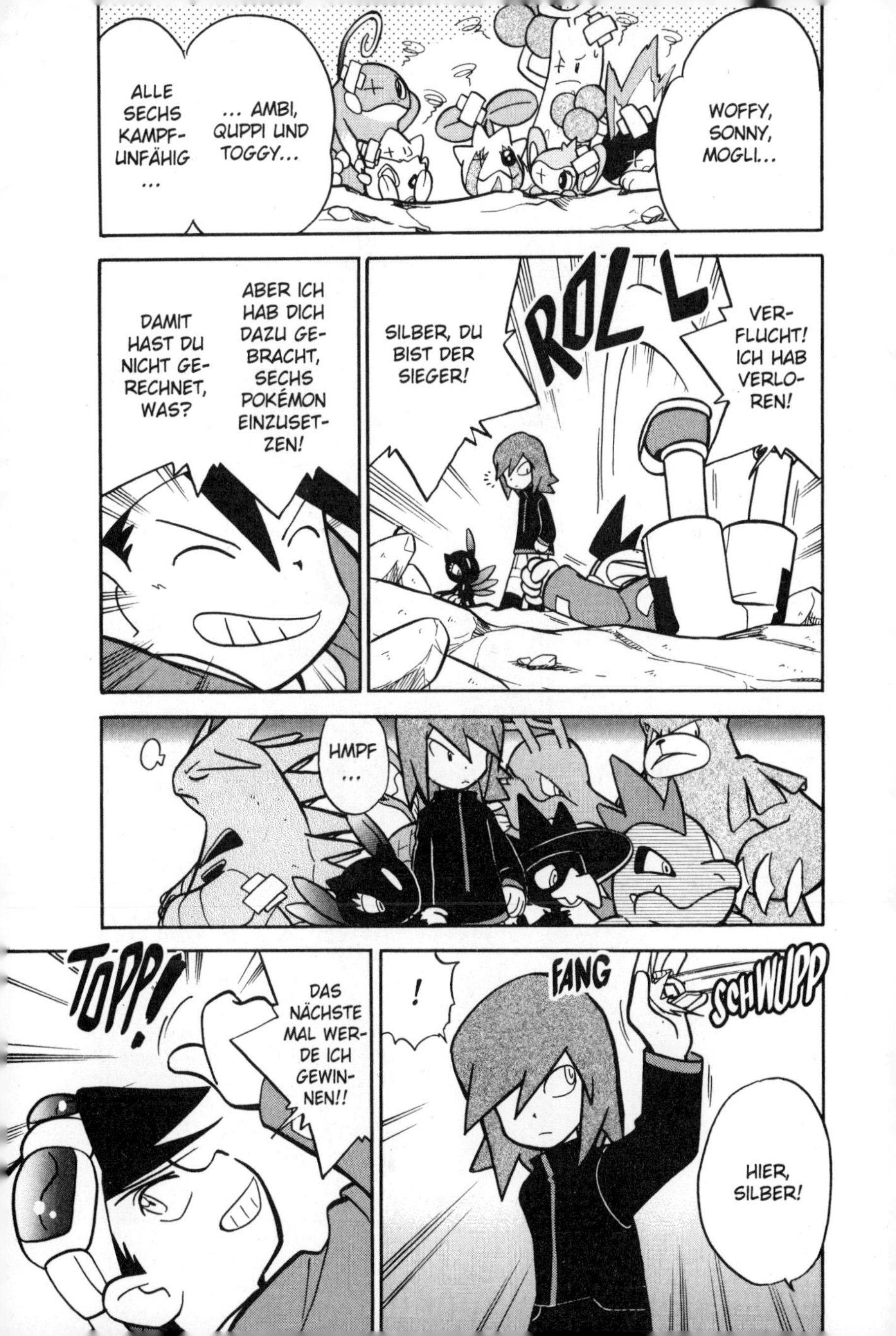
WOFFY, SONNY, MOGLI…
… AMBI, QUPPI UND TOGGY…
ALLE SECHS KAMPFUNFÄHIG …
VERFLUCHT! ICH HAB VERLOREN!
ROLL
SILBER, DU BIST DER SIEGER!
ABER ICH HAB DICH DAZU GEBRACHT, SECHS POKÉMON EINZUSETZEN!
DAMIT HAST DU NICHT GERECHNET, WAS?
HMPF …
SCHWUPP
FANG
HIER, SILBER!
!
DAS NÄCHSTE MAL WERDE ICH GEWINNEN!!
TOPP!

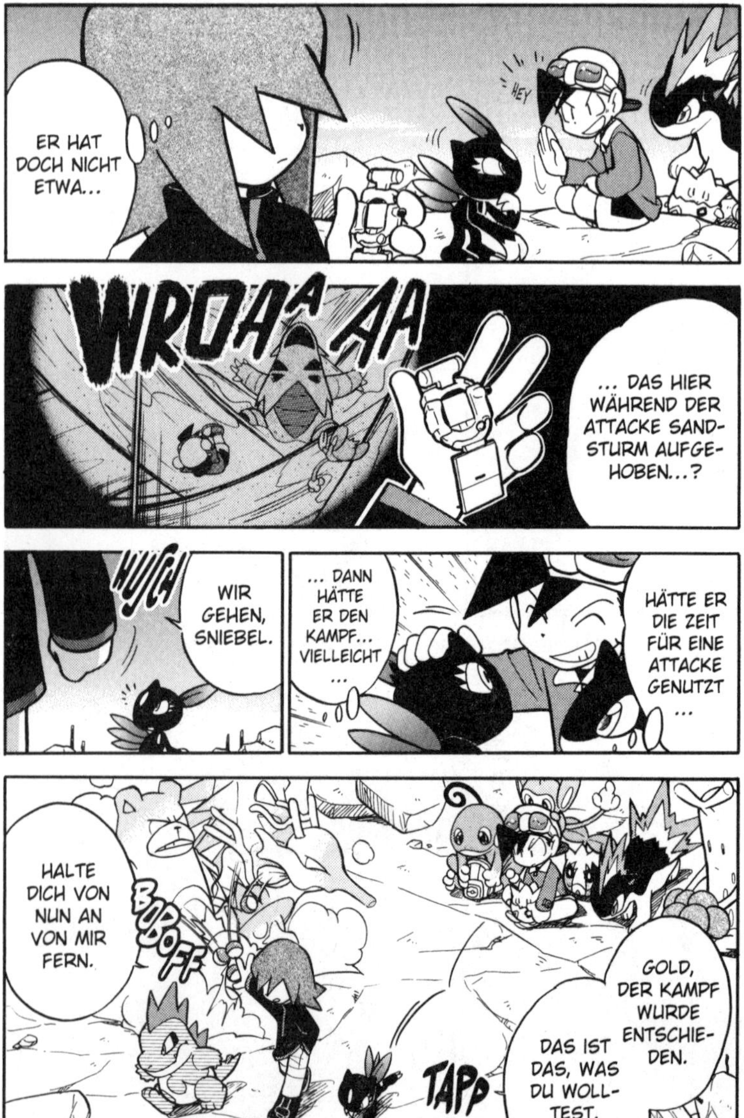

ER HAT DOCH NICHT ETWA...
HEY
WROAAAA
... DAS HIER WÄHREND DER ATTACKE SANDSTURM AUFGEHOBEN...?
HÄTTE ER DIE ZEIT FÜR EINE ATTACKE GENUTZT ...
... DANN HÄTTE ER DEN KAMPF... VIELLEICHT ...
WIR GEHEN, SNIEBEL.
HUSCH
GOLD, DER KAMPF WURDE ENTSCHIEDEN.
DAS IST DAS, WAS DU WOLLTEST.
TAPP
BOBOFF
HALTE DICH VON NUN AN VON MIR FERN.

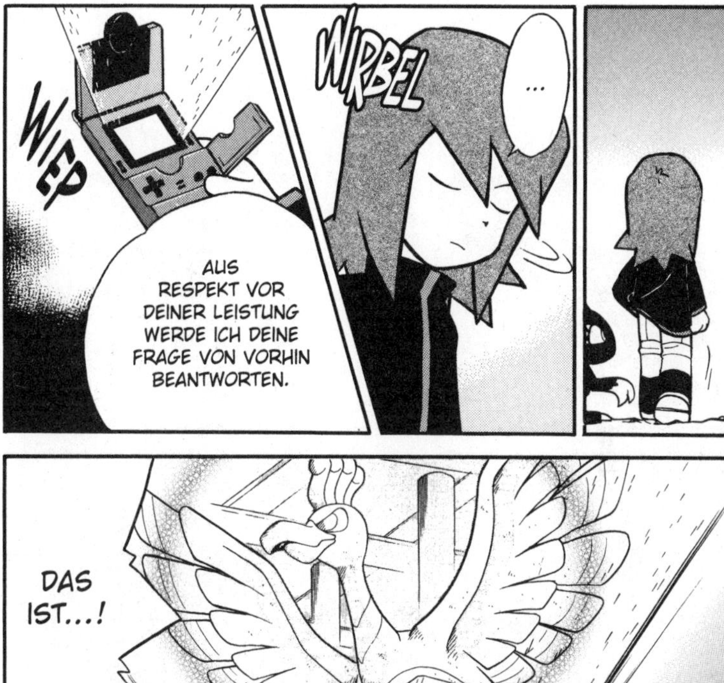
WIRBEL
...
WIEP
AUS RESPEKT VOR DEINER LEISTUNG WERDE ICH DEINE FRAGE VON VORHIN BEANTWORTEN.
DAS IST...!
KLAPP
DIE VORFÄLLE IN TEAK CITY WURDEN VON TEAM ROCKET INSZENIERT, UM DAS HO-OH ZU RUFEN.
RUFEN ?!
TEAK CITY GILT ALS SCHAUPLATZ DER HO-OH-LEGENDE. UND DER GLOCKENTURM SOLL DER ORT SEIN, AN DEM EINST DAS LEGENDÄRE VOGEL-POKÉMON HO-OH HERABSTIEG.

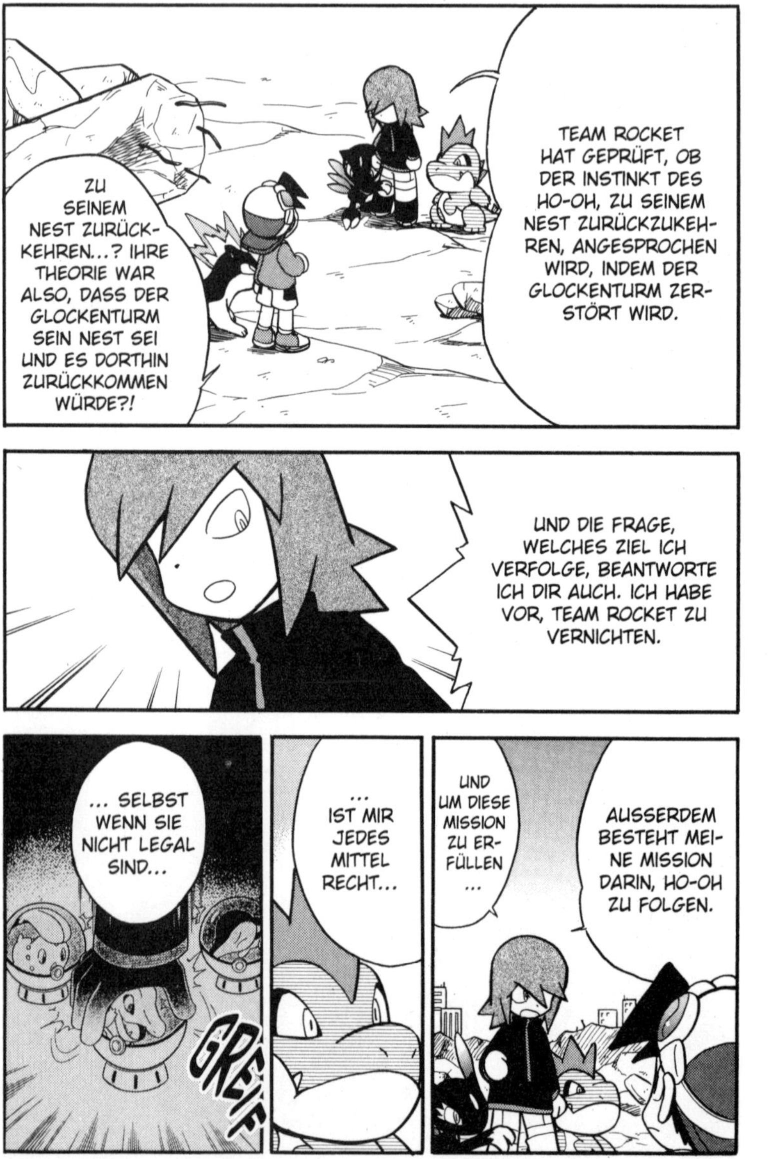
TEAM ROCKET HAT GEPRÜFT, OB DER INSTINKT DES HO-OH, ZU SEINEM NEST ZURÜCKZUKEHREN, ANGESPROCHEN WIRD, INDEM DER GLOCKENTURM ZERSTÖRT WIRD.
ZU SEINEM NEST ZURÜCKKEHREN...? IHRE THEORIE WAR ALSO, DASS DER GLOCKENTURM SEIN NEST SEI UND ES DORTHIN ZURÜCKKOMMEN WÜRDE?!
UND DIE FRAGE, WELCHES ZIEL ICH VERFOLGE, BEANTWORTE ICH DIR AUCH. ICH HABE VOR, TEAM ROCKET ZU VERNICHTEN.
AUSSERDEM BESTEHT MEINE MISSION DARIN, HO-OH ZU FOLGEN.
UND UM DIESE MISSION ZU ERFÜLLEN ...
... IST MIR JEDES MITTEL RECHT...
... SELBST WENN SIE NICHT LEGAL SIND...
GREIF

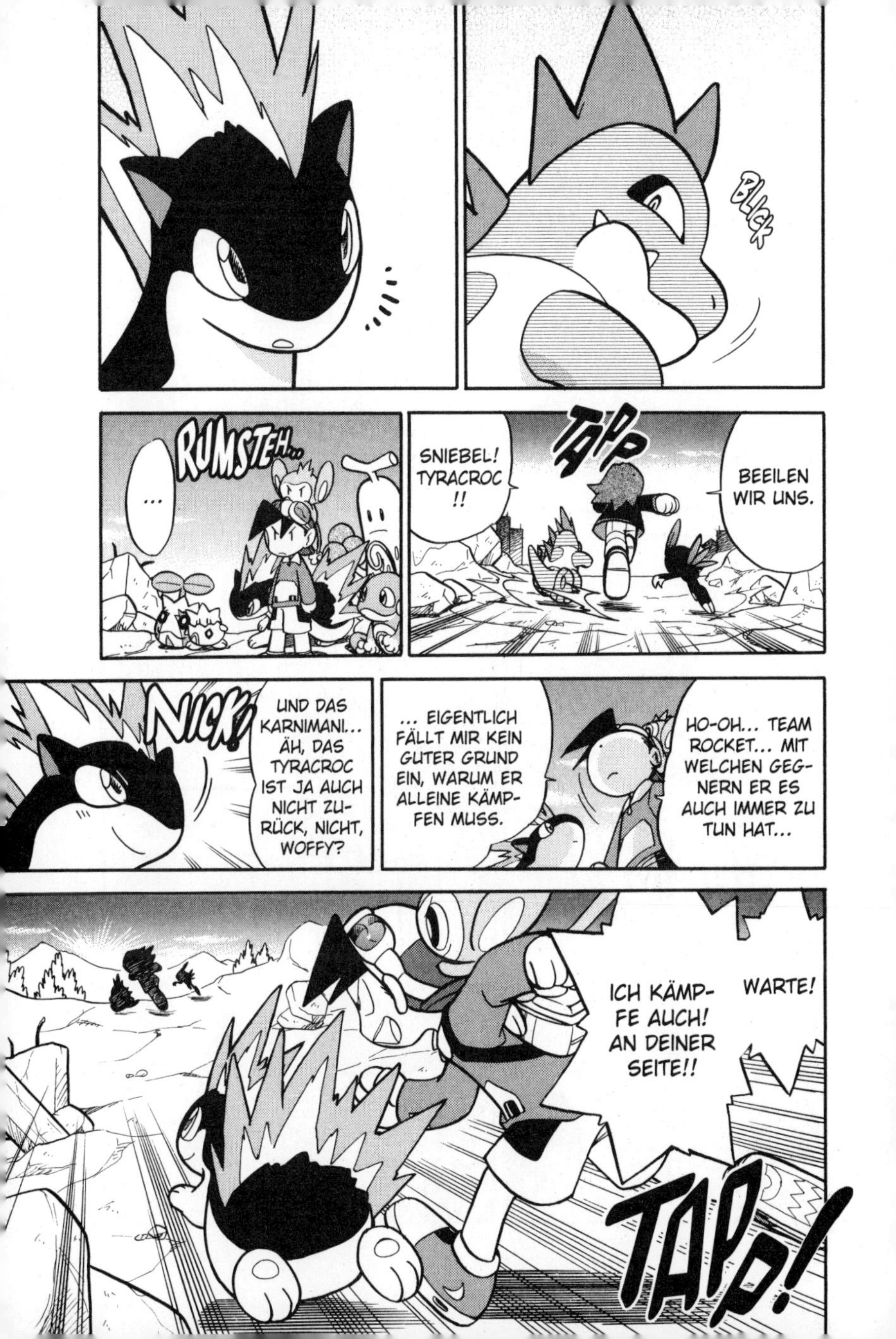
BLICK
...
BEEILEN WIR UNS.
TAPP
SNIEBEL! TYRACROC!!
RUMSTEH...
...
HO-OH... TEAM ROCKET... MIT WELCHEN GEGNERN ER ES AUCH IMMER ZU TUN HAT...
... EIGENTLICH FÄLLT MIR KEIN GUTER GRUND EIN, WARUM ER ALLEINE KÄMPFEN MUSS.
UND DAS KARNIMANI... ÄH, DAS TYRACROC IST JA AUCH NICHT ZURÜCK, NICHT, WOFFY?
NICK!
WARTE!
ICH KÄMPFE AUCH! AN DEINER SEITE!!
TAPP!

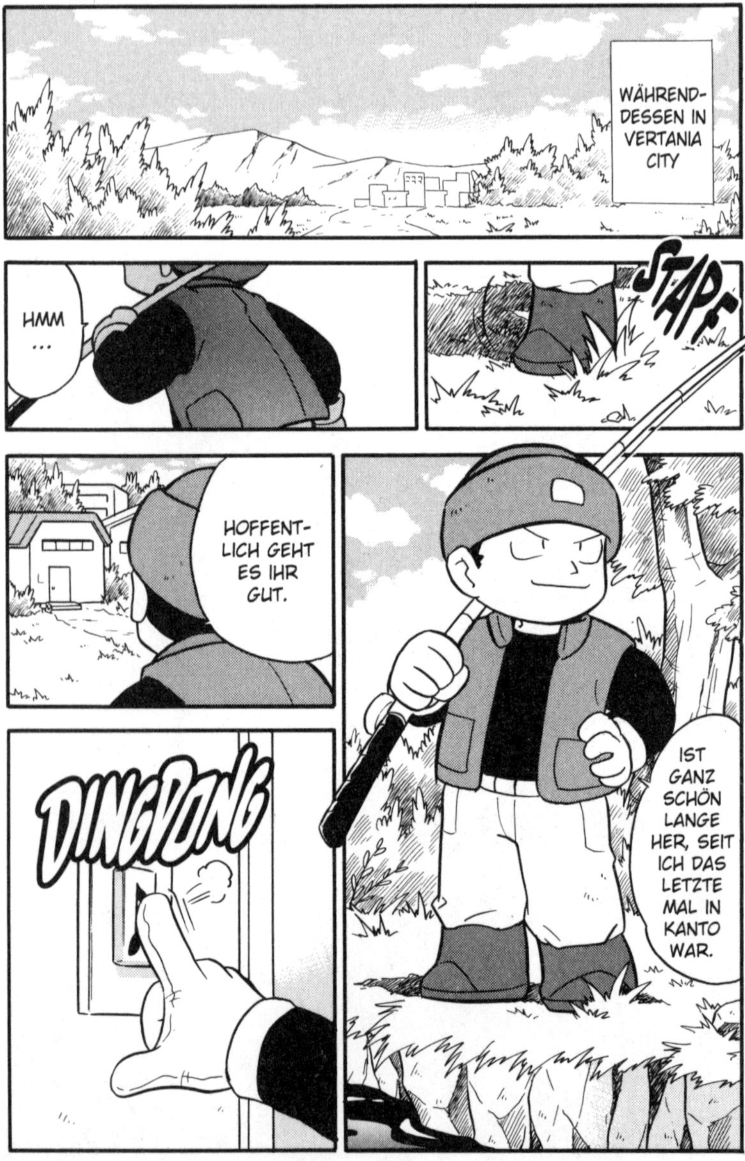
WÄHREND-DESSEN IN VERTANIA CITY
STAPF
HMM ...
HOFFENT-LICH GEHT ES IHR GUT.
IST GANZ SCHÖN LANGE HER, SEIT ICH DAS LETZTE MAL IN KANTO WAR.
DINGDONG

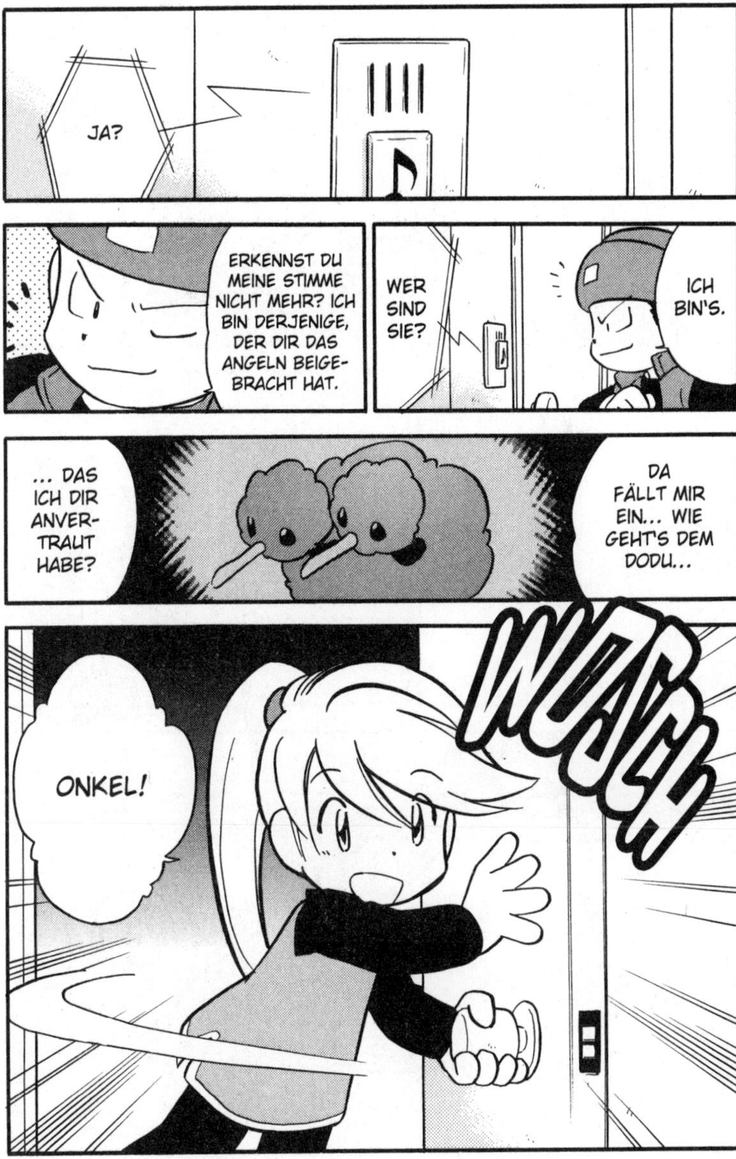
JA?
ICH BIN'S.
WER SIND SIE?
ERKENNST DU MEINE STIMME NICHT MEHR? ICH BIN DERJENIGE, DER DIR DAS ANGELN BEIGEBRACHT HAT.
DA FÄLLT MIR EIN... WIE GEHT'S DEM DODU...
... DAS ICH DIR ANVERTRAUT HABE?
WUSCH
ONKEL!

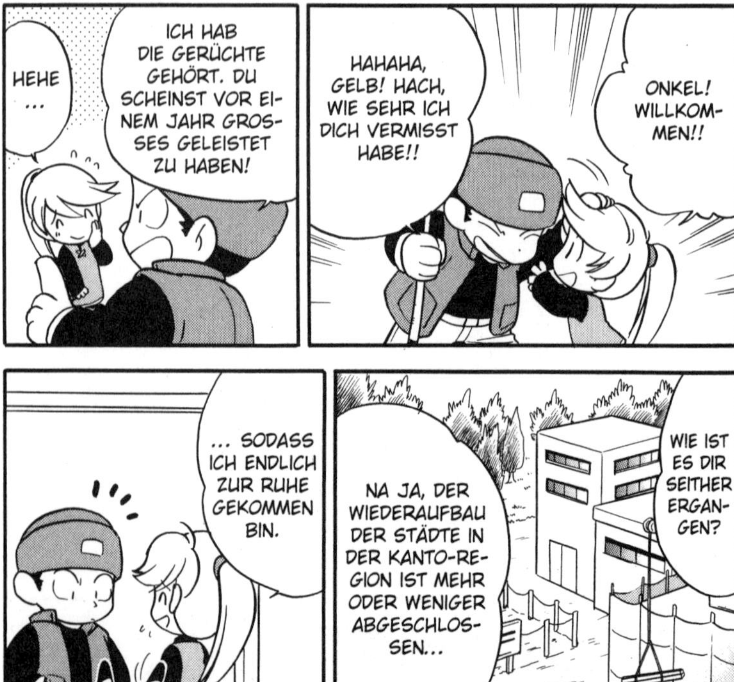
ONKEL! WILLKOMMEN!!
HAHAHA, GELB! HACH, WIE SEHR ICH DICH VERMISST HABE!!
ICH HAB DIE GERÜCHTE GEHÖRT. DU SCHEINST VOR EINEM JAHR GROSSES GELEISTET ZU HABEN!
HEHE …
WIE IST ES DIR SEITHER ERGANGEN?
NA JA, DER WIEDERAUFBAU DER STÄDTE IN DER KANTO-REGION IST MEHR ODER WENIGER ABGESCHLOSSEN…
… SODASS ICH ENDLICH ZUR RUHE GEKOMMEN BIN.
HM?! WER IST DENN DAS?!

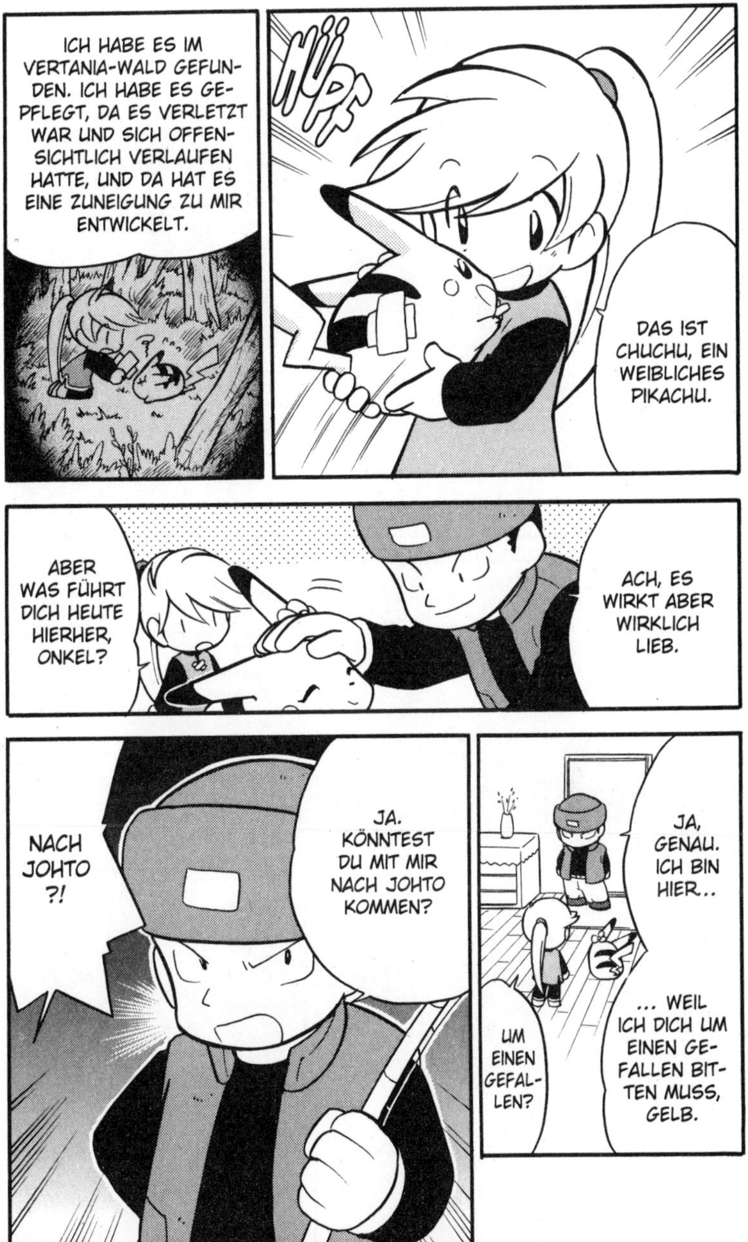
HÜPF
DAS IST CHUCHU, EIN WEIBLICHES PIKACHU.
ICH HABE ES IM VERTANIA-WALD GEFUNDEN. ICH HABE ES GEPFLEGT, DA ES VERLETZT WAR UND SICH OFFENSICHTLICH VERLAUFEN HATTE, UND DA HAT ES EINE ZUNEIGUNG ZU MIR ENTWICKELT.
ACH, ES WIRKT ABER WIRKLICH LIEB.
ABER WAS FÜHRT DICH HEUTE HIERHER, ONKEL?
JA, GENAU. ICH BIN HIER..
... WEIL ICH DICH UM EINEN GEFALLEN BITTEN MUSS, GELB.
UM EINEN GEFALLEN?
JA. KÖNNTEST DU MIT MIR NACH JOHTO KOMMEN?
NACH JOHTO ?!

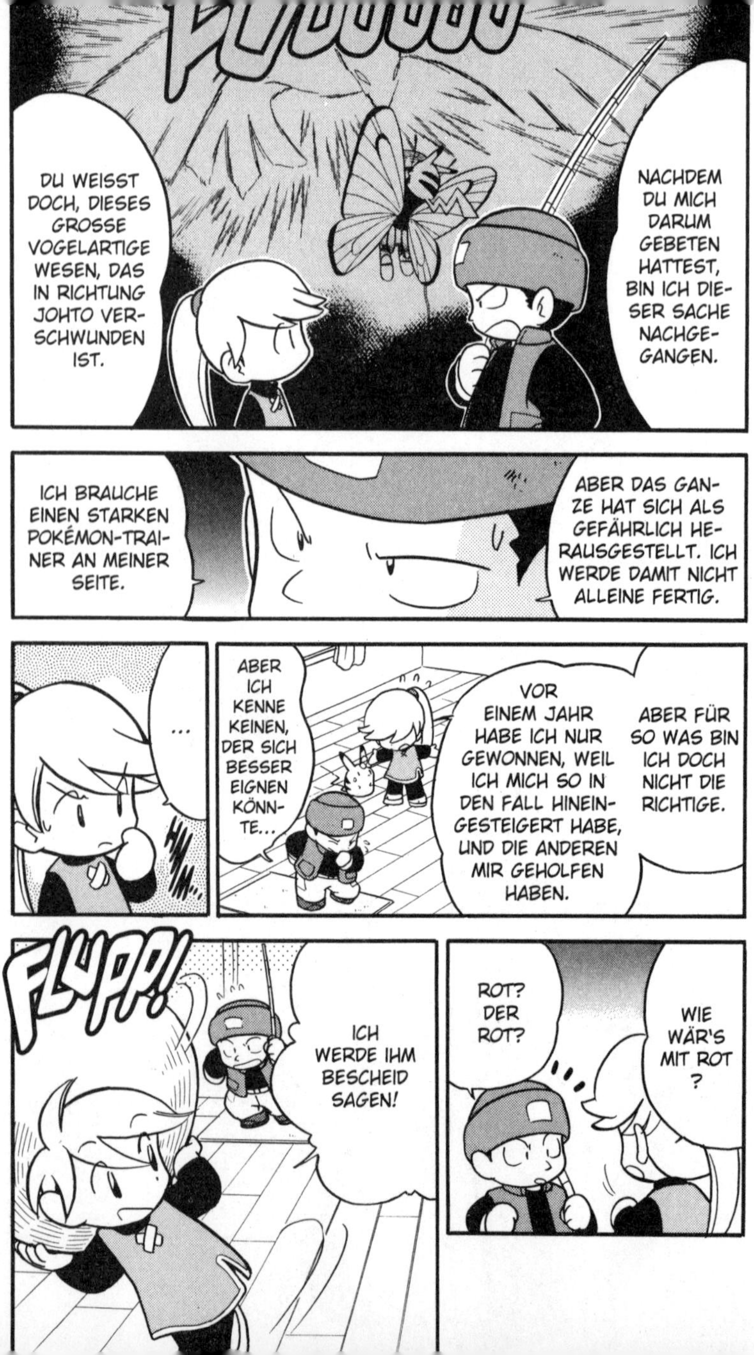

NACHDEM DU MICH DARUM GEBETEN HATTEST, BIN ICH DIESER SACHE NACHGEGANGEN.
DU WEISST DOCH, DIESES GROSSE VOGELARTIGE WESEN, DAS IN RICHTUNG JOHTO VERSCHWUNDEN IST.
ABER DAS GANZE HAT SICH ALS GEFÄHRLICH HERAUSGESTELLT. ICH WERDE DAMIT NICHT ALLEINE FERTIG.
ICH BRAUCHE EINEN STARKEN POKÉMON-TRAINER AN MEINER SEITE.
ABER FÜR SO WAS BIN ICH DOCH NICHT DIE RICHTIGE.
VOR EINEM JAHR HABE ICH NUR GEWONNEN, WEIL ICH MICH SO IN DEN FALL HINEINGESTEIGERT HABE, UND DIE ANDEREN MIR GEHOLFEN HABEN.
ABER ICH KENNE KEINEN, DER SICH BESSER EIGNEN KÖNNTE...
...
WIE WÄR'S MIT ROT ?
ROT? DER ROT?
ICH WERDE IHM BESCHEID SAGEN!
FLUPP!

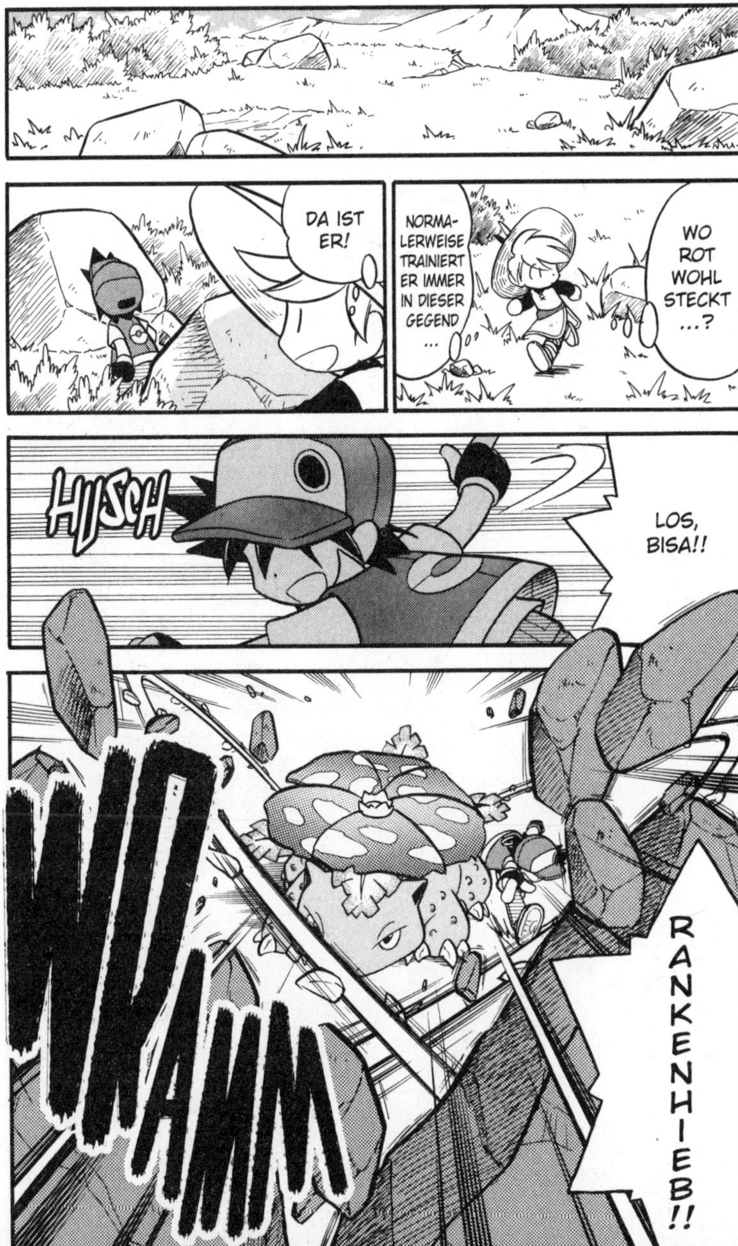
WO ROT WOHL STECKT ...?
NORMALERWEISE TRAINIERT ER IMMER IN DIESER GEGEND ...
DA IST ER!
HUSCH
LOS, BISA!!
WHAMM
RANKENHIEB!!

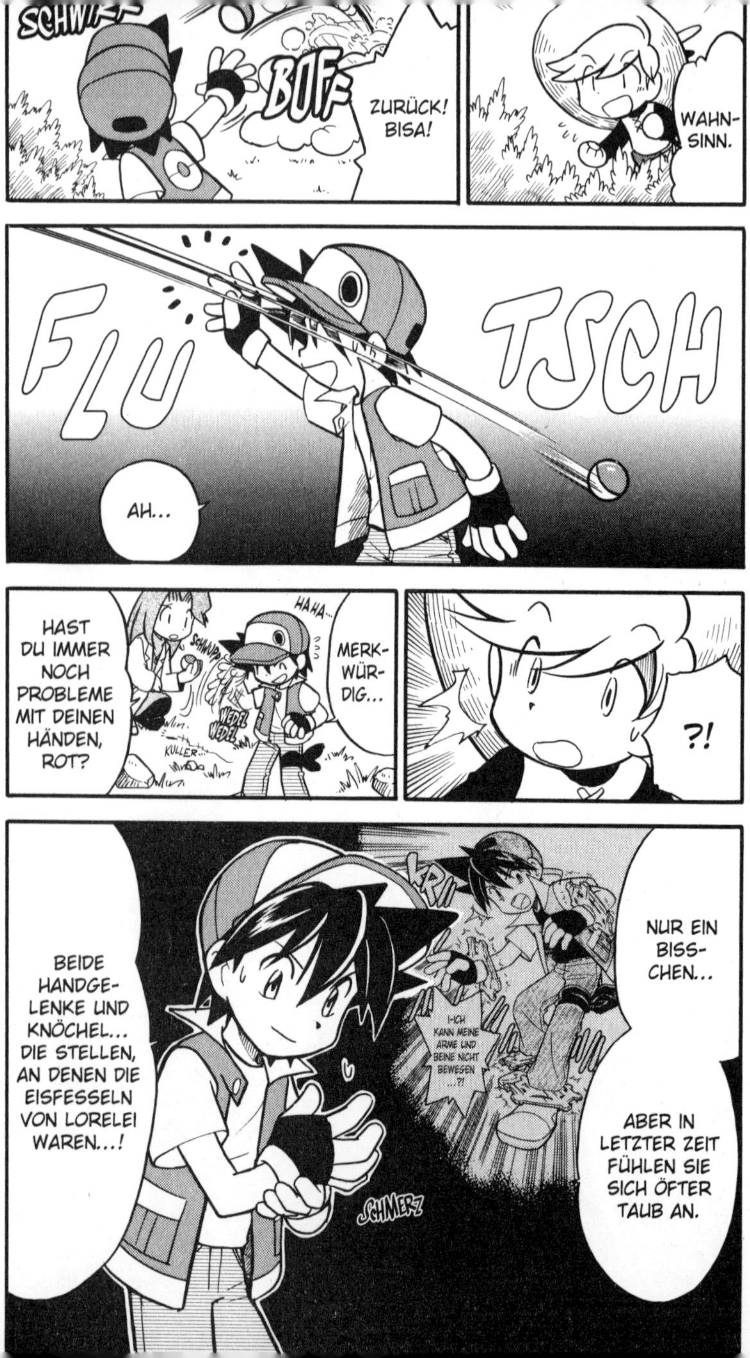
SCHWUPP
BOFF
ZURÜCK! BISA!
WAHN-SINN.
FLUTSCH
AH...
HAHA...
MERK-WÜR-DIG...
SCHWUPP
WEDEL WEDEL
KULLER
HAST DU IMMER NOCH PROBLEME MIT DEINEN HÄNDEN, ROT?
?!
NUR EIN BISS-CHEN...
ABER IN LETZTER ZEIT FÜHLEN SIE SICH ÖFTER TAUB AN.
I-ICH KANN MEINE ARME UND BEINE NICHT BEWEGEN ...?!
BEIDE HANDGE-LENKE UND KNÖCHEL... DIE STELLEN, AN DENEN DIE EISFESSELN VON LORELEI WAREN...!
SCHMERZ

# ABENTEUER 112
# VS. DAS ROTE GARADOS

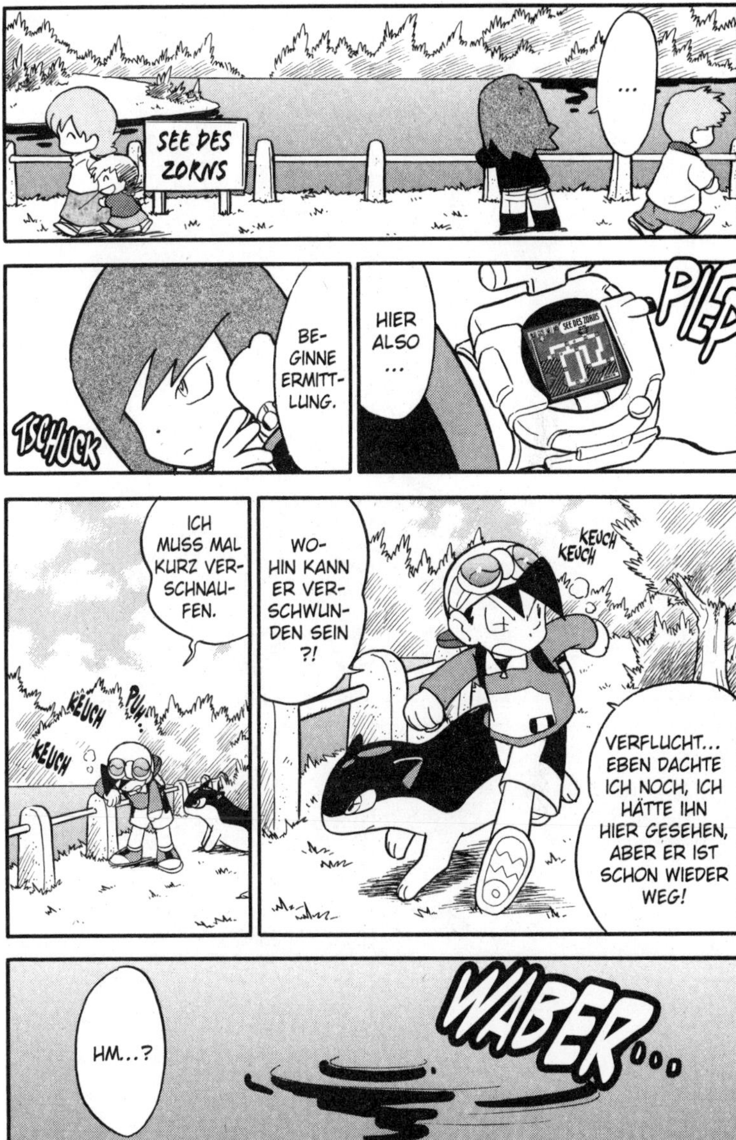

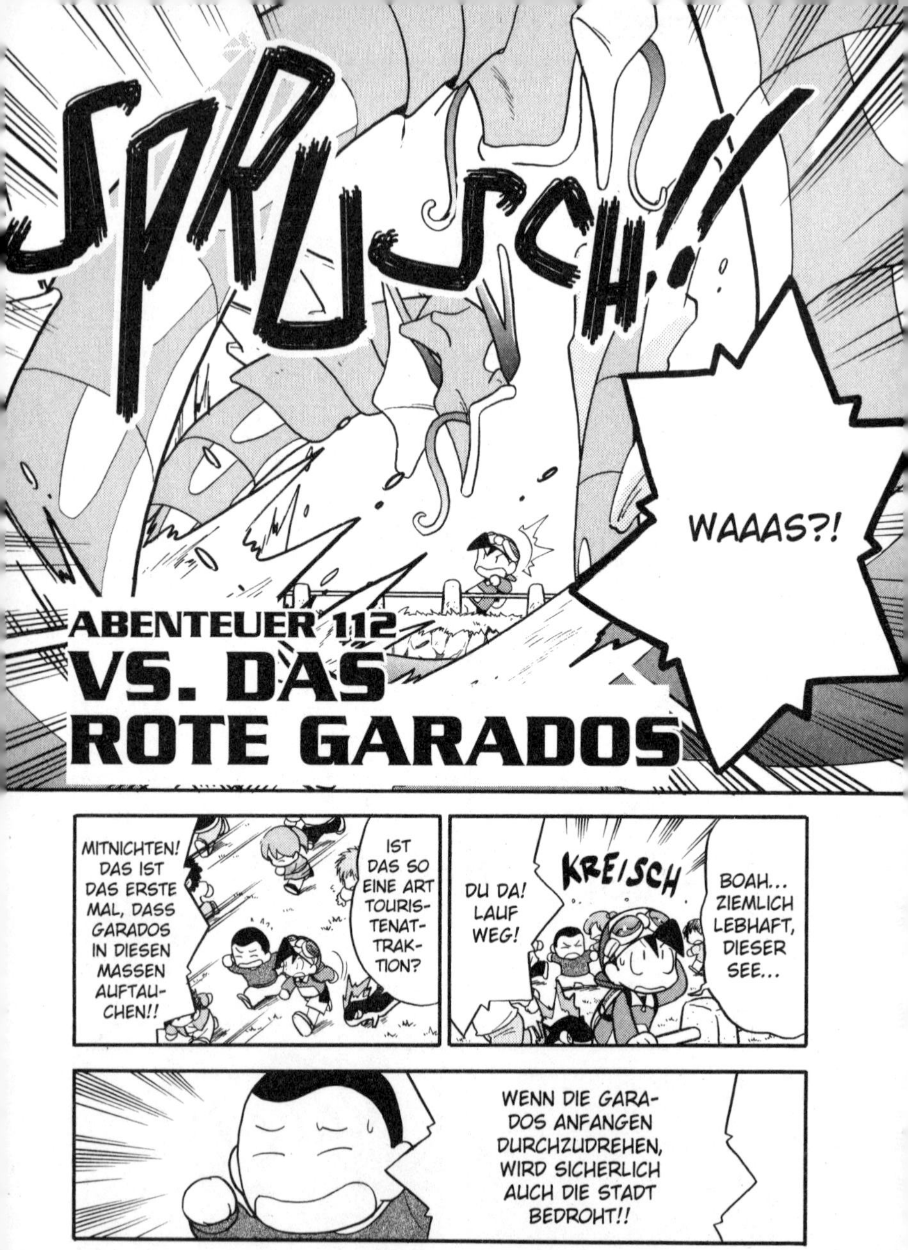
SPRUSCH!!
WAAAS?!
ABENTEUER 112
VS. DAS ROTE GARADOS
BOAH... ZIEMLICH LEBHAFT, DIESER SEE...
KREISCH
DU DA! LAUF WEG!
IST DAS SO EINE ART TOURIS-TENAT-TRAK-TION?
MITNICHTEN! DAS IST DAS ERSTE MAL, DASS GARADOS IN DIESEN MASSEN AUFTAU-CHEN!!
WENN DIE GARA-DOS ANFANGEN DURCHZUDREHEN, WIRD SICHERLICH AUCH DIE STADT BEDROHT!!

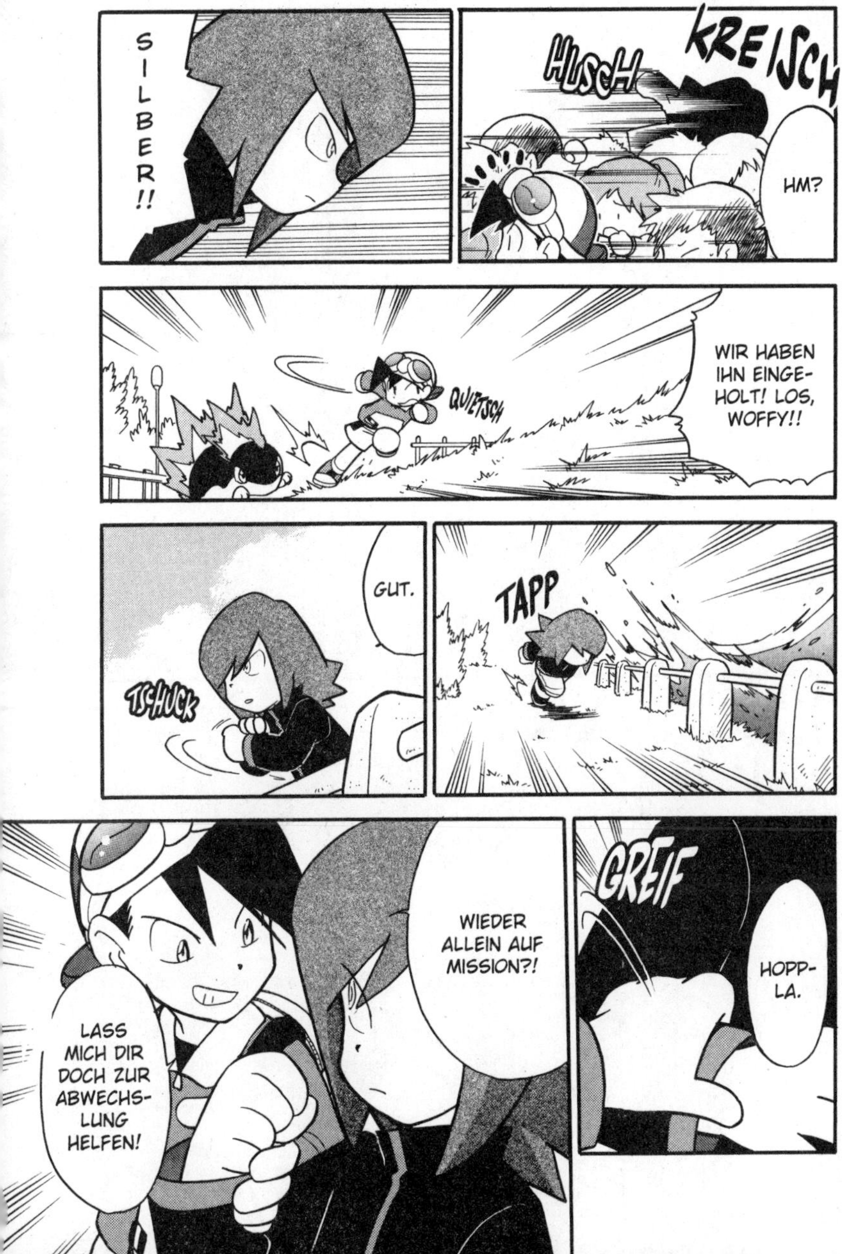
HUSCH
KREISCH
HM?
SILBER!!
QUIETSCH
WIR HABEN IHN EINGEHOLT! LOS, WOFFY!!
TAPP
TSCHUCK
GUT.
GREIF
HOPPLA.
WIEDER ALLEIN AUF MISSION?!
LASS MICH DIR DOCH ZUR ABWECHSLUNG HELFEN!

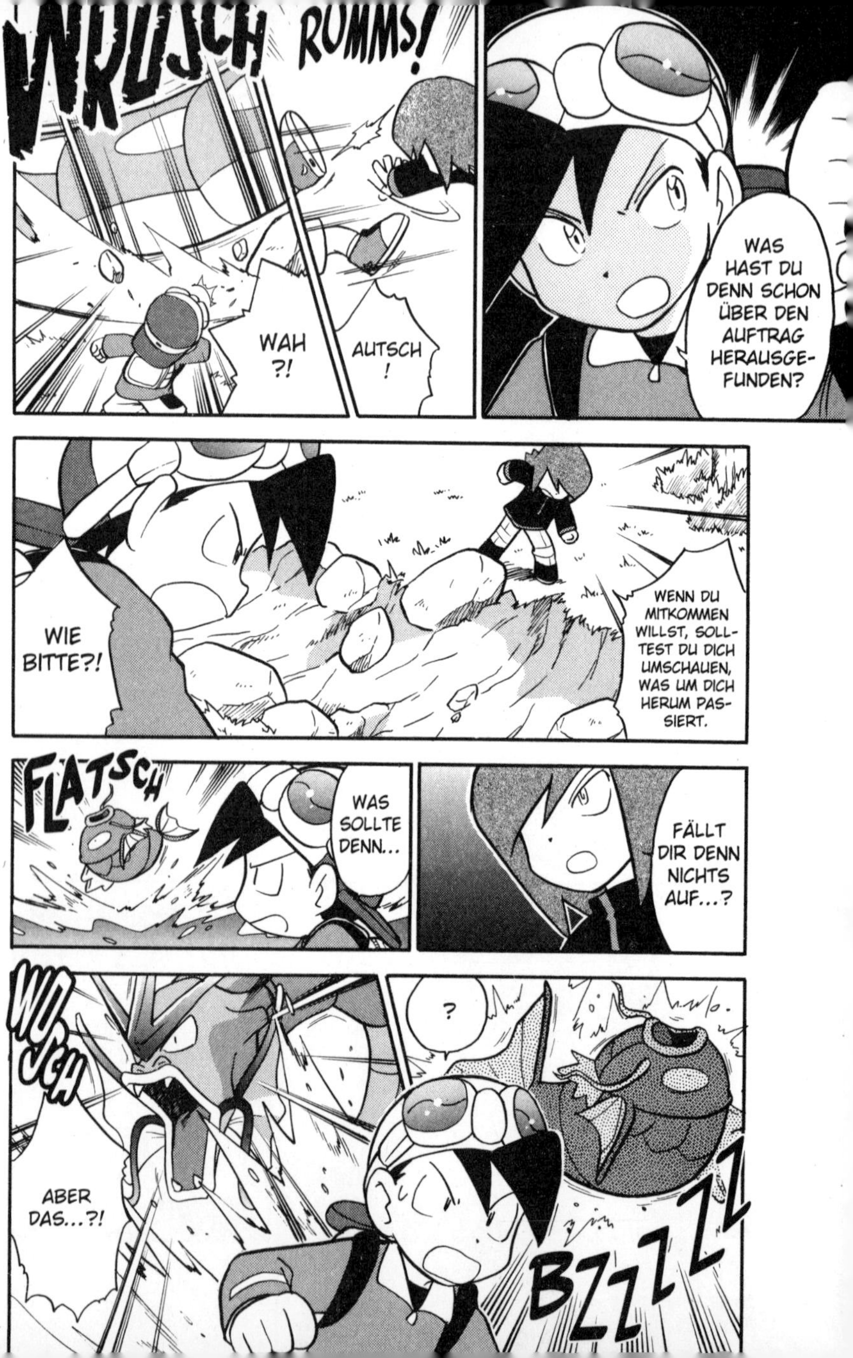

WRUSCH
RUMMS!
WAS HAST DU DENN SCHON ÜBER DEN AUFTRAG HERAUSGEFUNDEN?
AUTSCH!
WAH?!
WENN DU MITKOMMEN WILLST, SOLLTEST DU DICH UMSCHAUEN, WAS UM DICH HERUM PASSIERT.
WIE BITTE?!
FÄLLT DIR DENN NICHTS AUF...?
WAS SOLLTE DENN...
FLATSCH
?
BZZZZZ
ABER DAS...?!
WUSCH

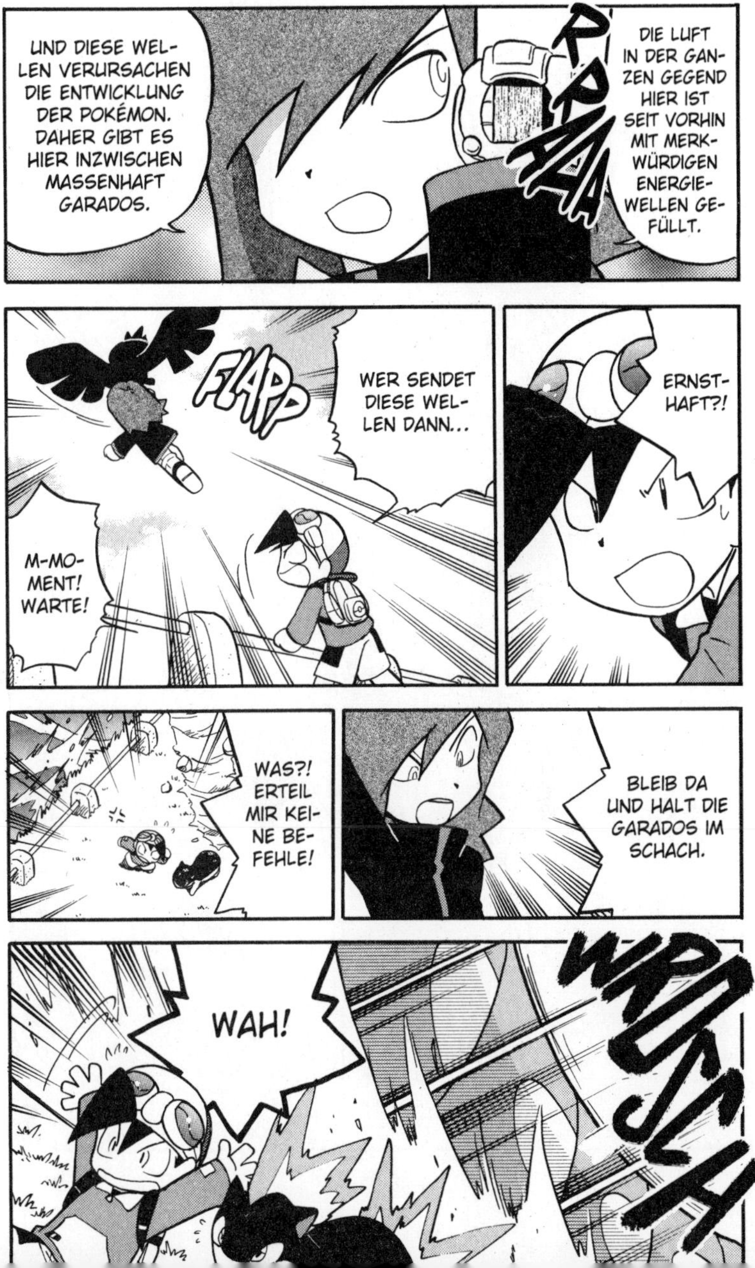

DIE LUFT IN DER GANZEN GEGEND HIER IST SEIT VORHIN MIT MERKWÜRDIGEN ENERGIEWELLEN GEFÜLLT.
RRAAA
UND DIESE WELLEN VERURSACHEN DIE ENTWICKLUNG DER POKÉMON. DAHER GIBT ES HIER INZWISCHEN MASSENHAFT GARADOS.
ERNSTHAFT?!
WER SENDET DIESE WELLEN DANN...
FLAPP
M-MOMENT! WARTE!
BLEIB DA UND HALT DIE GARADOS IM SCHACH.
WAS?! ERTEIL MIR KEINE BEFEHLE!
WRUSCH
WAH!

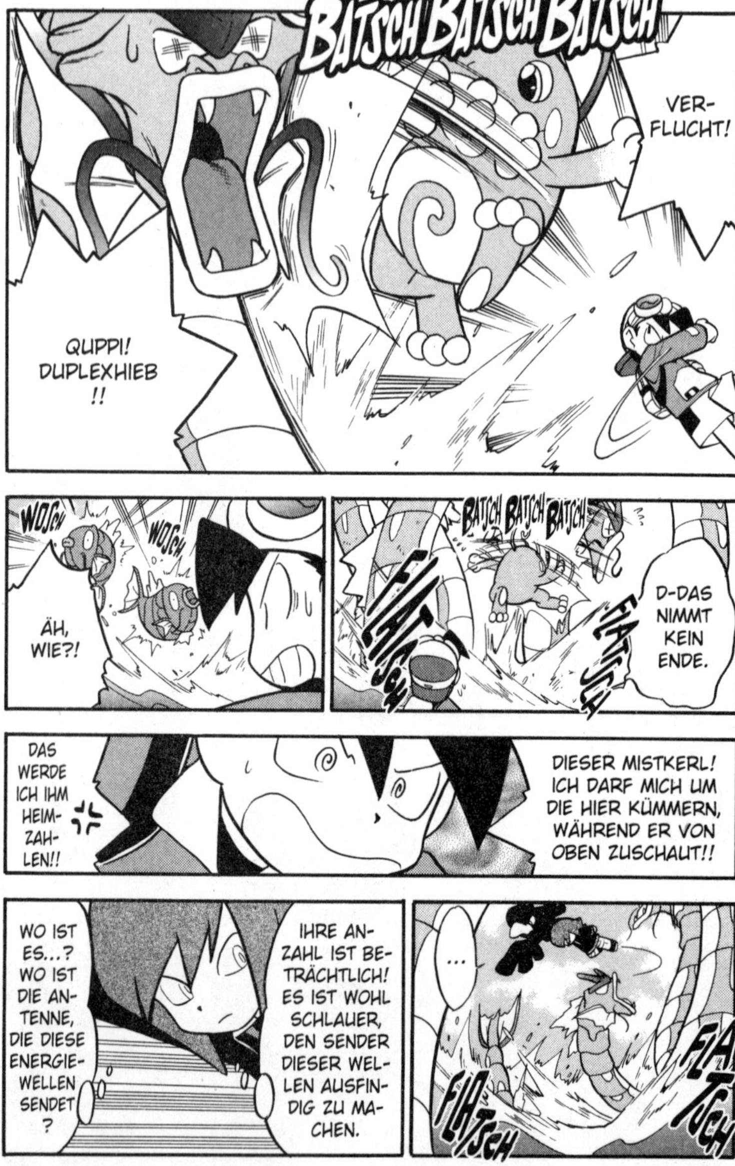
BATSCH BATSCH BATSCH
VER-
FLUCHT!
QUPPI!
DUPLEXHIEB
!!
BATSCH BATSCH BATSCH
D-DAS
NIMMT
KEIN
ENDE.
FLATSCH
FLATSCH
WOSCH
WOSCH
ÄH,
WIE?!
DIESER MISTKERL!
ICH DARF MICH UM
DIE HIER KÜMMERN,
WÄHREND ER VON
OBEN ZUSCHAUT!!
DAS
WERDE
ICH IHM
HEIM-
ZAH-
LEN!!
…
FLATSCH
FLATSCH
IHRE AN-
ZAHL IST BE-
TRÄCHTLICH!
ES IST WOHL
SCHLAUER,
DEN SENDER
DIESER WEL-
LEN AUSFIN-
DIG ZU MA-
CHEN.
WO IST
ES…?
WO IST
DIE AN-
TENNE,
DIE DIESE
ENERGIE-
WELLEN
SENDET
?

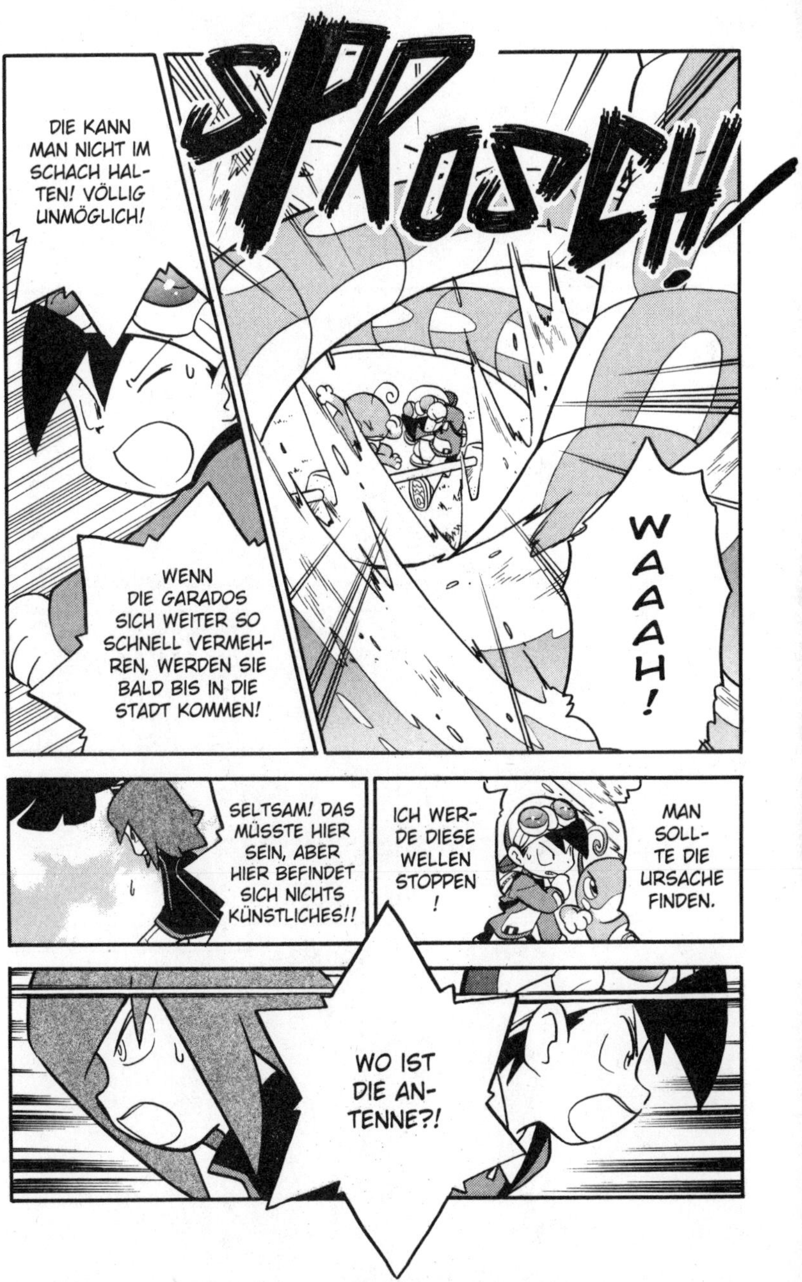
SPROSCH!
DIE KANN MAN NICHT IM SCHACH HAL-TEN! VÖLLIG UNMÖGLICH!
WAAAAH!
WENN DIE GARADOS SICH WEITER SO SCHNELL VERMEH-REN, WERDEN SIE BALD BIS IN DIE STADT KOMMEN!
MAN SOLL-TE DIE URSACHE FINDEN.
ICH WER-DE DIESE WELLEN STOPPEN!
SELTSAM! DAS MÜSSTE HIER SEIN, ABER HIER BEFINDET SICH NICHTS KÜNSTLICHES!!
WO IST DIE AN-TENNE?!

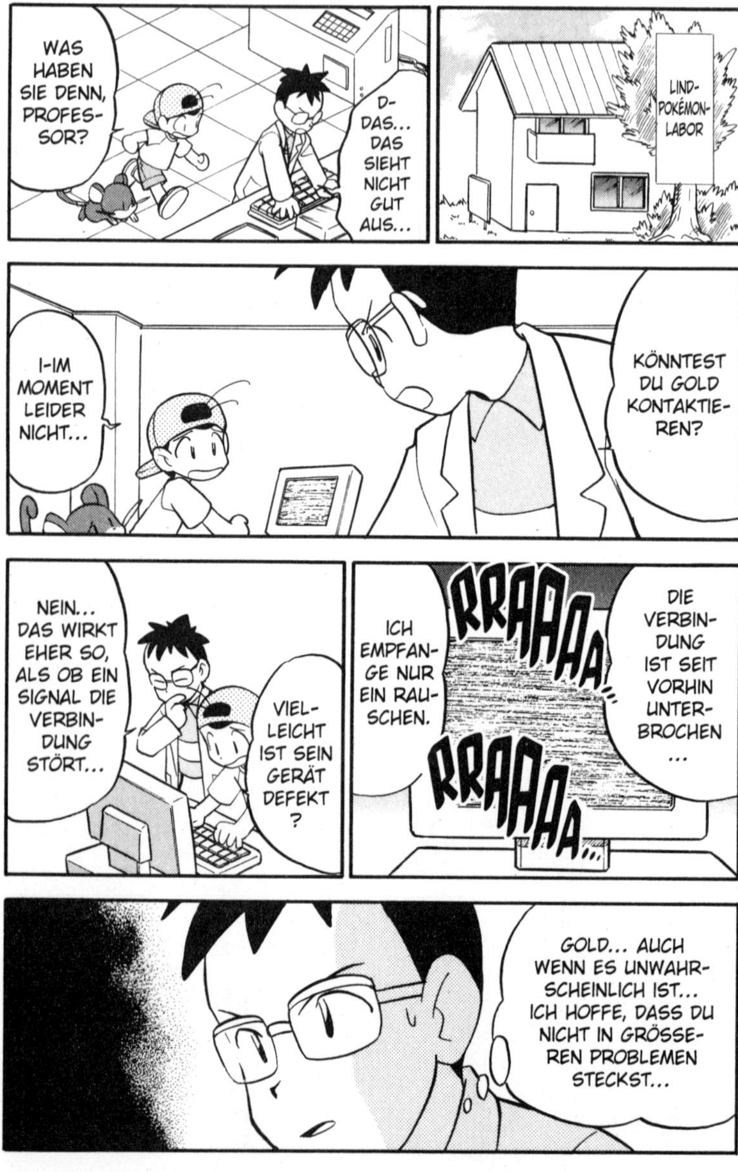
LIND-POKÉMON-LABOR
D-DAS... DAS SIEHT NICHT GUT AUS...
WAS HABEN SIE DENN, PROFESSOR?
KÖNNTEST DU GOLD KONTAKTIEREN?
I-IM MOMENT LEIDER NICHT...
DIE VERBINDUNG IST SEIT VORHIN UNTERBROCHEN ...
RRAAAAA...
RRAAAAA...
ICH EMPFANGE NUR EIN RAUSCHEN.
VIELLEICHT IST SEIN GERÄT DEFEKT ?
NEIN... DAS WIRKT EHER SO, ALS OB EIN SIGNAL DIE VERBINDUNG STÖRT...
GOLD... AUCH WENN ES UNWAHRSCHEINLICH IST... ICH HOFFE, DASS DU NICHT IN GRÖSSEREN PROBLEMEN STECKST...

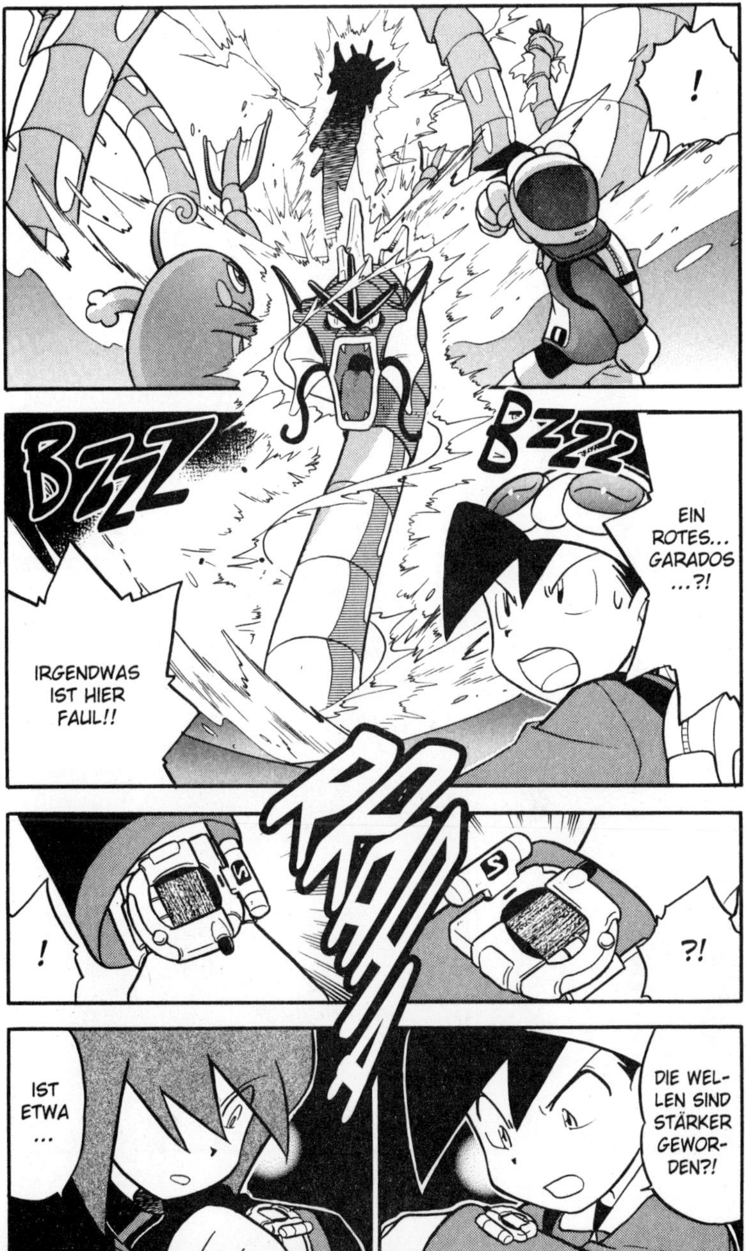
!
BZZZ
BZZZ
EIN ROTES... GARADOS ...?!
IRGENDWAS IST HIER FAUL!!
?!
!
DIE WEL-LEN SIND STÄRKER GEWOR-DEN?!
IST ETWA ...

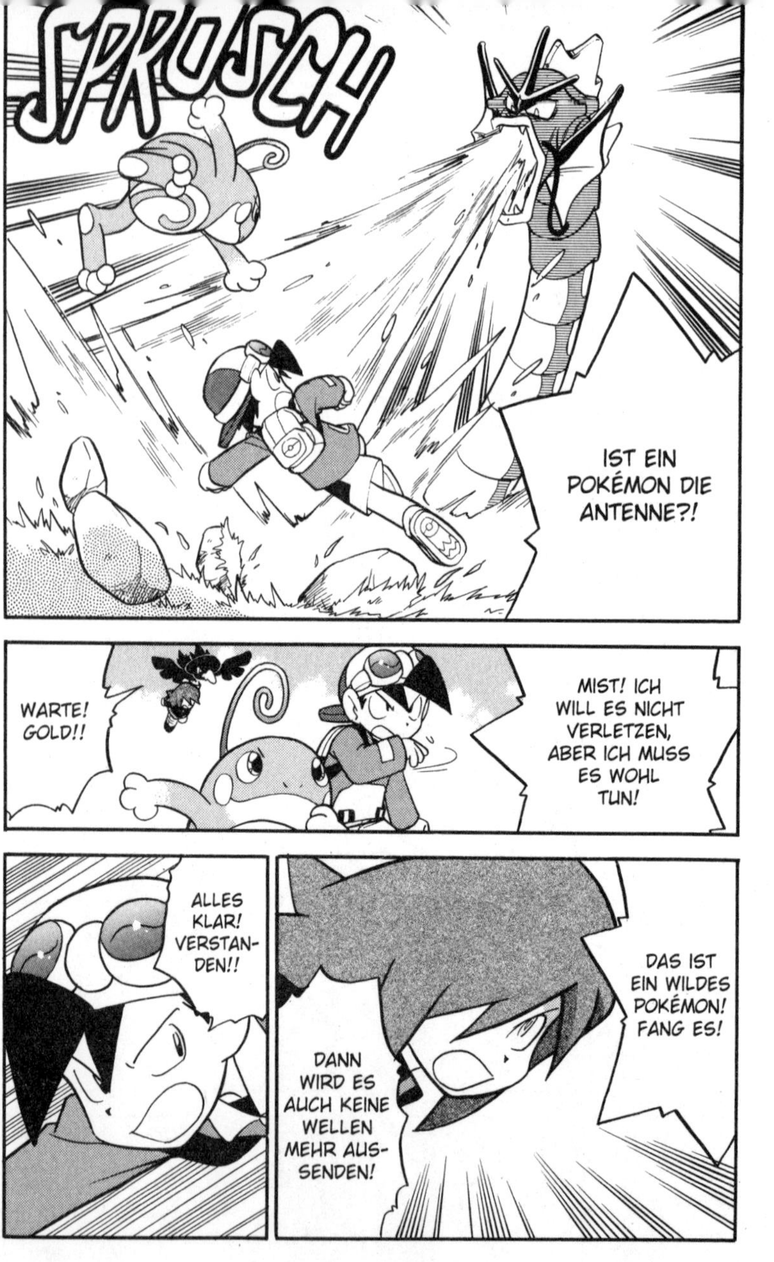
SPRUSCH
IST EIN POKÉMON DIE ANTENNE?!
MIST! ICH WILL ES NICHT VERLETZEN, ABER ICH MUSS ES WOHL TUN!
WARTE! GOLD!!
DAS IST EIN WILDES POKÉMON! FANG ES!
DANN WIRD ES AUCH KEINE WELLEN MEHR AUS-SENDEN!
ALLES KLAR! VERSTAN-DEN!!

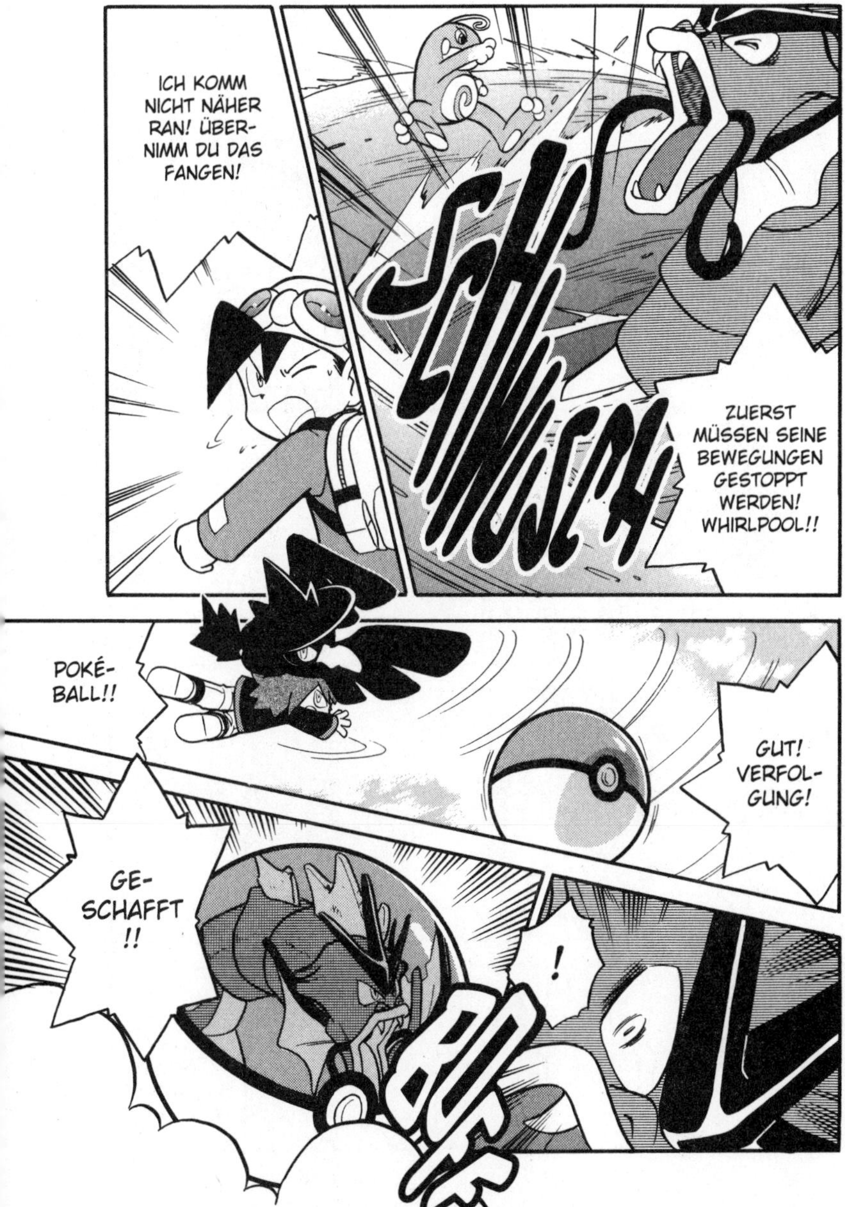
ZUERST MÜSSEN SEINE BEWEGUNGEN GESTOPPT WERDEN! WHIRLPOOL!!
ICH KOMM NICHT NÄHER RAN! ÜBER-NIMM DU DAS FANGEN!
GUT! VERFOL-GUNG!
POKÉ-BALL!!
!
GE-SCHAFFT !!

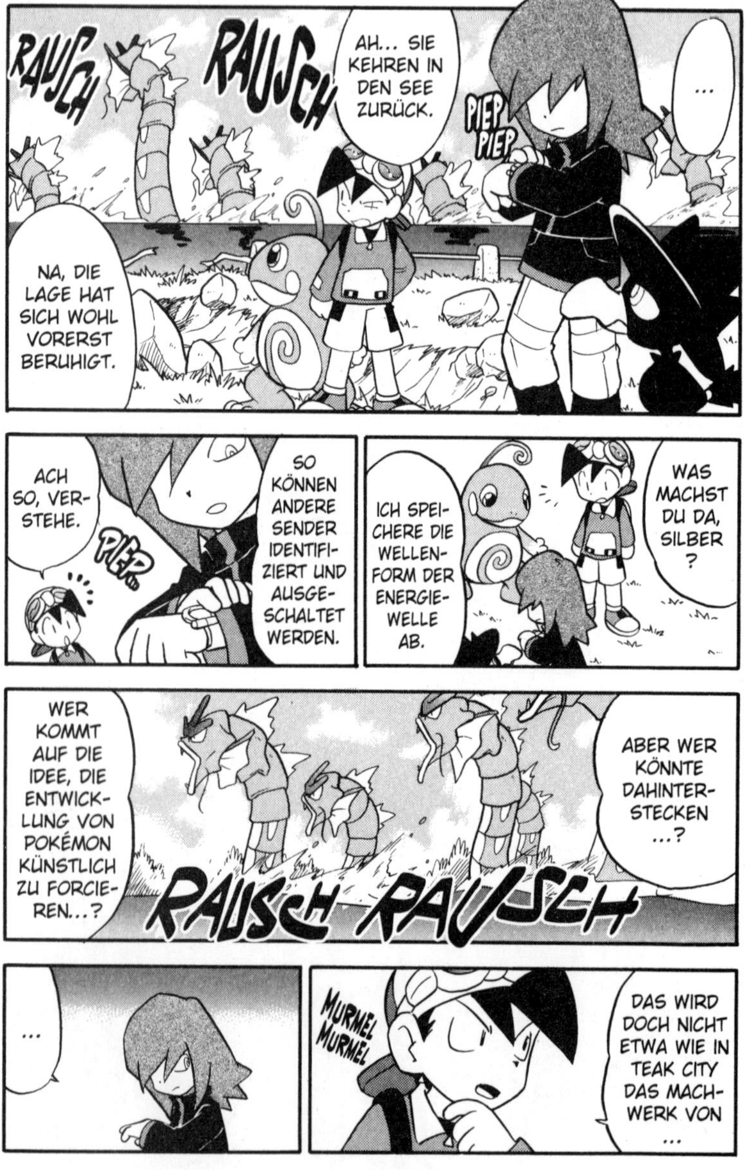
...
RAUSCH RAUSCH
AH... SIE KEHREN IN DEN SEE ZURÜCK.
PIEP PIEP
NA, DIE LAGE HAT SICH WOHL VORERST BERUHIGT.
WAS MACHST DU DA, SILBER?
ICH SPEICHERE DIE WELLENFORM DER ENERGIEWELLE AB.
SO KÖNNEN ANDERE SENDER IDENTIFIZIERT UND AUSGESCHALTET WERDEN.
PIEP
ACH SO, VERSTEHE.
ABER WER KÖNNTE DAHINTERSTECKEN ...?
WER KOMMT AUF DIE IDEE, DIE ENTWICKLUNG VON POKÉMON KÜNSTLICH ZU FORCIEREN...?
RAUSCH RAUSCH
DAS WIRD DOCH NICHT ETWA WIE IN TEAK CITY DAS MACHWERK VON ...
MURMEL MURMEL
...

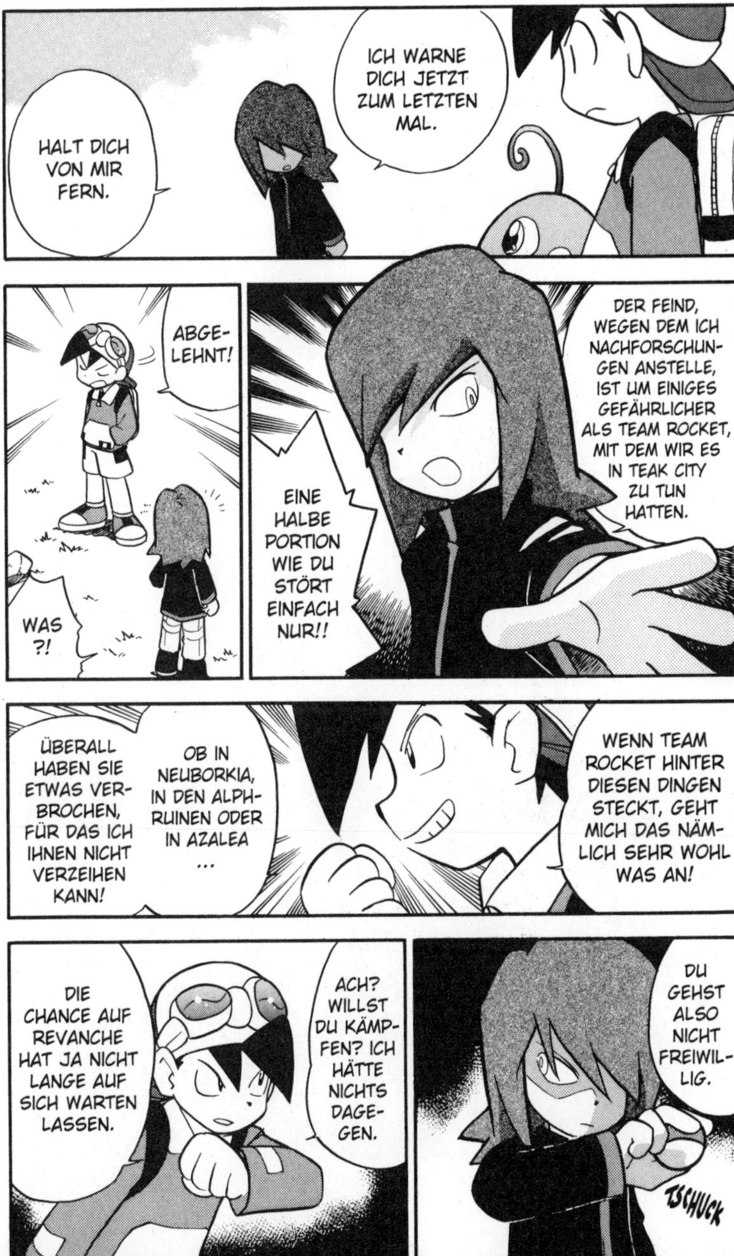
ICH WARNE DICH JETZT ZUM LETZTEN MAL.
HALT DICH VON MIR FERN.
DER FEIND, WEGEN DEM ICH NACHFORSCHUNGEN ANSTELLE, IST UM EINIGES GEFÄHRLICHER ALS TEAM ROCKET, MIT DEM WIR ES IN TEAK CITY ZU TUN HATTEN.
EINE HALBE PORTION WIE DU STÖRT EINFACH NUR!!
ABGELEHNT!
WAS ?!
WENN TEAM ROCKET HINTER DIESEN DINGEN STECKT, GEHT MICH DAS NÄMLICH SEHR WOHL WAS AN!
OB IN NEUBORKIA, IN DEN ALPH-RUINEN ODER IN AZALEA ...
ÜBERALL HABEN SIE ETWAS VERBROCHEN, FÜR DAS ICH IHNEN NICHT VERZEIHEN KANN!
DU GEHST ALSO NICHT FREIWILLIG.
TSCHUCK
ACH? WILLST DU KÄMPFEN? ICH HÄTTE NICHTS DAGEGEN.
DIE CHANCE AUF REVANCHE HAT JA NICHT LANGE AUF SICH WARTEN LASSEN.

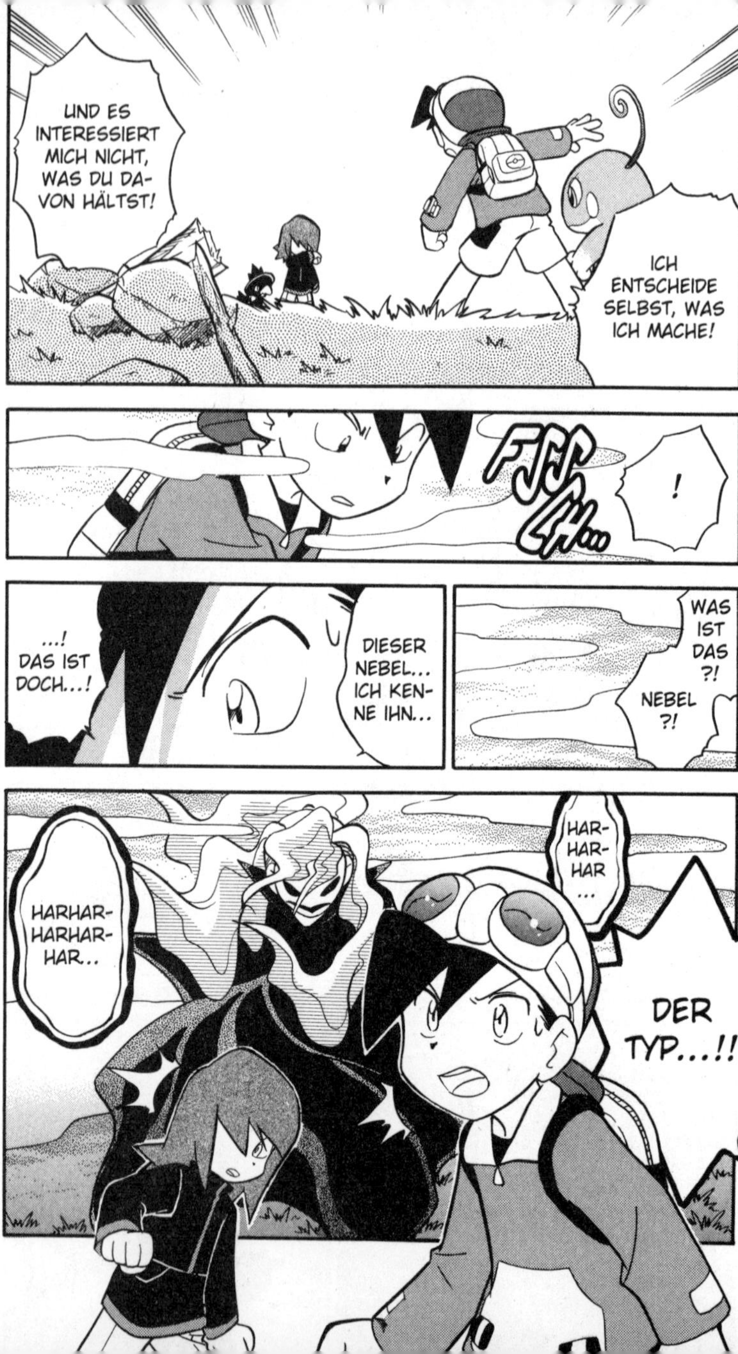

ICH ENTSCHEIDE SELBST, WAS ICH MACHE!
UND ES INTERESSIERT MICH NICHT, WAS DU DAVON HÄLTST!
FJSCH...
!
WAS IST DAS?!
NEBEL?!
DIESER NEBEL... ICH KENNE IHN...
...! DAS IST DOCH...!
HAR-HAR-HAR...
HARHAR-HARHAR-HAR...
DER TYP...!!

# ABENTEUER 113
# VS. BOTOGEL (TEIL 1)

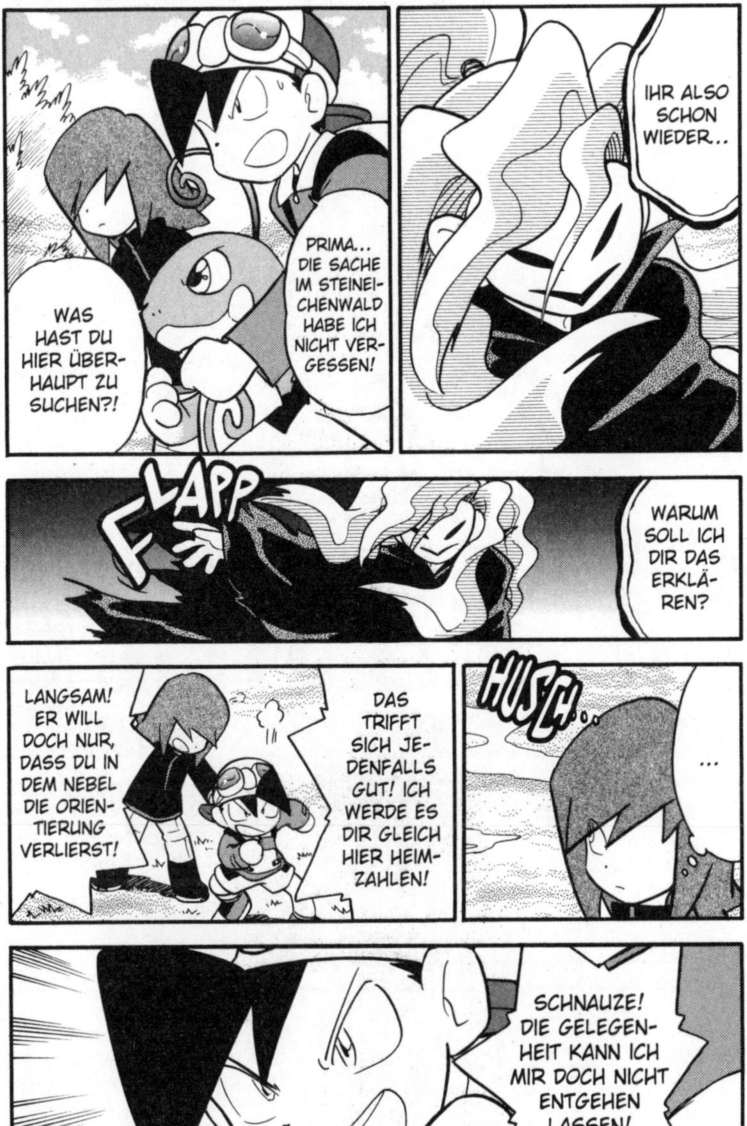

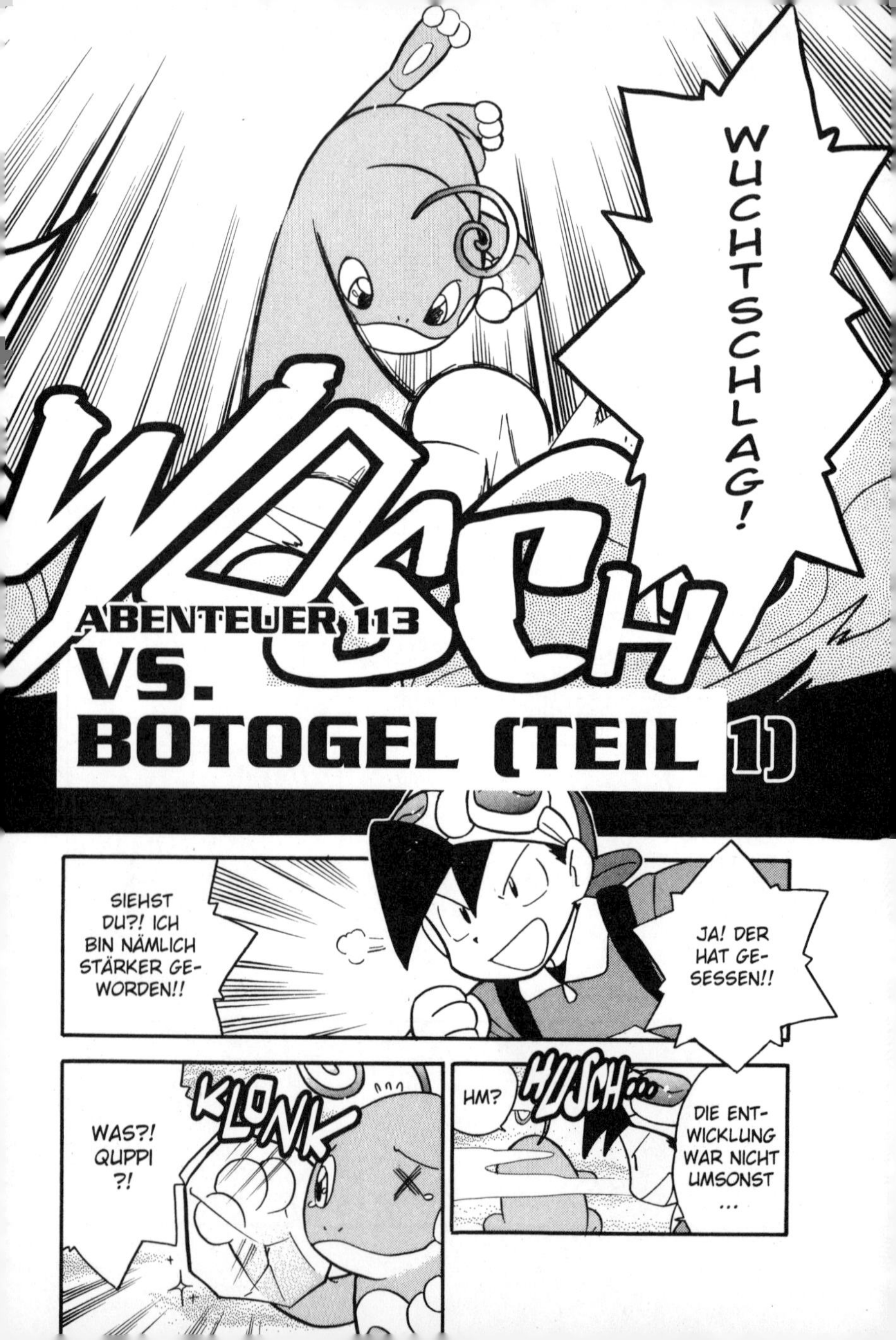
WUCHTSCHLAG!
WUSCH
ABENTEUER 113
VS. BOTOGEL (TEIL 1)
JA! DER HAT GESESSEN!!
SIEHST DU?! ICH BIN NÄMLICH STÄRKER GEWORDEN!!
DIE ENTWICKLUNG WAR NICHT UMSONST ...
HUSCH...
HM?
KLONK
WAS?! QUPPI ?!

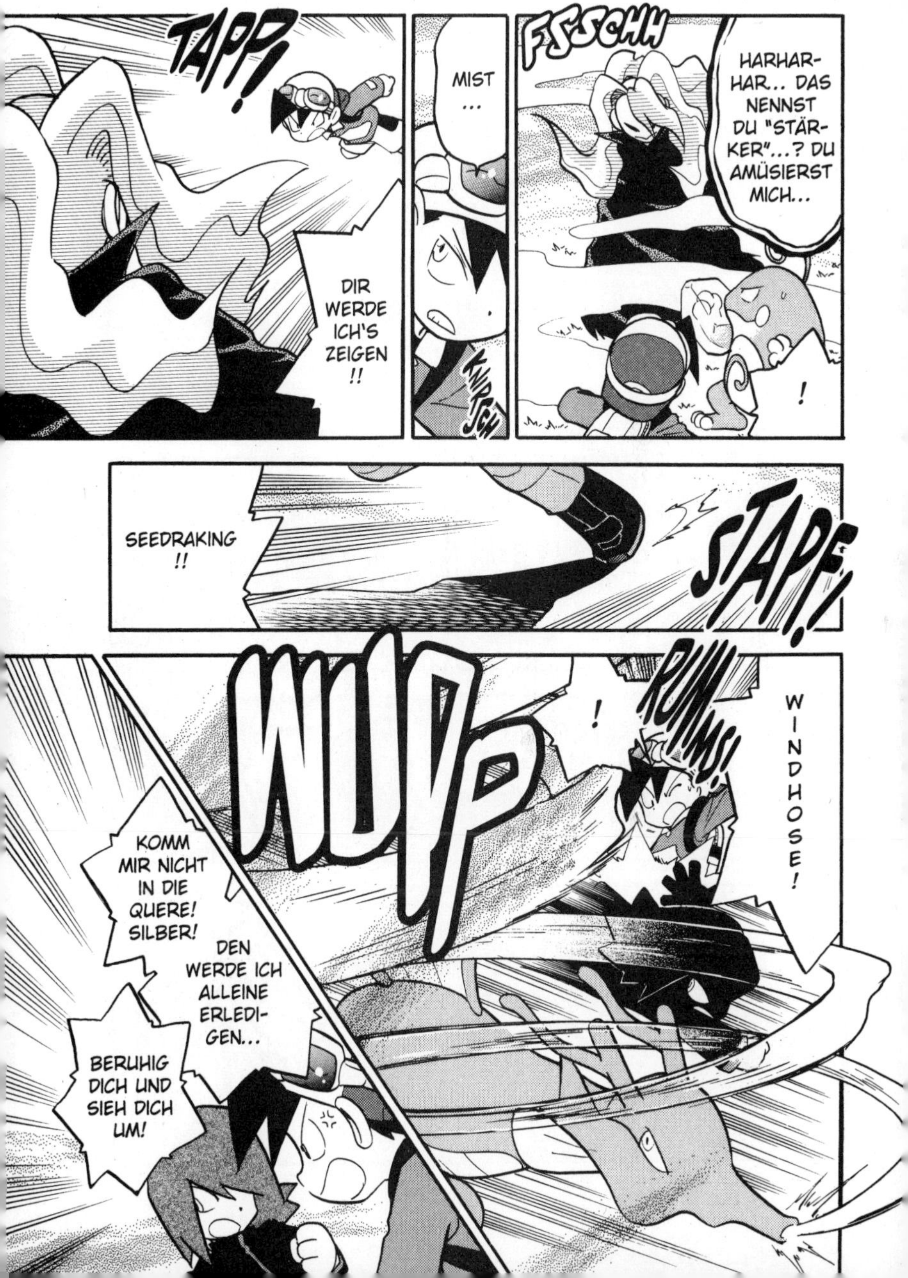
FSSCHH
HARHAR... DAS NENNST DU "STÄRKER"...? DU AMÜSIERST MICH...
!
MIST ...
DIR WERDE ICH'S ZEIGEN !!
KNIRSCH
TAPP!
SEEDRAKING !!
STAPF!
WINDHOSE!
RUMMS!
!
WUPP
KOMM MIR NICHT IN DIE QUERE! SILBER!
DEN WERDE ICH ALLEINE ERLEDIGEN...
BERUHIG DICH UND SIEH DICH UM!

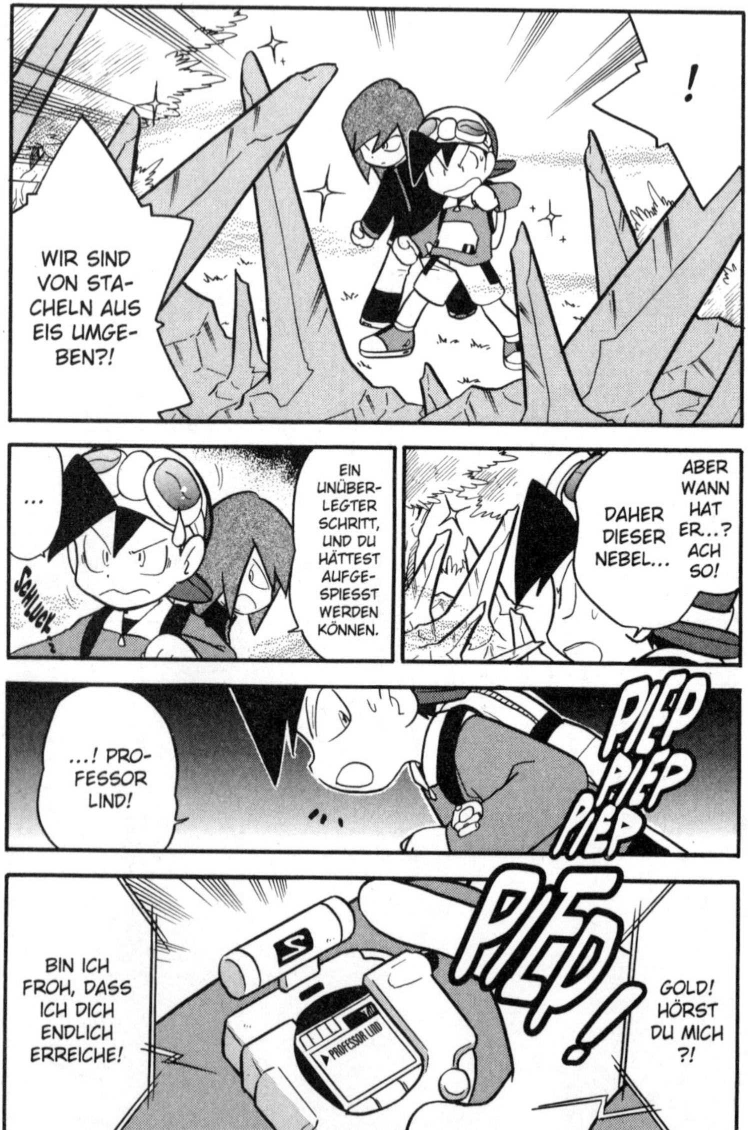
!
WIR SIND VON STACHELN AUS EIS UMGEBEN?!
...
SCHLUCK
EIN UNÜBERLEGTER SCHRITT, UND DU HÄTTEST AUFGESPIESST WERDEN KÖNNEN.
DAHER DIESER NEBEL...
ABER WANN HAT ER...? ACH SO!
...! PROFESSOR LIND!
PIEP PIEP PIEP
PIEP!
BIN ICH FROH, DASS ICH DICH ENDLICH ERREICHE!
GOLD! HÖRST DU MICH?!
PROFESSOR LIND

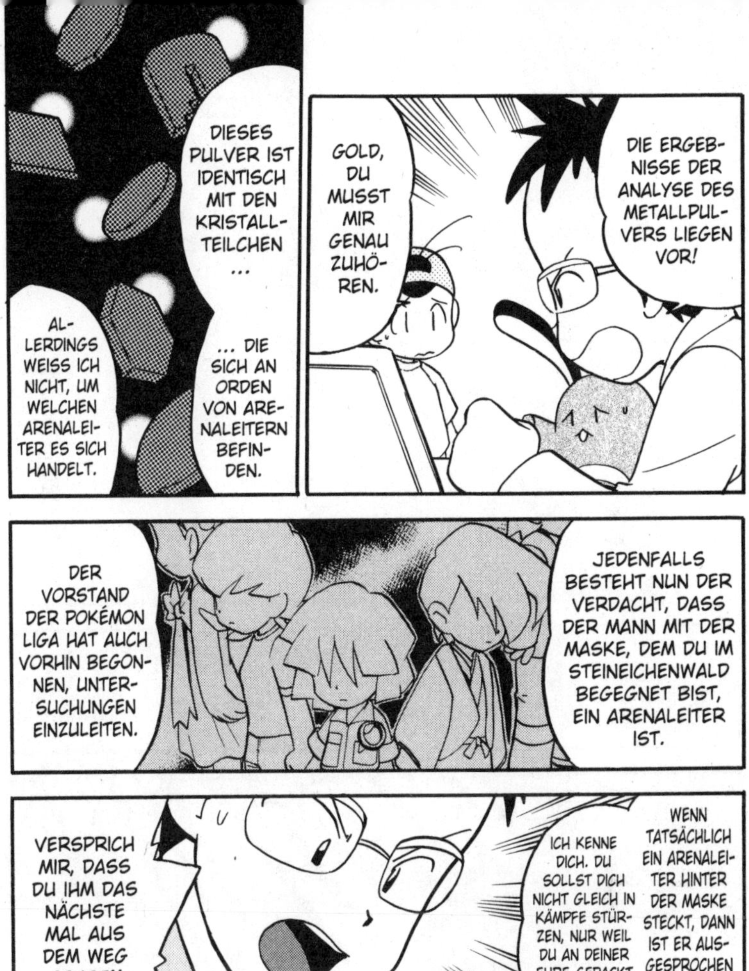
DIE ERGEBNISSE DER ANALYSE DES METALLPULVERS LIEGEN VOR!
GOLD, DU MUSST MIR GENAU ZUHÖREN.
DIESES PULVER IST IDENTISCH MIT DEN KRISTALLTEILCHEN …
… DIE SICH AN ORDEN VON ARENALEITERN BEFINDEN.
ALLERDINGS WEISS ICH NICHT, UM WELCHEN ARENALEITER ES SICH HANDELT.
JEDENFALLS BESTEHT NUN DER VERDACHT, DASS DER MANN MIT DER MASKE, DEM DU IM STEINEICHENWALD BEGEGNET BIST, EIN ARENALEITER IST.
DER VORSTAND DER POKÉMON LIGA HAT AUCH VORHIN BEGONNEN, UNTERSUCHUNGEN EINZULEITEN.
WENN TATSÄCHLICH EIN ARENALEITER HINTER DER MASKE STECKT, DANN IST ER AUSGESPROCHEN STARK.
ICH KENNE DICH. DU SOLLST DICH NICHT GLEICH IN KÄMPFE STÜRZEN, NUR WEIL DU AN DEINER EHRE GEPACKT WIRST!
VERSPRICH MIR, DASS DU IHM DAS NÄCHSTE MAL AUS DEM WEG GEHST!!
HAST DU VERSTANDEN, GOLD…
PIEP!
TUUT
TUUT
…
DAFÜR IST ES JETZT ZU SPÄT, PROFESSOR.
BLICK

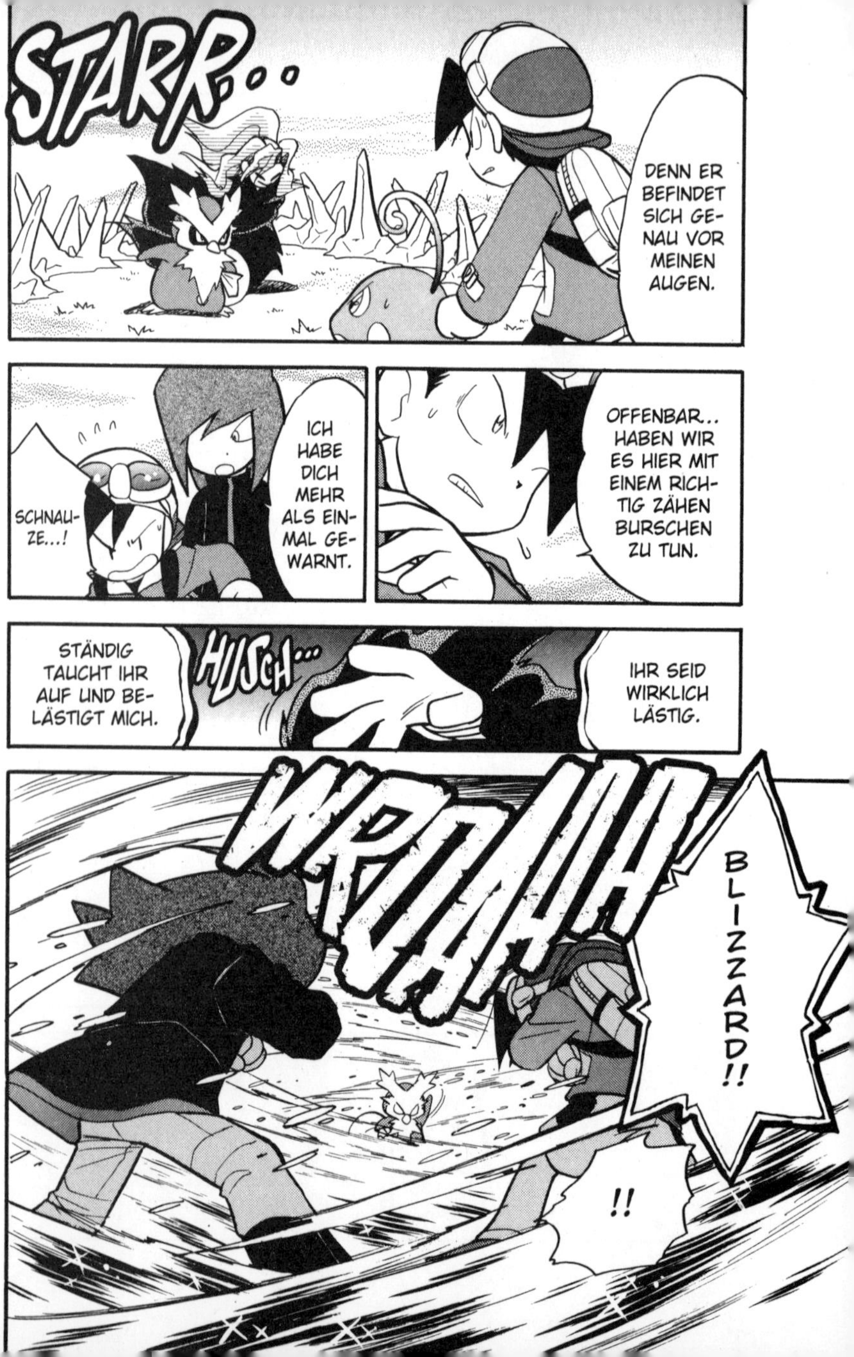
STARR...
DENN ER BEFINDET SICH GENAU VOR MEINEN AUGEN.
SCHNAUZE...!
ICH HABE DICH MEHR ALS EINMAL GEWARNT.
OFFENBAR... HABEN WIR ES HIER MIT EINEM RICHTIG ZÄHEN BURSCHEN ZU TUN.
STÄNDIG TAUCHT IHR AUF UND BELÄSTIGT MICH.
HUSCH...
IHR SEID WIRKLICH LÄSTIG.
WROAAH
BLIZZARD!!
!!

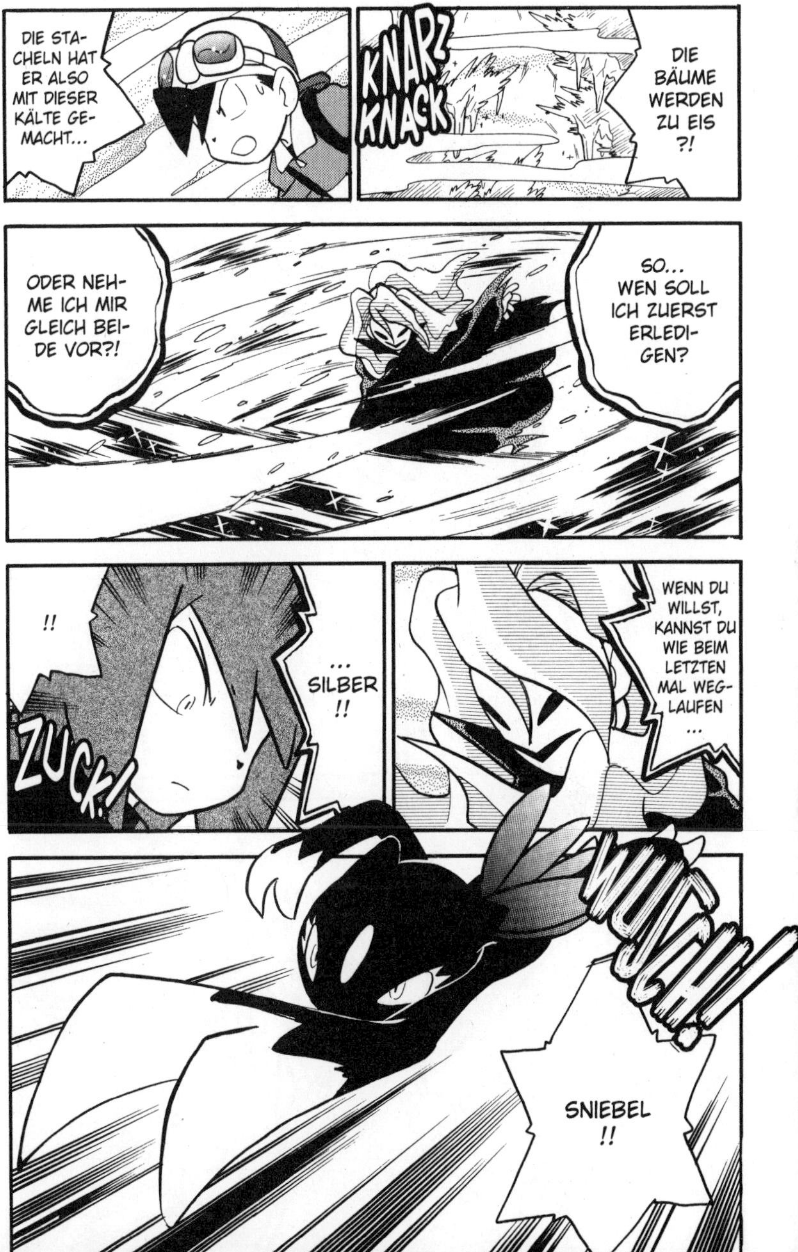
KNARZ KNACK
DIE BÄUME WERDEN ZU EIS ?!
DIE STACHELN HAT ER ALSO MIT DIESER KÄLTE GEMACHT…
SO… WEN SOLL ICH ZUERST ERLEDIGEN?
ODER NEHME ICH MIR GLEICH BEIDE VOR?!
WENN DU WILLST, KANNST DU WIE BEIM LETZTEN MAL WEGLAUFEN …
!!
… SILBER !!
ZUCK!
WUUSCH!
SNIEBEL !!

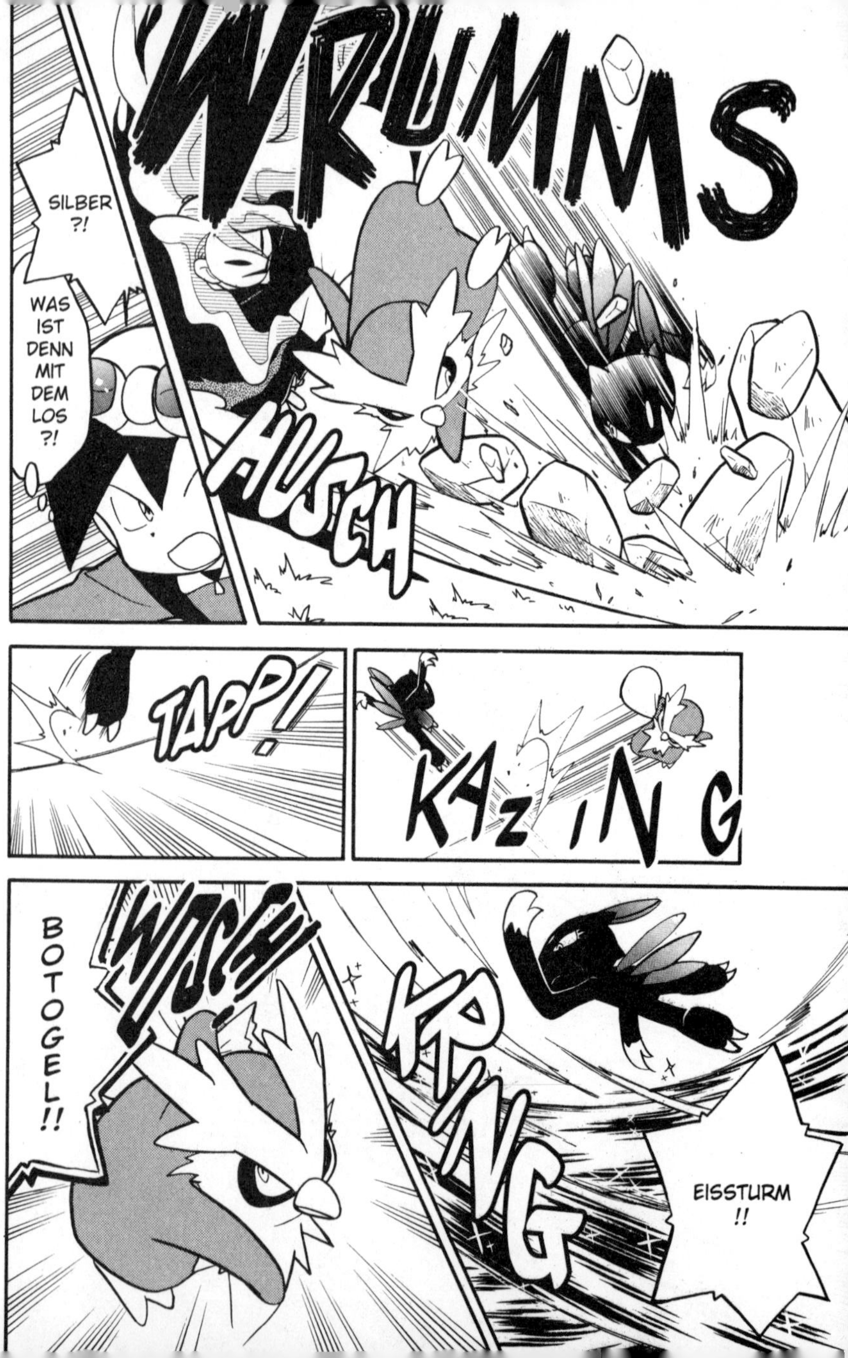
WRUMMS
SILBER ?!
WAS IST DENN MIT DEM LOS ?!
HUSCH
TAPP!
KAZING
WUSCH
BOTOGEL!!
KRING
EISSTURM !!

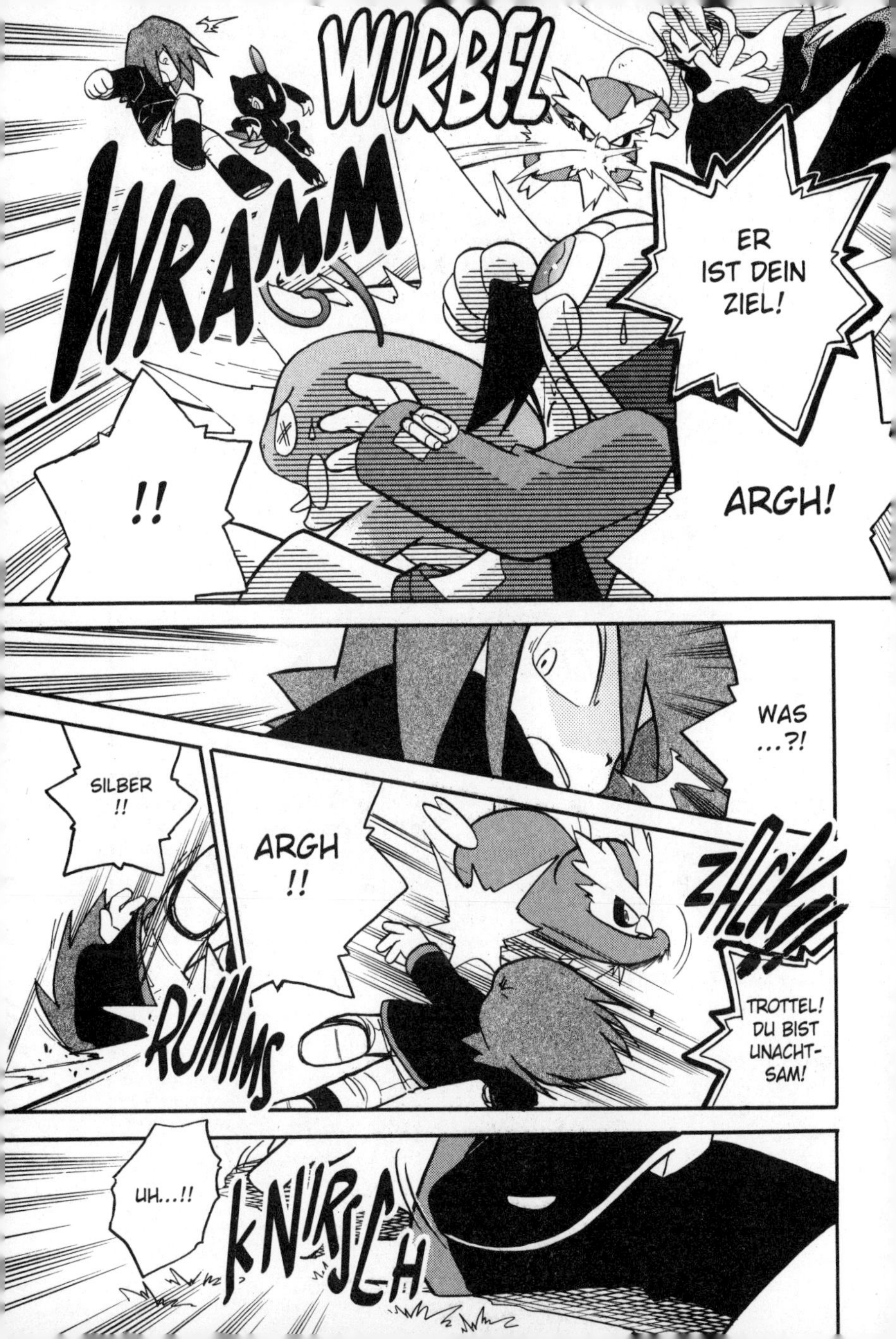
ER IST DEIN ZIEL!
WIRBEL
WRAMM
ARGH!
!!
WAS ...?!
ZACK!!
TROTTEL! DU BIST UNACHTSAM!
ARGH !!
SILBER !!
RUMMS
KNIRSCH
UH...!!

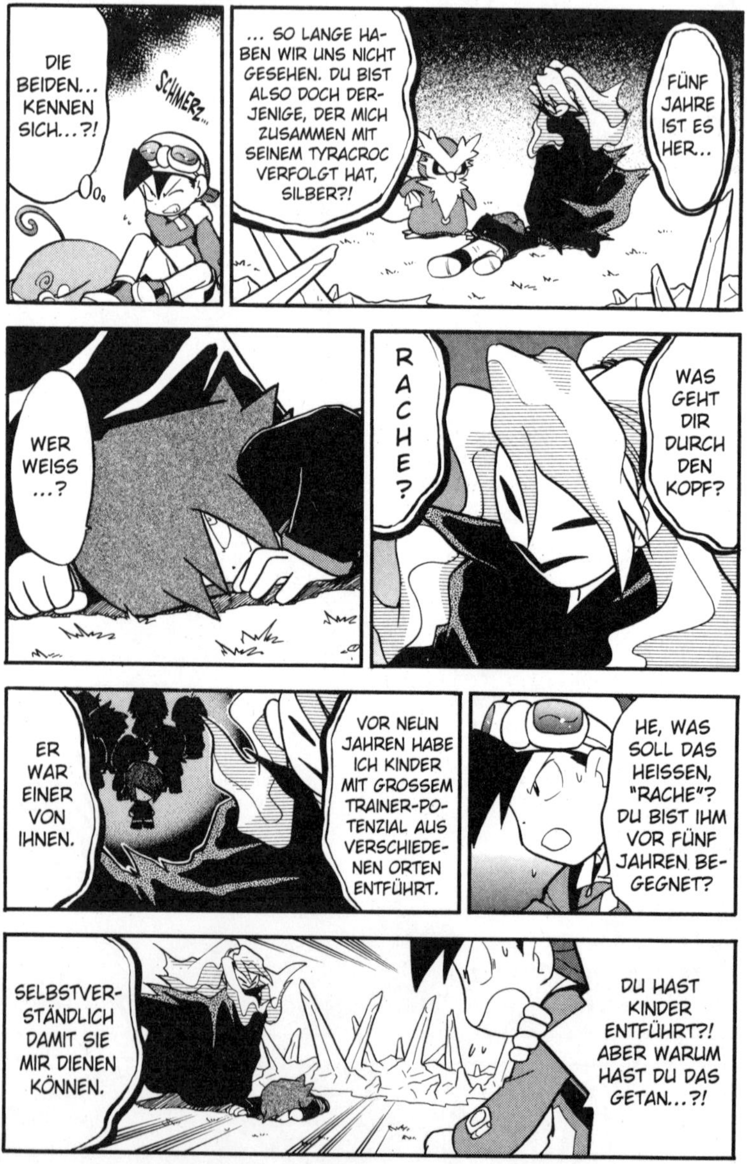
FÜNF JAHRE IST ES HER..
... SO LANGE HABEN WIR UNS NICHT GESEHEN. DU BIST ALSO DOCH DERJENIGE, DER MICH ZUSAMMEN MIT SEINEM TYRACROC VERFOLGT HAT, SILBER?!
DIE BEIDEN... KENNEN SICH...?!
SCHMERZ..
WAS GEHT DIR DURCH DEN KOPF?
RACHE?
WER WEISS ...?
HE, WAS SOLL DAS HEISSEN, "RACHE"? DU BIST IHM VOR FÜNF JAHREN BEGEGNET?
VOR NEUN JAHREN HABE ICH KINDER MIT GROSSEM TRAINER-POTENZIAL AUS VERSCHIEDENEN ORTEN ENTFÜHRT.
ER WAR EINER VON IHNEN.
DU HAST KINDER ENTFÜHRT?! ABER WARUM HAST DU DAS GETAN...?!
SELBSTVERSTÄNDLICH DAMIT SIE MIR DIENEN KÖNNEN.

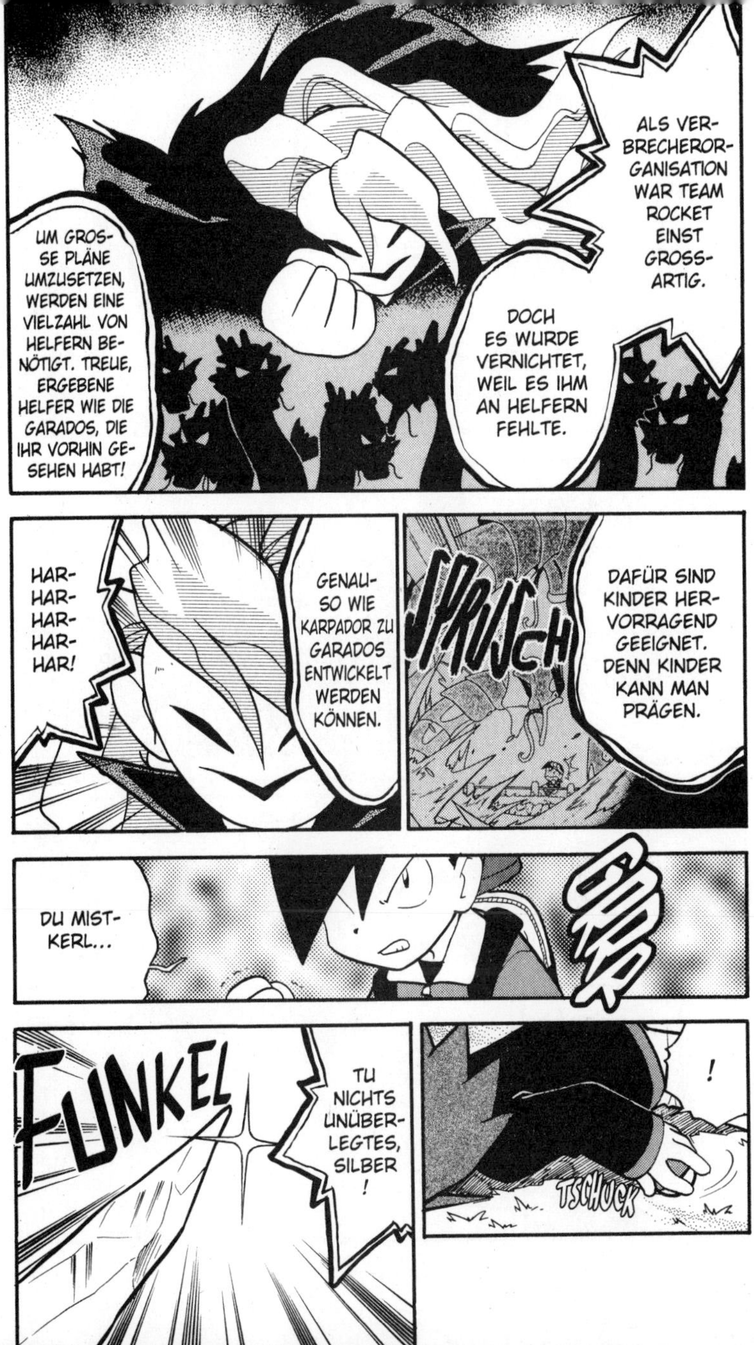

ALS VERBRECHERORGANISATION WAR TEAM ROCKET EINST GROSSARTIG.
DOCH ES WURDE VERNICHTET, WEIL ES IHM AN HELFERN FEHLTE.
UM GROSSE PLÄNE UMZUSETZEN, WERDEN EINE VIELZAHL VON HELFERN BENÖTIGT. TREUE, ERGEBENE HELFER WIE DIE GARADOS, DIE IHR VORHIN GESEHEN HABT!
SPRUSCH
DAFÜR SIND KINDER HERVORRAGEND GEEIGNET. DENN KINDER KANN MAN PRÄGEN.
GENAUSO WIE KARPADOR ZU GARADOS ENTWICKELT WERDEN KÖNNEN.
HAR-HAR-HAR-HAR-HAR!
GRRR
DU MISTKERL…
!
TSCHOCK
FUNKEL
TU NICHTS UNÜBERLEGTES, SILBER!

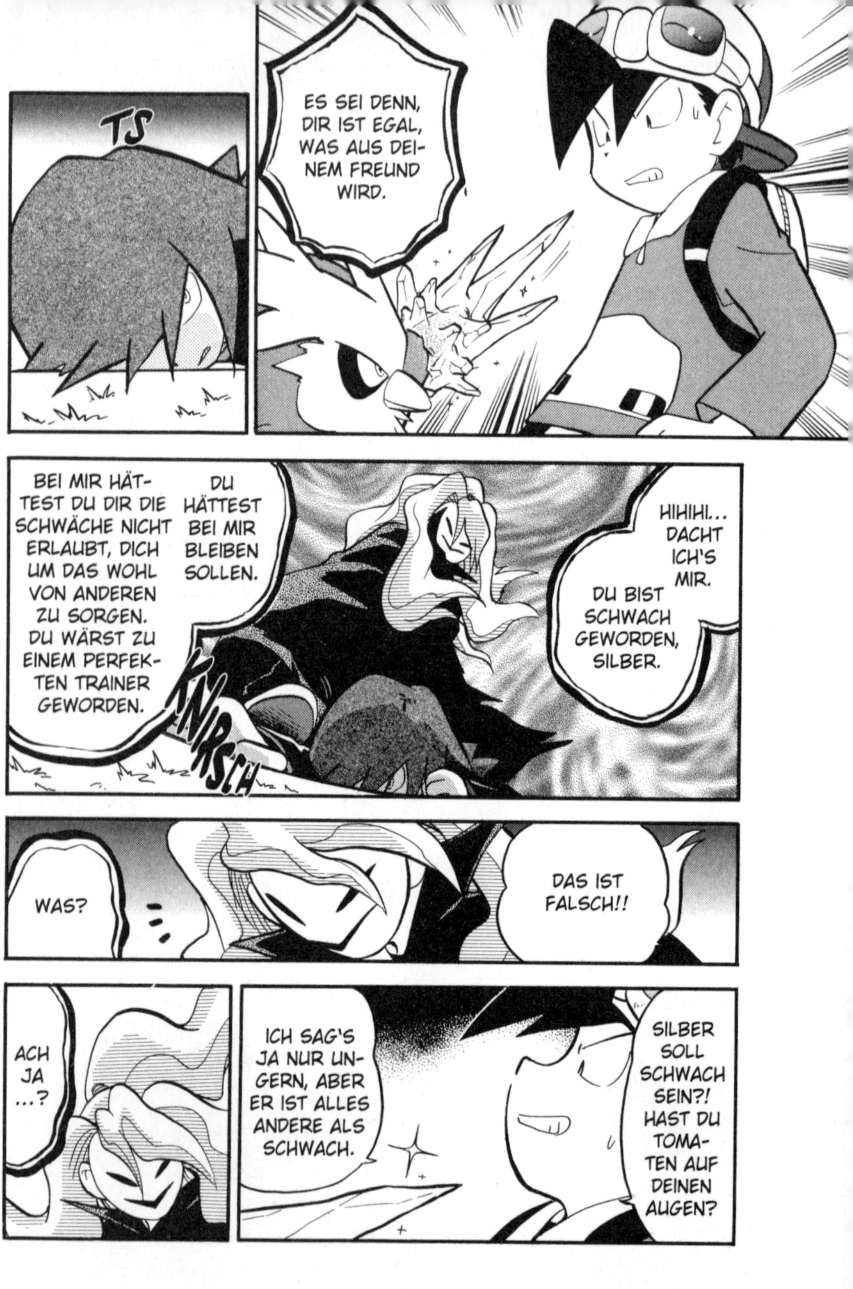
ES SEI DENN, DIR IST EGAL, WAS AUS DEINEM FREUND WIRD.
TS
HIHIHI... DACHT ICH'S MIR.
DU BIST SCHWACH GEWORDEN, SILBER.
DU HÄTTEST BEI MIR BLEIBEN SOLLEN.
BEI MIR HÄTTEST DU DIR DIE SCHWÄCHE NICHT ERLAUBT, DICH UM DAS WOHL VON ANDEREN ZU SORGEN. DU WÄRST ZU EINEM PERFEKTEN TRAINER GEWORDEN.
KNIRSCH
DAS IST FALSCH!!
WAS?
SILBER SOLL SCHWACH SEIN?! HAST DU TOMATEN AUF DEINEN AUGEN?
ICH SAG'S JA NUR UNGERN, ABER ER IST ALLES ANDERE ALS SCHWACH.
ACH JA ...?

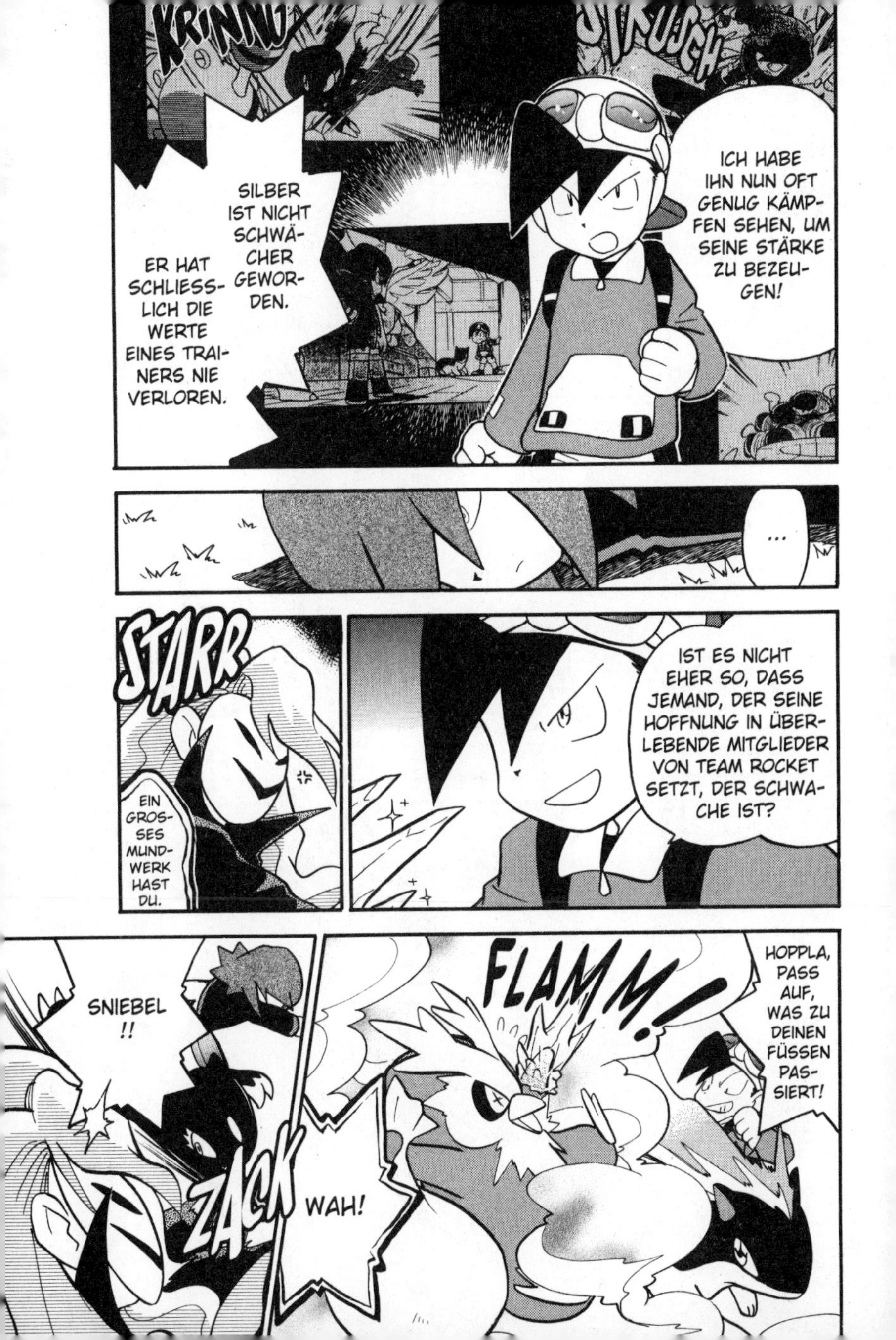
STRUSCH
KRINNG
ICH HABE IHN NUN OFT GENUG KÄMPFEN SEHEN, UM SEINE STÄRKE ZU BEZEUGEN!
SILBER IST NICHT SCHWÄCHER GEWORDEN.
ER HAT SCHLIESSLICH DIE WERTE EINES TRAINERS NIE VERLOREN.
...
IST ES NICHT EHER SO, DASS JEMAND, DER SEINE HOFFNUNG IN ÜBERLEBENDE MITGLIEDER VON TEAM ROCKET SETZT, DER SCHWACHE IST?
STARR
EIN GROSSES MUNDWERK HAST DU.
HOPPLA, PASS AUF, WAS ZU DEINEN FÜSSEN PASSIERT!
FLAMM!
WAH!
ZACK
SNIEBEL!!

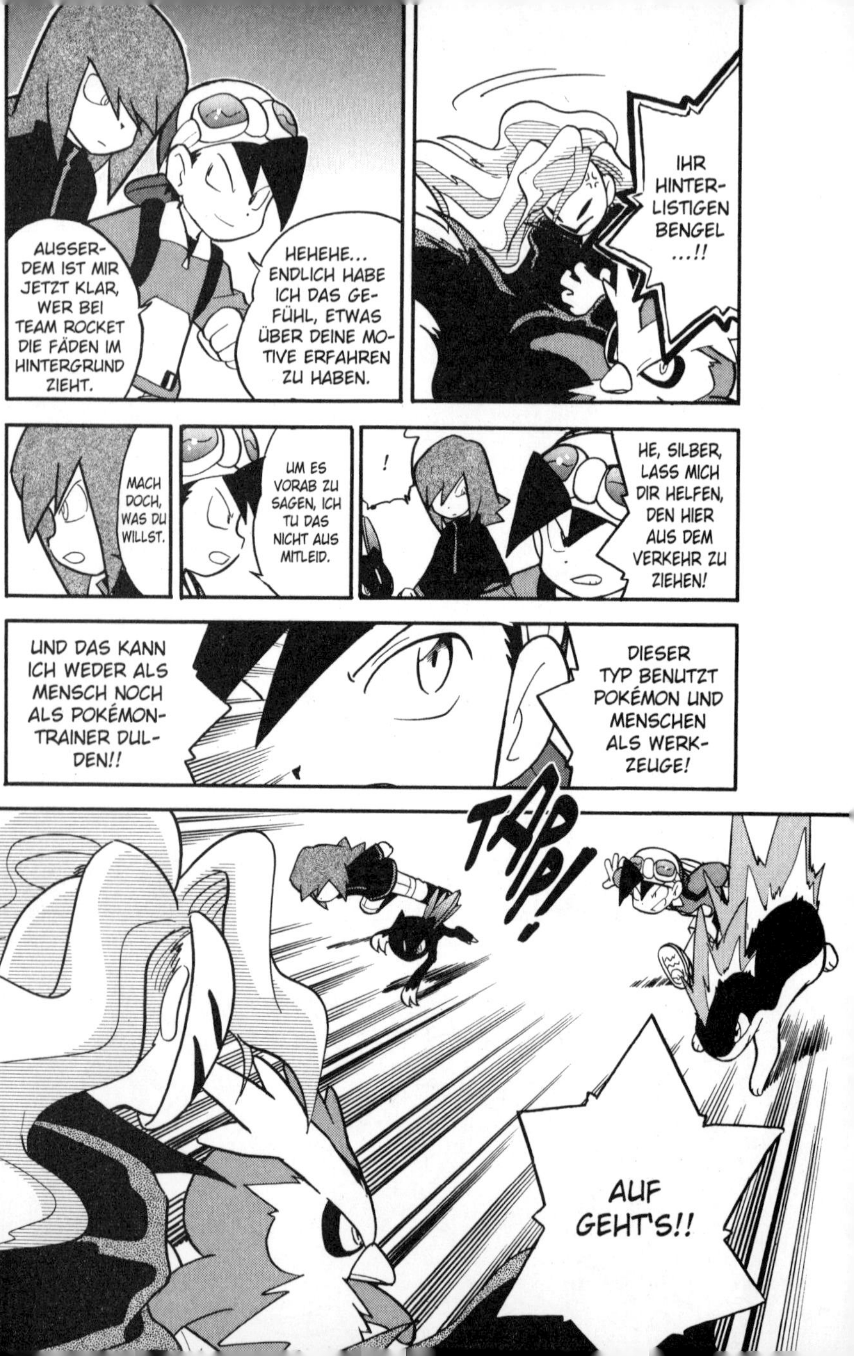
IHR HINTER-LISTIGEN BENGEL ...!!
HEHEHE... ENDLICH HABE ICH DAS GE-FÜHL, ETWAS ÜBER DEINE MO-TIVE ERFAHREN ZU HABEN.
AUSSER-DEM IST MIR JETZT KLAR, WER BEI TEAM ROCKET DIE FÄDEN IM HINTERGRUND ZIEHT.
HE, SILBER, LASS MICH DIR HELFEN, DEN HIER AUS DEM VERKEHR ZU ZIEHEN!
!
UM ES VORAB ZU SAGEN, ICH TU DAS NICHT AUS MITLEID.
MACH DOCH, WAS DU WILLST.
DIESER TYP BENUTZT POKÉMON UND MENSCHEN ALS WERK-ZEUGE!
UND DAS KANN ICH WEDER ALS MENSCH NOCH ALS POKÉMON-TRAINER DUL-DEN!!
TAPP!!
AUF GEHT'S!!

# ABENTEUER 114 VS. BOTOGEL (TEIL 2)

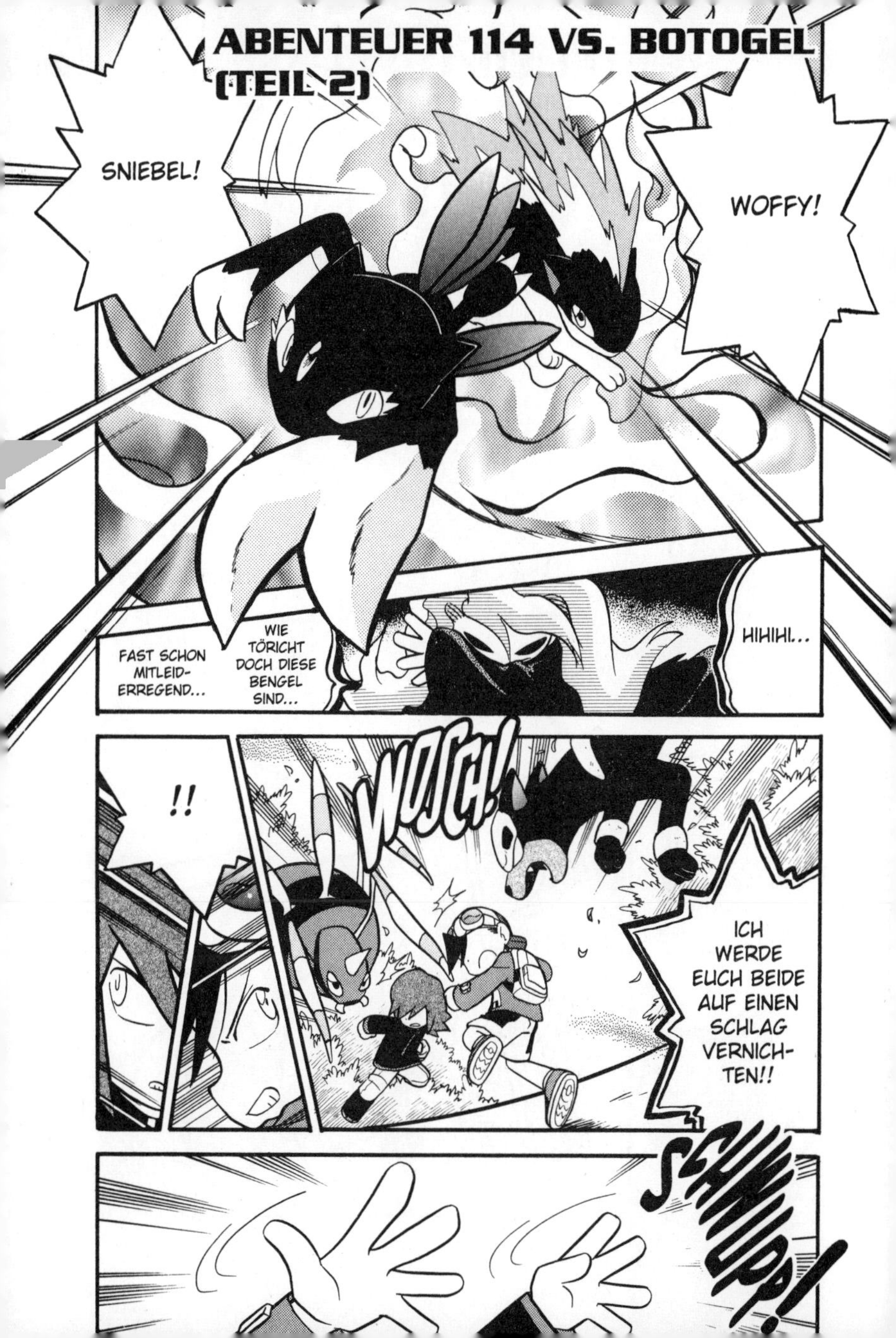

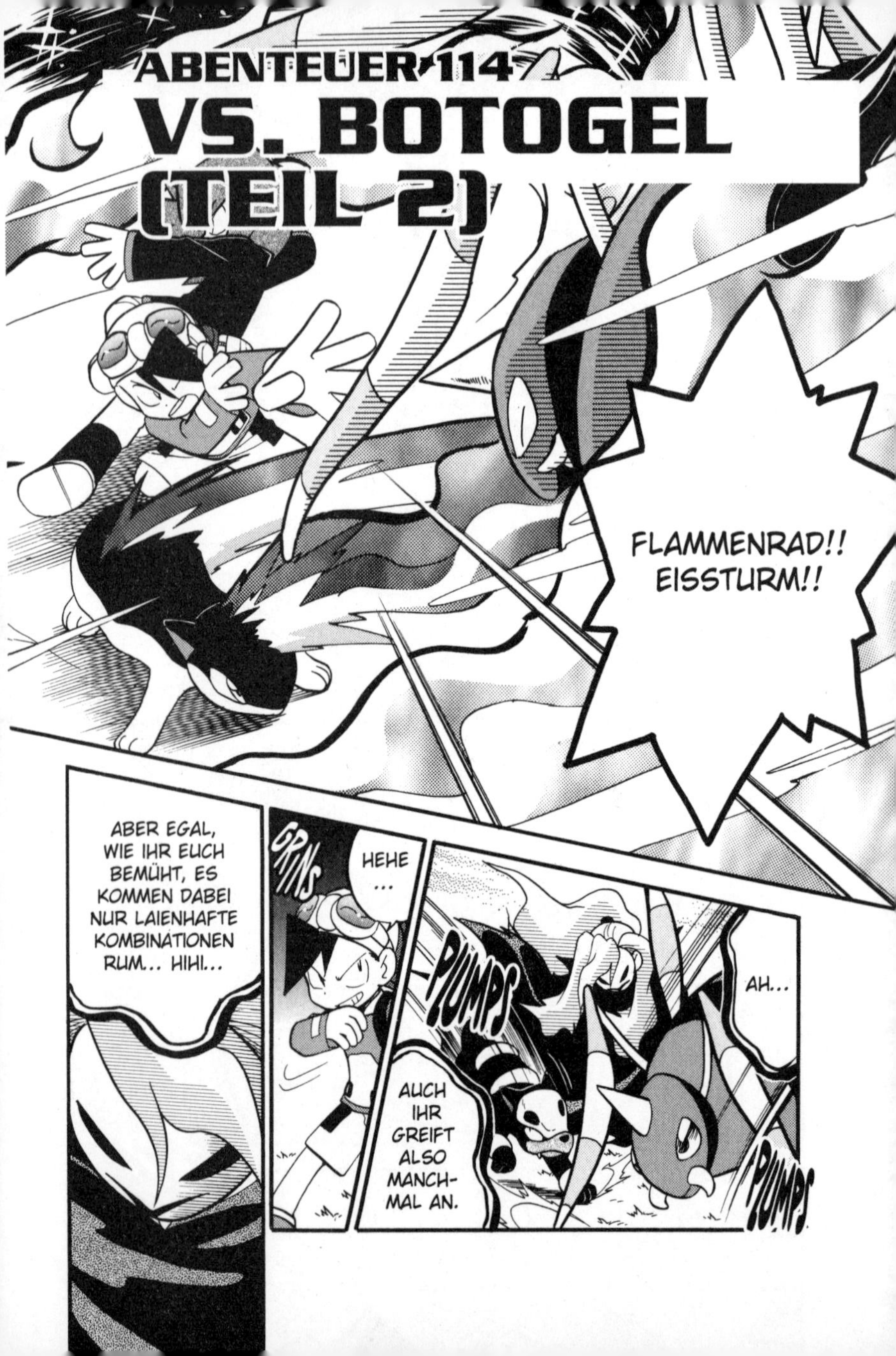
ABENTEUER 114
VS. BOTOGEL (TEIL 2)
FLAMMENRAD!! EISSTURM!!
AH...
PUMPS
PUMPS
AUCH IHR GREIFT ALSO MANCHMAL AN.
GRINS
HEHE ...
ABER EGAL, WIE IHR EUCH BEMÜHT, ES KOMMEN DABEI NUR LAIENHAFTE KOMBINATIONEN RUM... HIHI...

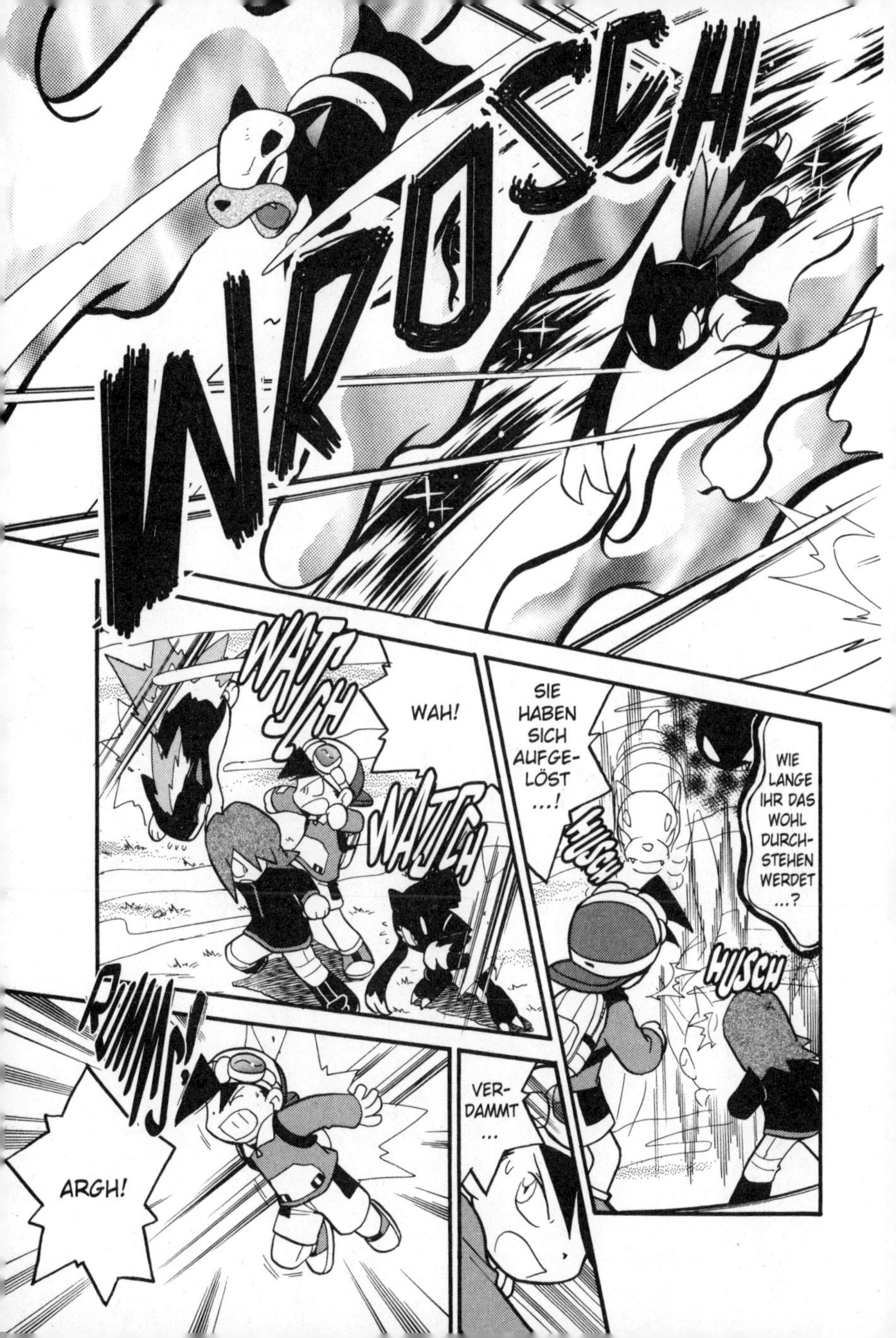
WOOSCH
WATSCH
WATSCH
WAH!
SIE HABEN SICH AUFGE-LÖST ...!
HUSCH
WIE LANGE IHR DAS WOHL DURCH-STEHEN WERDET ...?
HUSCH
RUMMS!
ARGH!
VER-DAMMT ...

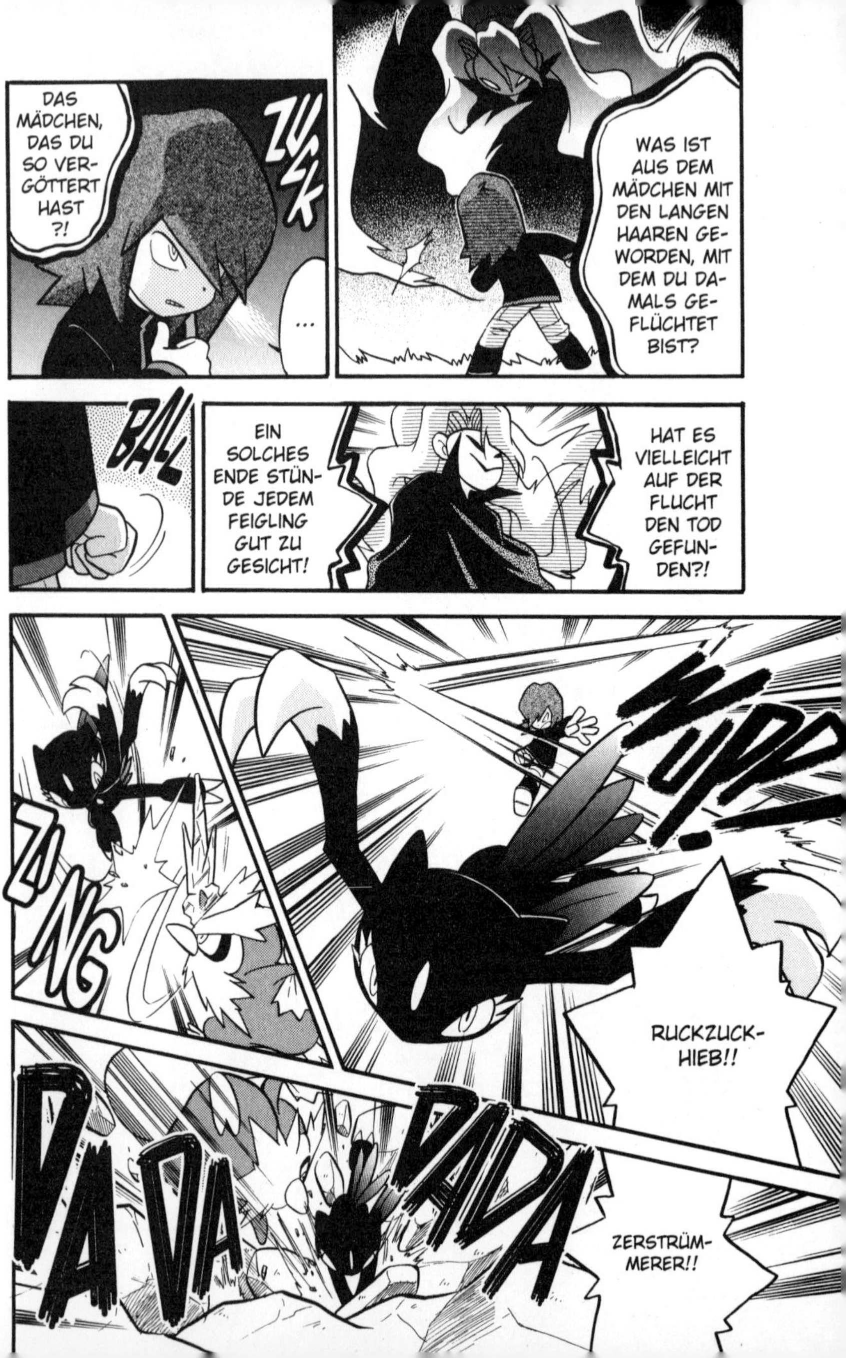
WAS IST AUS DEM MÄDCHEN MIT DEN LANGEN HAAREN GEWORDEN, MIT DEM DU DAMALS GEFLÜCHTET BIST?
ZUCK
DAS MÄDCHEN, DAS DU SO VERGÖTTERT HAST ?!
...
HAT ES VIELLEICHT AUF DER FLUCHT DEN TOD GEFUNDEN?!
EIN SOLCHES ENDE STÜNDE JEDEM FEIGLING GUT ZU GESICHT!
BALL
RUCKZUCK-HIEB!!
ZERSTRÜMMERER!!
DADA
DA DA

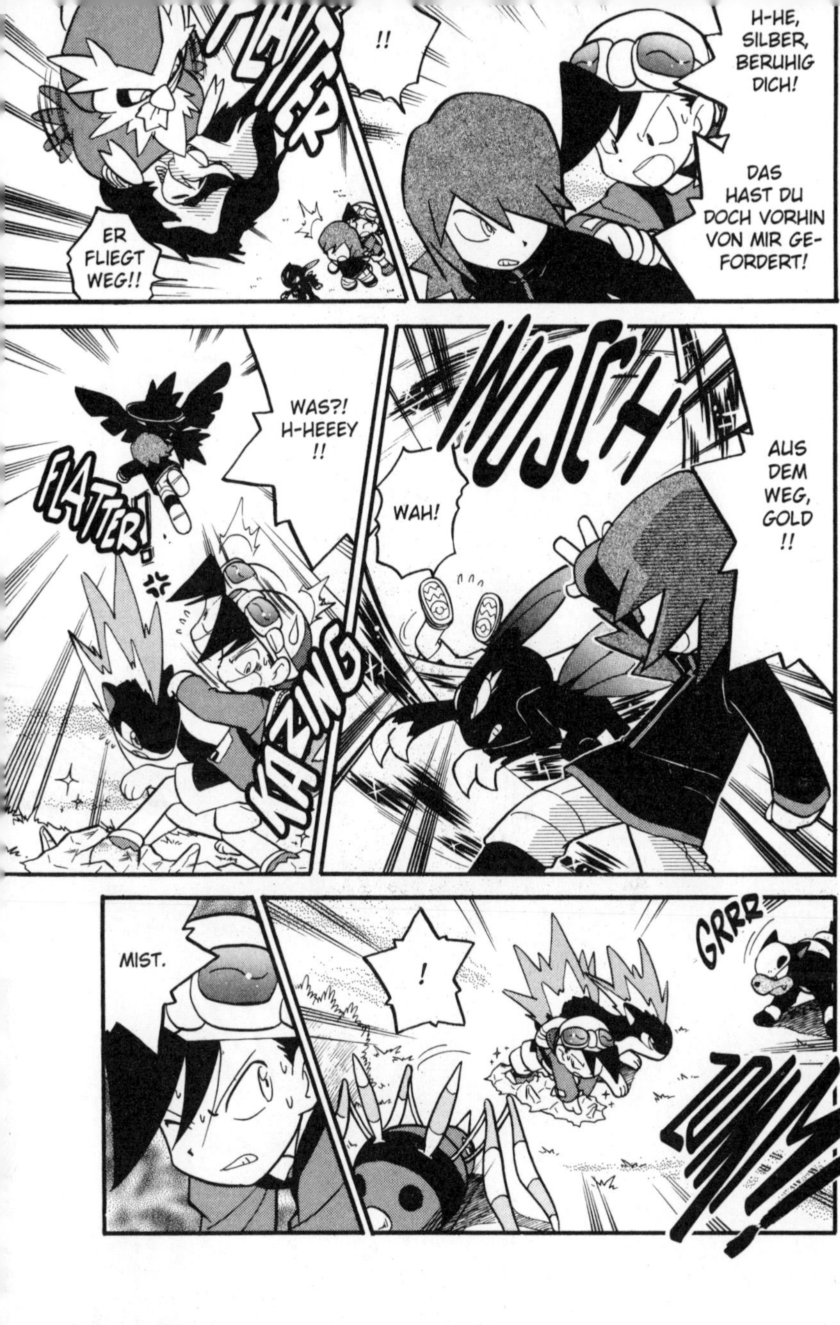
H-HE, SILBER, BERUHIG DICH!
DAS HAST DU DOCH VORHIN VON MIR GEFORDERT!
!!
ER FLIEGT WEG!!
AUS DEM WEG, GOLD !!
WUSCH
WAH!
WAS?! H-HEEEY !!
FLATTER!
KAZING
GRRR
!
MIST.

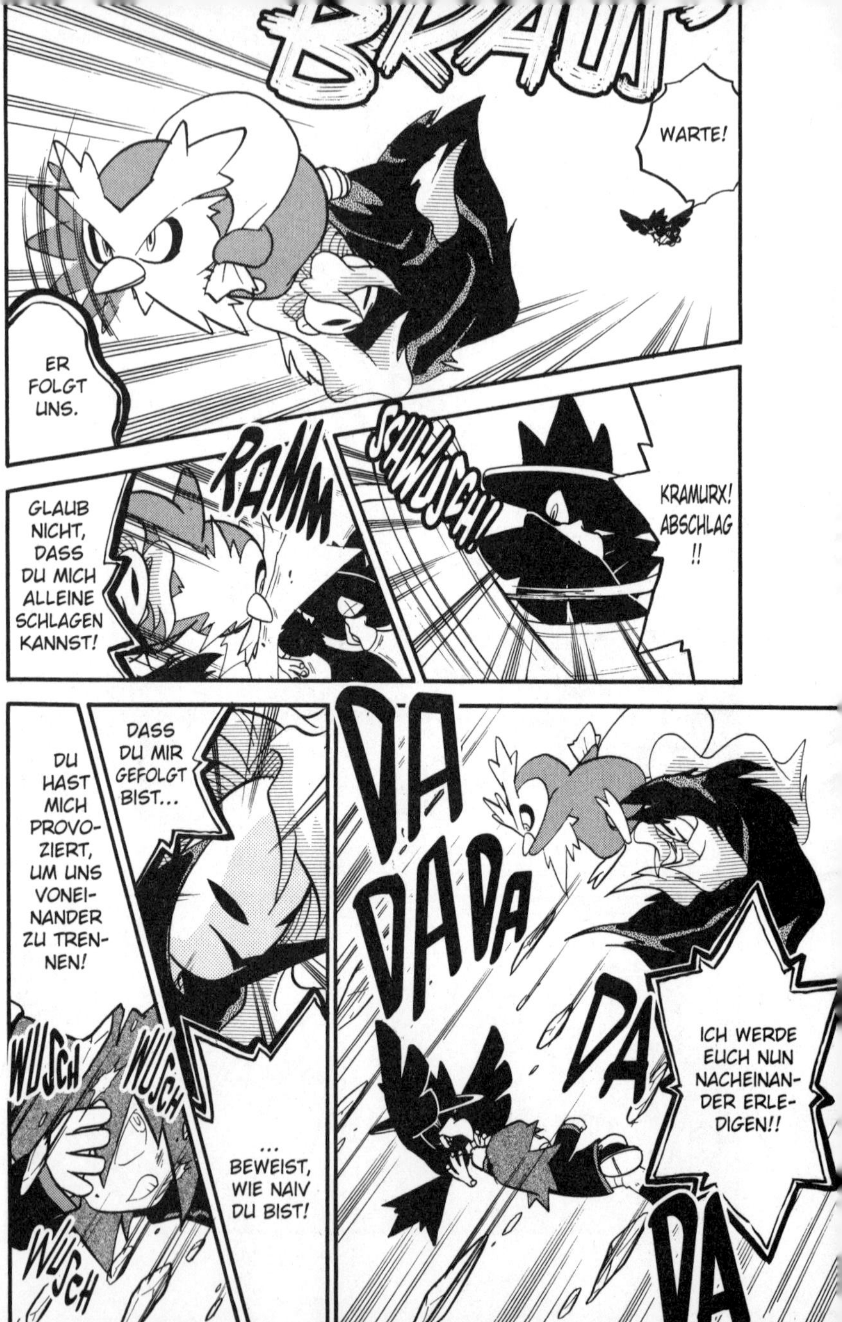
BRAUS
WARTE!
ER FOLGT UNS.
SCHWUSCH!
KRAMURX! ABSCHLAG!!
RAMM
GLAUB NICHT, DASS DU MICH ALLEINE SCHLAGEN KANNST!
DA DA DA DA
DASS DU MIR GEFOLGT BIST...
DU HAST MICH PROVO-ZIERT, UM UNS VONEI-NANDER ZU TREN-NEN!
DA DA
ICH WERDE EUCH NUN NACHEINAN-DER ERLE-DIGEN!!
WUSCH WUSCH
... BEWEIST, WIE NAIV DU BIST!
WUSCH

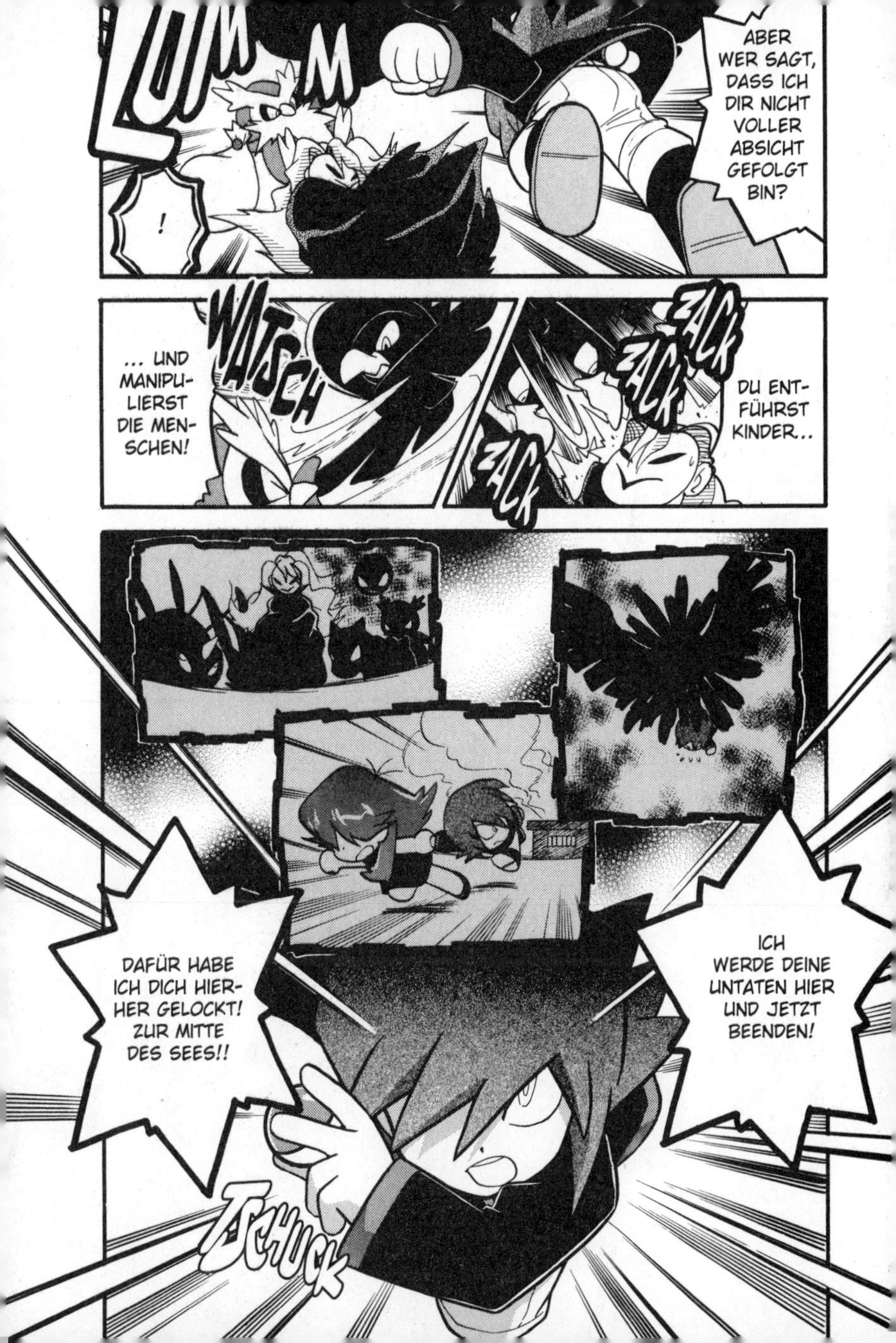

ABER WER SAGT, DASS ICH DIR NICHT VOLLER ABSICHT GEFOLGT BIN?
BUMM
!
ZACK
ZACK
ZACK
DU ENTFÜHRST KINDER...
WATSCH
... UND MANIPULIERST DIE MENSCHEN!
ICH WERDE DEINE UNTATEN HIER UND JETZT BEENDEN!
DAFÜR HABE ICH DICH HIERHER GELOCKT! ZUR MITTE DES SEES!!
TSCHUCK

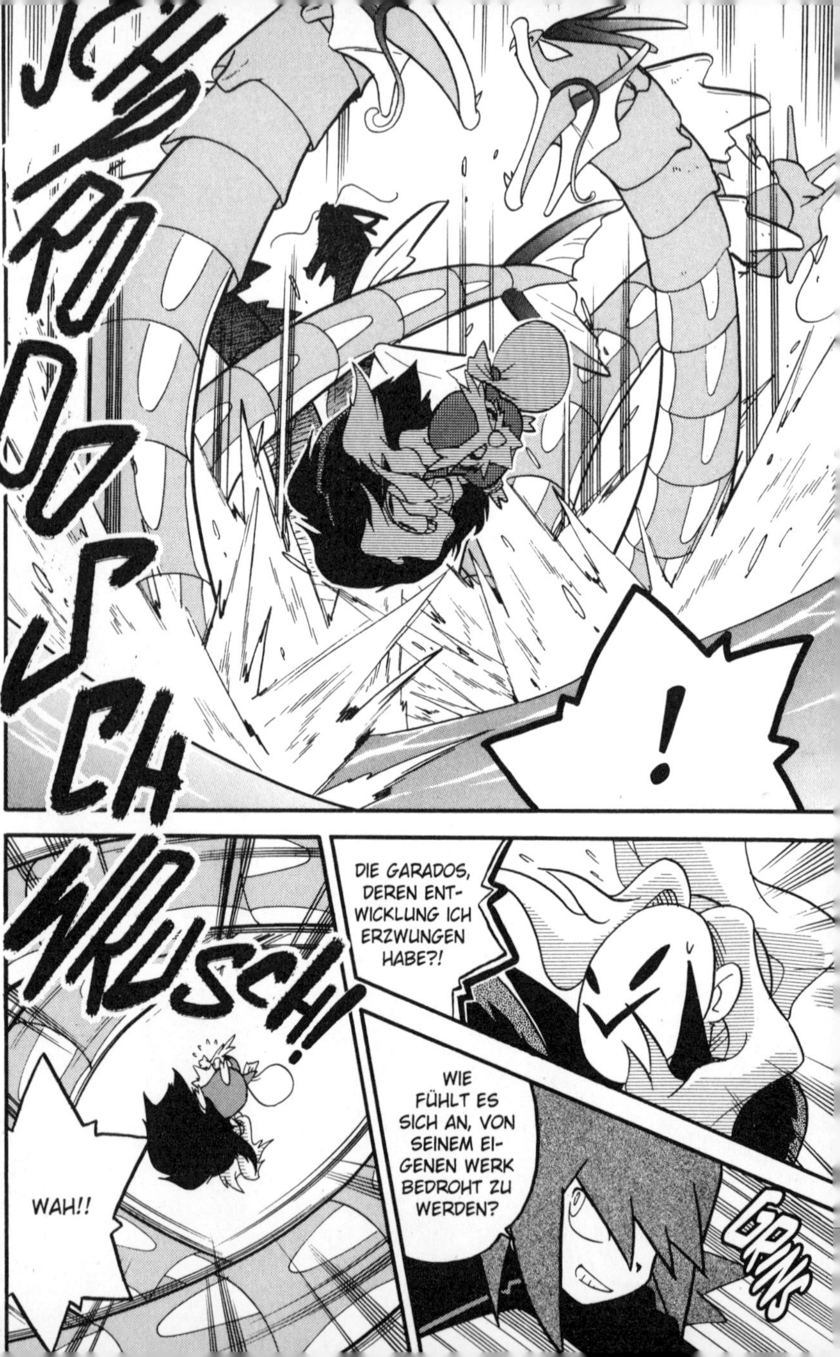

SCHROOOSCH WRUSCH!!
!
DIE GARADOS, DEREN ENT-WICKLUNG ICH ERZWUNGEN HABE?!
WIE FÜHLT ES SICH AN, VON SEINEM EI-GENEN WERK BEDROHT ZU WERDEN?
GRNK
WAH!!

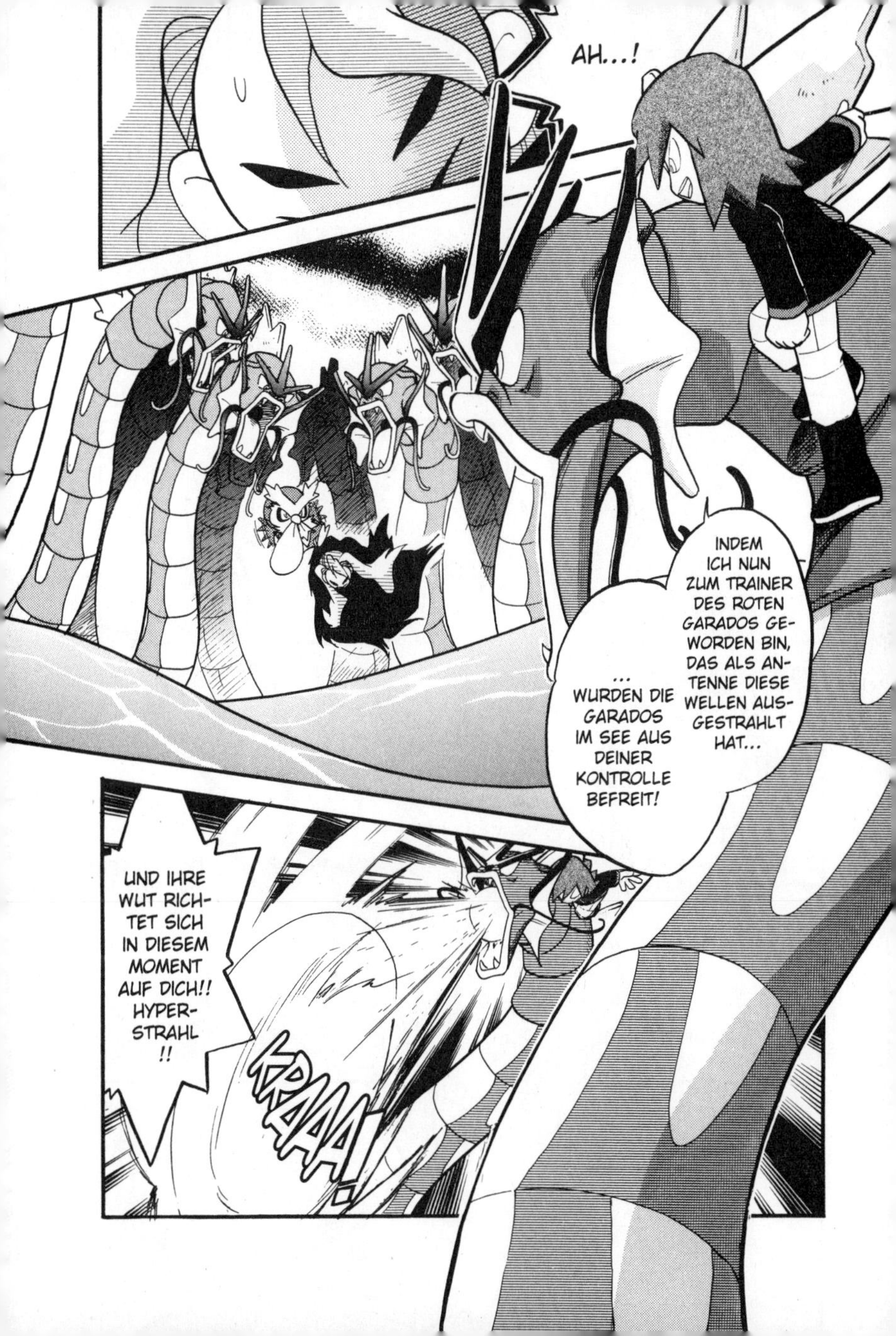
AH...!
INDEM ICH NUN ZUM TRAINER DES ROTEN GARADOS GEWORDEN BIN, DAS ALS ANTENNE DIESE WELLEN AUSGESTRAHLT HAT...
... WURDEN DIE GARADOS IM SEE AUS DEINER KONTROLLE BEFREIT!
UND IHRE WUT RICHTET SICH IN DIESEM MOMENT AUF DICH!! HYPERSTRAHL !!
KRAAA!

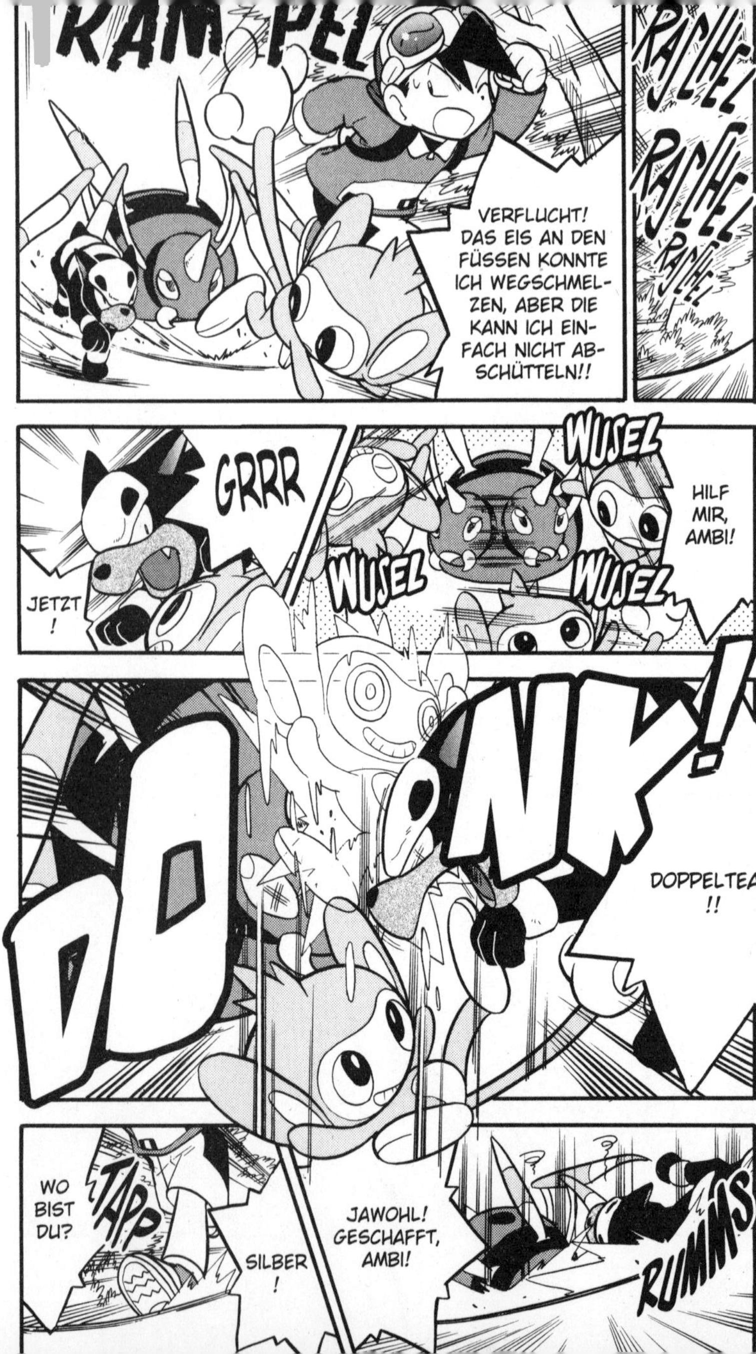
RASCHEL
RASCHEL
RASCHEL
RAMPEL
VERFLUCHT! DAS EIS AN DEN FÜSSEN KONNTE ICH WEGSCHMELZEN, ABER DIE KANN ICH EINFACH NICHT ABSCHÜTTELN!!
WUSEL
HILF MIR, AMBI!
WUSEL
WUSEL
GRRR
JETZT!
DOPPELTEAM!!
DOINK!
RUMMS
JAWOHL! GESCHAFFT, AMBI!
SILBER!
TAPP
WO BIST DU?

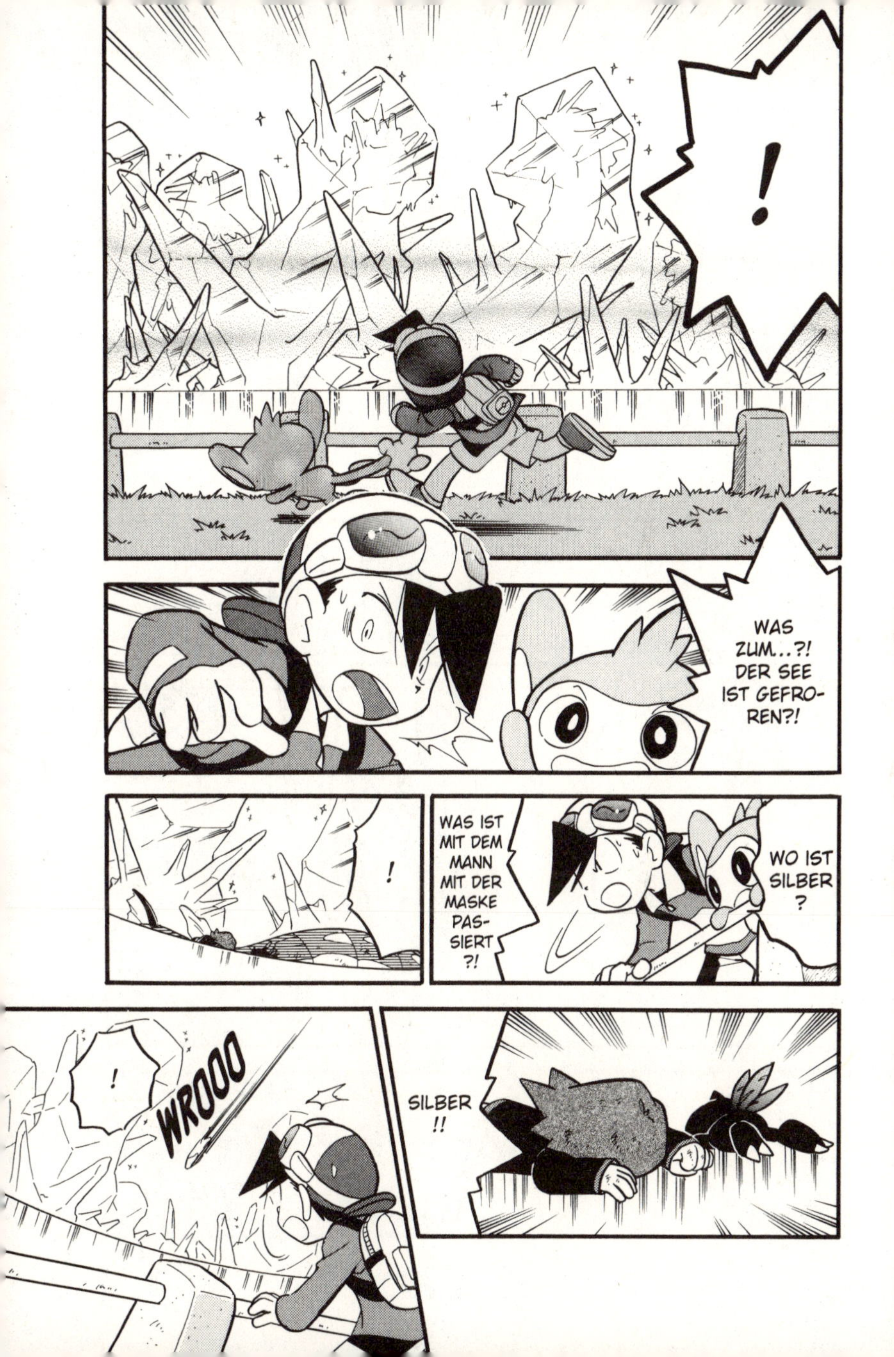
!
WAS ZUM..?! DER SEE IST GEFRO-REN?!
WO IST SILBER ?
WAS IST MIT DEM MANN MIT DER MASKE PAS-SIERT ?!
!
SILBER !!
!
WROOO

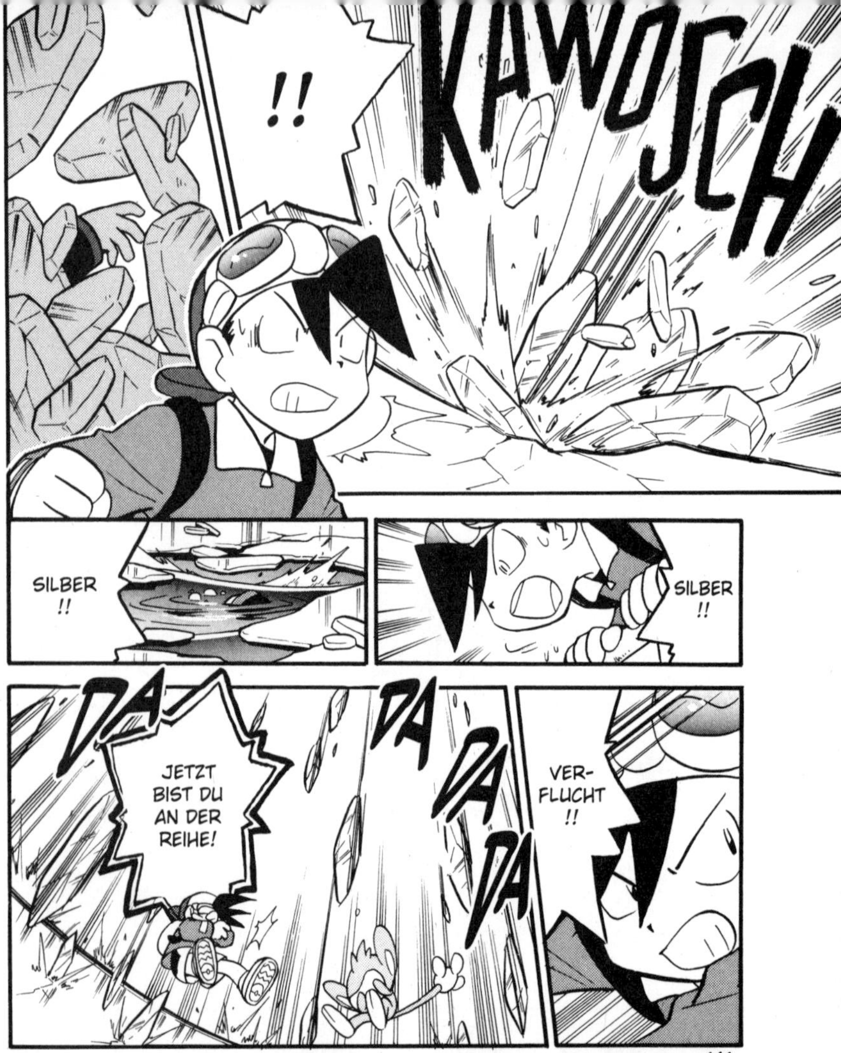
!!
KAWOSCH
SILBER !!
SILBER !!
VER-
FLUCHT
!!
DA DA DA
DA
JETZT
BIST DU
AN DER
REIHE!
WUSCH
WUSCH
WUSCH
UH...
KLAPS!
AMBI
!!

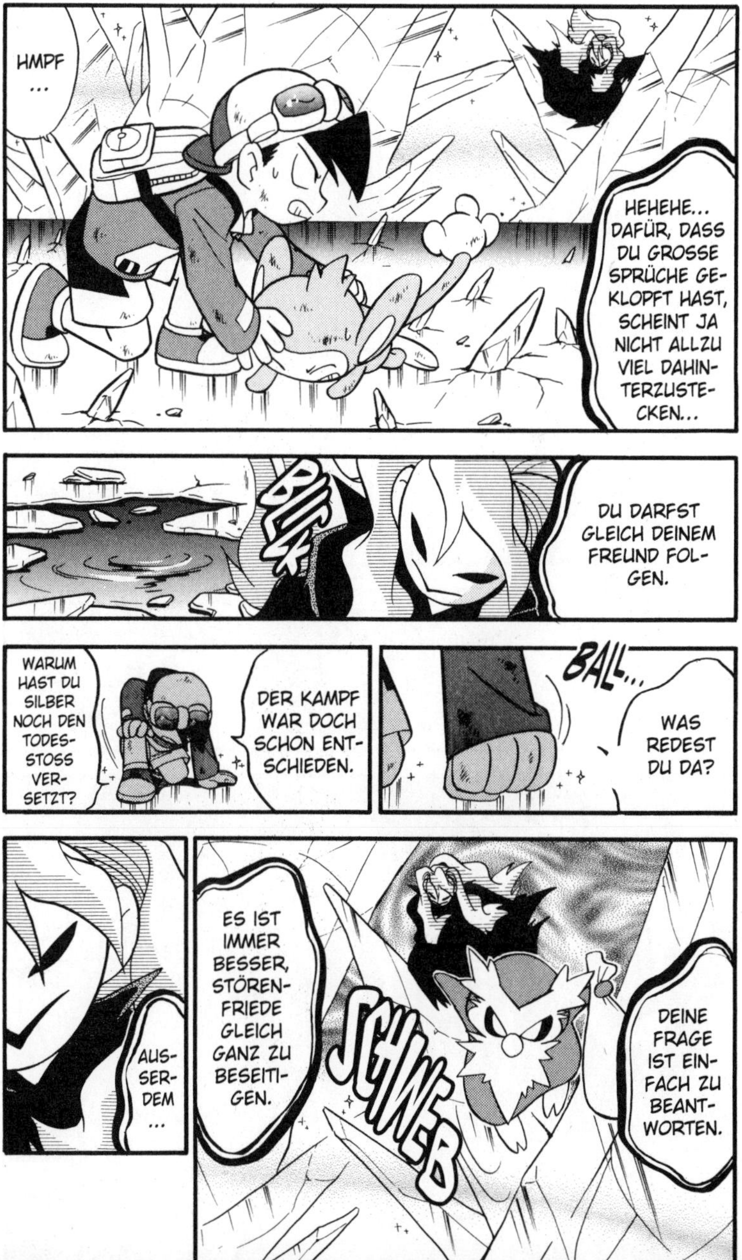

HMPF ...
HEHEHE... DAFÜR, DASS DU GROSSE SPRÜCHE GEKLOPFT HAST, SCHEINT JA NICHT ALLZU VIEL DAHINTERZUSTECKEN...
BLICK
DU DARFST GLEICH DEINEM FREUND FOLGEN.
WARUM HAST DU SILBER NOCH DEN TODESSTOSS VERSETZT?
DER KAMPF WAR DOCH SCHON ENTSCHIEDEN.
BALL...
WAS REDEST DU DA?
DEINE FRAGE IST EINFACH ZU BEANTWORTEN.
ES IST IMMER BESSER, STÖRENFRIEDE GLEICH GANZ ZU BESEITIGEN.
SCHWEB
AUSSERDEM ...

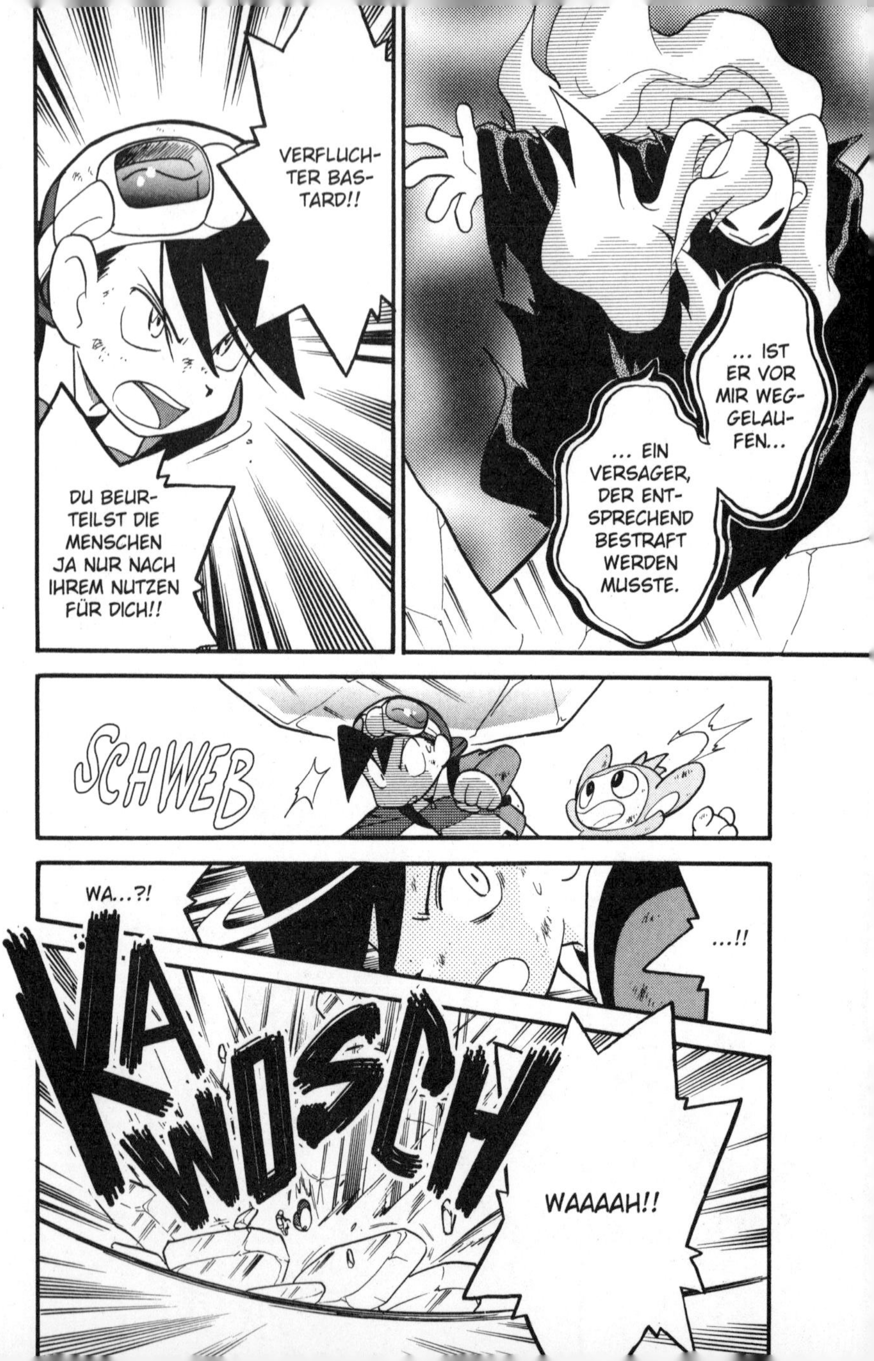
... IST ER VOR MIR WEGGELAUFEN...
... EIN VERSAGER, DER ENTSPRECHEND BESTRAFT WERDEN MUSSTE.
VERFLUCHTER BASTARD!!
DU BEURTEILST DIE MENSCHEN JA NUR NACH IHREM NUTZEN FÜR DICH!!
SCHWEB
...!!
WA...?!
KAWOSCH
WAAAAH!!

# ABENTEUER 115 VS. FORSTELLKA

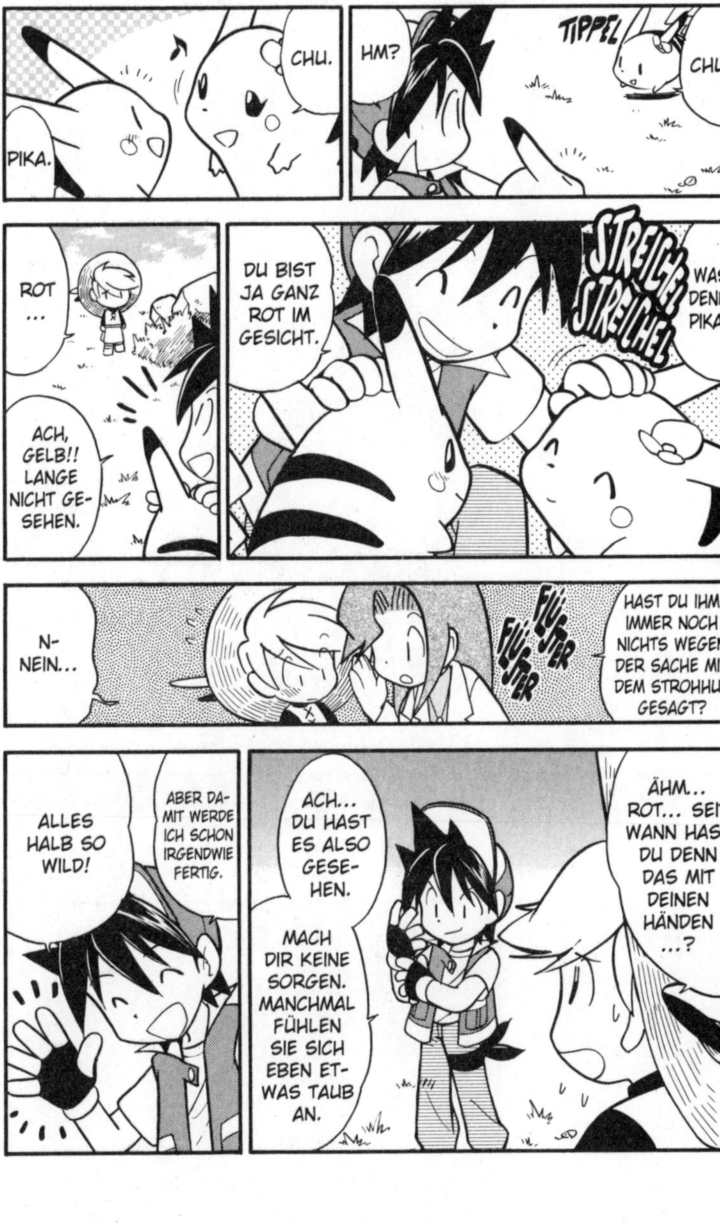

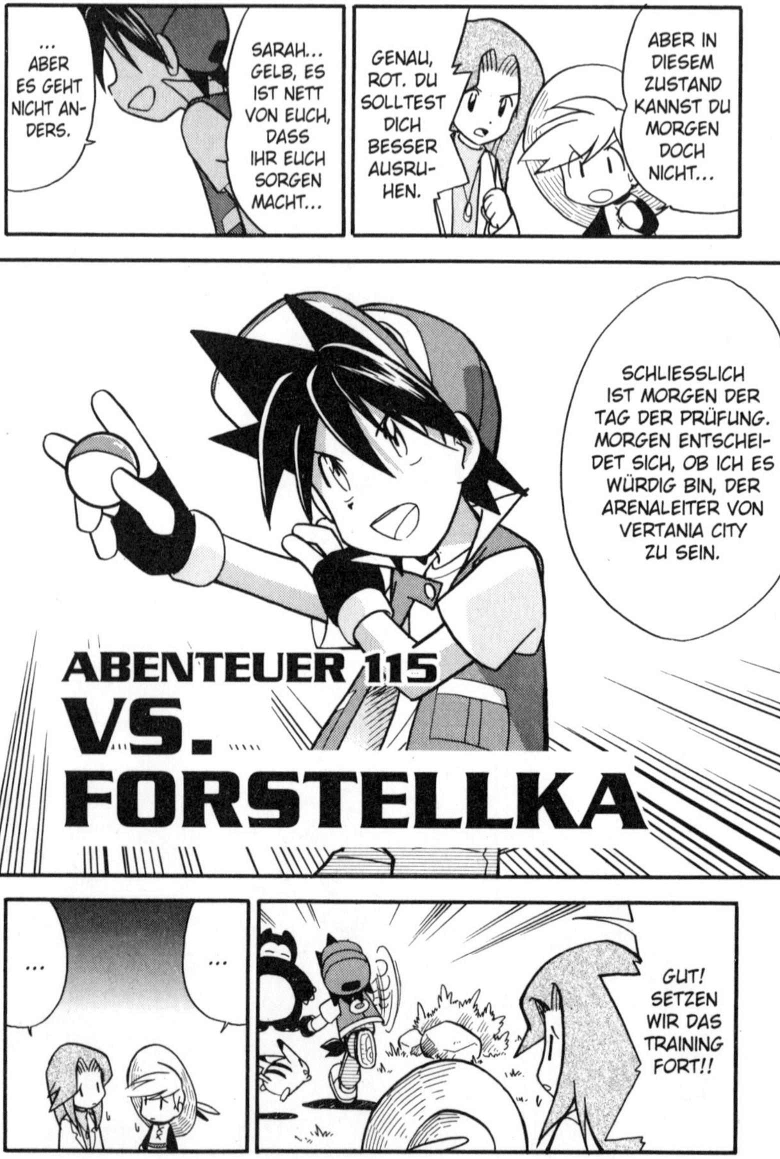

ABER IN DIESEM ZUSTAND KANNST DU MORGEN DOCH NICHT...
GENAU, ROT. DU SOLLTEST DICH BESSER AUSRUHEN.
SARAH... GELB, ES IST NETT VON EUCH, DASS IHR EUCH SORGEN MACHT...
... ABER ES GEHT NICHT ANDERS.
SCHLIESSLICH IST MORGEN DER TAG DER PRÜFUNG. MORGEN ENTSCHEIDET SICH, OB ICH ES WÜRDIG BIN, DER ARENALEITER VON VERTANIA CITY ZU SEIN.
ABENTEUER 115
VS. FORSTELLKA
GUT! SETZEN WIR DAS TRAINING FORT!!
...
...

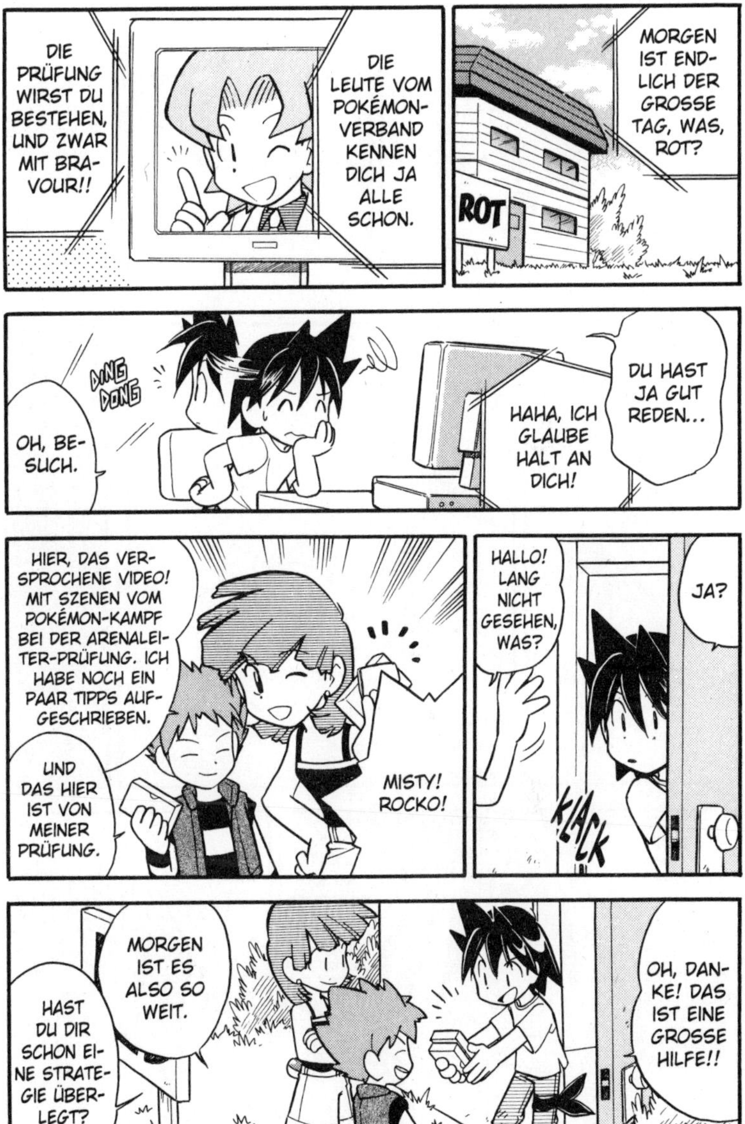

MORGEN IST ENDLICH DER GROSSE TAG, WAS, ROT?
ROT
DIE LEUTE VOM POKÉMON-VERBAND KENNEN DICH JA ALLE SCHON.
DIE PRÜFUNG WIRST DU BESTEHEN, UND ZWAR MIT BRAVOUR!!
DU HAST JA GUT REDEN...
HAHA, ICH GLAUBE HALT AN DICH!
DING DONG
OH, BESUCH.
JA?
KLACK
HALLO! LANG NICHT GESEHEN, WAS?
MISTY! ROCKO!
HIER, DAS VERSPROCHENE VIDEO! MIT SZENEN VOM POKÉMON-KAMPF BEI DER ARENALEITER-PRÜFUNG. ICH HABE NOCH EIN PAAR TIPPS AUFGESCHRIEBEN.
UND DAS HIER IST VON MEINER PRÜFUNG.
OH, DANKE! DAS IST EINE GROSSE HILFE!!
MORGEN IST ES ALSO SO WEIT.
HAST DU DIR SCHON EINE STRATEGIE ÜBERLEGT?

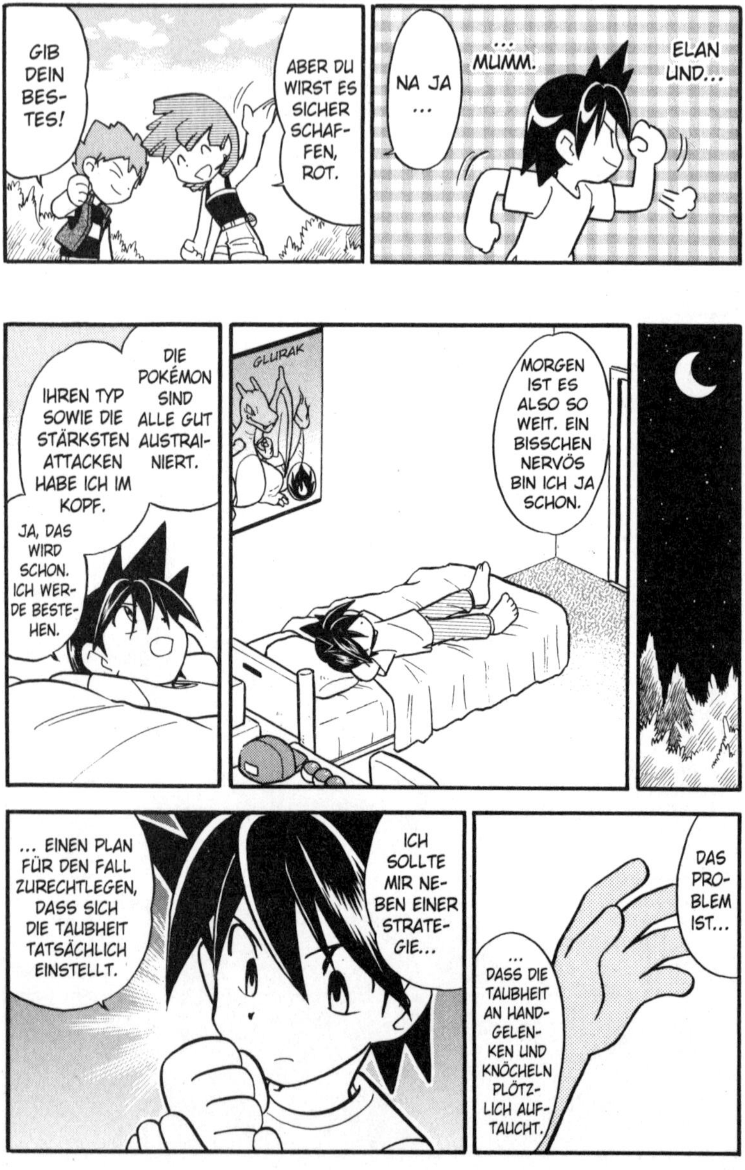
ELAN UND…
… MUMM.
NA JA …
ABER DU WIRST ES SICHER SCHAFFEN, ROT.
GIB DEIN BESTES!
MORGEN IST ES ALSO SO WEIT. EIN BISSCHEN NERVÖS BIN ICH JA SCHON.
GLURAK
DIE POKÉMON SIND ALLE GUT AUSTRAINIERT.
IHREN TYP SOWIE DIE STÄRKSTEN ATTACKEN HABE ICH IM KOPF.
JA, DAS WIRD SCHON. ICH WERDE BESTEHEN.
DAS PROBLEM IST…
… DASS DIE TAUBHEIT AN HANDGELENKEN UND KNÖCHELN PLÖTZLICH AUFTAUCHT.
ICH SOLLTE MIR NEBEN EINER STRATEGIE…
… EINEN PLAN FÜR DEN FALL ZURECHTLEGEN, DASS SICH DIE TAUBHEIT TATSÄCHLICH EINSTELLT.

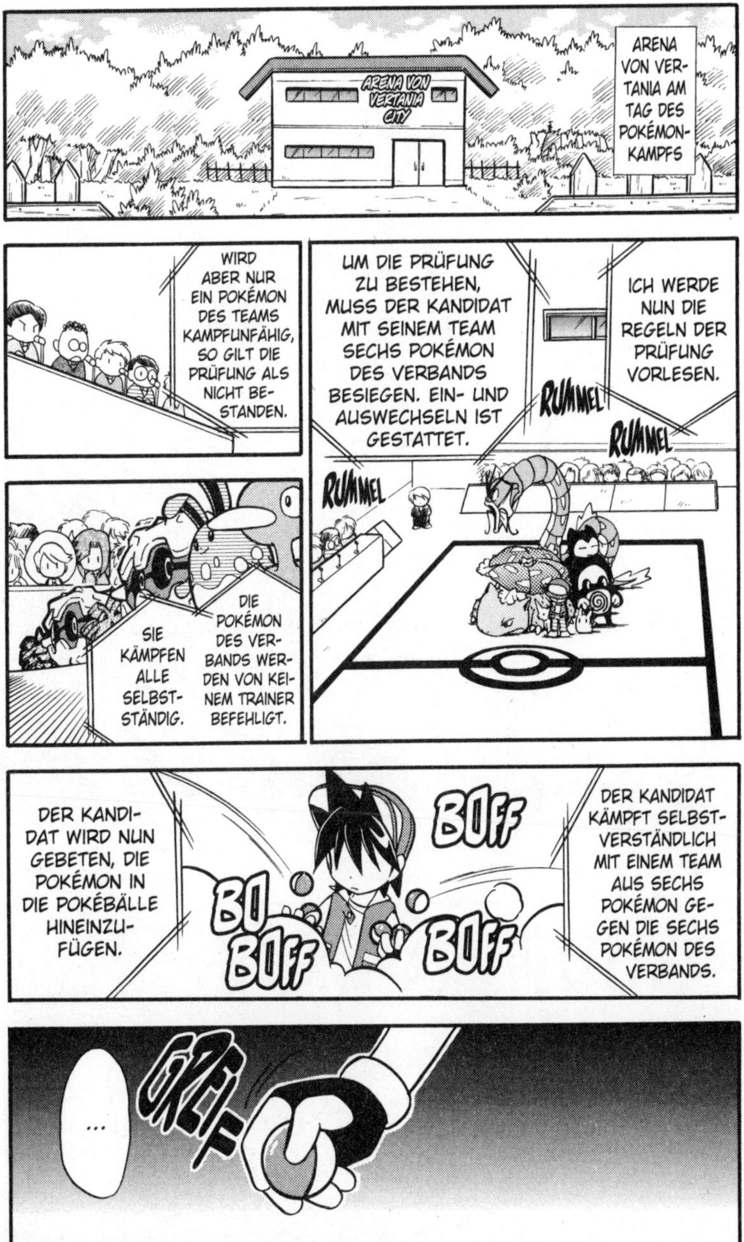
ARENA VON VERTANIA CITY
ARENA VON VERTANIA AM TAG DES POKÉMON-KAMPFS
ICH WERDE NUN DIE REGELN DER PRÜFUNG VORLESEN.
UM DIE PRÜFUNG ZU BESTEHEN, MUSS DER KANDIDAT MIT SEINEM TEAM SECHS POKÉMON DES VERBANDS BESIEGEN. EIN- UND AUSWECHSELN IST GESTATTET.
RUMMEL
RUMMEL
RUMMEL
WIRD ABER NUR EIN POKÉMON DES TEAMS KAMPFUNFÄHIG, SO GILT DIE PRÜFUNG ALS NICHT BESTANDEN.
DIE POKÉMON DES VERBANDS WERDEN VON KEINEM TRAINER BEFEHLIGT.
SIE KÄMPFEN ALLE SELBSTSTÄNDIG.
DER KANDIDAT KÄMPFT SELBSTVERSTÄNDLICH MIT EINEM TEAM AUS SECHS POKÉMON GEGEN DIE SECHS POKÉMON DES VERBANDS.
BOFF
BOFF
BO BOFF
DER KANDIDAT WIRD NUN GEBETEN, DIE POKÉMON IN DIE POKÉBÄLLE HINEINZUFÜGEN.
GRIFF
...

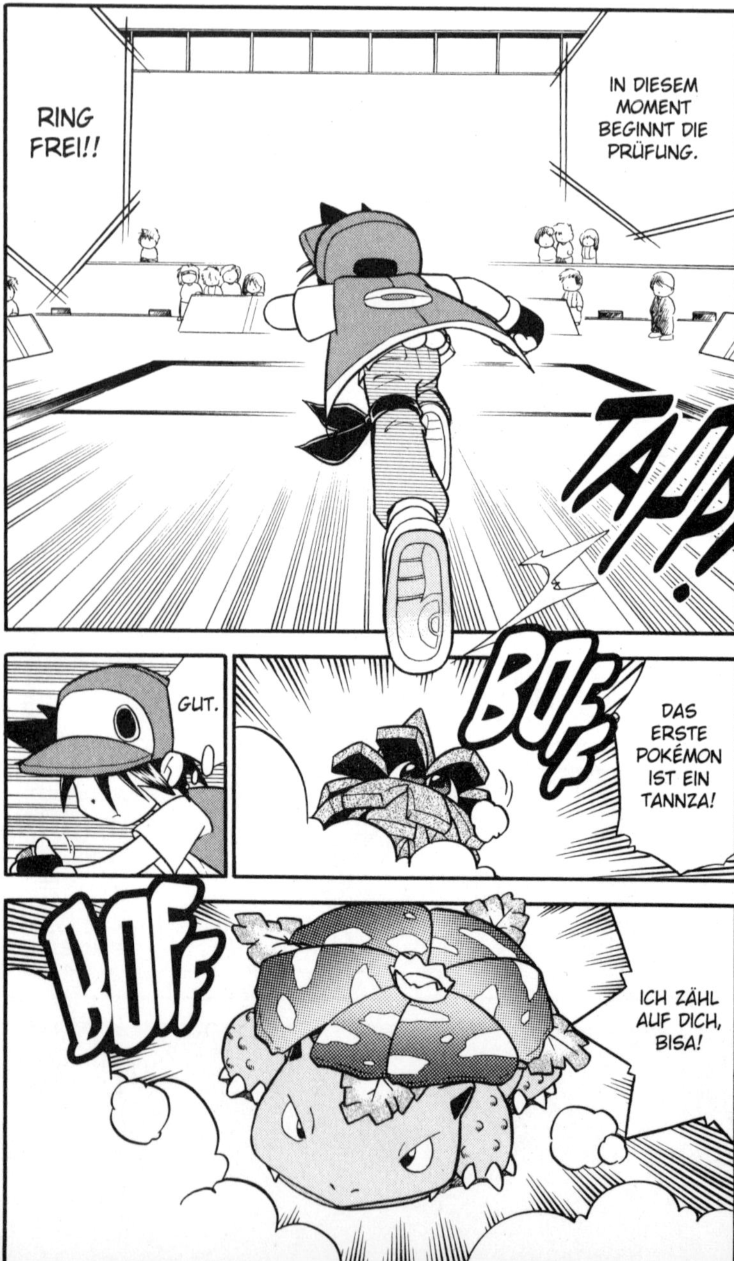
IN DIESEM MOMENT BEGINNT DIE PRÜFUNG.
RING FREI!!
TAPP!
DAS ERSTE POKÉMON IST EIN TANNZA!
BOFF
GUT.
ICH ZÄHL AUF DICH, BISA!
BOFF

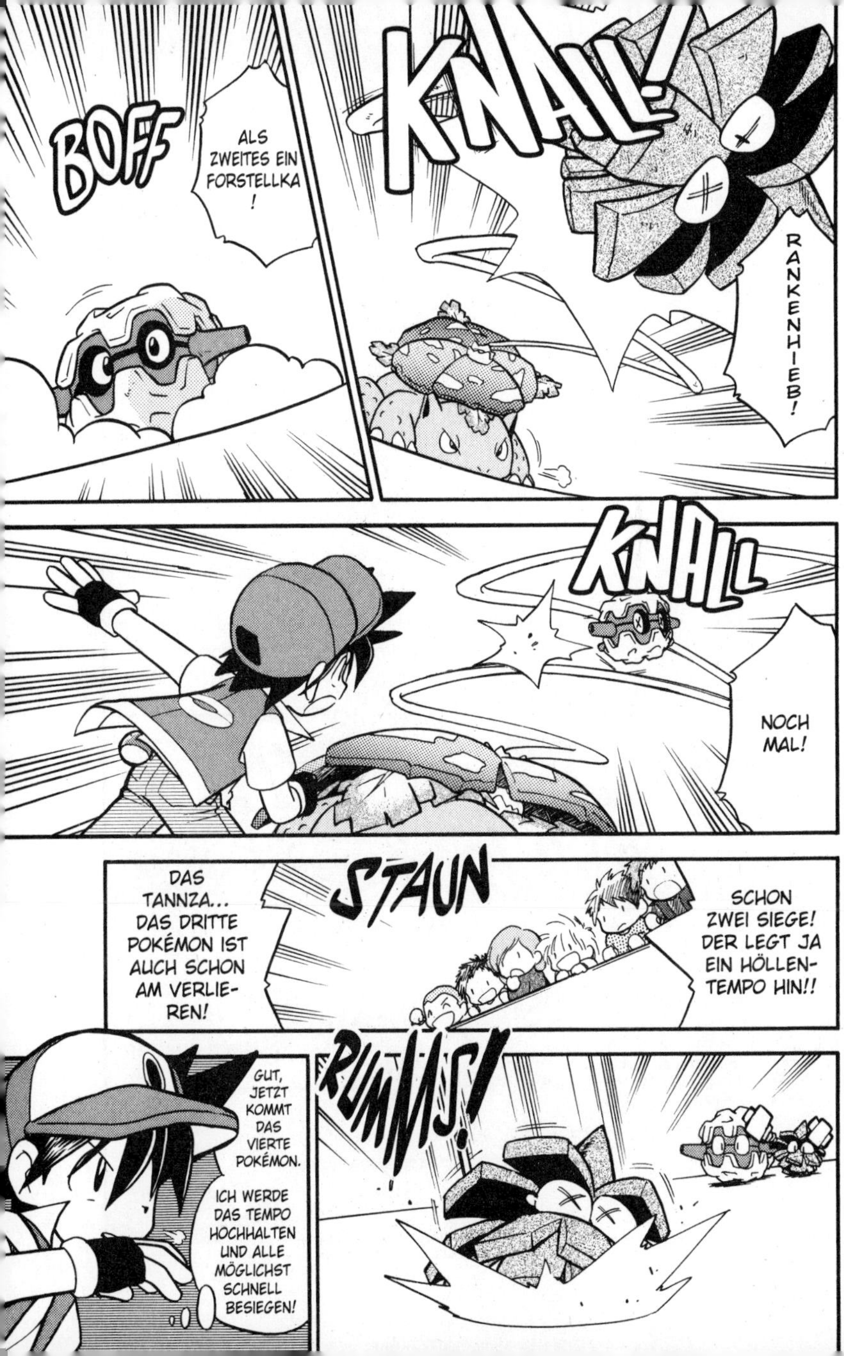
KNALL!
RANKENHIEB!
BOFF
ALS ZWEITES EIN FORSTELLKA!
KNALL
NOCH MAL!
SCHON ZWEI SIEGE! DER LEGT JA EIN HÖLLENTEMPO HIN!!
STAUN
DAS TANNZA... DAS DRITTE POKÉMON IST AUCH SCHON AM VERLIEREN!
RUMMS!
GUT, JETZT KOMMT DAS VIERTE POKÉMON.
ICH WERDE DAS TEMPO HOCHHALTEN UND ALLE MÖGLICHST SCHNELL BESIEGEN!

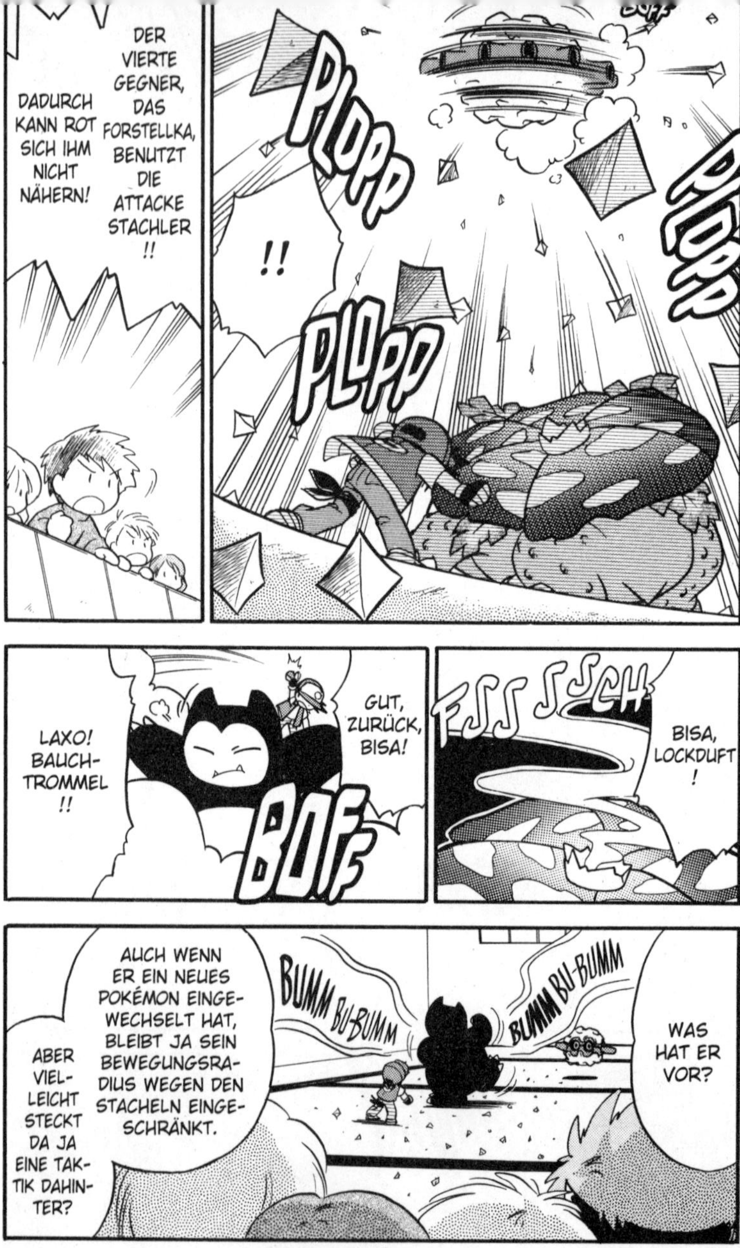
BOFF
PLOPP
PLOPP
PLOPP
!!
DER VIERTE GEGNER, DAS FORSTELLKA, BENUTZT DIE ATTACKE STACHLER!!
DADURCH KANN ROT SICH IHM NICHT NÄHERN!
FSSSSCH
BISA, LOCKDUFT!
GUT, ZURÜCK, BISA!
BOFF
LAXO! BAUCH-TROMMEL!!
WAS HAT ER VOR?
BUMM BU-BUMM
BUMM BU-BUMM
AUCH WENN ER EIN NEUES POKÉMON EINGE-WECHSELT HAT, BLEIBT JA SEIN BEWEGUNGSRA-DIUS WEGEN DEN STACHELN EINGE-SCHRÄNKT.
ABER VIEL-LEICHT STECKT DA JA EINE TAK-TIK DAHIN-TER?

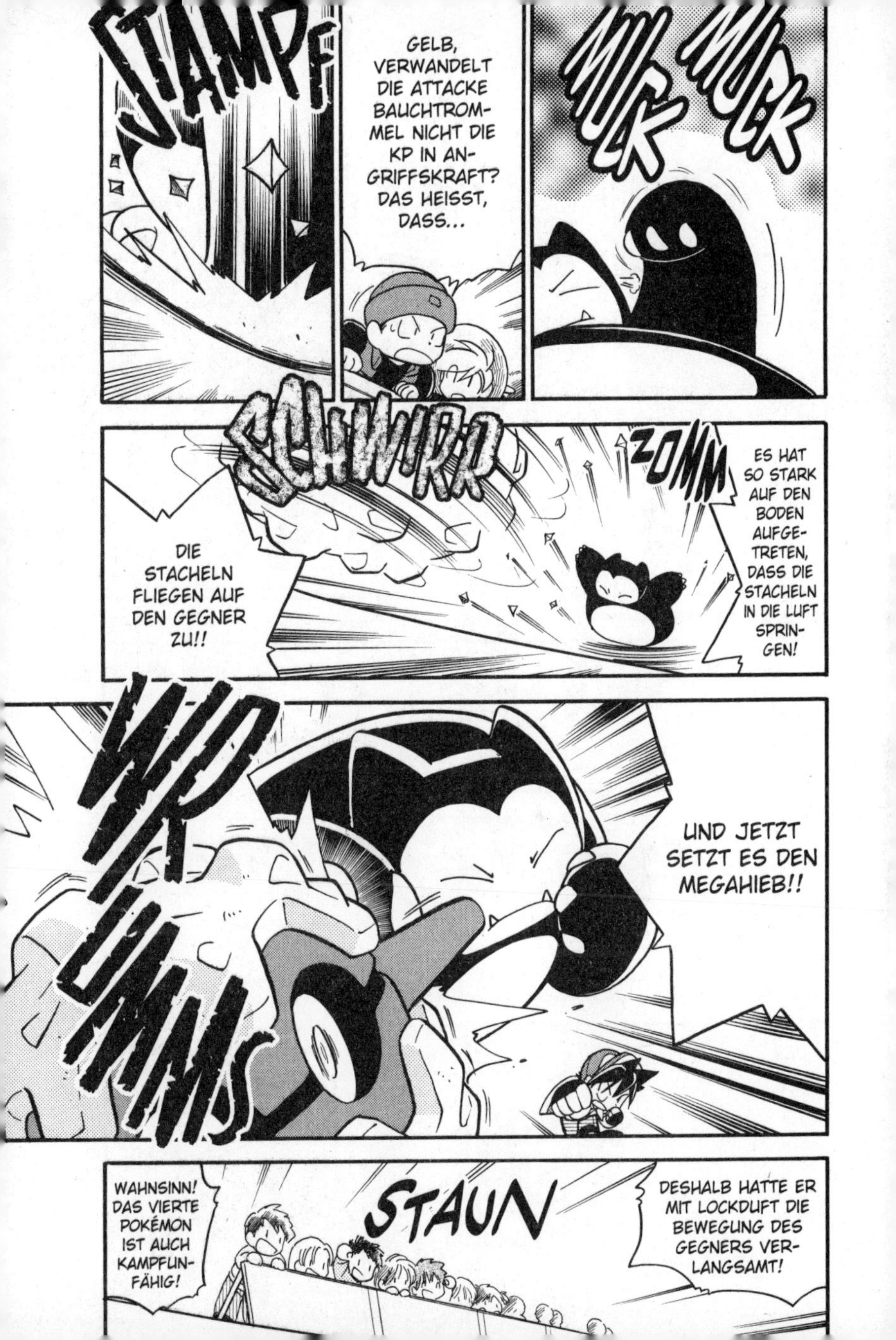
STAMPF
GELB, VERWANDELT DIE ATTACKE BAUCHTROMMEL NICHT DIE KP IN ANGRIFFSKRAFT? DAS HEISST, DASS...
MUCK MUCK
SCHWIRR
ZOMM
ES HAT SO STARK AUF DEN BODEN AUFGETRETEN, DASS DIE STACHELN IN DIE LUFT SPRINGEN!
DIE STACHELN FLIEGEN AUF DEN GEGNER ZU!!
WUMMS
UND JETZT SETZT ES DEN MEGAHIEB!!
DESHALB HATTE ER MIT LOCKDUFT DIE BEWEGUNG DES GEGNERS VERLANGSAMT!
STAUN
WAHNSINN! DAS VIERTE POKÉMON IST AUCH KAMPFUNFÄHIG!

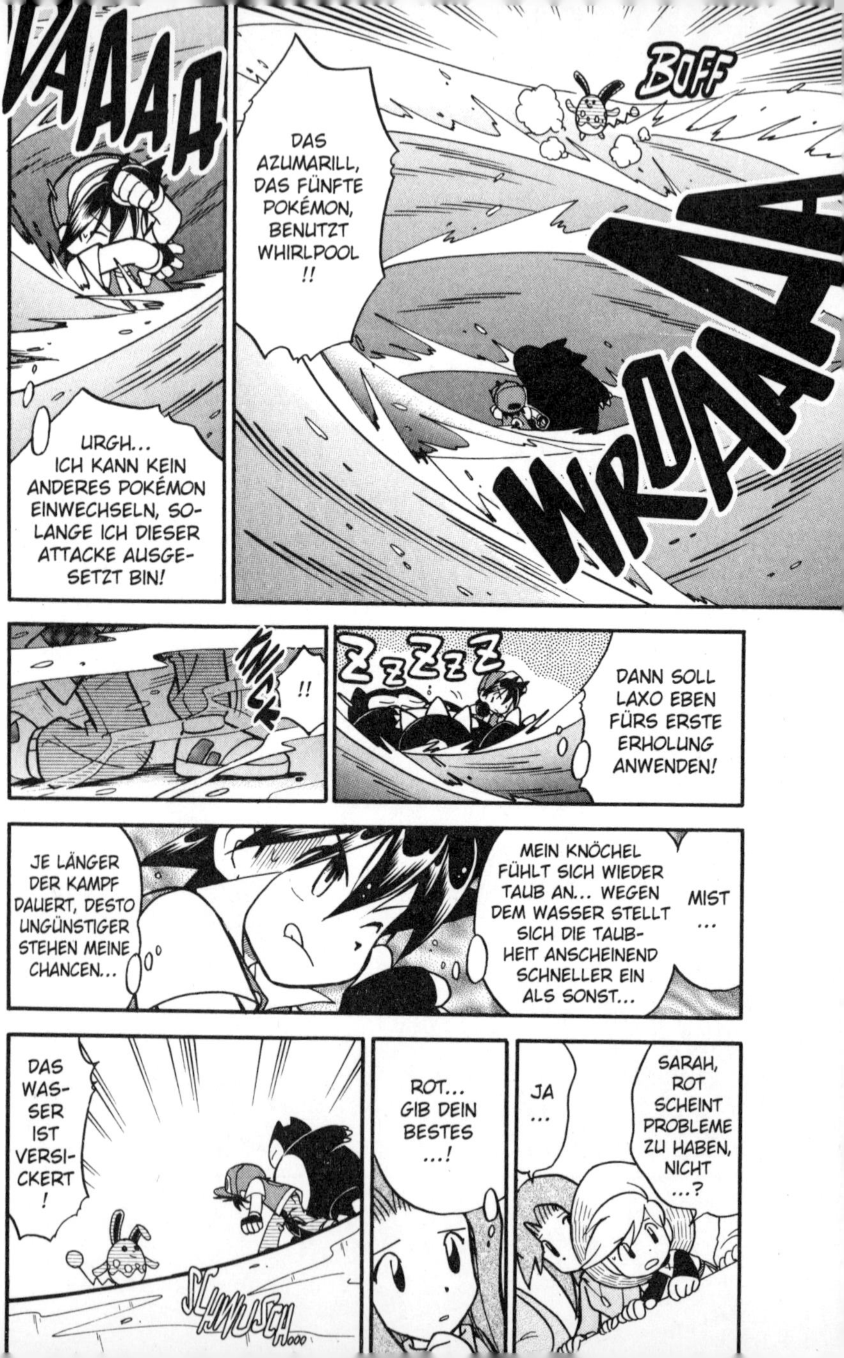
BOFF
DAS AZUMARILL, DAS FÜNFTE POKÉMON, BENUTZT WHIRLPOOL !!
WROAAAA
VAAAA
URGH... ICH KANN KEIN ANDERES POKÉMON EINWECHSELN, SOLANGE ICH DIESER ATTACKE AUSGESETZT BIN!
ZzZzzZ
DANN SOLL LAXO EBEN FÜRS ERSTE ERHOLUNG ANWENDEN!
KNICK
!!
MIST ...
MEIN KNÖCHEL FÜHLT SICH WIEDER TAUB AN... WEGEN DEM WASSER STELLT SICH DIE TAUBHEIT ANSCHEINEND SCHNELLER EIN ALS SONST...
JE LÄNGER DER KAMPF DAUERT, DESTO UNGÜNSTIGER STEHEN MEINE CHANCEN...
SARAH, ROT SCHEINT PROBLEME ZU HABEN, NICHT ...?
JA ...
ROT... GIB DEIN BESTES ...!
DAS WASSER IST VERSICKERT !
SCHWUSCH

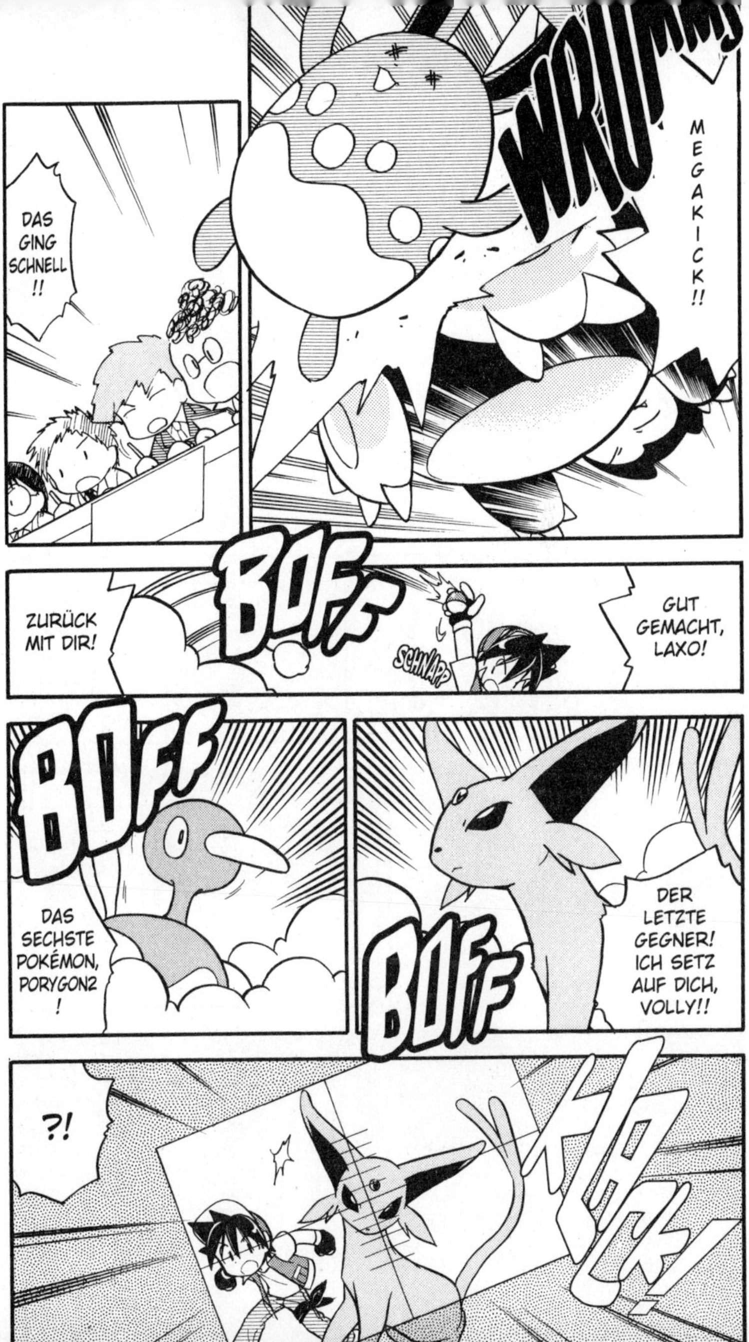
WRUMMS
MEGAKICK!!
DAS GING SCHNELL!!
GUT GEMACHT, LAXO!
SCHNAPP
BOFF
ZURÜCK MIT DIR!
DER LETZTE GEGNER! ICH SETZ AUF DICH, VOLLY!!
BOFF
BOFF
DAS SECHSTE POKÉMON, PORYGON2!
KLACK!
?!

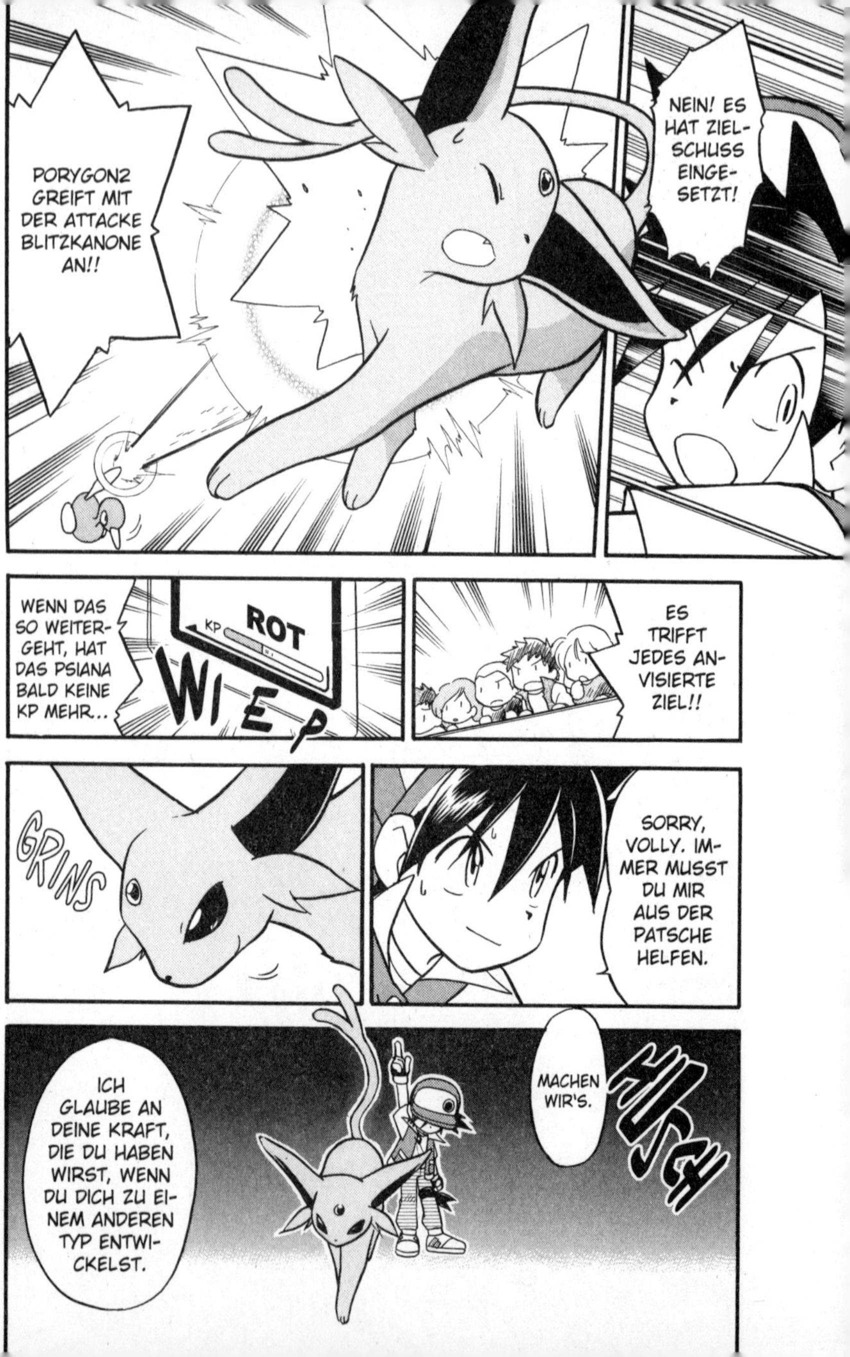
NEIN! ES HAT ZIELSCHUSS EINGESETZT!
PORYGON2 GREIFT MIT DER ATTACKE BLITZKANONE AN!!
ES TRIFFT JEDES ANVISIERTE ZIEL!!
ROT
KP
WIEP
WENN DAS SO WEITERGEHT, HAT DAS PSIANA BALD KEINE KP MEHR...
SORRY, VOLLY. IMMER MUSST DU MIR AUS DER PATSCHE HELFEN.
GRINS
MACHEN WIR'S.
HUSCH
ICH GLAUBE AN DEINE KRAFT, DIE DU HABEN WIRST, WENN DU DICH ZU EINEM ANDEREN TYP ENTWICKELST.

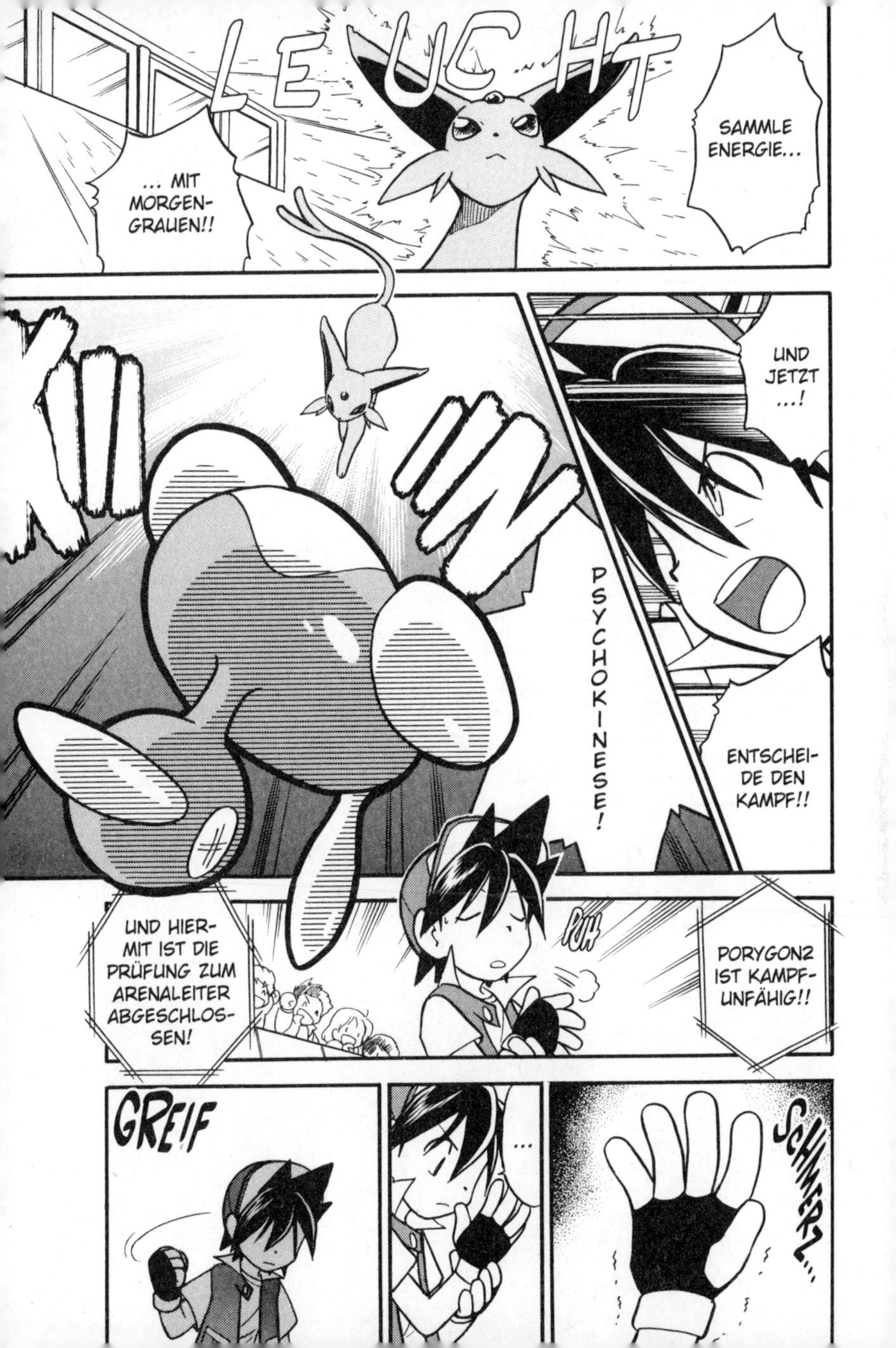
SAMMLE ENERGIE...
LEUCHT
... MIT MORGEN-GRAUEN!!
UND JETZT ...!
ENTSCHEI-DE DEN KAMPF!!
PSYCHOKINESE!
PORYGON2 IST KAMPF-UNFÄHIG!!
PUH
UND HIER-MIT IST DIE PRÜFUNG ZUM ARENALEITER ABGESCHLOS-SEN!
SCHMERZ...
...
GREIF

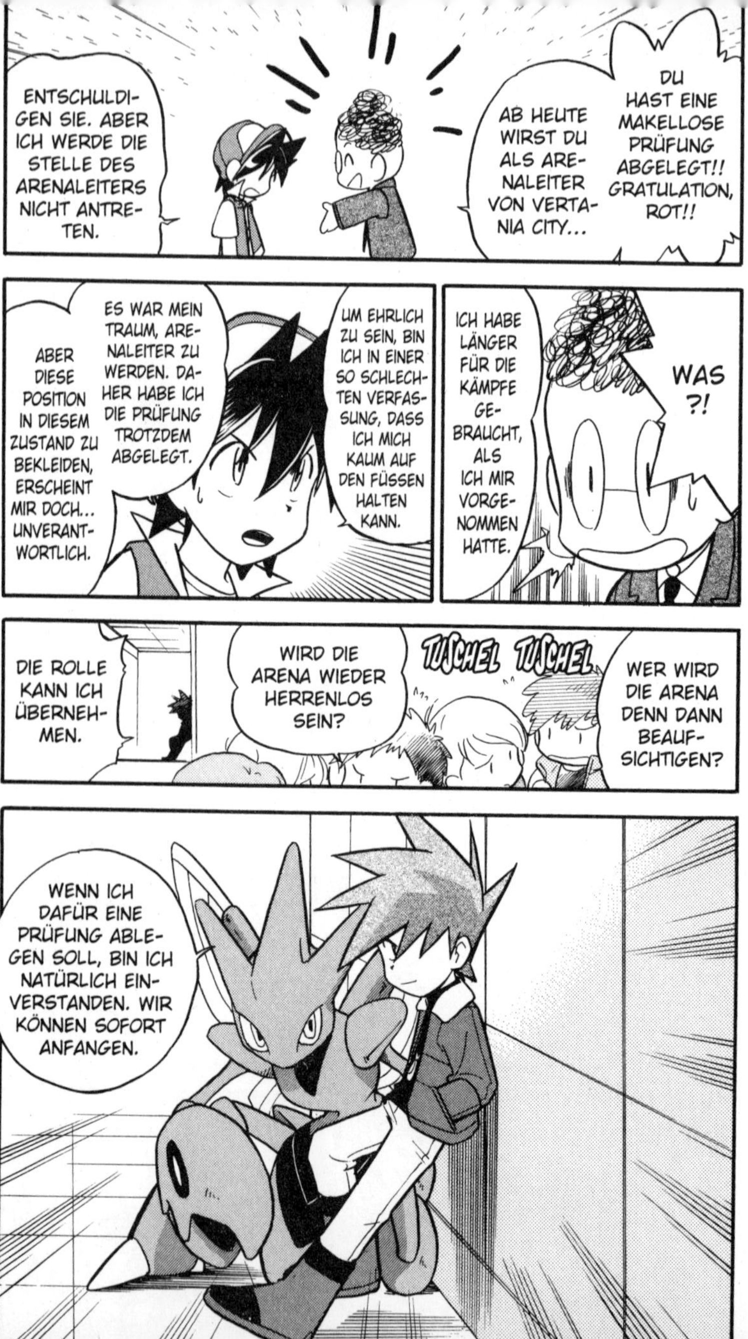
DU HAST EINE MAKELLOSE PRÜFUNG ABGELEGT!! GRATULATION, ROT!!
AB HEUTE WIRST DU ALS ARENALEITER VON VERTANIA CITY...
ENTSCHULDIGEN SIE. ABER ICH WERDE DIE STELLE DES ARENALEITERS NICHT ANTRETEN.
WAS ?!
ICH HABE LÄNGER FÜR DIE KÄMPFE GEBRAUCHT, ALS ICH MIR VORGENOMMEN HATTE.
UM EHRLICH ZU SEIN, BIN ICH IN EINER SO SCHLECHTEN VERFASSUNG, DASS ICH MICH KAUM AUF DEN FÜSSEN HALTEN KANN.
ES WAR MEIN TRAUM, ARENALEITER ZU WERDEN. DAHER HABE ICH DIE PRÜFUNG TROTZDEM ABGELEGT.
ABER DIESE POSITION IN DIESEM ZUSTAND ZU BEKLEIDEN, ERSCHEINT MIR DOCH... UNVERANTWORTLICH.
WER WIRD DIE ARENA DENN DANN BEAUFSICHTIGEN?
TUSCHEL TUSCHEL
WIRD DIE ARENA WIEDER HERRENLOS SEIN?
DIE ROLLE KANN ICH ÜBERNEHMEN.
WENN ICH DAFÜR EINE PRÜFUNG ABLEGEN SOLL, BIN ICH NATÜRLICH EINVERSTANDEN. WIR KÖNNEN SOFORT ANFANGEN.

# ABENTEUER 116
# VS. SCHEROX

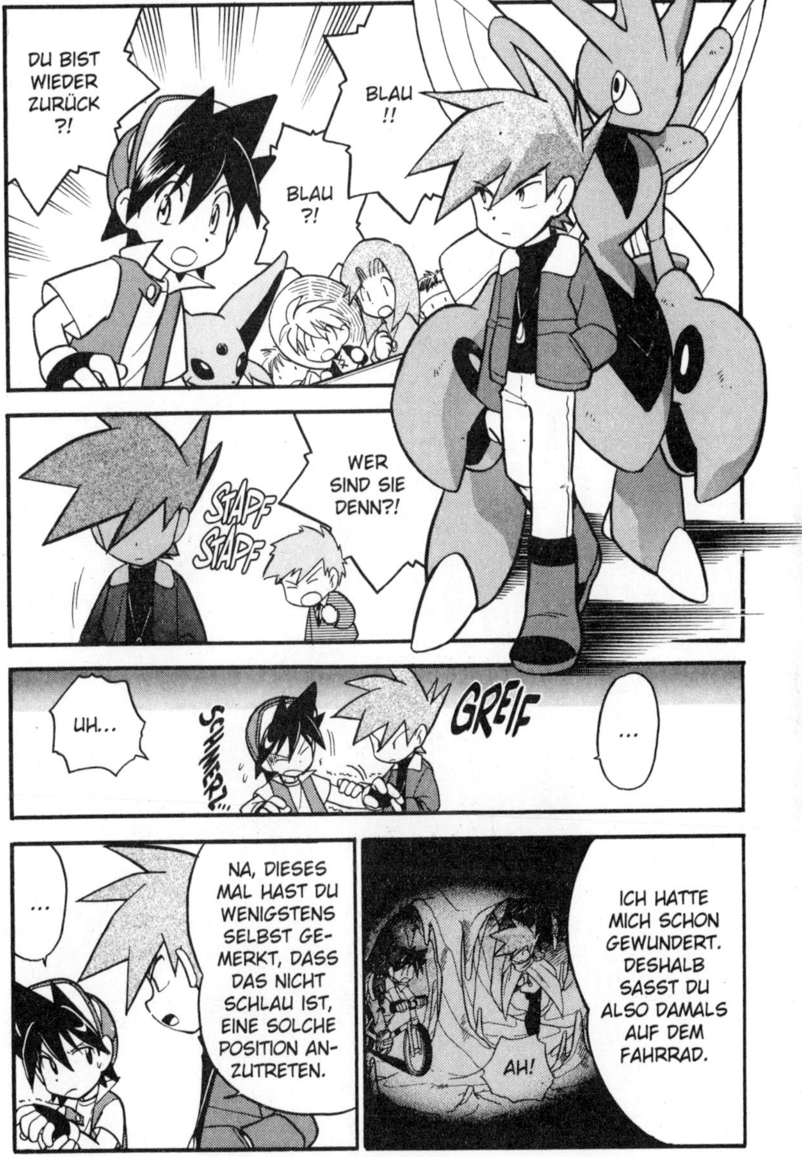

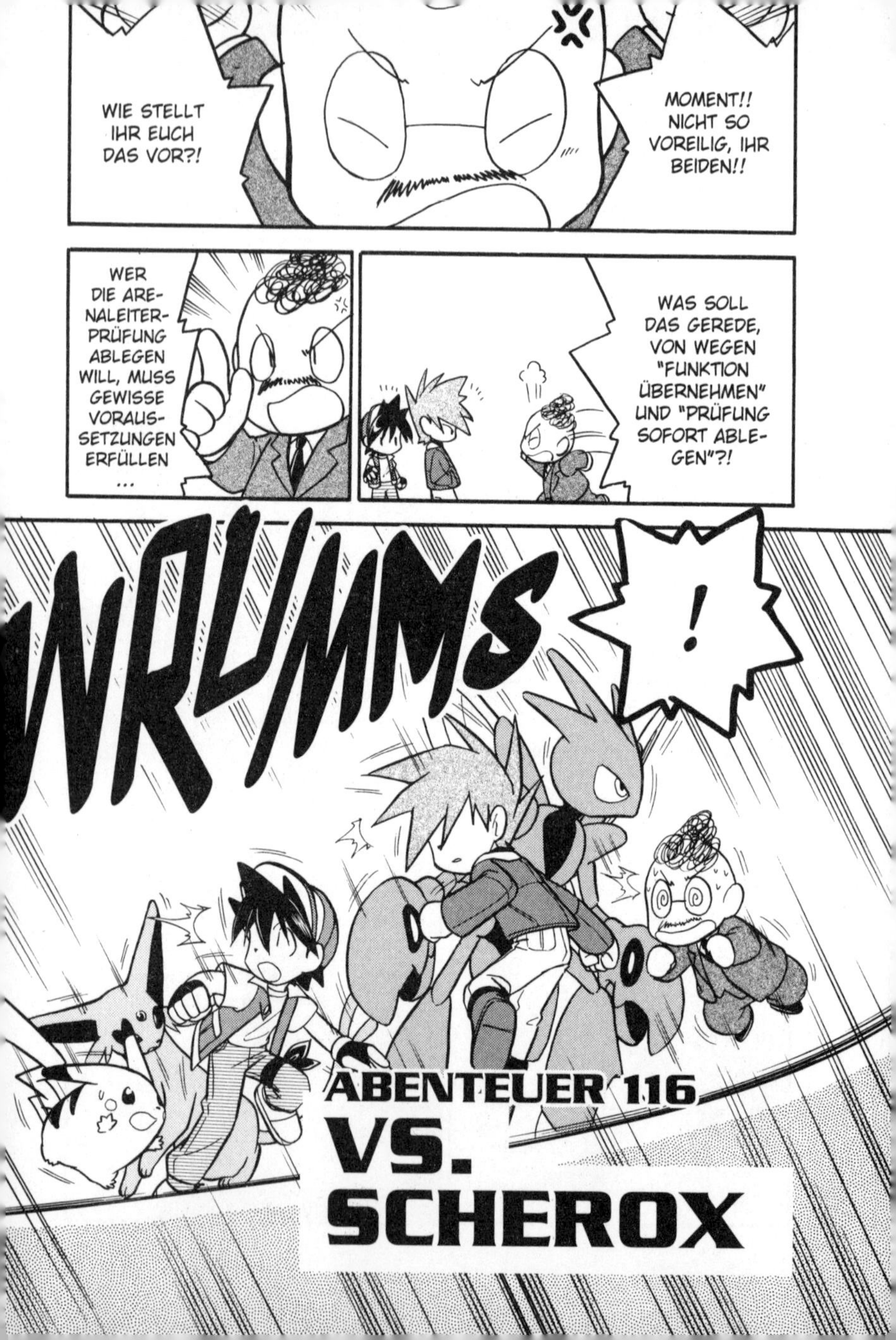
MOMENT!! NICHT SO VOREILIG, IHR BEIDEN!!
WIE STELLT IHR EUCH DAS VOR?!
WAS SOLL DAS GEREDE, VON WEGEN "FUNKTION ÜBERNEHMEN" UND "PRÜFUNG SOFORT ABLE-GEN"?!
WER DIE ARE-NALEITER-PRÜFUNG ABLEGEN WILL, MUSS GEWISSE VORAUS-SETZUNGEN ERFÜLLEN …
WRUMMS
!
ABENTEUER 116
VS. SCHEROX

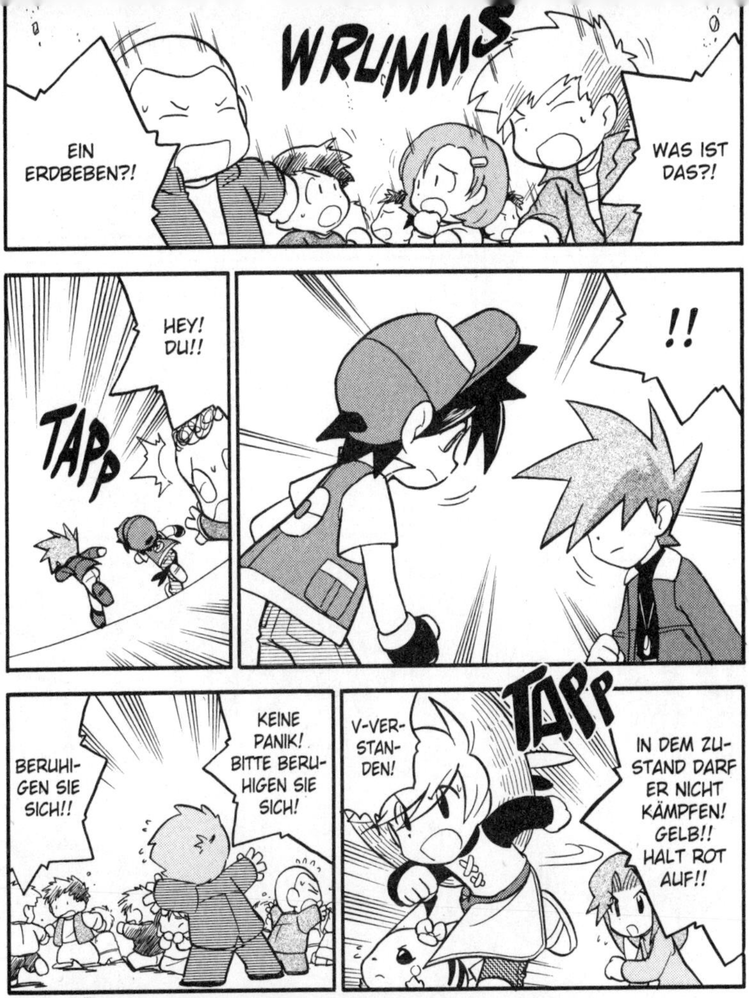
WRUMMS
WAS IST DAS?!
EIN ERDBEBEN?!
!!
HEY! DU!!
TAPP
TAPP
IN DEM ZUSTAND DARF ER NICHT KÄMPFEN! GELB!! HALT ROT AUF!!
V-VERSTANDEN!
KEINE PANIK! BITTE BERUHIGEN SIE SICH!
BERUHIGEN SIE SICH!!
WRUMMS...!

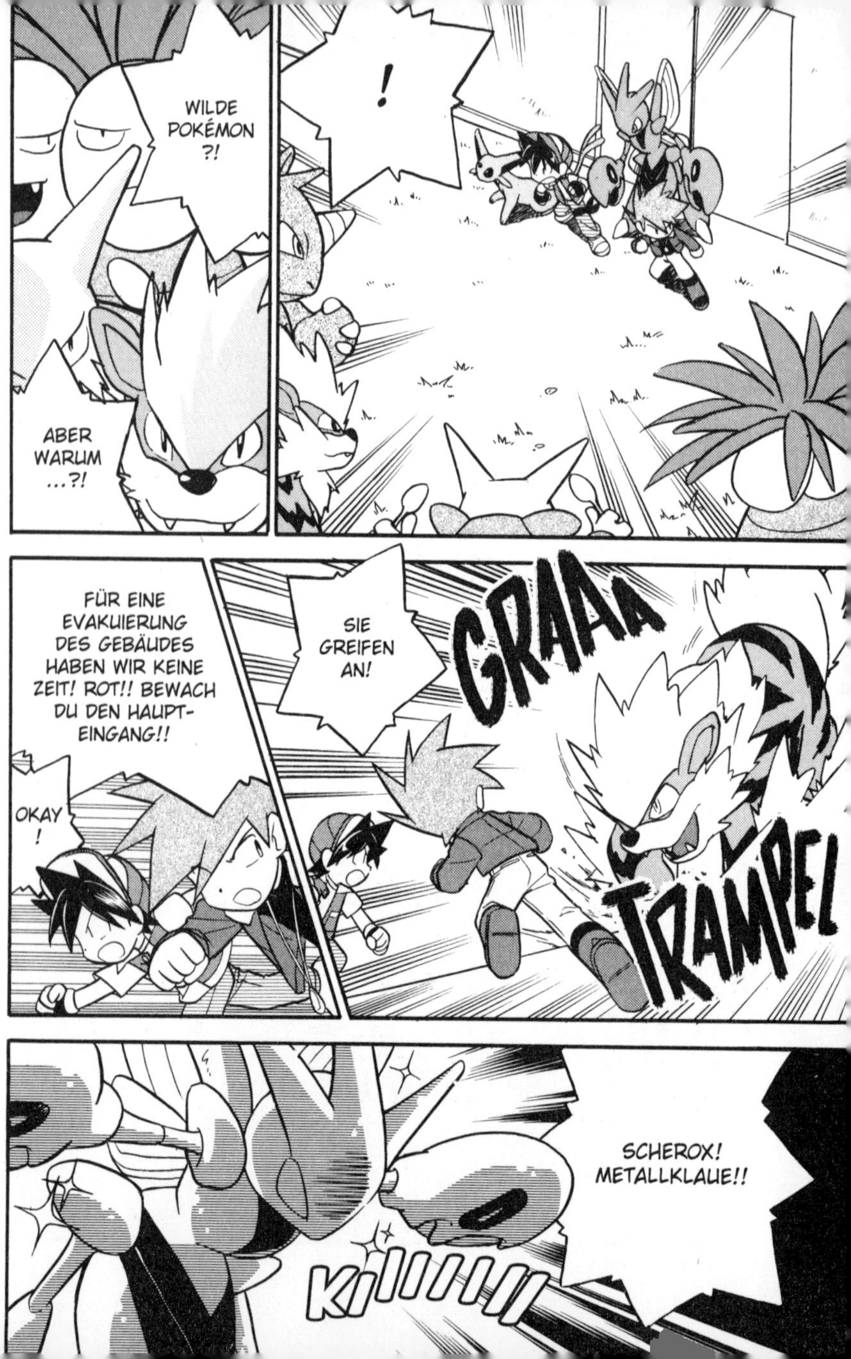
!
WILDE POKÉMON ?!
ABER WARUM …?!
SIE GREIFEN AN!
GRAAA
TRAMPEL
FÜR EINE EVAKUIERUNG DES GEBÄUDES HABEN WIR KEINE ZEIT! ROT!! BEWACH DU DEN HAUPT-EINGANG!!
OKAY!
SCHEROX! METALLKLAUE!!
KIIIIIIII

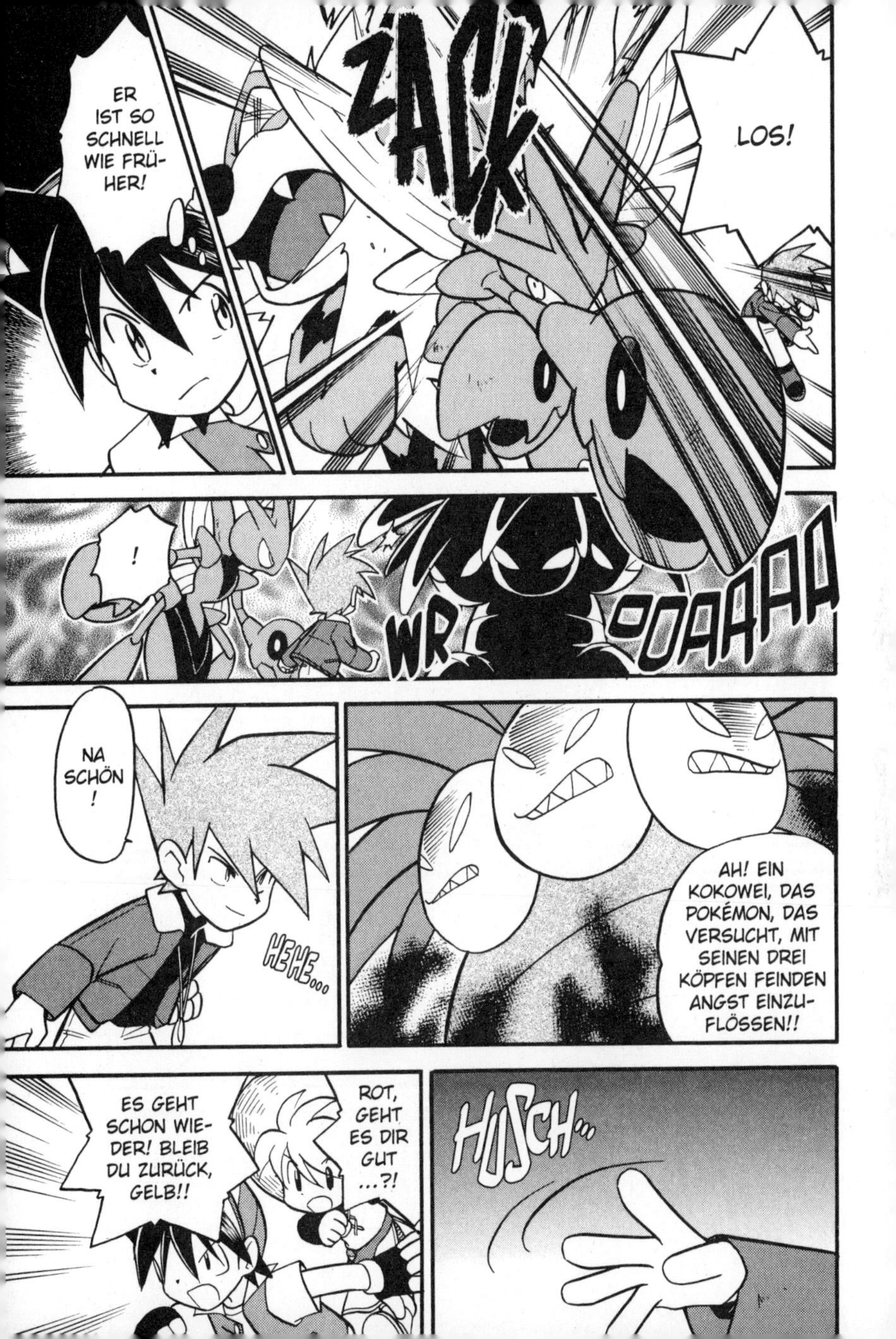
LOS!
ZACK
ER IST SO SCHNELL WIE FRÜHER!
WROOAAAAA
!
NA SCHÖN!
AH! EIN KOKOWEI, DAS POKÉMON, DAS VERSUCHT, MIT SEINEN DREI KÖPFEN FEINDEN ANGST EINZUFLÖSSEN!!
HEHE...
HUSCH...
ROT, GEHT ES DIR GUT ...?!
ES GEHT SCHON WIEDER! BLEIB DU ZURÜCK, GELB!!

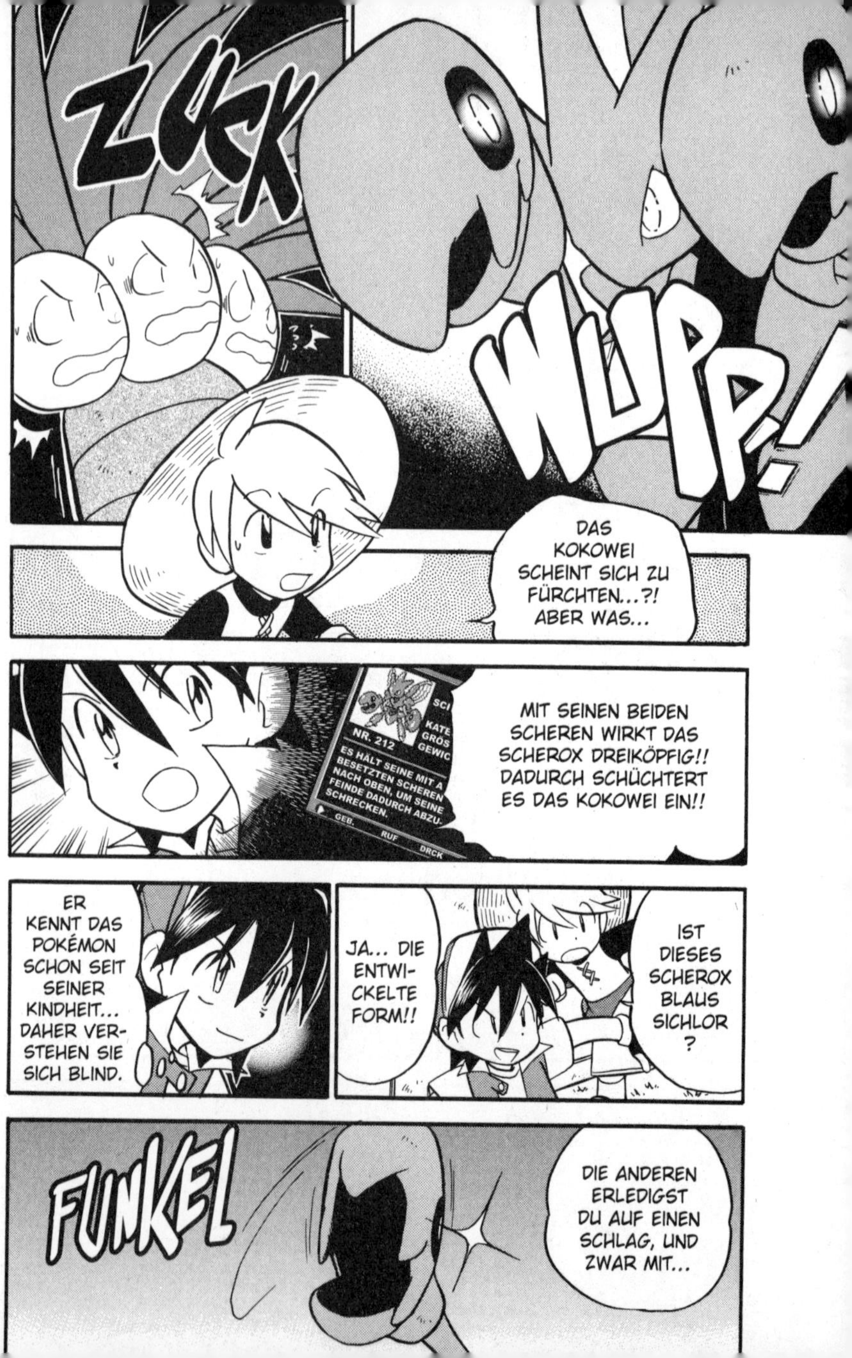
ZUCK
WUPP!
DAS KOKOWEI SCHEINT SICH ZU FÜRCHTEN…?! ABER WAS…
NR. 212
MIT SEINEN BEIDEN SCHEREN WIRKT DAS SCHEROX DREIKÖPFIG!! DADURCH SCHÜCHTERT ES DAS KOKOWEI EIN!!
IST DIESES SCHEROX BLAUS SICHLOR?
JA… DIE ENTWICKELTE FORM!!
ER KENNT DAS POKÉMON SCHON SEIT SEINER KINDHEIT… DAHER VERSTEHEN SIE SICH BLIND.
FUNKEL
DIE ANDEREN ERLEDIGST DU AUF EINEN SCHLAG, UND ZWAR MIT…

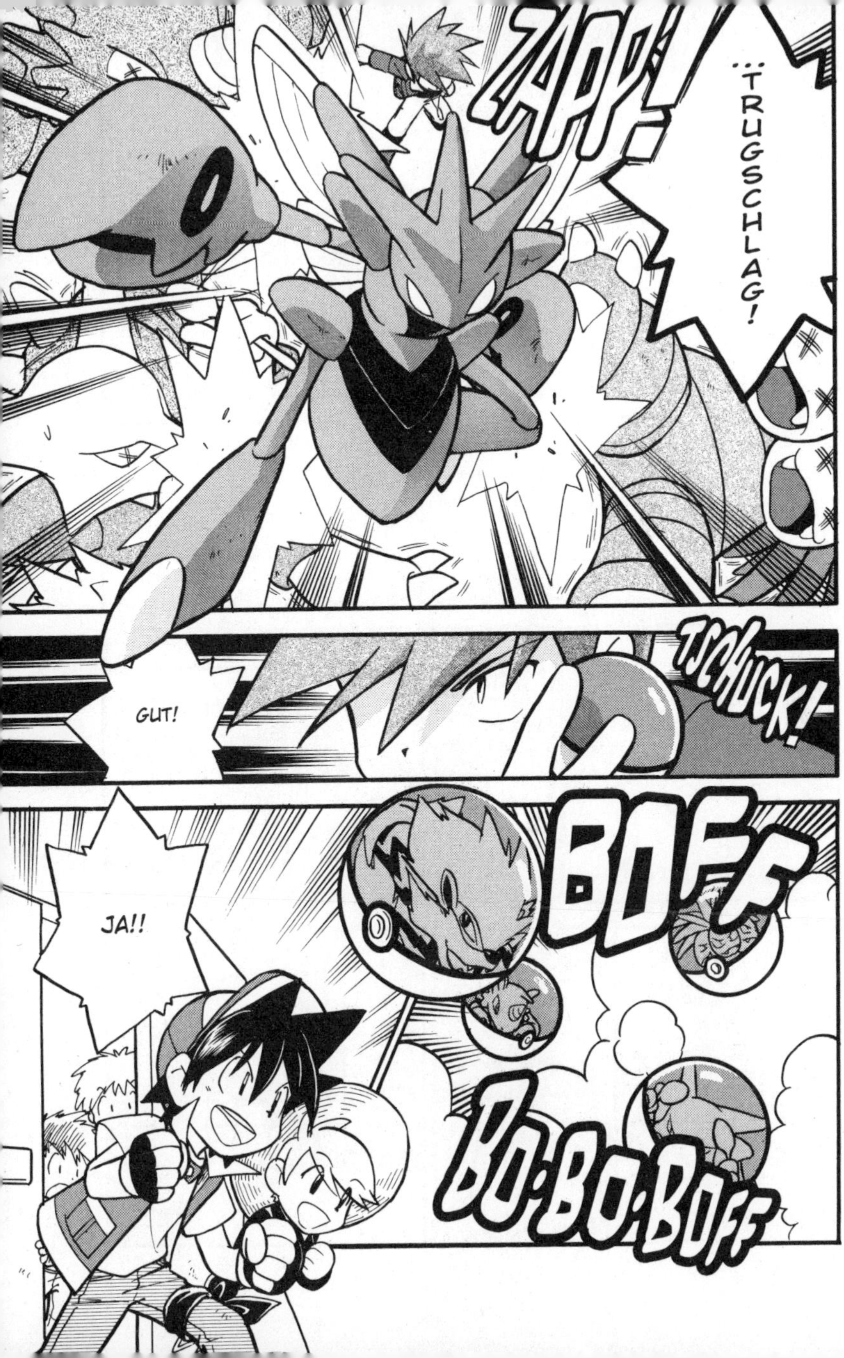
ZAPP!
...TRUGSCHLAG!
TSCHUCK!
GUT!
BOFF
BO-BO-BOFF
JA!!

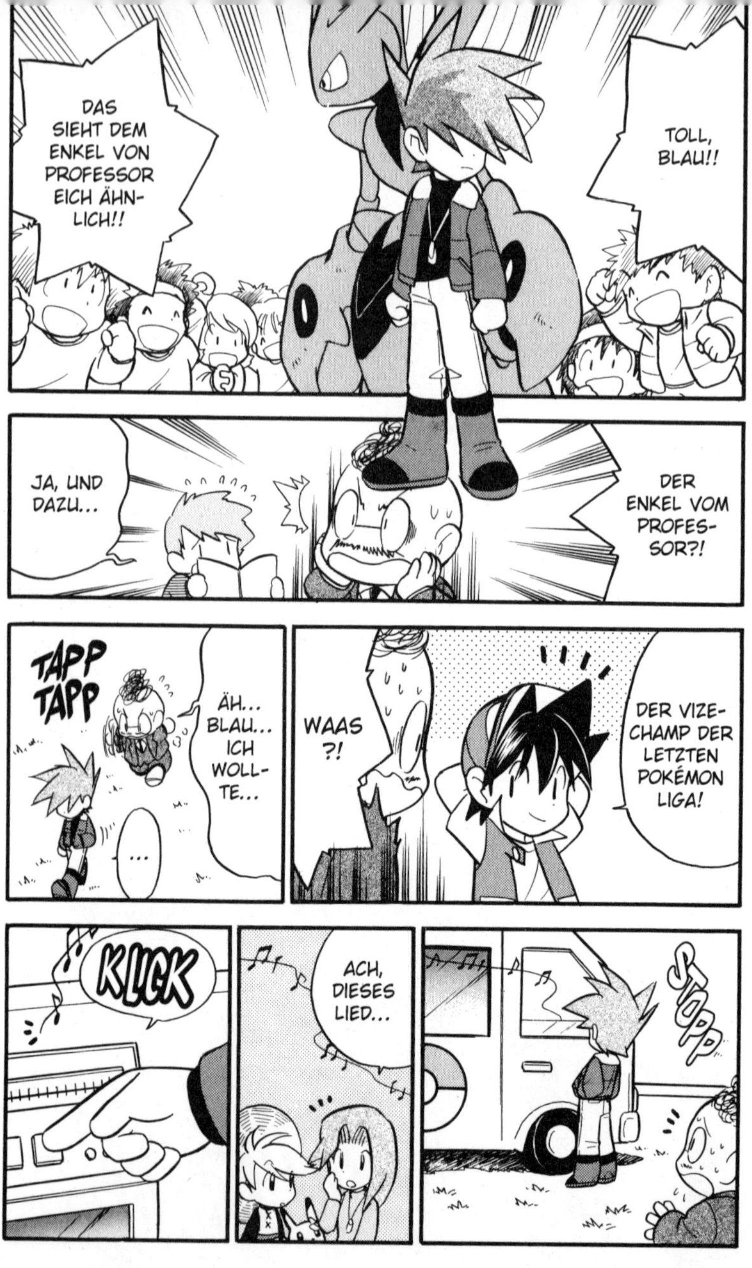
TOLL, BLAU!!
DAS SIEHT DEM ENKEL VON PROFESSOR EICH ÄHNLICH!!
DER ENKEL VOM PROFESSOR?!
JA, UND DAZU...
DER VIZE-CHAMP DER LETZTEN POKÉMON LIGA!
WAAS ?!
ÄH... BLAU... ICH WOLLTE...
TAPP TAPP
...
STOPP
ACH, DIESES LIED...
KLICK

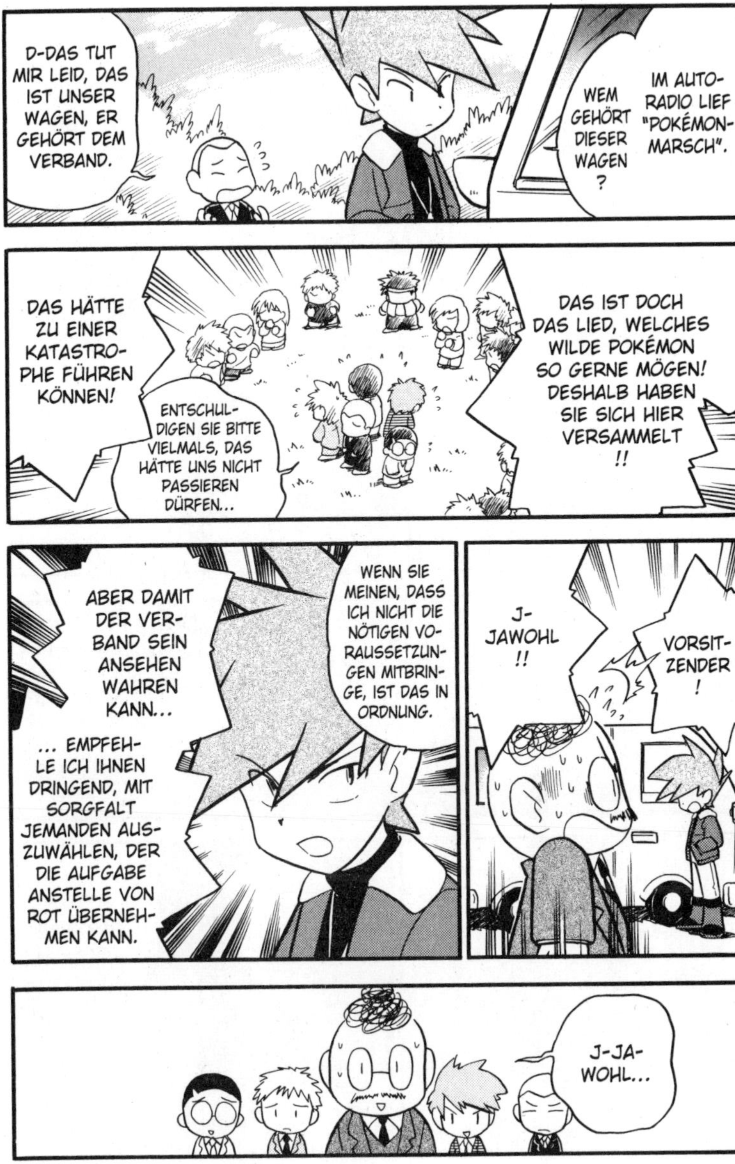
IM AUTORADIO LIEF "POKÉMON-MARSCH".
WEM GEHÖRT DIESER WAGEN ?
D-DAS TUT MIR LEID, DAS IST UNSER WAGEN, ER GEHÖRT DEM VERBAND.
DAS IST DOCH DAS LIED, WELCHES WILDE POKÉMON SO GERNE MÖGEN! DESHALB HABEN SIE SICH HIER VERSAMMELT !!
DAS HÄTTE ZU EINER KATASTROPHE FÜHREN KÖNNEN!
ENTSCHULDIGEN SIE BITTE VIELMALS, DAS HÄTTE UNS NICHT PASSIEREN DÜRFEN...
VORSITZENDER !
J-JAWOHL !!
WENN SIE MEINEN, DASS ICH NICHT DIE NÖTIGEN VORAUSSETZUNGEN MITBRINGE, IST DAS IN ORDNUNG.
ABER DAMIT DER VERBAND SEIN ANSEHEN WAHREN KANN...
... EMPFEHLE ICH IHNEN DRINGEND, MIT SORGFALT JEMANDEN AUSZUWÄHLEN, DER DIE AUFGABE ANSTELLE VON ROT ÜBERNEHMEN KANN.
J-JAWOHL...

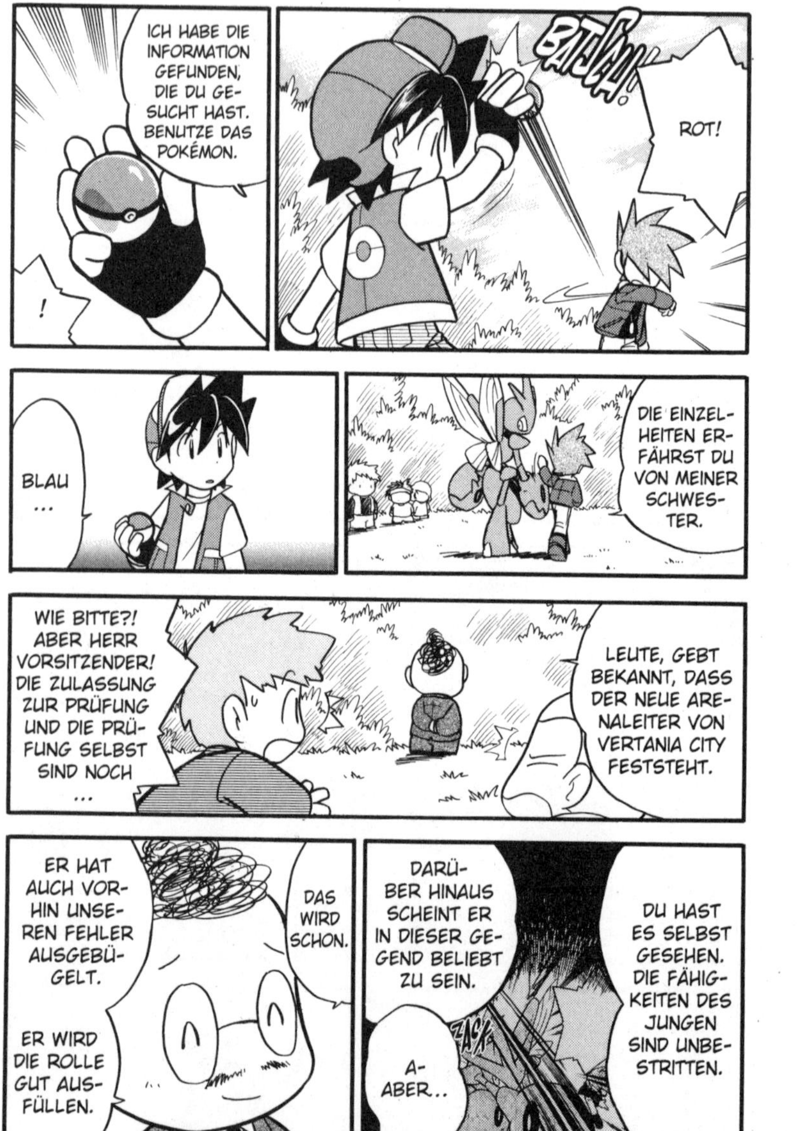
BATCH!
ROT!
ICH HABE DIE INFORMATION GEFUNDEN, DIE DU GESUCHT HAST. BENUTZE DAS POKÉMON.
!
DIE EINZELHEITEN ERFÄHRST DU VON MEINER SCHWESTER.
BLAU …
LEUTE, GEBT BEKANNT, DASS DER NEUE ARENALEITER VON VERTANIA CITY FESTSTEHT.
WIE BITTE?! ABER HERR VORSITZENDER! DIE ZULASSUNG ZUR PRÜFUNG UND DIE PRÜFUNG SELBST SIND NOCH …
DU HAST ES SELBST GESEHEN. DIE FÄHIGKEITEN DES JUNGEN SIND UNBESTRITTEN.
DARÜBER HINAUS SCHEINT ER IN DIESER GEGEND BELIEBT ZU SEIN.
ZACK
A-ABER..
DAS WIRD SCHON.
ER HAT AUCH VORHIN UNSEREN FEHLER AUSGEBÜGELT.
ER WIRD DIE ROLLE GUT AUSFÜLLEN.

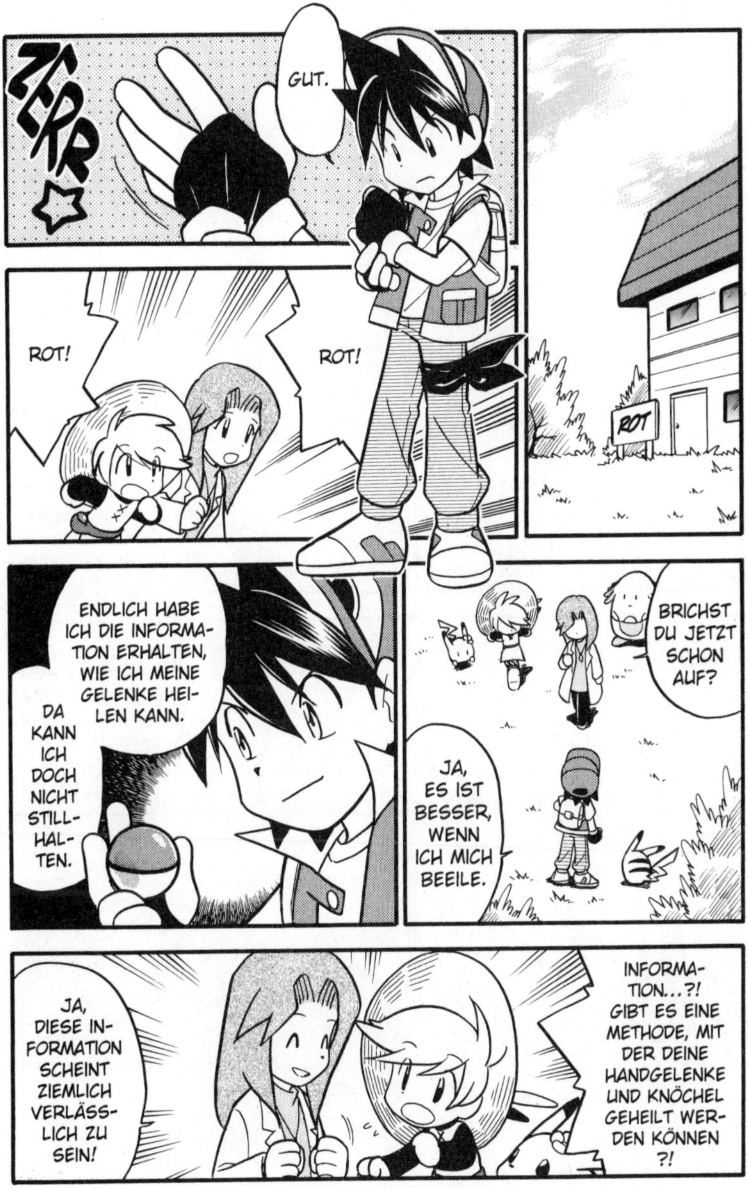
ZERR
GUT.
ROT!
ROT!
ROT
BRICHST DU JETZT SCHON AUF?
JA, ES IST BESSER, WENN ICH MICH BEEILE.
ENDLICH HABE ICH DIE INFORMATION ERHALTEN, WIE ICH MEINE GELENKE HEILEN KANN.
DA KANN ICH DOCH NICHT STILLHALTEN.
INFORMATION...?! GIBT ES EINE METHODE, MIT DER DEINE HANDGELENKE UND KNÖCHEL GEHEILT WERDEN KÖNNEN ?!
JA, DIESE INFORMATION SCHEINT ZIEMLICH VERLÄSSLICH ZU SEIN!

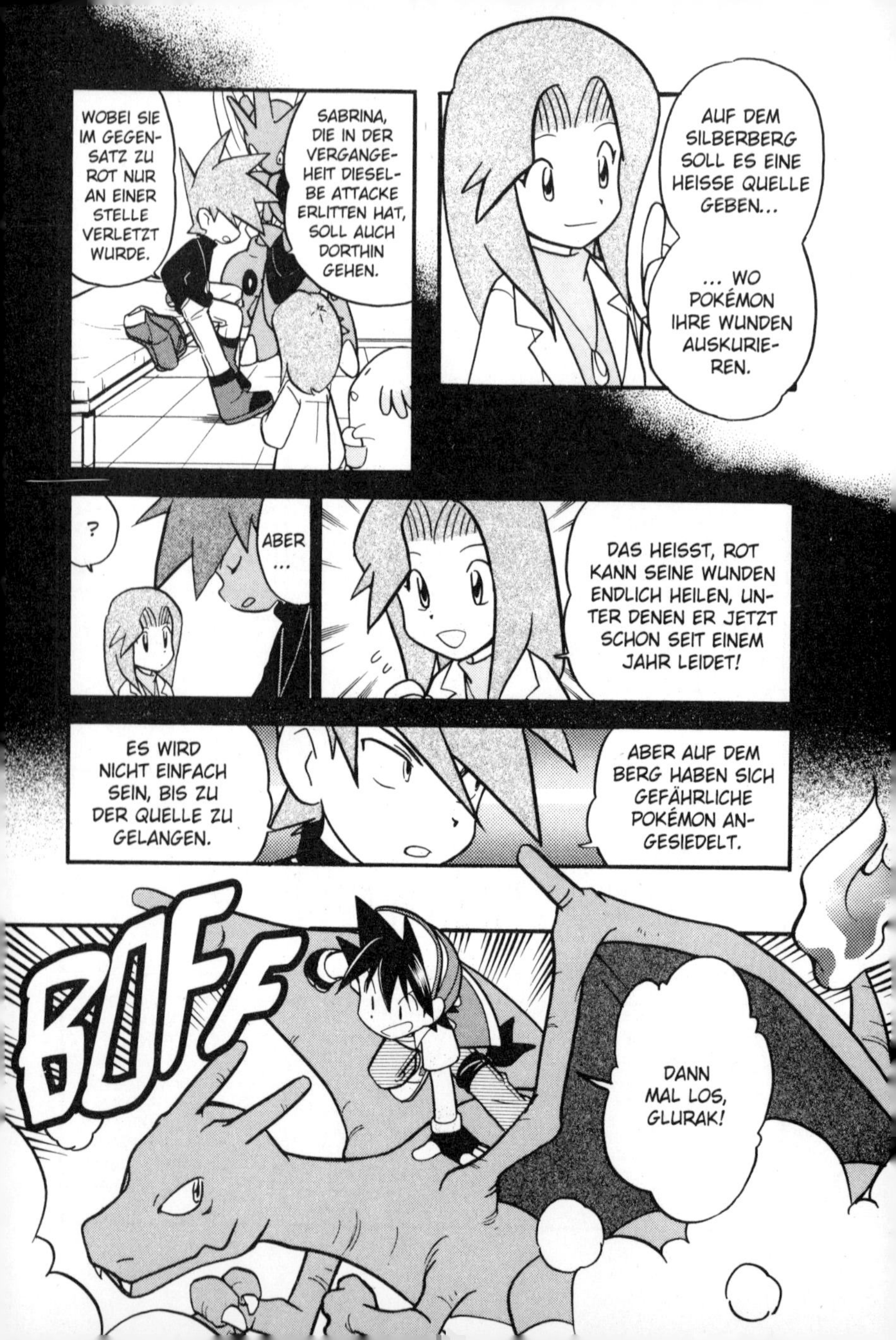
SABRINA, DIE IN DER VERGANGEHEIT DIESELBE ATTACKE ERLITTEN HAT, SOLL AUCH DORTHIN GEHEN.
WOBEI SIE IM GEGENSATZ ZU ROT NUR AN EINER STELLE VERLETZT WURDE.
AUF DEM SILBERBERG SOLL ES EINE HEISSE QUELLE GEBEN...
... WO POKÉMON IHRE WUNDEN AUSKURIEREN.
DAS HEISST, ROT KANN SEINE WUNDEN ENDLICH HEILEN, UNTER DENEN ER JETZT SCHON SEIT EINEM JAHR LEIDET!
ABER ...
?
ABER AUF DEM BERG HABEN SICH GEFÄHRLICHE POKÉMON ANGESIEDELT.
ES WIRD NICHT EINFACH SEIN, BIS ZU DER QUELLE ZU GELANGEN.
DANN MAL LOS, GLURAK!
BOFF

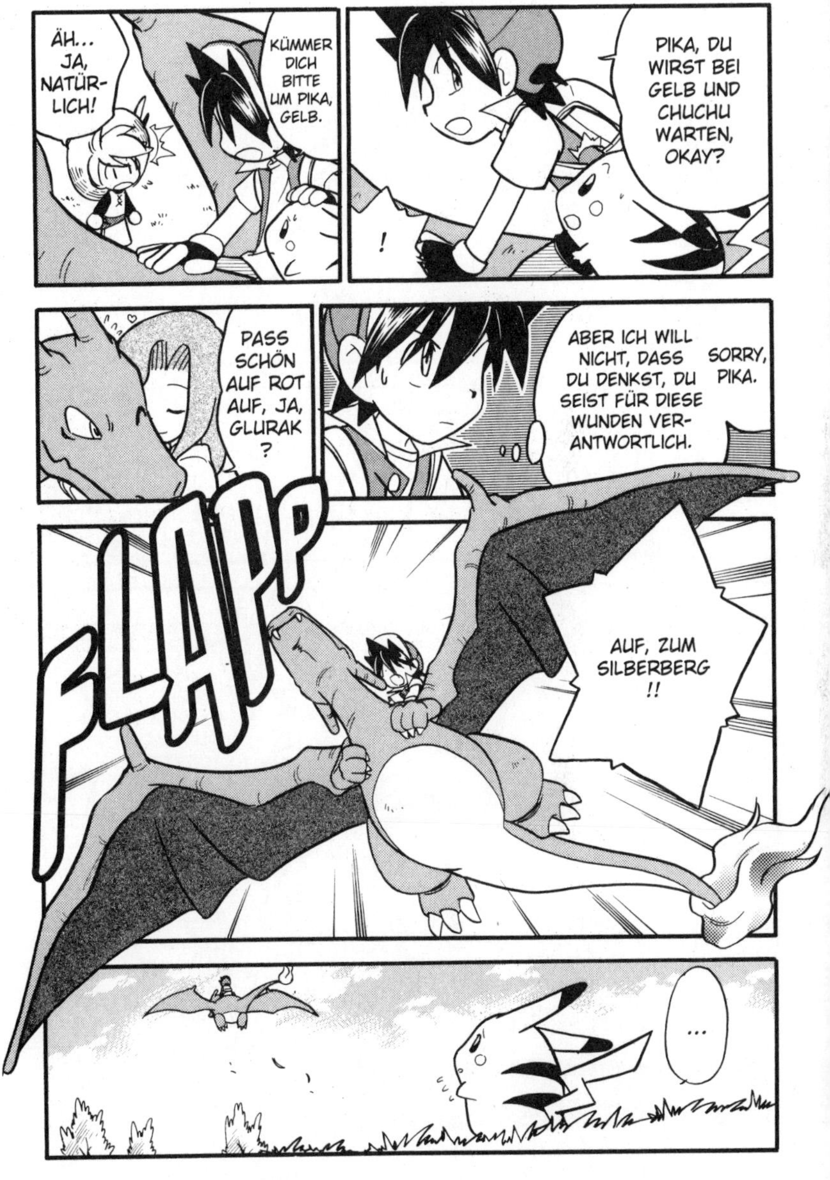
PIKA, DU WIRST BEI GELB UND CHUCHU WARTEN, OKAY?
!
KÜMMER DICH BITTE UM PIKA, GELB.
ÄH… JA, NATÜR-LICH!
SORRY, PIKA.
ABER ICH WILL NICHT, DASS DU DENKST, DU SEIST FÜR DIESE WUNDEN VER-ANTWORTLICH.
PASS SCHÖN AUF ROT AUF, JA, GLURAK?
FLAPP
AUF, ZUM SILBERBERG!!
…

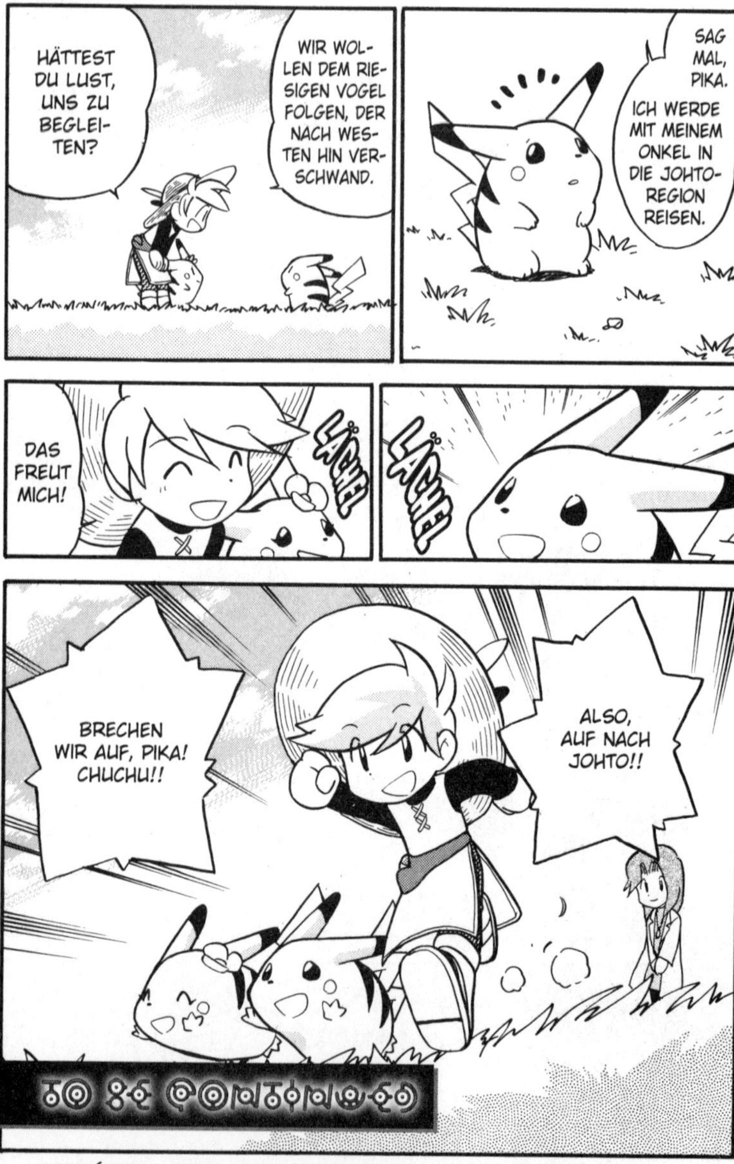


POKÉMON - DIE ERSTEN ABENTEUER 9 - GOLD UND SILBER - ENDE -
LEST WEITER IN BAND 10!

# POKÉMON™

DIE ERSTEN ABENTEUER

AUTOR
**HIDENORI KUSAKA**

ZEICHNER
**MATO**

ÜBERSETZUNG
**GYO ARAIWA**

LETTERING
**LARA IACUCCI**

# REISEROUTENKARTE 9

HIER KANNST DU NACHVERFOLGEN, WIE GOLD VOM STEINEICHENWALD BIS HIN ZUM SEE DES ZORNS BEI MAHAGONIA CITY GELANGT IST! AUCH DIE WEGE DER POKÉMON-TRAINER AUS KANTO SIND AUF DER KARTE VERZEICHNET!

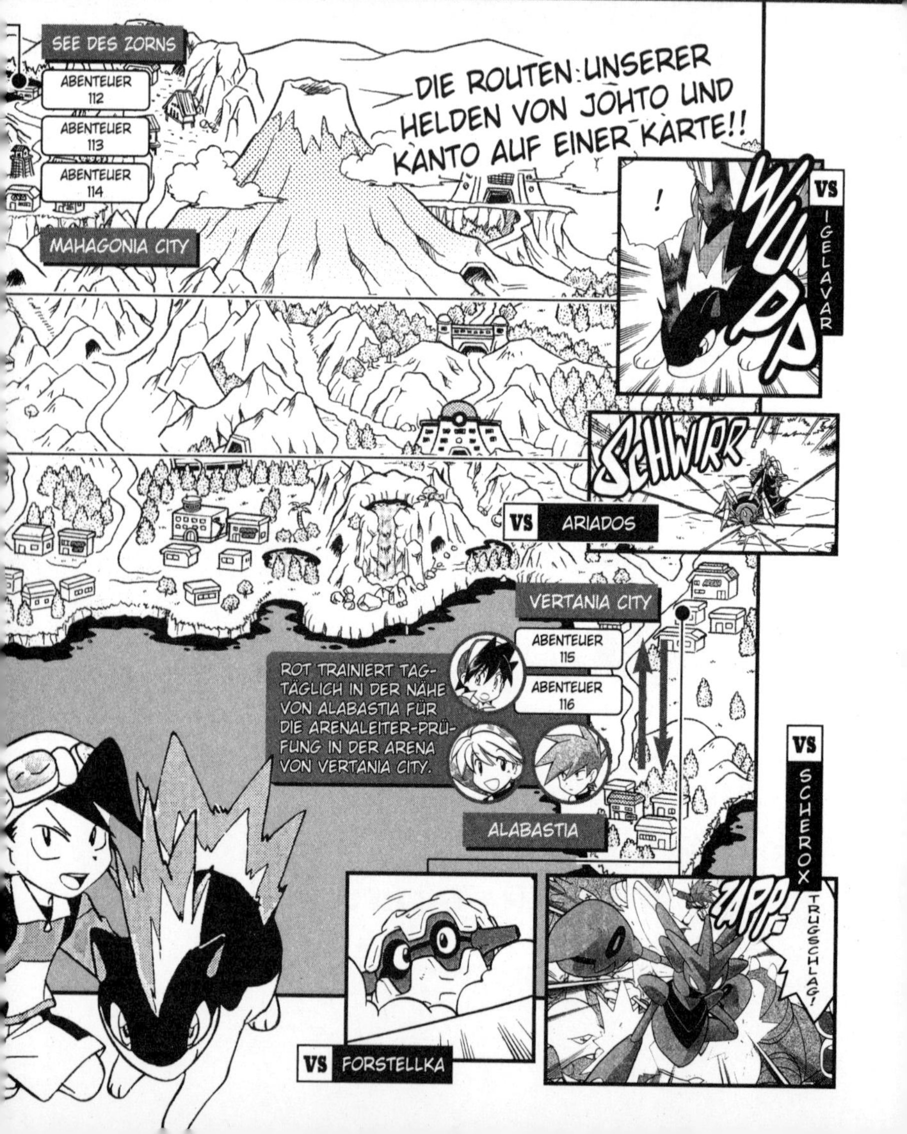

# POKÉMON-KÄMPFE!!

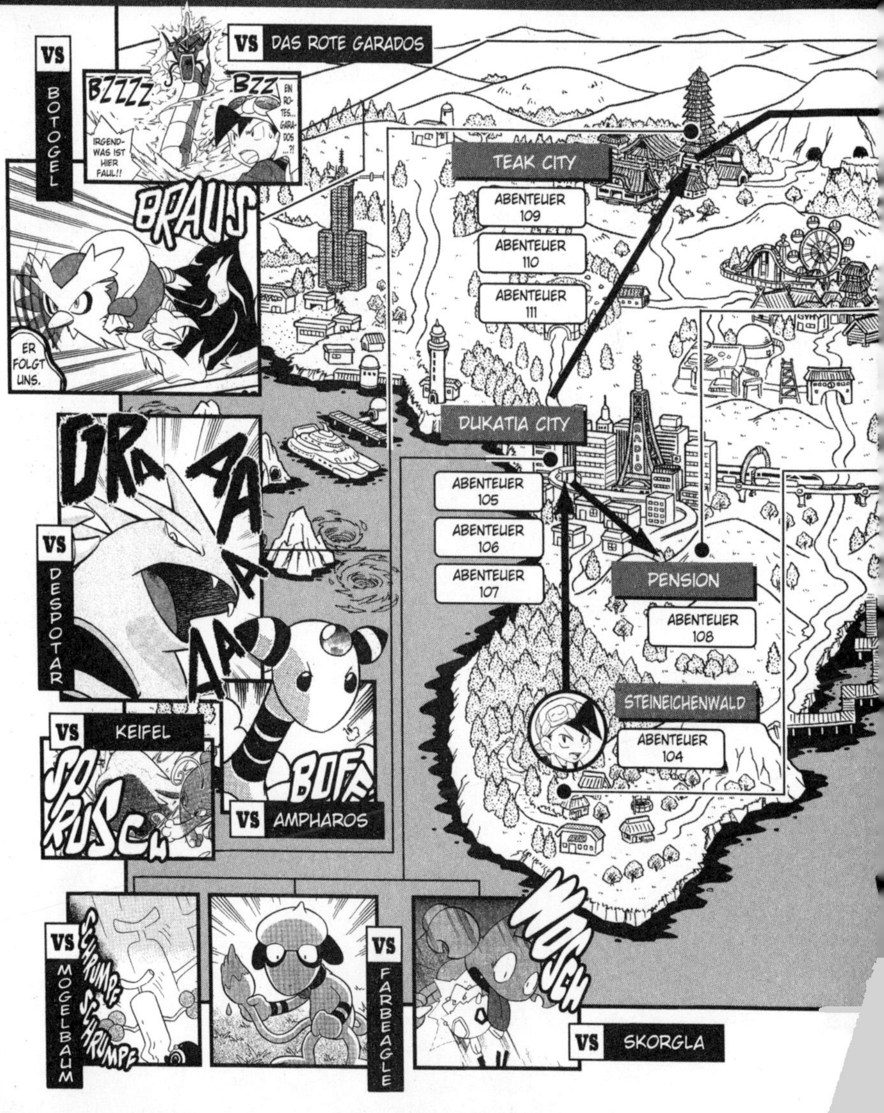

TEAMSILBER

## SO SIEHT SILBERS POKÉDEX AUS!!

### POKÉDEX

| | |
|---|---|
| 152 | ENDIVIE |
| 153 | ------------- |
| 154 | ------------- |
| 155 | FEURIGEL |
| 156 | IGELAVAR |
| 157 | ------------- |
| ▶158 | KARNIMANI |
| 159 | TYRACROC |
| 160 | ------------- |

POKÉMON-TRAINER: SILBER
ANZAHL ERLANGTER ORDEN: 4
EINTRÄGE IM POKÉDEX: 10

GESEHEN

54 POKÉMON

GEFANGEN

10 POKÉMON

SILBER IST EIN TRAINER, DER EXAKT DIE POKÉMON FÄNGT, DIE ER BENÖTIGT, UM SEIN ZIEL ZU ERREICHEN.

GEGENWÄRTIGES POKÉMON-TEAM VON SILBER (STAND: ABENTEUER 116)

SILBER SCHEINT GEMEINHIN EINE VORLIEBE FÜR POKÉMON VOM TYP UNLICHT ZU HABEN. SEIN TEAM IST ALS RECHT OF-FENSIV EINZUSCHÄTZEN.

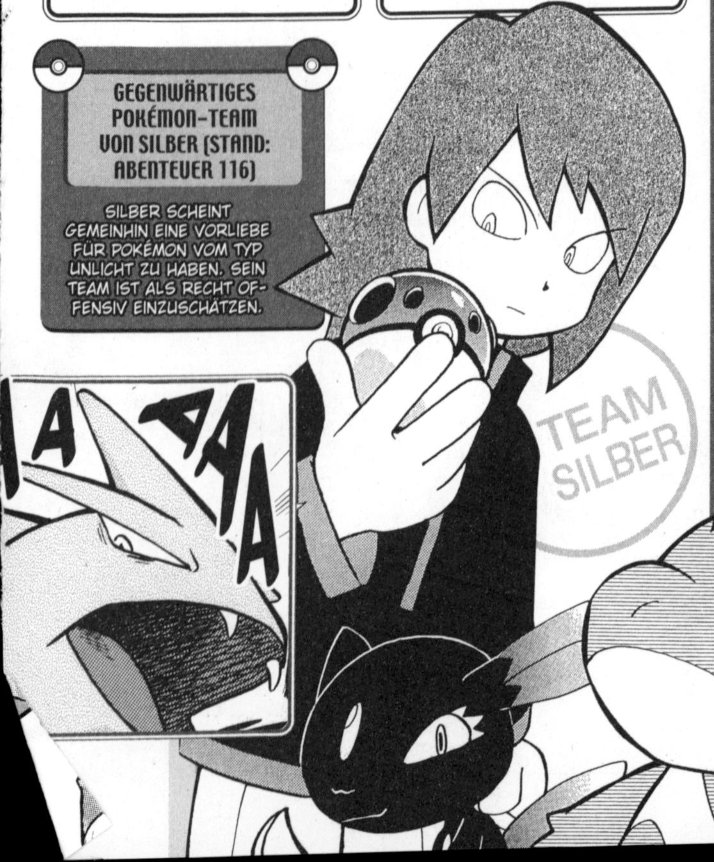

SNIEBEL

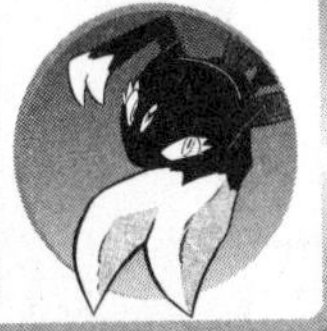

**SNIEBEL: LV. 36**
**TYP 1: UNLICHT**
**TYP 2: EIS**
**TRAINER: SILBER**
**NR. 215**

DAS POKÉMON IN SILBERS TEAM, DAS VORANGEHT! MIT SEINEN SCHARFEN KRALLEN, HOHER INTELLIGENZ UND SCHNELLEN BEWEGUNGEN BRINGT ES JEDEN GEGNER IN DIE BREDOUILLE!!

KRAMURX

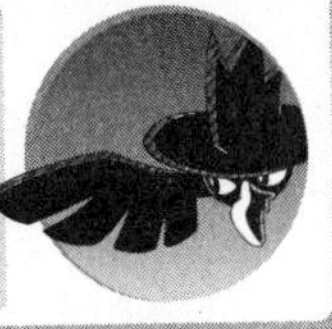

**KRAMURX: LV. 29**
**TYP 1: UNLICHT**
**TYP 2: FLUG**
**TRAINER: SILBER**
**NR. 198**

DAS KRAMURX, DAS MIT SEINEN SCHWARZEN FLÜGELN SILBER DURCH DIE LÜFTE TRÄGT, BIETET EINEN GERADEZU SCHAURIGEN ANBLICK! BEI KÄMPFEN WÄHREND DER NACHTZEIT ENTFALTET ES SEINE WAHREN KRÄFTE!!

URSARING

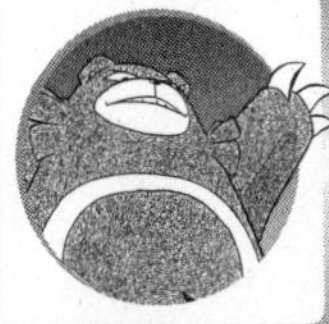

**URSARING: LV. 35**
**TYP 1: NORMAL**
**TRAINER: SILBER**
**NR. 217**

BEIM URSARING HANDELT ES SICH UM EIN MIT DEM SCHWERBALL GEFANGENES POKÉMON! ALS SCHWERGEWICHT IN SILBERS TEAM BEWÄHRT ES SICH IMMER DANN, WENN ES ZAHLREICHE GEGNER ZU BEWÄLTIGEN GILT!!

TYRACROC

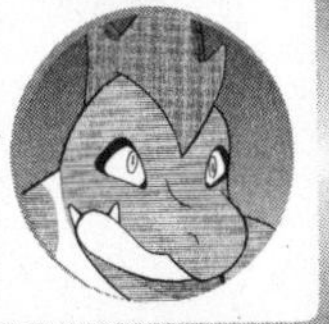

**TYRACROC: LV. 29**
**TYP 1: WASSER**
**TRAINER: SILBER**
**NR. 159**

SEEDRAKING

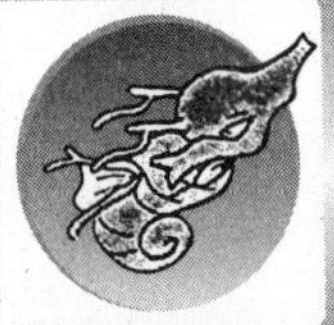

**SEEDRAKING: LV. 33**
**TYP 1: WASSER**
**TYP 2: DRACHE**
**TRAINER: SILBER**
**NR. 230**

GARADOS

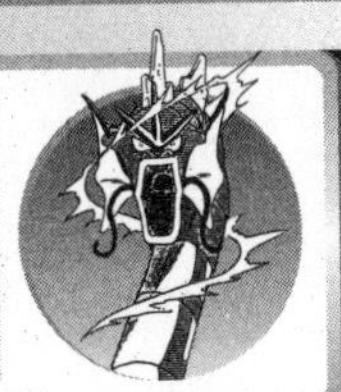

**GARADOS: LV. 30**
**TYP 1: WASSER**
**TYP 2: FLUG**
**TRAINER: SILBER**
**NR. 130**

DAS TYRACROC IST DIE ENTWICKELTE FORM DES KARNIMANI, DAS SILBER AUS DEM LIND-POKÉMON-LABOR ENTFÜHRT HAT. DAS SEEDRAKING ERHIELT SEINE GESTALT IM ZUGE EINER TAUSCH-ENTWICKLUNG MIT GOLD, DAS ROTE GARADOS HAT ER IM SEE DES ZORNS GEFANGEN. ES SOLL EINEN GRUND DAFÜR GEBEN, DASS SICH IN SEINEM TEAM DREI POKÉMON VOM TYP WASSER BEFINDEN. BEI DEM SIEBTEN TEAMMITGLIED HANDELT ES SICH UM DESPOTAR, DAS ER SICH VON JEMANDEM GELIEHEN HAT. OFFENBAR BEINHALTET DER POKÉBALL DES DESPOTAR EINEN HINWEIS... WAS ES WOHL DAMIT AUF SICH HAT?!

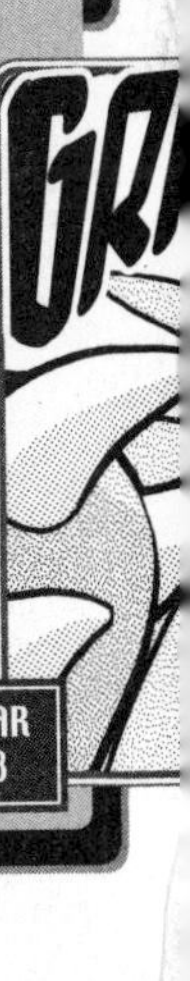

**DESPOTAR**
**NR. 248**

# ACHTUNG!

Dieser Comic wird wie im Original gelesen:
**von rechts nach links**,
also fangt einfach von der anderen Seite des Buches an
und stürzt euch in die MANGA-Welt von

POKÉMON™

DIE ERSTEN ABENTEUER

**POKÉMON – DIE ERSTEN ABENTEUER** erscheint bei **PANINI MANGA**, Schloßstraße 76, D-70176 Stuttgart. POKÉMON – DIE ERSTEN ABENTEUER wird unter Lizenz in Deutschland von PANINI Verlags-GmbH veröffentlicht. Druck: LEGO PRINT S.p.A. Anzeigenverkauf: BLAUFEUER VERLAGSVERTRETUNGEN GmbH, info@blaufeuer.com. Es gilt die Anzeigenpreisliste Nr. 17 vom 01.10.2019. Direkt-Abos auf **www.paninicomics.de**. Geschäftsführer **Hermann Paul**, Publishing Director Europe **Marco M. Lupoi**, Finanzen **Felix Bauer**, Marketing Director **Holger Wiest**, Marketing **Rebecca Haar**, Vertrieb **Alexander Bubenheimer**, Logistik **Ronald Schäffer**, PR/Presse **Steffen Volkmer**, Publishing Manager **Lisa Pancaldi**, Redaktion **Stephanie Jakob**, **Matthias Korn**, **Daniela Uhlmann**, Übersetzung **Gyo Araiwa**, Proofreading **Genoveva Fincias Alonso**, grafische Gestaltung **Rudy Remitti**, **Nicola Spano**, Art Director **Mario Corticelli**, Redaktion Panini Comics **Beatrice Doti**, **Elisa Panzani**, Repro/Packager **Alessandro Nalli** (coordinator), **Mario Da Rin Zanco**, **Valentina Esposito**, **Luca Ficarelli**, **Simone Guidetti**, **Linda Leporati**, **Fabio Melatti**.  ISBN 978-3-7416-0326-6

Digitale Ausgaben: ISBN 978-3-7367-4623-7 (.epub) / ISBN 978-3-7367-4622-0 (.mobi)

**Bibliografische Information der Deutschen Nationalbibliothek**
Die Deutsche Nationalbibliothek verzeichnet diese Publikation in der Deutschen Nationalbibliografie; detaillierte bibliografische Daten sind im Internet über dnb.d-nb.de abrufbar.